# 하나님의 계시

## THE REVELATION OF GOD

## THE REVELATION OF GOD

**피터 젠센** 지음
**김재영** 옮김

한국기독학생회(IVF: InterVarsity Christian Fellowship)는
'캠퍼스와 세상 속의 하나님 나라 운동'을 비전으로
'캠퍼스 복음화, 기독 학사 운동, 세계 선교'를 사명으로 삼고 있는
초교파적, 복음적인 신앙 운동체입니다.

IVF는 전국 각 대학에서 활동하고 있으며
이에 대한 자세한 사항은
100-619 서울중앙우체국 사서함 1960호 IVF
(전화 333-7363)로 문의해 주시기 바랍니다.

IVP는 InterVarsity Press의 약어로
한국기독학생회(IVF)의 출판부를 뜻합니다.

본서의 전부 혹은 일부는 서면 인가 없이 복사
(프린트 · 제록스 · 마스터 · 사진 및 기타)할 수 없습니다.

Originally Published by InterVarsity Press
as *The Revelation of God*
Copyright ⓒ 2002 by Peter Jensen

All rights reserved.
This translation is published by arrangement with InterVarsity Press
Norton Street, Nottingham, NG7 3HR, United Kingdom

Korean Edition
ⓒ 2008 by Korea InterVarsity Press
352-18 Seokyo-Dong, Mapo-Gu, Seoul 121-837, Korea

# THE REVELATION OF GOD

## PETER JENSEN

CONTOURS
*of*
CHRISTIAN THEOLOGY

GERALD BRAY
*Series Editor*

# 차례

| | |
|---|---|
| 시리즈 서문 | 7 |
| 서문 | 9 |
| 서론 | 11 |
| 1. 계시로서의 복음 | 33 |
| 2. 복음의 성격 | 51 |
| 3. 복음과 하나님을 아는 지식 | 77 |
| 4. 계시의 패턴으로서의 복음 | 103 |
| 5. 계시와 인간의 경험 | 117 |
| 6. 복음과 종교적 경험 | 149 |
| 7. 성경의 권위 | 183 |
| 8. 성경의 본질 | 229 |
| 9. 성경 읽기에 관하여 | 263 |
| 10. 복음과 성령 | 297 |
| 11. 오늘날의 계시 | 333 |
| 주 | 365 |
| 추천 도서 | 379 |
| 성구 색인 | 381 |
| 인명 색인 | 389 |
| 주제 색인 | 393 |

# 시리즈 서문

'IVP 조직신학 시리즈'(Contours of Christian Theology)는 기독교 교리의 주요 주제들을 다룬다. 이 시리즈는 전통적인 교과서들을 그냥 베끼는 것이 아니라 보완하면서 대부분의 주요 교리들을 조직적으로 설명했다. 이 시리즈는 현대의 이슈들을 최우선적으로 다루며, 그 문제들 중 어떤 것은 복음주의적 관점에서 다루어진 적이 없는 것이다. 또한 이 시리즈는 복음주의 기독교에 대한 최근의 비판에 대해 답변할 뿐 아니라 정통 복음주의적 입장을 신선하고 설득력 있는 방식으로 다시 제시하고자 한다. 그러므로 전체적인 성향은 매우 건설적이고도 복음 전도적이라고 할 수 있다.

이 시리즈는 성경 학교나 신학교 혹은 일반 대학에서 공부하는 다양한 수준의 신학생들에게 요긴할 것이다. 이 시리즈는 또한 목사들과 교육 받은 평신도들에게도 흥미를 일으킬 것이다. 가능한 한, 전문적인 용어를 비전문가 독자들이 쉽게 이해할 수 있도록 만들려고 노력했으며, 극단적인 학술적 문체는 피했다. 따라서 가끔은 어떤 특정한 문제들을 다룰 때 서로 다른 입장들을 충분히 고려하면서, 철저하게 논증하는 과정을 생략했다. 하지만 필요한 경우에는 더 자세한 논의를 제공한 다른 저작들을 언급하도록 저자들에게 요구했다. 이러한 목적을 위하여 광범위하지는 않지만 적절한 각주를 제공했다.

이 시리즈에서 다루는 교리가 모든 것을 망라하지는 않지만, 오늘날의 관심사에 맞추어서 선택했다. 각 권의 제목과 전체적인 문체는 저자의 재량에 맡겼지만, 시리즈 편집자가 IVP와 상의하여 최종 편집을 하였다.

이 시리즈를 독자들에게 내놓으면서, 저자들과 출판사는 이 시리즈가 이 세대 신학생들의 요구에 부응하며, 성부 하나님과 그분의 아들 예수 그리스도께 존귀와 영광을 돌릴 것을 기대한다. 이 책은 처음부터 그런 목적으로 집필되었다.

시리즈 편집자<br/>제럴드 브레이(Gerald Bray)

# 서문

진정 저자나 출판사가 지혜로웠다면, 이 프로젝트를 결코 시작하지 않았을 것이다. 양쪽 다 대학 학장의 책임까지 맡고 있으며, 글 쓰는 속도가 느린 저자가 지지부진하리라는 사실을 인식했어야 했다. 결과적으로 이 책은 준비하는 데 아주 오랜 시간—10년 이상—이 걸렸다. 그러므로 출판사는 다른 저자를 선임할 수도 있었다. 하지만 출판사에서는 엄청난 인내심과 예의를 보여 주었다. 그 점에 심심한 감사를 드린다. 아주 최근에 필립 듀스(Philip Duce)가 IVP의 신학 분야 편집장이 되었는데, 그는 선임자들이었던 데이비드 킹던(David Kingdon)과 마크 스미스(Mark Smith)가 지녔던 것과 똑같은 특징들을 풍부하게 보여 주었다.

글을 쓰는 모든 저자와 마찬가지로, 나도 많은 이에게 감사의 빚을 졌다. 나는 호주 시드니에 있는 무어 신학교(Moore Theological College)와 런던에 있는 오우크 힐 신학교(Oak Hill Theological College)의 학생들과 교수들에게 감사하고자 한다. 그들은 다양한 나의 생각을 처음으로 들어주었다. 수많은 사람이 내게 도움을 주었는데, 특히 마이클 오베이

(Michael Ovey), 앤드류 케이테이(Andrew Katay), 마이클 젠센(Michael Jensen), 키이스 매스코드(Keith Mascord)는 폭넓게 읽고 논평해 주었다. 마크 배델리(Mark Baddeley)는 마지막 단계에서 훌륭한 작업을 해주었다. 나는 이 시리즈의 편집자인 제럴드 브레이(Gerald Bray)의 정확하며 고무적인 언급들에 특히 감사한다. 무어 신학교 위원회는 친절하고 관대하게도 연구 휴가를 제공해 주었다.

또한 주 예수를 섬기는 동역자이며 나의 영감(靈感)의 원천인 아내 크리스틴(Christine)과 아내의 가족들과 아내가 섬기는 사람들에게 깊은 존경과 감사를 전한다.

나는 이 책이 부족함을 알지만, 책의 중심 논제인 하나님이 주 예수 그리스도의 복음 안에서 자신을 확정적으로 계시하셨다는 논지의 진실성을 전적으로 확신한다. 그분께 모든 존귀와 찬양을 돌린다.

2001년 11월
피터 F. 젠센

# 서론

지금 내 곁에는 내가 읽었던 첫 번째 비평적 작품으로 기억하는 책이 한 권 놓여 있다. 그 책은 18세기의 프랑스 합리주의자인 볼테르(Voltair)의 작품으로, 조셉 맥케이브(Joseph McCabe)가 선별해서 번역한 것이다.[1] 주로 내게 깊은 인상을 주었던 것은 볼테르가 성경과 기독교에 대해 탁월한 공격을 펼친다는 점이다. 나는 성경과 기독교에 대해 통상적으로 갖는 존경심을 가지고 성장했고, 그 존경심은 볼테르의 경멸을 거의 벗어날 수 없었다.

내 말을 들으시는 위대하신 하나님—분명 한 여자에게서 태어날 수도 없으며, 교수대에 달려 죽을 수도 없으며, 밀가루 반죽 한 조각에서 삼켜질 수도 없으며, 모순과 우매함과 괴기스러움으로 가득 찬 이 책을 영감했을 리도 없는 하나님—모든 세계의 창조주이신 이 하나님이 자신을 모욕하는 그리스도인 분당을 불쌍히 여겨주시기를 빈다.[2]

볼테르는 기독교 교리의 우매성을 통렬하게 비난하는 것으로 만족하지 않았다. 똑같이 준엄한 태도로, 성경의 도덕성만이 아니라 신빙성도 공격하면서 성경을 혹평했다. "나는 출애굽기가 말하는 것처럼 하루 만에 금송아지가 만들어지고, 다시 모세가 그것을 재로 만들어 버렸다는 사실을 쉽게 다룰 만큼 화학에 정통하지는 못하다. 그 일들은 두 가지 기적인가? 아니면 인간 기술의 두 가지 가능성인가?"[3]

### 계몽주의와의 조우

당시에는 그 사실을 몰랐지만, 나는 근대 세계의 커다란 지적 운동 가운데 하나였던 계몽주의의 지혜를 소개받았다. 볼테르와 같은 문학적 대가의 손길을 통해, 나는 200년 이상이나 신앙심에 대해 적대적인 방식으로 심문해 왔던 비평의 힘을 경험했다. 기독교 교리라는 측면에서 많은 이견이 있었지만, 볼테르 시대에는 성경이 참되신 한 분 하나님으로부터 온 특별한 계시며 하나님의 말씀이라 칭하는 것이 올바르다는 근본적인 합의가 있었다. 또한 창조 세계를 통한 하나님의 일반 계시가 존재한다는 점에 대해서도 합의가 있었다. 물론 죄에 빠진 인간이 그 계시를 어느 정도까지 이해할 수 있느냐에 대해서는 의견이 달랐다. 그렇지만, 어쨌든 기독교는 독보적인 권위가 있으며 구원을 가능케 하는 능력을 가지고 있어서 죄인들을 이끌어 하나님과 어떤 관계를 맺게 해줄 수 있다고 생각했다.

볼테르의 입장에서 본다면, 그는 무신론자가 아니었다. 그는 하나님의 존재하심에 대한 증명을 하나 제안했다. 그의 논리는 계시가 아니라 일종의 '자연신학'에 근거를 두고 있다. "우리는 여기에서 엄밀하게 철학적 언어로 말한다. 계시 언어를 사용하는 자들을 힐끔 쳐다보는 것조차도 우리가 할 일이 아니다."[4] 계몽주의가 제기했던 의문들은 다음과 같다. 기독교는 하나님으로부터 온 어떤 특별 계시를 소유하는가? 종교를 인간의 이성이라는 한계 안에 두는 것이 최선이 아닌가? 성경과 교회사의 기적들을 비평적인 역사에 비추어 볼 때 진짜라고 믿을 수 있겠는가? 성경에 개연성 없는 이야기와 부도덕한 가르침이 그토록 많이 포함되어 있는데 성경이 영감되었다는 주장을 우리가 믿을 수 있는가? 볼테르와 같은 사상가들의 비판적 논의들은 기독교 가르침의 신빙성에 막대한 피해를 가져왔다. 권위 있는 책이라면 여전히 '성경'(bible)이라고 부를 수도 있겠지만, 아이러니하게도 이러한 용례는 이전의 압도적인 권위가 퇴화한 흔적만 반영할 뿐이다. 실제 성경(Bible)에 이르면, 볼테르의 의견이 대개 승리를 거두었다.

나중에 신학을 공부했을 때, 나는 자연신학 자체의 용도에 대한 강력한 반론들을 소개받았다. 데이비드 흄(David Hume, 1711-1776)은 자연신학과 계시에 근거한 신학 모두를 공격했다. 흄은 세계로부터 하나님의 존재를 논증하는 것이 아무런 설득력도 가질 수 없다고 주장했다. 천지를 창조한 단 한 분의 주권적 창조자가 존재한다는 결론으로 이끌기는커녕, 다신론이 참이라거나 하나님의 권능은 연약함에 의해 제한된다고 결론을 내리는 것이 더 정당하다고 보았다. 세계는 다음과 같이 존재하는 것으로 이해될 수 있다고 흄은 주장했다.

…[세계는] 더 우월한 기준에 비교해 보자면, 매우 불완전하고 결점투성이다. 그리고 어떤 유치한 신이 처음 써 낸 거친 에세이에 불과하다. 그 신은 나중에 그 에세이를 버렸으며, 자신의 서툰 솜씨를 부끄러워했다. 그것은 단지 어떤 의존적이며 열등한 신의 작품일 뿐이기에, 그 신보다 더 높은 자들의 조롱의 대상이 된다. 그것은 늙어빠져서 폐물이 된 어떤 신이 나이 들고 망령이 들어서 만들어 낸 산물이다. 그리고 그 신이 죽은 이래로, 세계는 그 신으로부터 받았던 처음 충동과 활동력을 가지고 계속해서 모험을 감행한다.[5]

흄은 계시에 대한 주장들에 별로 만족하지 못했다. 그는 기적에 대해 집중적으로 공격했는데, 이는 기적이 계시 종교(revealed religion)의 내용과 정당화의 핵심 부분이었기 때문이다. 성경의 기적들은 대단히 영향력이 있으며, 기독교가 신앙을 변호하는 수단으로 자주 기적에 호소하기 때문에, 기적을 철학적 점검의 대상으로 삼는 것은 특히 효과적이었다. 흄의 관점에서 볼 때, 기적은 일관성 있는 자연 법칙들을 깨뜨리기 때문에 근본적으로 불가능한 것이었다. 그러므로 그는 역사가가 기적을 믿기에는 인간의 증언을 통한 증거가 결코 충분할 수 없다고 주장했다. 그는 그리스도인들에게 그들의 종교가 이성이 아니라 신앙에 근거한다는 개념을 고수하라고 충고함으로써 자신의 논의를 끝낸다. 이성에 대한 호소는 견디기 어려운 시련을 종교에 가져다준다. 풍자적으로 예리하게, 그는 다음과 같은 말로 자신의 논의를 끝맺는다.

> …기독교라는 종교는 처음부터 기적을 동반했다. 그뿐 아니라 오늘날도 기적이 없다면, 합리적인 사람은 결코 기독교를 믿지 못할 것이다. 우리가 기독교의 진실성을 납득하기에는 이성만으로 부족하다. 그래서 **신앙**에 의해 기독교에 동의하도록 감동을 받은 사람은 누구나 자기 안에서 계속되는 하나의 기적을 의식하게 된다. 그 기적은 자기 오성(understanding)의 모든 원리원칙을 뒤엎고, 관습과 경험에 상당히 반대되는 것을 믿도록 결심하게 만든다.[6]

### 계몽주의의 승승장구

이렇게 개인적인 방식으로 계시에 대한 논의를 시작하는 이유는 나의 개인적인 경험이 계몽주의의 지대한 영향 중 한 가지를 압축적으로 시사하기 때문이며, 그 뒤를 이어 발생했던 다른 많은 문화 운동에도 불구하고 계몽주의가 지속적인 의의를 지니고 있음을 보여 주기 때문이다. 내가 읽었던 볼테르의 저술들과 그 후에 접했던 흄의 사상은 대단히 도전적이었다. 볼테르는 기독교 신앙을 더 이상 어떠한 충성도 바칠 가치가 없는 어이없고 억압적인 것으로 만들어 버렸다. 볼테르와 흄이 당시에 특히 역사가로 널리 알려졌다는 사실은 결코 우연이 아니다. 반(反) 초자연주의의 새로운 기조가 역사 연구에 도입되었다. 그리하여 성경의 기원과 성격에 대한 비평적 검토가 이루어짐과 동시에, 옛 정통성은 그 기초에서부터 도전받았다. 더 나아가서 계몽주의의 주장들은 인간이 만물의 척도라는 언제나 매력적인 메시지에 의해 예리하게 다듬어졌다. 인간의 이성이 판단의 척도였다. 인간의 자유는 중심적인 덕목이었으며, 미신과 근거 없는 권위에 대한 인간의 진보는 강령(綱領)이었다. 모더니티는 이러한 주장의 진실성을 전제로 했다. 근대 서구인 중에 그 주장들의 매력적인 소용돌이로부터 전적으로 자유로운 사람은 아무도 없을 것이다.

계몽주의 사상가들은 인간의 자율성이라는 쟁점을 놓고서 교회와 국가에 대항해서 지적 투쟁을 벌였다. 교회와 국가 둘 다 자체의 권위를 정당화하기 위해 성경에 호소했기 때문에, 당연히 성경이 경합을 벌이는 경기장이 될 수밖에 없었다. 결국에 가서, (볼테르와 흄이 두 대변자였던) 그 전체적인 운동은 무엇보다도 기독교 신앙에 대승을 거두었다. 기독교는 특히 개신교 유럽 지역에서 그 지적, 사회적, 영적 권위를 상실했다. 버나드 램(Bernard Ramm)의 판단으로는, "개신교 정통주의에 계몽주의가 가한 치명적인 상처는 강력한 것이었으며, 결코 완전한 회복이 어려운 상처였다."[7] 그리고 콜린 건튼(Colin Gunton)은 "근대 문화의 두드러지는 측면들은 기독교 복음에 대한 부정에 입각해 있다"고 말한다.[8]

볼테르와 흄의 저술들은 18세기의 급진적인 사상이 20세기 후반에 들어 나에게까지 이르렀던 통로 가운데 두 가지였다. 물론 그 저술들은 로크, 스피노자, 칸트, 헤겔과 같은 다양한 대 사상가들을 포함하는 훨씬 광범위한 역사의 일부분이었다. 이미 17세기에, 철학자들과 신학자들은 교회와 문화에서 성경에 할당했던 지위를 근본적으로 바꾸게 될 입장들을 취하기 시작했다. 또한 19세기에는 계시와 과학의 맞대결이 일어났다. 어떤 사람들은 그 맞대결을 전쟁이라고 불렀다. 이 대결은 계시의 권위에

서론 • 15

대해 엄청난 반향을 불러일으킬 대결이었다. 다윈주의는 성경의 창조 이야기들과 세계 안에 질서가 있다는 개념에, 즉 특별 계시와 일반 계시 모두에 치명적인 타격을 가한 것으로 드러났다. 그와 동시에, 절대성이나 유일성을 주장하는 어떠한 체계에 대해서도 즉각적인 의문들을 불러일으키지 않을 수 없도록 인간 세계의 복잡성과 다양성이 드러났다. 결국, 성경의 계시, 일반 계시, 자연신학과 같은 사상들은 철학이 아니라 역사학, 인류학, 종교학, 과학과 같은 연구 분야에서 적대적인 취급을 받았다. 계시에 대한 문화적 환멸의 정도를 인식하기 위해서는, 마르크스, 다윈, 프로이트와 같은 이름만 떠올려도 될 것이다.

### 계몽주의의 위기에 대한 기독교의 대처

하나님의 유일한 계시를 소유한다는 기독교 신앙에 대한 공격은 아주 민감한 사실에 대한 도전이었다. (적어도 서구 지성인들 사이에서는) 대체로 그러한 비판에 동의했으며, 그리하여 불신앙으로 나아가게 되었다. 기독교의 지적 위상의 상실은 근대기의 충격적인 현상이다. 지난 200년 동안 교회의 선교 활동 가운데 가장 큰 활동이 이루어진 것이 사실이다. 성경의 번역, 출판, 분배만으로도 역사적으로 특별한 현상을 이룬다. 그리고 계속해서 진행되는, 성경의 각 페이지에 대한 집중적인 학문적 연구도 획기적이다. 성경은 완전히 폐기 처분 되기는커녕, 오히려 전 세계에서 가장 빈번하게 인쇄된다. 그럼에도 불구하고, 세속주의가 기독교의 지적 주장들에 대해 가한 압력들은 심각했다고 말해야 할 것이다. 그리하여 교인들이 감소하고 기독교 공동체 자체 내부에 상당한 긴장과 부담을 초래했다. 모더니티의 도전을 처리하기 위해 서로 다른 전략을 채택한 사람들 사이의 분열이 얼마나 극심했던지, 교단 사이의 분열은 무색할 지경이었다.[9] 중심적인 쟁점은 성경을 신학적으로 어떻게 평가하느냐였다. 어떤 사람들은 성경이 하나님의 영감을 받았으며, 하나님의 직접적인 자기 계시라는 '전통적' 견해를 계속 주장했다. 이미 언급했듯이, 버나드 램은 "가해진 그 상처로부터 결코 완벽한 회복이 불가능할 정도로" 개신교 정통주의가 입은 상처에 대해 말한다. 그러나 그는 마치 기적과 같이 "기독교 정통주의가 살아남았다"[10]는 점도 지적한다.

이 입장에 대한 가장 두드러진 대변자는 북미의 신학자인 칼 헨리(Carl F. H. Henry)였다. 계시에 대한 그의 여섯 권짜리 대작은 지금도 주목을 받고 있다.[11] 그러한 보수적 그리스도인들은 자신이 선배들의 생각을 정확하게 재생산해 내야 할 것으로 간주하지 않았다. 즉, 성경의 교리와 가르침에 대한 이해에 발전이 있었다. 그들은 고대 세계와 그 언어들과 관습들에 관해 입수한 정보의 자원들을 기꺼이 통합하려는 태도를 보였다. 그러한 정보의 자원들은 계몽주의의 긍정적인 결과 가운데 하나로 간주될 수 있는 것이었다. 이에 덧붙여, 그러한 식의 계시에 대한 해명들은 언제나 일반 계시 개념을 변호했다. 그러한 입장은 대개 장 칼뱅이 규정해 놓은 노선들을 따르는 것이었다. 즉, 자연 그리고 사람의 마음에는 하나님이 주시는 어떤 계시가 존재하는데, 그 계시를 수납하는 자가 무지하고 죄를 짊어져서 계시가 억눌려 있다는 것이다.[12]

그러나 계시에 대해 진지한 수준에서 생각해 왔던 그러한 개신교도들 가운데 대부분은 다른 길을 선택했다. 당연히 그들은 성경에 대해, 특히 예수 그리스도에 대한 신약 성경의 증거에 깊은 존경심을 지녔다. 그러한 존경심이 없다면, 하나의 종교 체계가 여전히 기독교라는 이름으로 남아 있다는 것은 명목뿐일 것이다. 그렇지만 계시의 중심 자리를 성경으로부터 다른 곳으로 옮기는 대단한 결정이 내려졌다. 예를 들어, 에밀 브루너(Emil Brunner)는 "계시를 성경의 영감(inspiration)과 동일시하는 치명적인 태도"에 대해 언급했다.[13] 그리하여 이제 전형적으로 영감이 희석되거나 받는 자에 대한 조명(illumination)이라고 이해되었다. 이러한 재해석들의 근본적인 목적은 두 가지다. 하나는 하나님의 계시를 구하려는 것이었으며, 다른 하나는 성경의 증거를 구하려는 것이었다. 만일 성경이 볼테르와 같은 저자들이 폭로한 바와 같은 도덕적·역사적 결함들을 내포한다면, 성경을 하나님으로부터 온 계시라는 식으로 아주 직접적으로 동일시할 수도 없으며, '하나님의 영감된 말씀'이라 불러서도 안 되는 것이었다.

그러나 이러한 재해석을 단지 방어적인 것으로만 간주하는 것도 잘못일 것이다. 이러한 재해석을 옹호하는 많은 주창자가 볼 때 그러한 해석은 전통적인 이론이 지니던 유감스런 요소들을 잘라내고, 그러한 요소들을 계시와 관련된 인격(human persons)과 신격(divine persons)의 성격에 대해 좀더 공정을 기하는 측면들로 대신할 수 있는 기회를 제공했다. 그리하여 그들은, 빈번하게 명제적 계시를 주지주의적(intellectualist)인 것이라 하여 배격하고, 신과 인간이 만나는 경험을 강조했다.[14] 그들은 종종 말씀의 정태적 집합에 대해서보다는 하나님의 역사상의 행위들에 더 초점을 맞추는 역동적 계시를 선호한다. 이에 덧붙여, 그들은 이전의 이론들이 성경이 지닌 여러 가지 성격을 공정하게 대하지 않는 것으로 간주한다. 마찬가지로, 그들은 계시가 결단코 종교에 국한되지 않는다는 견해에 대해 상당히 동정적이다. 그들은 또한 일반 계시와 자연신학이 그리스도인에게 주는 긍정적인 가능성에 대해 자신들의 선배들보다 훨씬 더 동정적이다.

당연히 제시된 계시신학의 유형들 사이에는 상당한 차이점이 존재한다. 폭넓게 말하자면, 19세기는 프리드리히 슐라이어마허(Friedrich Schleiermacher)가 주도했으며, 20세기는 칼 바르트(Karl Barth)가 주도했다고 말할 수 있을 것이다. 어떤 사람들은 슐라이어마허의 주도를 따라 하나님에 대한 인간의 경험에서 계시의 자리를 찾을 것이다. 또 다른 사람들은 칼 바르트처럼 이러한 이른바 인간 중심적인 접근 방법에 반대하면서, 예수 그리스도가 하나님의 유일한 말씀이며 성경은 그분에 대해 증거한다고 주장할 것이다. 그러나 볼프하르트 판넨베르크(Wolfhart Pannenberg)와 같은 학자들이 보여 주었듯이, 괄목할 만한 대안들도 존재한다. 판넨베르크는 역사와 종말 안에서 그리고 역사와 종말을 통해서 일어나는 계시에 대해 말한다. 로마 가톨릭 신학자인 에이버리 덜레스(Avery Dulles)는 현대 신학에서 사용되는 계시의 '모델'을 다섯 가지 이상으로 분류한다. 그는 교리로서의 계시(그는 여기에 칼 헨리와 여타의 개신교 및 가톨릭 저자들을 포함시킨다), 역사로서의 계시, 내적 경험으로서의 계시, 변증법적 현존성으로서의 계시, 새로운 자각(new awareness)으로서의 계시 등으로 분류한다. 그 다양성에도 불구하고, 그는 '아마도 각 모델을 고수하는 많은 사람이 다 받아들일 수 있을' 한 가지 정의를 제안한다. 그의 제안은 다음과 같다.

> 계시는 하나님의 자유로운 행위로, 그 행위를 통해 하나님은 특히 사도적 교회에 의해 받아들여지고 성경과 계속해서 존속하는 신자들의 공동체에 의해 검증된 예수 그리스도를 통해서 피조물의 마음에 구원의 진리를 전달하신다.[15]

덜레스의 제안은 계시를 다루는 대부분의 논의에서 발견할 수 있는 여러 강조점을 성공적으로 반영한다. 덜레스가 가톨릭 신자의 한 사람으로서 글을 쓴다는 점을 인정할 때, 그에 대응하는 개신교의 진술에서보다는 교회에 더 많은 강조점이 있다는 사실이 그리 놀라운 것은 아니다.[16] 개신교 조직신학, 특히 20세기 신정통운동을 접했던 개신교 조직신학에서는, 사상가들이 계시를 정당화하고 설명하려고 노력해 오면서 지속적으로 세 가지 강조점이 이루어졌다고 여겨진다. 이 세 가지 강조점이 전부는 아니지만, 몇 가지는 덜레스의 요약에서 발견된다. 각 요소는 우리가 더 이상 성경을 계시라고 호소할 수 없다는 확신 가운데 형성된 것으로, 성경을 계시로 보는 태도에 대한 반발심을 반영한다.

### 사건으로서의 계시

첫째, 계시를 성경의 말들과 동일시했던 이전의 견해들과 의식적으로 단절하면서, 많은 현대 신학자는 계시가 하나님의 행위, 하나의 사건(event), 하나의 에피소드(episode)라고 주장한다. 덜레스는 '자유로운 행위'라는 어구를 사용함으로써 이 요소를 표현하려고 노력했다. 계시에 대해 이 견해를 채택함으로써, 신학자들은 무엇보다도 하나님의 자유를 보호한다. 다니엘 미글리오리(Daniel L. Migliore)는 성경의 에피소드들에 대해 언급하면서 다음과 같이 덧붙인다. "이 사건들 가운데서 하나님이 참으로 드러나지만, 하나님의 자유나 은폐성은 결코 해소되지 않는다. **하나님은 계시 사건 가운데서 신비이기를 그치지 않는다.**"[17] 하나님을 내재적(immanent)으로 취급했던 19세기 신학의 성향에 반대하면서 그 후의 신학자들은 하나님의 초월성을 강조함으로써 하나님이 되시는 하나님의 자유를 강조했다. 계시는 하나님의 자유로운 주도성에서 비롯되는, 따라서 하나님의 은혜와 인간의 필요 모두에 일치하는 일종의 은사로 간주되어야 한다. 계시는 우리의 수중에 있는 것이 아니라 하나님의 수중에 있다. 우리는 계시를 통제할 수도, 요구하거나 조직할 수도 없다. 만일 우리가 어떤 책 한 권―그 책이 성경이라 할지라도―을 계시와 동일시한다면, 우리는 하나님에 대한 우리의 권위를 주장하는 것이며, 따라서 성령보다는 문자를 가치 있게 여기는 바리새주의적 접근 태도를 채택하는 것이다. 계시를 하나의 사건으로 취급함으로써, 우리는 하나님과 성경에 대해 좀더 성경 자체에 적절하게 생각하는 것이다. 성경은 영구적인 진리들에 대한 핸드북과는 거리가 먼 것으로, 주로 하나님이 자신의 백성을 구원하시고 자신을 그들과 동일시하셨던 그분의 '강력한 행위들'(mighty deeds)에 대한 내러티브라는 것이다.

계시를 하나의 사건으로 생각하는 또 다른 이점들이 있다고 한다. 그러한 생각은 성경에서 헬라어 형태로든 히브리어 형태로든 계시라는 개념이 등장하는 방식과 잘 부합한다.[18] 예를 들어, 그 용어는 하나의 책으로서의 성경에 대해 사용되지 않고, 오히려 하나님이 자신을 사람들에게 알리시는, 하나님과 사람들 사이의 만남에 대해 사용된다. 계시는 흔히 어떤 종말론적 요소를 지닌다. 그리하여 말세에 그리스도께서 나타나시는 일이 '계시'로 불린다. 그 말은 또한 자연 세계든지 인간사(人間事)의 세계든지 세상에서 하나님이 행하시는 일을 형용하기 위해 사용된다. 개인이 계시를 받을 수도 있으며, 계시가 모든 사람이 마땅히 소유하는 어떤 것일 수도 있다. 또한 계시가 하나의 사건이라는 생각은 계시가 성경에서 발견되는 것보다 훨씬 광범위하게 생각해야 할 필요성에도 잘 부합한다. 그러한 생각은 계시 경험이라는 주제(예를 들어, 그리스도인과 비그리스도인 모두가 느끼는 하나님의 임재에 대한 느낌)를 제기하며, 다른 종교에 있는 계시에 대한 보고들(reports)을 탐구할 수 있도록 해준다. 그러한 생각은 또한 이전의 계시론들이 모호하게 만들었던, 하나님의 성령이 현재 행하시는 조명과 영감의 역사에 대해 강조할 수 있도록 만들어준다.

### 자신을 내어 줌(self-giving)으로서의 계시

현대 신학에서는 우리의 하나님을 아는 지식이 관계적(relational)이라는 사실에 대해서도 많이 강조한다. 이 점에 있어서, 하나님이 '창조된 마음들에게 구원의 진리를 전달하신다'는 덜레스의 계시 개념은 별 도움이 되지 못한다고 볼 수 있을 것이다. 왜냐하면 그러한 식의 개념은 계시에 대한 명제적인 혹은 주지주의적인 견해로 복귀하는 것이기 때문이다. 그러한 견해는 다른 누군가의 권위에 의지해서 진리를 받아들이는 것을 신앙으로 간주하며, 주로 일단의 계시된 진리들을 계시라고 생각하기 때문이다. 근대 개신교의 입장에서 볼 때, 이것은 기독교 신앙의 참된 핵심을 오해하는 것이다. 본질적으로 기독교는 관계의 문제에 관심을 기울이며, 특히 하나님과 사람들의 만남에 관심을 기울이기 때문이다. 말하자면, 주지주의적 서술은 하나님에 대해 어느 정도 거리를 두는 것이다. 우리에게 필요한 것은 진리의 전달이 아니라 인격의 사귐(communion)이다. 그러므로 실로 계시의 중심이 한 사람이신 예수 그리스도라는 것이 결코 우연은 아니다. 기독교의 본질은 근본적으로 예수 그리스도에 대한 일단의 말들이 아니라 그분과 우리의 관계다. 에밀 브루너가 쓴 것처럼, "우리는 더 이상 '말씀'에 담긴 어떤 관계에 대해서가 아니라, 인격적인 관계에 관심을 가진다. 우리는 더 이상 '그 사실을 믿는 데' 만족하지 않는다. 우리의 관심은 **그분께** 나아가, 그분을 신뢰하고, 그분과 연합하고, 그분께 항복하는 데 있다. 계시와 믿음은 이제 인격적인 만남, 인격적인 사귐을 의미한다."[19]

### 계시이신 예수 그리스도

사람이신 예수 그리스도께서 이제는 기독교 계시의 내용으로서 성경의 자리를 차지하게 되었다. 로버트 모건(Robert Morgan)의 말을 빌면, "바르트가 말하는 하나님 말씀의 세 가지 형식에서 오직 성육하신 말씀만이 마땅하게 신적 계시라고 불릴 수 있다."[20] 계시가 성경에 있는 일단의 오류 없는 진리들이라고 생각되었을 때, 성경을 온갖 주제에 대한 교과서로 바꿔 버리는 경향이 지속적으로 존재해 왔다. 특히 성경은 도덕에 대한 정보의 원천이었다. 십계명과 팔복과 같은 목록들을 통해서 성경은 선한 삶을 살아가는 데 간편한 가이드를 제공했다. 성경은 또한 우수한 과학과 역사를 포함하는 것으로 간주되었으므로, 과학과 역사 각 분야에서의 발전은 성경의 가르침에 의해 검토를 받았다. 마찬가지로, 사람들은 미래에 대한 상세한 정보를 얻기 위해 성경을 샅샅이 뒤졌다. 계몽주의가 행한 유린은 부분적으로 이러한 종류의 성경 남용 전통을 대상으로 한 것이었다. 성경의 성격에 대한 그릇된 평가 때문에 성경 말씀을 남용하고, 성경의 진짜 의의를 소홀히 했다. 현대의 주류 개신교 신학자들의 입장에서 한 가지 명백한 사실은, 일차적인 의미에서 성경이 영감되었으며 무오한 하나님의 말씀이라고 성경을 복권할 길이 전혀 없다는 것이다.

그러나 이 결론은 계시의 진짜 성격이 확연해지도록 만들 수 있다. 계시는 실제로 성경이 말하고자 하는 모든 것, 즉 예수 그리스도로 이루어진다. 그분은 하나님의 계시다. 어떤 사람들은 오직 예수 그리스도만이 하나님의 계시라고 주장하려 할 것이다. 그리고 하나님의 계시라고 알려진 다른 모든 것은 그 의미를 (긍정적으로든지 부정적으로든지) 오직 그분으로부터만 얻는다고 주장하고 싶을 것이다. 또 다른 사람들은, 덜레스의 제안처럼, 예수 그리스도에 대해 '특히'라는 말을 붙여 말하기를 선호할 것이다. 그래서 키스 워드(Keith Ward)는 예수 안에서의 하나님의 성육신을 "하나님의 중심적 계시 행위"라고 기술한다.[21] 어쨌든지, 한때 계시의 원천으로서 성경과 자연과 교회 전승들에 의해 지탱되었던 인식론적 무게가 지금은 계시에 대한 많은 서술 가운데서 예수 그리스도에 의해 지탱된다. 예수 그리스도는, 다른 모든 말씀이 비추어 검증받아야 할 하나님의 메시지며, 요한복음 1:1-3이 그분에게 붙이는 호칭대로, 하나님의 말씀이다.

이 초점에는 몇 가지 이점이 있다. 첫째, 계시를 이렇게 파악하는 관점은 성경이 말하며, 중심 주제로 삼는 내용과 일치한다는 유익을 지닌다. 첫 기독교 설교자들의 그리고 신약 성경의 메시지는 '예수 그리스도'로 요약된다고 정당하게 말할 수 있다. 또한 그러한 초점은, 만일 예수 그리스도가 진실로 '하나님과 사람 사이의 유일한 중보'(딤전 2:5)라면, 반드시 그래야 하듯이, 그리스도 자신을 중보자로 삼는다. 그분은 어떤 보조적인 메신저나 단순한 예언자가 아니라 그 자신이 하나님이자 사람이며, 우리가 하나님을 보고도 살 수 있는 지점인 하나님의 말씀이다. 둘째로 그러한 초점은 가능한 최상의 방식으로 기독교의 계시를 변호한다. 그 초점은 기독교의 계시를 우리 인간의 손이 미치지 않는 곳에 둔다. 만일 그 계시가 실제로 참이라면, 그 계시는 하나님으로부터 오는 것이다. 그 하나님은 인간의 시험이나 심문을 받으실 수 없는 분이다. 그 계시는 자체를 검증할 때 더 열등한 어떤 것의 도움에 의존하지 않는 자증적인 것이어야 한다. 예를 들어, 성경을 변호할 경우 우리는 성경이 하나님으로부터 오지 않는다는 우려를 즉시 드러내게 된다. 그러나 예수 그리스도와 관련해서는 그렇지가 않다. 그분은 설교되고 전파될 수 있다. 그리고 선포 그 자체가, 만일 성령이 그렇게 하신다면, 계시 사건이 되어 듣는 사람들을 납득시킬 것이다.

계시를 우선적으로 혹은 심지어 배타적으로까지 예수 그리스도 안에 자리매김함으로써 얻는 주요 혜택 가운데 하나는 계시에 대한 다른 주장들에 대해 올바르게 논하는 방식을 찾을 수 있게 해준다는 것이다. 모든 주장은 예수 그리스도에 대한 우리의 평가로 가늠하게 된다. 특히, 성경의 실제 본성에 공정을 기하면서도 성경에 관하여 흡족할 정도로 긍정적이 될 수 있게 해준다. 성경의 역할이 계시 곧 예수 그리스도를 '입증'하는 것이라는 덜레스의 견해는 맞는 말이다. 오늘날은 흔히 성경이 하나님의 말씀에 대한 하나의 증거라고 생각한다. 이 말의 뜻은, 여전히 성경을 하나님의 말씀이라고 부르는 것이 가능하며 성경이 우리를 예수 그리스도께 인도하는 과정에서 행하는 필수 불가결한 역할을 존중할 수 있지만, 성경을 신격화할 정도로 하나님과 동일시하는 위험에는 빠지지 않게 된다는 뜻이다. 그렇게 함으로써 우리가 성경을 우상처럼 숭배하는 일을 피할 수 있으며, 성경에 있는 태고사와 과학이 불필요하게 신앙에 대한 걸림돌이 되는 위험을 피하게 된다는 판단이다.

### 평가

먼저 지금까지 개략한 계시에 관한 진술은 하나의 의미심장한 지적·신학적 성과라고 말해야 할 것이다. 기독교 신앙 자체가, 특히 그 신앙의 특성에서 지적 구성물로서의 특성이 사라져 버릴 것 같았던 때도 있었다. 그 동안 받아온 비판들에 굴복해서 성경은 더 이상 어떤 권위도 유지할 가망이 전혀 없을 것 같았다. 그리고 기독론이나 삼위일체론과 관련하여 어떠한 정통성의 흔적도 말끔히 사라져 버린 것처럼 보였다. 앞서 제시한 견해들을 가진 주창자들은, 성경의 증거대로 그리스도께서 지닌 중심적 성격을 주장함으로써 삼위일체론을 기독교 신앙의 중심에 복귀시킬 수 있었다. 기독교가 말하는 계시를 받을 때, 우리는 그 계시가 하나님 자신의 역사임을, 예수 그리스도가 하나님의 말씀임을, 그 계시 행위는 특히 성령의 역사임을 안다. 이 말은 우리가 계시 가운데 들어가게 될 때, 반드시 삼위일체이신 하나님과 연결된다는 의미다. 실로 이것은 설교되고 전파될 만한 기독교 신앙의 한 가지 버전, 기독교 신앙에 대한 한 가지 이해다. 계시는 우리 자신에 관한 것이 아니라 하나님에 관한 것이며, 그분이 어떤 분이며 무슨 일을 행하셨는가를 알려 주는 기쁜 소식에 관한 것이다. 이러한 이해는 하나님을 계신 그대로 높인다. 그리고 기독교가 단지 확대된 인간론에 불과하다는 포이어바흐 류의 비판들과 맞붙잡고 씨름하려는 시도다. 그렇지만 이렇게 해서 계시가 복구되었다 할지라도, 그 시도가 하나님을 아는 지식에 대해 공정을 기하는 데 완전히 성공했다고 말할 수 있을까?

　나는 그렇지 않다고 생각한다. 이 견해에는 지극히 중요한 점들에 대해 어떤 증상적인 모호성이 있다. 이 모호성은 성경이 가져다줄 것이라 기대하는 지식에 우리가 접하지 못하게 만든다. 신학 사상가들은 하나님을 사물의 중심으로 되돌려 놓았지만, 하나님과 우리의 관계의 성격을 성경이 말하는 대로 반영하는 방식으로는 회복시키지 못했다. 성경 저자들의 경험에서 볼 수 있는 것과 똑같은 맥락에서 우리가 하나님과 관계를 맺도록 하지 못하는 기독교 신앙이란 그 타당성을 의심받아 마땅할 것이다. 예를 들어, 계시에 대한 현대의 재구성이 하나님을 신자들의 삶에 대해, 우리가 가정하고 신약 성경에서 가르친다고 여기는 권위와 똑같은 지위에 모셔 놓는지를 물음으로써 그러한 현대적 재구성의 실질을 검토할 수 있을 것이다. 현대 신학에서 말하는 계시가 그렇게 하는가? 만일 이 중요한 테스트를 만족시키지 못한다면, 계시에 대한 현대적 재구성은 성경에서 언급되는 하나님에 대한 앎과 분명한 연장선상에 있는 하나님 지식을 제공한다고 말할 수 없을 것이다. 그렇지 않다면, 현대의 모든 사상과 같이 신학 그 자체도 하나님께 대립하는 인간의 자율성 개념을 반영하는 경우가 아닐까? 현대 신학의 신앙은 신약 성경의 신앙과 부합하는가?

계시에 대한 현대적 서술에는 어느 정도 이러한 물음에 대해 긍정적으로 답변할 수 있는 말이 포함되어 있다. 특히 예수 그리스도에 대한 강조가 그렇다. 그러나 그 서술에는 근본적인 결핍도 존재한다. 그 결핍은 다른 결론으로 이끈다. 첫 신자들은 성경을 하나님의 말씀에 대한 증언이 아니라 하나님의 말씀이라 여겼다. 그러므로 (현대적 서술에서는) 믿음 자체가 불가피하게 첫 신자들의 믿음과는 다른 형태를 취할 수밖에 없다. 그들은 '증인'이라는 말을 사용했다. (그리스도 사건을 목격한) 증인됨은 사도가 되는 여러 자격 가운데 하나였다. 그래서 우리는 사도들에 대해 말할 때 좀더 권위적인 범주를 사용한다. 몇몇 학자가 세례 요한을 증인의 모범으로 활용한다는 사실은 흥미로운 일이다. 세례 요한은 사도가 아니었다. 계시에 대한 재구성의 세 가지 중심 요소 각각에서, 성경을 하나님의 말씀으로 여기지 않으려는 태도가 특히 중요하다. 이것이 분기점이다. 이것이 바로 도달되는 결론들의 성격을 형성한다.

내가 설명해 보겠다. 계시가 하나님의 행위, 하나의 사건이라고 말하는데, 이는 맞는 말이다. 그러나 하나님의 말씀하심은 공개적으로 지속적인 영향을 끼치는 사건의 구성 요소가 되지는 않는다고 미리 선언해 버림으로써, 문제의 사건들(계시 사건들—역주)을 미리 제한할 필요는 전혀 없다. 하나님의 강력한 행위들이 이루어졌음을 볼 수 있는 모든 내러티브에는, 시내 산의 경우에서처럼, 강력하게 발언하시는 행위들도 포함된다. 또한 흔히 지적되듯이, 하나님의 행위들은 그 행위에 수반되는 해석의 말씀이 없이는 이해가 불가능하다. 훨씬 더 근본적으로는, 한 계시 사건의 일과적(episodic) 성격은 그 사건의 계시적 효과를 사건이 발생하는 순간에만 한정한다고 결정을 내림으로써 그 계시 사건을 제한할 필요가 전혀 없다. 그와는 반대로 비록 어떤 계시가 특정 사건에 해당한다 할지라도, (그리고 지금까지 여기에서 우리는 계시가 지나가 버리는 것이 아니라 해나 달, 별들처럼 '지속적'인 것일 수 있는 가능성을 제기하지는 않았다) 그 사건을 기록하는 단어들을 통해 지속적인 생명을 계속해서 가질 수 있음은 물론이다. 한 번 계시된 신비는 계속 계시된 신비로 남는다. 마땅한 때가 되면 논의하겠지만, 실제로 만일 기독교가 본질적으로 성격상 약속의(promissory) 성격을 지닌다면, 하나님의 자유를 하나님께만 귀속하려는 의도라 할지라도 계시 가운데서 우리가 대할 수 있는 것이 하나님의 일시적인 말씀 행위들일뿐이라는 생각은 그 말씀에 담긴 하나님의 신실성을 훼손할 뿐이다.

둘째로, 내가 기술하는 계시에 대한 서술은 자기를 내어 줌으로서의 계시라는 사상을 선호한다. 그 개념이 한 가지 중요한 진리인 기독교 신앙의 관계적 성격(relational nature)을 포착해 내려고 시도하며, 때때로 지나친 형식화와 주지주의화(intellectualization) 때문에 신앙이 수난을 당해 왔다는 사실은 아무도 부인할 수 없다. 그러나 자기를 내어 준다는 말은 분명 계시가 영감된 언어에 의존되지 않도록 거리를 둔다. 즉, 한 인격자에 대한 신앙이 말에 대한 신앙보다 앞선다는 것이다. 그러나 사람들의 관계에서조차도, 신용 있는 언어는 믿음이 일어나기 위한 필수 요건이다. 우리는 서로의 말을 신뢰할 필요가 있다. 그리고 우리는 한 사람을 신뢰하는 것과 그 사람의 말을 신뢰하는 것 사이에 실질적인 구분을 전혀 하지 않는다. 말이 없는 관계는 빈곤해진다. 말이 전혀 없다면, 보이지 않는 하나님과의 관계에서는 이 빈곤이 얼마나 더 심각할 것인가? (계시를 하나님이 자기를 내어 주시는 것으로 이해하는—역자 첨가) 이 생각은 과도하게 실현된 종말론(over-realized eschatology)의 경우가 아닌가? 이 생에서 우리는 눈으로 보는 것이나 경험에 의해서가 아니라 오히려 믿음으로 걷는다. 그리고 소위 하나님의 자기를 내어 주심은 아직은 우리의 것이 되지 않는 관계의 즉각적 성격(immediacy)을 말한다. 그것이 문서화된 하나님의 말씀을 하나님과 우리의 관계에 공정을 기할 수 있는 어떤 것으로 대체할 수 있다는 바람이긴 하지만, 나는 실제로는 비현실적인 바람이라고 본다. 그리고 또한 우리는 성경의 언어에 대해 다른 식으로 접근했던 이전의 세대들로부터 집적된 신학적이며 종교적인 자산을 터전으로 삼아 살아가지 않는가? 예를 들어, 우리가 실제로 앞서 제시된 계시 분석을 통해 삼위일체론에 도달할 수 있는가? 아니면 사실상 삼위일체론은 성경에 있는 언어에서 비롯되는 것인가?

셋째로, 계시에 대한 이러한 서술은 예수 그리스도께 집중적으로 초점을 맞춘다. 내가 이미 언급했듯이, 그리스도께 초점을 맞추지 않는 신학은 전혀 기독교적이라고 할 수가 없다. 그러나 비판적인 공격으로부터 계시를 보전하고자 시도하면서, 그리스도와 그분에 대해 증거하는 말씀 사이에 하나의 근본적인 구별이 이루어지게 되었다. 키스 워드가 쓰듯, "최소한 기독교 신앙에서, 성경은 계시 자체의 내용을 구성하기보다는 하나님의 계시에 대한 일단의 인간의 증언으로 구성되어 있다."[22] 그러나 우리가 우리의 신뢰를 두는 그 그리스도는 다름 아닌 성경의 예수여야 한다. 언어를 통해 우리가 그분께 접근하는 일에는 그 기원과 의의에 있어 필수적인 어떤 특성이 존재한다. 최종적인 계시의 무게를 예수 그리스도께 두면서도 영감된 말씀이 아닌 다른 것을 통해 그분께 접근하려는 선택은 당연히 빛을 기대할 수밖에 없는 어두움 속에 다시 우리를 버려 두는 것이다. 우리가 계시는 하나의 사건이라는 견해에 기운다면, 그 경우는 더욱 심할 것이다. 믿음은 이 사건에 대한 목격만으로 충족되는 것인가? (상당히 성경적이며 적절한) 말씀(Word)과 목격의 언어가 더 근본적인 언어인 복음의 언어와 사도의 언어에 대해 근거 없는 우위를 점하는 것은 아닐까?

지금까지 나는 최근 개신교 신학의 주제들 가운데 단 세 가지에 대해서만 논평했다. 이 자료와 여타의 자료를 개관해 보면, 한 가지 이중적인 결론에 이르게 된다. 첫째, 계몽주의와 그 이후에 기독교 신앙에 대해 제기되었던 문제들은 해소되어 간다. 이 계시론의 각 요소는 주로 성경 말씀이 어떠한 직접적인 의미에서 그리고 계시적인 의미에서 하나님의 말쓸일 수 있다는 생각을 거부함으로써 생겨난 불미스러우며 유지될 수 없는 구분을 지닌다. 내가 이미 시사했듯이, 계몽주의 이후의 세계에서 성경 말씀이 하나님의 말씀일 수 있다는 입장에 대한 복구의 과제는 실로 만만치 않은 일이다. 그러나 그 입장에 대한 대안은 성공하지 못했다.[23]

둘째, 맨 처음에 도전을 가했던 사람들에게 도전하는 일이 상당한 진척을 이루었다. 마르크스, 프로이트, 볼테르, 흄 그리고 심지어 칸트까지도 더 이상 예전처럼 위압적으로는 느껴지지 않는다. 교회 안에 여러 개의 갈라진 틈이, 가장 주목할 만하게는 '자유주의적' 전략을 지닌 사람들과 '보수주의적' 전략을 지닌 사람들 사이의 균열이 여전히 존재하는 것이 사실이다. 그러나 계시에 대한 책임 있는 글쓰기는 1960년대의 훨씬 더 급진적인 사신신학이라는 해결책으로부터 물러나 거리를 두고 있다. 명제적 계시와 같이 이전 세대가 백안시했던 주제들 가운데 몇 가지가 마침내 진지한 조명을 받기 시작했으며, 계몽주의 문화의 저변에 흐르는 원리들이 심각하게 비기독교적이며 심원하게 비인간적이라는 인식이 존재한다.

그렇지만 어떤 식으로든 기독교의 계시가 권위가 있다거나 유일하다고 제시될 경우, 그러한 주장들에 대한 적대의식은 가라앉지 않고 그대로 남는다. 흔히 말하듯이, 근대주의(modernism, 문학 사조에서의 모더니즘을 말하는 것이 아님—역주)는 포스트모더니즘에 자리를 내주었다. 말할 필요도 없이, 기독교의 계시 주장은 전례가 없는 상대주의적 환경에 대처해야 한다. 이러한 환경은 뉴에이지, 열성적인 종파 운동들, 신 물리학, 제2차 바티칸 종교회의 이후의 로마 가톨릭의 통찰들 그리고 수세기 동안 생명력을 유지하면서 강력하게 움직이는 종교들 간의 강력하고 직접적인 조우(遭遇)를 통해 이루어졌다. 기독교는 서구 사회에서 누려 왔던 특혜를 상실하면서, 그 메시지를 전하기 위해 다른 종교들과 경쟁한다. 예를 들면, 많은 사람에게 몰몬교와 개신교 중의 선택은 진리의 문제라기보다는 스타일의 문제다. 계시에 대한 문제는 다른 어느 때보다도 선교적 관심사가 되어 있다. 그리고 한편으로 서구 문화는 전반적으로 신앙적인 주장들에 대해 훨씬 더 포용적이 되었다고 할 수 있지만, 다른 한편으로는 그러한 주장들이 배타적인 방식으로 제시될 경우에는 그다지 수용적이지 못하다. 그러므로 기독교의 계시와 다른 신앙들이 근거를 두는 계시들의 관계라는 전반적인 문제에 대해 많은 관심이 집중된다는 사실은 결코 의외의 일이 아니다.[24]

성경의 본질과 권위는 여전히 힘겨루기가 이루어지는 마당이다. 그러나 그에 대한 논쟁은 이제 문학 비평 이론들과 해석학 이론들을 포함해서 전에는 알지 못했던 방식으로 벌어진다. 현재 유행하는 사상의 다원주의는 그에 대응하는 성경 활용 방식의 다원주의를 기대한다. 성경의 역사 자료들에 대한 이전의 논쟁들 중 몇 가지는 지나가 버렸다. 지금은 현재 있는 그대로의 텍스트(혹은 텍스트들)의 문학적 성격에 관하여 새로운 문제들이 제기되고 그에 대한 대답들이 이루어진다. 말할 필요도 없이, 성경에 대한 이해에 진척이 있었으며, 이러한 진척은 보수적인 학자들에 의해서만이 아니라 좀더 급진적인 학자들에 의해서도 환영받는다. 여기에는 모든 학파의 성경 해석의 특징을 이루었던 결실 없는 메마른 접근 방법 몇 가지를 극복할 수 있는 어떤 가능성이 존재한다. 그러나 성경 자료의 계시적 위상을 주장하는 어떠한 주장에도 위험은 있기 마련이다. 각별히, 삼위일체와 같은 위대한 교의들을 포함하는 교회의 조직신학은 새로운 접근 방법들이 흔들어 댈 수 있는 성경 읽기 방식을 전제로 한다. 개신교 세계에서, 민족 교회나 신앙 고백을 중심으로 하는 교회의 시대는 이제 지나가는 것 같다. 그리고 그와 더불어서, 기독교 신앙에 대한 교의적 이해들이 전수되었던 틀도 사라져간다. 로마 가톨릭과 정통주의가 몇몇 사람에게는 선택 사항이지만, 그 둘도 더 이상은 한때 근대주의와 포스트모더니즘의 지적인 도전들로부터 보호받았듯 보호받지는 못한다. 그러므로 여전히 하나님이 자신의 교회를 다스리시고, 남녀노소 여러 사람을 자신에게 부르실 때 사용하시는 말씀을 높이는 계시 이해가 절실히 요청된다.

이 책이 대변하는 종류의 개신교 복음주의는 하나님이 특히 자신이 영감을 불어넣으신 말씀인 성경을 통해 우리에게 자신을 계시하셨음을 알라고 계속해서 주장한다. 그 입장은 의도적으로 계몽주의 이전의 정통주의에서 우리에게 전해 내려오는 신앙의 흐름 가운데 스스로를 자리매김한다. 실로, 복음주의자들은 모든 문화 출신의 남녀노소가 하나님과 관계를 가질 수 있으며 가져야 한다고 말한다. 우리는 하나님의 말씀을 통해 하나님을 알 수 있다. 또한 복음주의자들은, 하나님의 계시의 초점은 성경의 그리스도 안에서 발견되어야 한다는 이 주장에 배타성이 있다고 말한다. 복음주의자들은 자연 세계를 통한 하나님의 일반 계시가 있다는 데 동의한다. 그러나 그들은 이 계시가 그 계시에 적절하게 반응하지 못하는 죄인들의 무력함 때문에 구원을 가져다주는 계시는 아니라는 견해를 계속해서 칼뱅과 공유한다. 명백히 그러한 주장들은 문화 일반의 생각과 대부분의 교회가 지닌 생각과 크게 대조된다. 그러한 주장들을 할 때, 우리가 어떻게 하나님을 알 수 있는가에 대한 일관되며 설득력 있는 설명을 제시하여 그 입장을 고수하는 사람들이 자양분을 공급받으며 하나가 되고, 그 메시지가 효과적으로 교회와 세상에서 증진되도록 하는 것이 복음주의 그리스도인들의 의무라는 점에 동의할 수 있을 것이다.

그러므로 이 책은 현대 세계에서 개신교 복음주의 입장을 진술하고 정당화하려는 데 목적을 둔다. 나는 계몽주의에 대한 하나의 응답으로서 계시에 관해 논의하고자 하면서 우리가 애초부터 잘못된 범주를 선택했다는 주장으로 시작한다. 그러므로 내가 제시하는 바는 우리가 단순히 있는 그대로의 성경에 다시 돌아가서 그 성경을 계시로 복권해야 한다는 것이 아니다. 하나님을 아는 지식이라는 훨씬 더 분명한 성경적 범주를 따르고, 이 지식이 발생하는 더욱 핵심적인 복음이라는 성경적 범주를 따르는 것이 더 좋다. 그렇게 한다면, 우리는 성경의 성격과 역할을 재평가할 수 있으며, 그렇게 하여 계시를 이해하되 계몽주의 이전에 사용되었던 것과 정확히 똑같은 방식으로가 아니라 성경에 부합하며 기독교 신앙에 부합하는 방식으로 계시를 이해할 수 있는 기회를 맞을 수 있을 것이다.

이제 이러한 제안을 따라가는 일을 시작하려고 한다. 제1-6장은 복음을 통한 하나님을 아는 지식이라는 관점에서 '특별' 계시와 '일반' 계시에 초점을 맞춘다. 제7-9장은 성경적 계시와 그 권위 및 성격 그리고 그 계시를 읽어 나가는 우리의 접근 방식에 대한 연구다. 제10-11장은 조명(illumination)을 통한 성령의 계시적 사역을 살필 것이다.

제1장

# 계시로서의 복음

## 복음과 선교

하나님을 아는 지식은 예수 그리스도의 복음에 의존한다. "계시는 단지 복음을 가져다주는 것이 아니다. 복음이 곧 계시다."[1] 우리는 위대한 기독교 선교사였던 바울이 데살로니가에 있는 최근의 개종자들에게 썼던 편지의 내용을 읽음으로써 계시에 대한 이 주장의 성격과 영향을 역사적으로 가늠할 수 있을 것이다. 바울은 다음과 같은 말로 그 개종자들의 삶에 일어났던 변화(transformation)를 기술했다. "…너희가 어떻게 우상을 버리고 하나님께로 돌아와서 살아 계시고 참되신 하나님을 섬기는지와 또 죽은 자들 가운데서 다시 살리신 그의 아들이 하늘로부터 강림하실 것을 너희가 어떻게 기다리는지를 말하니 이는 장래 노하심에서 우리를 건지시는 예수시니라"(살전 1:9-10). 바울은 이 변화를 그가 명확하게 "우리 복음"(1:5)이라고 "하나님의 말씀"(2:13)이라고 일컫는 메시지를 그들이 받아들였기 때문으로 여겼다. 분명 그의 개종자들은 이미 종교성이 높은 사람들이었다. 그러나 그들이 복음을 받아들이기 전에는, 그들은 '하나님을 모르는' 자에 속했으며, 그에 따라서 '장차 올 진노'의 위험 가운데 있었다. 이제 그들의 삶은 하나님에 대한 새로운 지식과 세상에 대한 하나님의 계획들에 대한 새로운 지식에 의해 구분되었다. 그 지식은 또한 유일하신 한 분 하나님과 그 아들 예수 그리스도를 향해 나아가는 믿음과 신뢰와 사랑의 특색을 이루는 지식이다. 바울은 또한 그 개종자들이 이렇게 믿었다는 사실을 성령의 역사 덕분이라고 여겼다(1:5).

복음의 선포와 수용은 초대 그리스도인들의 경험의 핵심이었다. 복음의 역할에 대한 인정은 하나님을 아는 경험에서나 오늘날의 그리스도인들의 선교적 책무에서나 여전히 중요하다. 복음은 신앙과 불신앙의 경계선상에 존재한다. 그리고 복음은 어째서 그리스도인들이 존재하는가를 설명해 주는 이야기의 출발점이다. 그리고 흔히 복음을 듣는 사람들은 성경에 대한 지식을 얻기 전에 복음을 듣게 된다. 바깥에서 믿음으로 들어오는 사람에게는, 복음은 믿음에 이르는 도입부이며 이해의 출발점이다. 그렇게 될 때, 복음은 믿음의 시금석이 된다. 이것이 믿음이 시작하는 곳이기 때문에, 계속해서 믿음이 시발점인 복음에 맞추어 진행되는 것이 지극히 중요하다. 우리는 복음으로 시작했다가 다른 방향으로 진행해 나가거나 복음에 맞지 않게 세울 수가 없다. 똑바른 태도와 일반 상식은 모두 이 사실을 우리에게 얘기해 준다. 그래서 가장 초기의 증인들 가운데 몇몇 사람도 이 사실을 언급한다. "그러나 우리나 혹은 하늘로부터 온 천사라도 우리가 너희에게 전한 복음 외에 다른 복음을 전하면 저주를 받을지어다"(갈 1:8). 먼저 복음을 상술하는 것이 건물을 충실하게 세워 나갈 수 있는 토대를 놓는 것이다(고전 3:10-15).

기독교 신앙의 선교적 추진력이 이전보다 훨씬 더 요구되는 현 시대의 신학은 그 추진력과의 접촉을 상실해 버렸다. 그 결과, 현 시대의 신학은 계시에 대하여 복음이 지닌 의의를 보지 못한다. 물론 유럽 신학과 북미 신학이 위협적인 지적 환경에서 고초를 겪었으며, 그런 면에서 그 자체의 문화와 그 문화 안에서의 변증적 업무에 대해 매우 민감하게 반응해 왔던 것이 사실이다. 그러나 그 신학은 방어적이었다. 그래서 그 신학의 형태가 이 점을 보여 준다. 현대 사상이 제기한 지적 문제들은 신학이 형성되는 방식을 지배해 왔다. 계시에 대한 이론적 개념이 하나님을 아는 일에 대한 복음의 방식의 실질보다 더 중요한 것이 되어 버렸다. 예를 들어, 어떤 사람들은 현재 상태에서 가장 중요하게 해야 할 일을 세계의 여러 종교에서 계시 사상을 검토하고 상호 관용과 지식과 수용이 성장하도록 격려하는 일이라 여긴다. 그러나 이러한 관점은 성경의 선교적 정황과 메시지의 가치를 평가 절하함으로써 우리의 성경 읽기 방식을 왜곡한다. 또한 우리에게 시급한 선교적 도전에 대해서는 거의 아무런 도움을 주지 못한다.

　기독교는 종교와 철학의 다원주의가 풍미하던 시대에 탄생했다. 그 시대에는 종교에 관한 지식과 참여가 높았다. 유대 세계든 이방 세계든, 신약 성경의 기독교가 비기독교 세계를 만났을 때 대응하는 특징적인 대응 방식은 그 세계와 타협하는 것이 아니라 예수 그리스도를 주님이라 말하는 복음을 전파하고 그렇게 함으로써 복음을 듣는 자들의 충성의 대상을 바꾸게 만드는 것이었다. 만일 우리가 신약 성경의 권고들을 따라 그 패턴들을 준수하고자 한다면, 신약 성경의 우선 순위들을 받아들여야 한다. 그리스도인들이 이 세상의 문화에 대해 호의적으로 연구하고 문화의 무수한 목소리를 조심스럽게 경청하고, 그 물질적이며 사회적인 필요들에 부응하려고 노력하는 것은 올바른 일이다. 그러나 궁극적으로 볼 때, 복음은 우리에게 맡겨진 보물이다. 그리고 그 복음은 우리가 다른 사람들에게 나눠 주어야 할 것이다. "만일 우리가 예수 그리스도께서 하나님의 구속 계획의 중심을 차지하시며 하나님의 목적들은 예수 그리스도의 구원 사역 가운데서 그 성취와 절정과 완성을 본다는 사실을 이해했다면, 주님으로서의 예수 그리스도의 다스림 아래 들어온 우리들은 유대인들과 더불어서 이방인들이 그에 대한 순종에 이르게 하는 그 구원의 목적들이 성

취되어 가도록 전적으로 헌신해야 한다."²⁾

　책임 있는 신학자라면, 자신의 가르침을 복음에 의해 정립해야 하며, 자신의 신학이 다른 어떤 것을 포함하더라도 그 신학을 읽는 자들이 복음의 핵심이 무엇인지를 확실히 이해할 수 있도록 해야 한다. 어떤 신학이 복음이라는 주제를 명백하게 밝히는 데 실패한다는 것은 독자들이 기독교 메시지의 핵심이 무엇인지를 끝까지 모를 수도 있다는 뜻이다. 복음을 해설함으로써 신학자는 자신의 신학을 전개할 수 있는 권리를 얻게 된다. 왜냐하면 복음이 모든 것 중에서 가장 중요한 계시이기 때문이다. 이 주장과 이에 따라 나오는 내용이 이 책의 처음 여섯 장의 논제다. 나는 이 장에서 복음의 내용, 복음의 기능 및 복음의 신빙성이라는 세 가지 기본적인 쟁점을 논함으로써 이 주장을 검토하고자 한다.

**복음의 내용**

　복음이란 무엇인가? 한 가지 답변의 단초(端初)는 역사적 증거로서의 능력을 지닌 신약 성경에 있다. 데살로니가전서와 같은 상당히 초기의 서술은 바울이 전했던 복음에 관한 일곱 증거를 우리에게 제공한다. 바울은 복음의 주요 특사 가운데 한 사람이었다. 그러나 우리는 전파자들이 (그리고 그 선포들을 보고했던 기록자들이) 그들 자신의 강조점과 정황과 방법을 가지고 있다는 점을 인정한다. 우리는 신약 성경 기록자 가운데 마가와 같은 몇몇 사람이 복음을 기록한다는 견해를 가질 수 있으며, 사도행전을 쓴 누가의 경우와 같은 다른 몇몇 사람은 복음에 대한 보고서를 제시한다는 견해를 가질 수 있다. 정도의 차이는 있지만, 바울과 같은 또 다른 사람들의 경우에는 다양하게 표출된 복음의 전승을 볼 수 있다. 다른 사람들의 기록에서는 복음의 파급력을 추적할 수 있다. 그러나 이러한 다양성에도 불구하고, 오늘을 위한 기독교의 복음 해명은 애초에 전파되었던 대로의 복음과 연속선상에 있음이 입증되어야 한다. 그 기원들과의 이러한 연결은 복음의 성격에 본래적인 것이지, 우연적인 것이 아니다.

애초에 복음을 전했던 사람들은, 자신이 그 복음의 중심에 계신 분께 나아갈 수 있는 독자적인 접근권과 허락을 받았기 때문에 그 복음에 대한 권위적인 해석(version)을 소유했다고 믿었다. 이러한 정황을 고려해 볼 때, 어떤 다른 복음을 주장할 수 있는 권리를 내세우기 위해서는 훌륭한 이유를 제시해야 할 필요가 있을 것이다. 그러므로 복음이 무엇이냐를 말하기 위해서는, 예수와 초기 그리스도인들이 선포했던 복음에 대한 진술을 제공할 수 있어야 한다.[3]

어떤 의미에서, 가장 초기의 그리스도인들이 믿었고 선포했던 기독교 복음의 내용은 간단히 요약될 수 있을 것이다. 예수께서 '복음'을 선포하기 시작했을 때, 그 선포는 하나님 나라의 도래에 대한 공표였다. 그 주제에 대한 자신의 가르침을 통해 그리고 일어난 사건들을 통해 (특히 그분의 죽으심과 부활을 통해) 임할 이 나라의 임금이 자신이며, 어떤 점에서 그 나라는 벌써 그분 안에서와 그분을 통해 세상에 들어왔다는 점이 분명해졌다(눅 17:21). 그분의 사도들이 전파했을 때, 그들은 '나라'에 해당하는 언어를 완전히 버리지는 않고, 예수께서 그 그리스도시며 만물의 주(主)이심을 선포했다. 예수와 마찬가지로, 그들은 자신의 말을 듣는 사람들에게 회개와 믿음을 촉구했다. 그들은 '예수 그리스도를 통한 구원의 메시지'를 선포했다.[4] 그래서 누가가 단 몇 마디로 초기 그리스도인들의 전도 설교의 특징을 설명하려 했을 때, 그들이 '그리스도를…전파했다'(행 8:5)거나, '예수를 가르쳐[ = 예수에 관한] 복음을 전했다'(8:35)거나 '담대히 하나님의 나라를 전파하며 주 예수 그리스도에 관한 모든 것을 담대하게 거침없이 가르쳤다'(28:31)고 말하는 것으로 충분했다. '예수 그리스도가 주시라'는 간단한 진술이 복음을 요약한다는 사실은 고린도후서 4:1-6과 같은 바울 서신의 구절을 보아도 분명하다.

그 같은 기본적인 요약정리를 하는 일과 그 요약을 풀어 내는 일은 서로 별개다. '예수 그리스도가 주이심'을 선포하는 방식은 신약 성경의 시대에도 크게 달랐음이 분명하다. 그렇게 달랐던 이유는 몇 가지가 있다.

첫째, 쓰이는 단어들은 말하는 사람이 역사상 어느 위치에 있느냐에 달려 있다. 흔히 하나님 나라와 인자를 중심으로 이루어진 예수의 가르침은 나중에 그 제자들이 전한 선포를 예고하며, 실로 그 선포의 일부분이 된다. 그들의 선포는 후대에 복음의 정수(精髓)로 간주될 중대한 사건들 이전에 자리잡았던 역사적 기원의 표시들을 지닌다.

둘째로, 복음 선포의 성격은 그 말을 듣는 청중의 성격에 크게 의존하게 마련이다. 우리는 이방인들, 특히 유대인의 성경(구약 성경—역주)에 대한 지식이 지극히 부족하다고 간주될 수 있는 이방인들에 대한 접근 방법과 유대인들에 대한 접근 방법에 차이점이 있음을 볼 수가 있다. 누가는 바울이 유대인들에게 했던 대중 설교들과 이방인 청중들에 대한 대중 설교들을 기록함으로써 이 사실을 드러낸다(행 13장과 17장을 비교해 보라). 그러나 이러한 점이 분명히 있음에도, 바울이 썼든, 누가가 썼든, 요한이 썼든, 베드로가 썼든 간에, 신약 성경의 글들에서 유대인 출신과 이방인 출신으로 이루어진 혼합된 그리스도인 무리가 구약 성경에 대해 즉시 친숙해지리라고 기대되었음을 볼 수 있다는 사실은 매우 흥미롭다.

신약 성경에 눈에 띄는 다양한 접근 방법이 존재하는 세 번째 이유는 각 저자가 글을 쓸 때 자기 나름의 각별한 목적을 가졌기 때문이다. 사도행전에서 발견되는 사도의 선포에 대한 간략한 서술들과 우리가 서신서들에서 수집할 수 있는 그 선포들에 대한 요약들을(예를 들면, 고전 15:1-11; 고후 4:1-6 혹은 살전 1:9-10) 신약 성경이 시작되는 대대적인 복음서들과 비교해 보면 시사하는 바가 대단히 많다. 그 복음서들을 복음에 대한 제시라고 말하는 것을 정당화할 수 있게 '복음'이라는 말을 구체적으로 언급하는 경우는 오직 마가복음의 첫 절밖에 없음이 사실이다. 그렇지만, 요한이 제시했듯이("오직 이것을 기록함은 너희로 예수께서 하나님의 아들 그리스도이심을 믿게 하려 함이요, 또 너희로 믿고 그 이름을 힘입어 생명을 얻게 하려 함이니라", 요 20:31), 글을 써 나갔던 우선적인 목적이 그들 모두에게 똑같은 것이었음은 틀림없는 사실이다. 여기서도 역시 복음이 일차적인 목적이다. 그러나 복음은 무엇을 달성하는가?

### 복음의 기능

복음이 달성하는 일은 하나님에 관한 정보와 권면의 말을 통해 사람들이 하나님을 알게 하는 것이다. 복음에 다른 어떤 특징이 있든지, 복음은 말로 되어 있다. 즉 발설을 통해 알리는 것이다. 그래서 복음은 설교되며, 고지되며, 선포된다. 그것이 바로 우리가 복음으로 하는 일이다. '유앙겔리온'(*euangelion*)이라는 명사와, '유앙겔리조마이'(*euangelizomai*), '케뤼소'(*kerysso*)라는 동사와 같이, 그에 속하는 단어들은 우리에게 많은 것을 말해 준다.[5] 여기에는 거의 확실히 구약 성경의 배경이 존재한다. 그러나 우리가 볼 때 그 단어를 자신의 복음서의 서두(1:1)에 사용함으로써 그리고 그리하여 예수의 선포에 대한 자신의 첫 기록에서 그 단어에게 마치 강령과 같은 표제적 의의를 제공함으로써, 그 용어가 두드러지도록 만든 사람은 바로 마가다. 그의 중대한 개시 연설에서 예수께서는 하나님 나라의 임박한 도래를 알리기 위해 그 단어를 사용하셨다(막 1:14-15). 예수의 가르침에서, 하나님의 나라는 우선적으로는 미래적 사건—하나님의 주권이 공개적이며 결정적으로 한 민족에 대해서와 하나님으로부터 소외되어 있던 세계에 대해 다시금 주장될 때에 속하는 사건—이다. 그 나라의 목적은 하나님의 영광과 하나님 백성의 유익이었으며, 구약 성경이 기록하고 약속하는 구원의 위대한 역사(歷史)를 완결하는 일이었다.

복음의 기능은 예수의 말씀을 들었던 청중에게 닥쳐오는 이 위기에 대해 경고하고 그에 대해 준비하라고 촉구함으로써 구원의 도구로 작용하는 것이었다. "회개하고 복음을 믿으라"(막 1:15). 그렇게 해서 복음은 하나님이 승리하시는 날에 구원받은 백성들이 있었음을 보증할 것이다. 복음은 진리를 전달하고 그 진리에 근거해서 행동하도록 호소함으로써 그러한 보증을 하게 된다. 마가복음의 끝 부분에서, 우리는 복음에 대해 두 가지 점을 더 소개받는다. 첫 번째는 복음과 예수의 밀접성이며(8:35; 10:29; 14:9), 두 번째는 그 범위의 보편성이다(13:10; 14:9; 참고. 16:15). 그래서 우리는 예수께서 도래할 왕국에 대한 복음이 가리키는 바로 그 주님이 되실 것이며, 그분의 이름이 전 세계에 전파되어야 한다는 사실을 말할 수 있을 것이다. 복음은 "때가 찼을 때에 부활하신 그리스도께서 하나님의 새 백성들에 대한 자신의 통치를 주장하시는"[6] 수단이다.

마가는 또한 씨 뿌리는 자의 비유에서처럼(4:1-20), 예수의 선포를 묘사하기 위해 그리고 그럼으로써 복음을 묘사하기 위해, '말씀'이라는 용어를 우리에게 소개한다. '복음'과 '하나님의 말씀'은 나머지 신약 성경에서 사실상 동의어가 되었다. 그 비유는 우리가 이해와 순종을 가지고 얼마나 기꺼이 듣느냐에 따라 우리가 심판받게(judged) 될 것이라 경고한다. 이와 같이 초기 단계에서조차도 예수께서 그 나라의 주재(Lord)시라는 인식이 그러한 참된 깨달음에 핵심적이라는 사실이 명백히 드러난다. 예수께서 선포한 복음으로 말미암아 찾아오는 위기는 예수의 죽으심 이후의 기독교 전도에 지속적으로 남는 요소가 될 것이다. 그리하여 우리가 데살로니가 교인들에게 보낸 바울의 첫 번째 편지에 나오는 간략한 축약에서 볼 수 있듯이(살전 1:9-10), 바울은 자신이 만났던 사람들을 하나님을 진정으로 알지 못한 사람들로 따라서 임박할 하나님의 진노에 대비하지 못한 사람들로 간주했다. 바울은 세상에서 특히 이방인들 가운데서 복음의 대의를 진전하도록 전적으로 헌신한 복음의 종이 되었다. 그는 자신이 그 이방인들에게 복음을 전하는 이방인들의 사도로 부름 받았다고 믿었다(갈 2:7). 그는 복음이 "모든 믿는 자에게 구원을 주시는 하나님의 능력이 됨이라, 먼저는 유대인에게요 그리고 헬라인에게로다"(롬 1:16)라고 믿었다.

고린도후서 4:1-6에 있는 자신의 복음 사역에 대한 생생한 서술에서, 바울은 자신이 복음의 핵심이라 여기는 것이 무엇인지를 밝힌다. 그는 그

것을 "하나님의 말씀", "진리", "우리의 복음"이라고 부른다. 그는 자신의 사역이 어떠한 속임수나 왜곡을 포함하지 않고 참되게 복음의 성격에 부합했음을 강력하게 주장하면서 자신의 사역을 변호한다. 그는 자신의 복음을 진리에 대해 눈이 멀고, 사탄에 매여 있으며, 하나님의 심판 아래서 멸망하는 사람들을 대상으로 하는 것으로 여긴다. 그는 복음의 실체는 "예수 그리스도의 주 되신 것"이라고 우리에게 말한다. 그는 복음을 받아 들이는 일이, 처음에 빛을 창조하신 것과 같은 하나님의 행위에서 비롯한다고 말한다. 마지막으로, 그는 복음의 유익한 효과는 특별한 지식 즉 "예수 그리스도의 얼굴에 있는 하나님의 영광을 아는 빛"임을 밝힌다.

이 전형적인 바울 서신의 단락으로부터 우리는 복음의 의의를 평가할 수 있다. 우리는 하나님에 의해 하나님을 배운다. 복음은 하나님이 세상에서 자신의 일을 집행하시는 바로 그 수단이다. 복음은 하나님이 세상에 그 핵심 진리를 알릴 때 사용하시는 수단이다. 복음은 하나님이 사람들에게 예수의 대속의 죽으심의 구원을 적용하시는 방편이다. 복음이 하나님의 은혜에 관한 것이기 때문에 하나님을 아는 길이 은혜의 길이다. 복음은 그 시작과 끝맺음에 대해 인간의 공로나 노력에 의지하지 않고 하나님의 자비에 의지한다. 복음은 하나님이 세상을 자신과 화목하게 하시는 그 전체적인 사건에서 필수불가결한 역할을 한다. "그러므로 믿음은 들음에서 나며 들음은 그리스도의 말씀으로 말미암았느니라"(롬 10:17). 실로 결국에는 하나님 자신이 바로 전도자시다. 우리를 부르시는 하나님의 부르심은 바로 복음이라는 형식으로 선포된다. 그리고 우리를 믿음에 이르게 하시는 분도 바로 하나님 자신이다(살후 2:13-14). 우리는 바울서신에서만이 아니라 베드로서에서도(벧전 1:23-25), 야고보서에서도(1:18-25), 히브리서에서도(4:2, 12-13), 사도행전에서도(6:7; 14:21), 요한복음에서도(17:17, 20) 그리고 공관복음서들에서도(막 4:20; 8:39) 복음의 말씀에 대해 똑같은 권능을 돌리고 있음을 살펴볼 수 있다. 복음은 신약성경의 기정사실이다. 간단히 말해서, 복음은 하나님을 아는 일에 너무나도 근원적이기 때문에, 우리가 복음을 참 계시의 유형이나 패러다임으로 간주해도 적절하다고 할 수 있다. 복음은 우리에게 계시가 무엇이며, 무엇을 달성하는지를 가르쳐 준다.

### 복음의 신빙성

복음 선포에 대한 적절한 반응은, 그 선포가 참이라면 그 선포를 믿는 것이다. 그렇게 믿을 경우 여러분은 알게 될 것이다. 그러나 복음이 참인가? 바로 이러한 질문은 복음이 계시가 아니라는 사실을 제시하지 않는가? 왜냐하면 대개 이해되는 것처럼 계시의 요소 가운데 하나는 '은사'(gift)로서의 모습이나 '일과적' 측면이기 때문이다. 이것과 연관하여 두 가지 의문점이 있다. 첫째는 은혜의 문제다. 복음을 믿을 수 있는 어떠한 근거라도 찾는 것이 옳은가의 여부다. 이렇게 하는 것은 인간의 교만에 영합하고 복음이 증거하는 은혜와 권위를 도려내는 것이 아닌가? 어떻게 죽을 수밖에 없는 우리 인간이 하나님으로부터 오는 말씀을 재단(裁斷)할 수 있단 말인가? 하나님의 또 다른 말씀을 떠나서 이 복음의 말씀이 타당하다고 선언할 수 있는 충분한 권위를 가지는 것은 무엇인가? 두 번째 문제는 증거의 문제다. 만일 우리가 믿음에 대한 이유를 찾는 것이 정당하다면, 어떤 근거에서 기독교 복음은 그 자체를 진리로 개진하고 따라서 믿을 만하다고 내세우는가? 어째서 우리가 복음에 의해 설득되어야 하는가?

첫 번째 문제부터 시작해 보자. 복음은 주권적인 하나님을 전제로 한다. 하나님은 인간의 이성에 판단을 부탁하는 일 없이 자신을 완벽하게 알릴 수 있는 주권적인 분이다. 또한 복음은 은혜의 복음이다. 왜냐하면 복음은 인류가 자신의 힘만으로 하나님을 찾아 발견할 수 없다고 여기기 때문이다. 기독교 인식론의 성격이 무엇이든지, 그 인식론이 복음과 일치하려면 하나님의 은혜와 인간의 무능함을 반영해야 한다.[7] 하나님은 '자신을 통해' 알리신다. 그러나 그 질문이 제기하는 바는 복음을 처음으로 전했던 전파자들에게 문제가 되지 않았다. 실제로 복음이 어떻게 예수와 사도들에 의해 전파되었는지를 고려해 볼 때, 물질적이든, 개인적이든, 지성적이든 간에 사람의 노력이 간과되지 않는다는 점을 알 수 있다. 간과되기는커녕, 성육신이 보여 주듯이, 인간적인 것은 하나님의 메시지를 전달하는 데 적합한 것으로 여겨진다. 바울의 말을 인용하자면, '우리가 이 보배를 질그릇에 가진 것이다'(고후 4:7).

어떻게 이럴 수가 있는가? 신약 성경에 기록된 대로 (특히 바울 자신을 포함해서) 복음 전도자의 사역을 살펴보자. 복음 전도자는 인내와 헌신이라는 인간적인 모든 자질을 가질 필요가 있었다. "우리가 사방으로 우겨쌈을 당하여도 싸이지 아니하며 답답한 일을 당하여도 낙심하지 아니하며 핍박을 받아도 버린 바 되지 아니하며 거꾸러뜨림을 당하여도 망하지 아니하고"(고후 4:8-9). 우리는 복음 전도자가 계획을 짜고(롬 1:13), 수고하고(고후 11:27-29), 고난을 당하고(고후 4:11), 언쟁을 하고(갈 2:14), 여행하는 것(고후 11:26)을 본다. 예수께서 지금도 살아 계시다는 증언은 "확실한 많은 증거"(행 1:3)에 근거한다. 청중을 만났을 때, 복음 전도자들은 논리 정연하게 자신의 자료를 제시하면서 기존의 지식과 합리적인 담론을 경청할 수 있는 청중의 능력에 호소한다(행 10:34-39). 청중에게 새로운 사실들을 전달하며(행 10:39-41), 그 사실들에 대한 정보를 확인할 수 있는 길들을 제시한다(행 10:42-43). 사도들의 행전이 보여 주는 증거를 보면, 복음 전도자들은 가르치고(5:21), 담대히 말하고(9:27), 증거하고(8:25), 설명하여 납득시키기 위해 노력하고(28:23), 해석하고(13:43), 변호하고(19:33), 이성적으로 추리하고 설득하는(18:4) 일을 행한다. 필요할 경우, 그들은 토론하면서 논증하고 논박했으며(9:22), 청중들의 양심에 호소했다(9:25). 그러므로 이에 따라서, 그들의 말을 듣는 청중은 생각하고, 이성적으로 따져보고, 숙고해 보고, 비교해 보고, 기억하고, 판단할 것이 요구되었다. 설교의 결론부에는 복음 전도자들이 제시한 사실과 설명을 근거로 한 권고가 따른다.

그러므로 성경 기자들은 계시의 전달에 사람이 개입된다고 해서 조금도 당황하지 않는다. 그들이 볼 때, 하나님은 자신의 목적을 달성하기 위해 인간의 본성을 남용하지 않고 활용하신다. 복음의 역사(役事)는 복음이 임의로 쓸 수 있는 인간의 에너지들을 요구한다. 그리고 복음은 복음을 받는 사람의 생각에 호소하면서, 깊이 생각하여 나오는 반응을 요구한다. "베뢰아에 있는 사람들은 데살로니가에 있는 사람들보다 더 너그러워서 간절한 마음으로 말씀을 받고 [바울이 말했던] 이것이 그러한가 하여 날마다 성경을 상고하므로"(행 17:11). 신약 성경 기자들은 사람 편에서의 이러한 노력과 은혜의 복음 사이에 어떠한 불일치가 있다고 생각하지 않았다.

하나님의 말씀 자체보다는 그보다 못한 다른 어떤 것에 의해 하나님의 말씀이 판단받지 않도록 보호하는 문제는 다른 식으로 이루어진다. 각별히, 복음 전도자들은 자신의 말이 받아들여진다면, 그 유일한 이유는 하나님이 성령의 권능으로 듣는 사람의 생각을 열어 빛과 진리를 가져다주셨기 때문이라는 절대적인 확신을 지녔다. 베드로가 예수에 대한 진실을 깨달았을 때도 그랬으며(마 16:17), 주님이 자신의 제자들의 눈을 열어서 "[저희가] 성경을 깨닫게"(눅 24:45) 하셨을 때도 그랬고, 바울의 복음이 데살로니가 사람들에게 "말로만 이른 것이 아니라 또한 능력과 성령과 큰 확신으로"(살전 1:5) 이르렀을 때도 그랬으며, 비시디아 안디옥에 살던 이방인들이 믿었을 때도 그랬다(행 13:48). 복음 전도자들은 복음을 제시하기 위해 애를 썼으며, 그 전도자들의 말을 들었던 사람들은 그 복음을 이해하기 위해 애를 썼다. 그러나 하나님은 복음 전도자들을 쓰셔서 복음을 제시하셨으며, 듣는 자들에게는 그 복음을 이해할 수 있도록 지혜를 주셨다. 하나님이 바로 진실한 복음 전도자이셨다. 의심할 것도 없이, 그것은 다 은혜였다. 하나님의 드러내시는 선물은 사람의 노력을 통해 우리에게 이른다. 복음의 사역에서, "나는 심었고, 아볼로는 물을 주었으되, 오직 하나님께서 자라나게 하셨나니, 그런즉 심는 이나 물 주는 이는 아무 것도 아니로되 오직 자라게 하시는 이는 하나님뿐"(고전 3:6-7)이다.

두 번째 중요한 문제는 복음이 진리로 내세우는 근거들에 대한 문제다. 왜 우리가 복음을 믿어야 한단 말인가? 애초의 복음 전도자들이 제시한 근거들을 검토해 보면, 어째서 복음이 그 자체의 변호를 위해 하나님보다 더 높은 어떠한 권위에도 호소할 필요가 없는지를 다시 한 번 볼 수 있게 된다. 복음은 그 자체가 하나님의 말씀이라는 명확한 주장을 세 가지 면에서 뒷받침한다. 그 세 가지 논증은 모두 듣는 사람 쪽에서의 활발한 지성적 참여를 요청한다. 이 논증들 중 어느 것도 복음에 대한 적수가 있다고 여기지 않는다. 그리고 어느 것도 결정적인 합리적 '증명'을 개진하지 않는다. 그렇게 할 경우, 복음에 주어진 지식이 인격적 관계로 이끄는 지식이라기보다는 전달되는 정보에 불과하다는 인상을 줄 수 있기 때문이다.

복음이 하나님의 말씀이라고 믿는 첫 번째의 그리고 근본적인 근거는 예수가 그 그리스도라는 주장이다. 이 주장은 오직 구약 성경을 예수의 사역과 말씀에 비교해 봄으로써만 검증되고 확인(혹은 부인)될 수 있다. 예수 그리스도께서 구약 성경의 약속들을 성취하셨으며, 그분 안에서 이스라엘의 역사 전체가 그 독특하고 적절한 완성을 이룬다는 것이 초기 그리스도인들의 확신이었다. 물론, 예수께서 구약 성경의 약속을 성취하지 않았다는 것이 (종교적인 의미에서) 그대로 유대인으로 남아 있던 사람들의 확신이었음도 사실이다. 그 두 가지 반응의 기본은 하나님이 약속을 하시고 지키심으로써 자신을 입증하신다는 믿음이었다. 구약 성경은 그러한 약속들에 대한 기록을 포함한다. 실로 그 민족의 삶의 기층을 형성했던 언약이라는 개념 전체가 약속을 수반했다. 그 믿음은 네 사람의 복음서 기자가 각각 자신의 복음을 제시했던 방식에 분명하게 내포되어 있다. 그 믿음은 사도행전의 핵심적인 특징 가운데 하나며, 그래서 바울은 자신이 "…사도로 부르심을 받아 하나님의 복음을 위하여 택정함을 입었으니 이 복음은 하나님이 선지자들을 통하여 그의 아들에 관하여 성경에 미리 약속하신 것"(롬 1:1-3)이라고 썼던 것이다. 이렇듯 복음은 그 생명의 출발과 존재에 대한 필수적인 구성 요소로서, 구약 성경이 하나님의 말씀임을 전제했다. 복음은 존재하는 '하나님의 말씀'으로부터 '하나님의 말씀'으로서 자체의 지위를 확립했다. 한 개인에게는 계시의 순간이 하나의 일과적 사건일 수 있지만, 옛 계시와 새 계시는 하나님의 공적인 말씀으로 성립한다. 바로 그 이유 때문에, 그리스도인 학자들이 구약 성경에 대해 영감받은 '성경'(바울이 부르는 대로 말하면, "하나님의 말씀", 롬 3:2)으로서의 지위를 인정하지 않으려 할 때, 복음 자체가 위협을 받는 것이다. 복음의 진정성은 복음에 앞서서 진행되는 일의 권위에 근거한다.

복음이 하나님의 말씀이라는 믿음의 두 번째 근거는 예수에 대한 증인들과 복음 전도자들의 증거에 있다. 역사적 진정성에 관한 한, 우리에게 예수께서 직접 써 놓으신 글은 전혀 없다. 그러나 우리에게는 예수께서 역사 가운데 실존하셨을 때 예수와 접촉했다거나 예수를 알았던 사람들과 접촉했다고 주장하는 사람들의 말이 있다. 이들의 말은 공식적인 기록으로서 우리의 심의를 요청한다. 구체적으로 바로 그 자리가 역사와 종말론이 상호 교차하는 지점이다. 종말론은 예수의 부활에 의해 성립되었다. 바울은 구약 성경을 존중하지 않는 이방인들에게 복음을 선포하면서 바로 그 점을 지적했다. "[하나님이]…이에 그를 죽은 자 가운데서 다시 살리신 것으로 모든 사람에게 믿을 만한 증거를·주셨음이니라"(행 17:31; 참고. 1:3). 우리가 고린도전서 15:4-9, 11에서 볼 수 있듯이, 그것이 바로 바울이 복음의 핵심이라 여기는 주장이다. "장사 지낸 바 되셨다가 성경대로 사흘 만에 다시 살아 나사 게바에게 보이시고 후에 열두 제자에게와 그 후에 오백여 형제에게 일시에 보이셨나니, 그 중에 지금까지 대다수는 살아 있고 어떤 이는 잠들었으며…맨 나중에 만삭되지 못하여 난 자 같은 내게도 보이셨느니라.…그러므로 나나 그들이나 이같이 전파하매 너희도 이같이 믿었느니라." 이 복음을 통해 한 사람의 그리스도인이 된다는 것은 역사적 사실을 포기하는 것이 아니라 우리가 진실하다고 간주하는 사람들의 증거를 받아들이는 것이다. 이는 우리가 그들의 말이나 그들이 말로 증거하는 분을 신뢰하는 것이다.

복음이 그 진실성을 설득하는 세 번째 근거는 인간의 경험에 대한, 특히 악과 고난과 죽음과 죄책감과 은혜에 대한 진정한 해석을 제공하는 능력에 있다. 복음은 다양한 측면에서 이러한 해석을 한다. 그러나 복음의 해석 능력은 특히 바울이 말하는 "그리스도의 얼굴"(고후 4:6)에서 찾을 수 있다. 기독교 복음의 기본적인 형태가 예수 그리스도의 이야기를 전하는 것이라는 사실은 결코 우연이 아니다. 복음은 인간의 양심을 치며, 생각을 일깨우며, 믿음을 불러일으키는 예수 그리스도의 특별한 말씀이다. 복음은 사람들로 하여금 예수 그리스도에게 매료되어 그분에게 이끌리게 만드는 그분의 성품이며 행위다. 복음은 그분이 단지 한 사람의 선생이 아니라 주님이라는 사실을 인간의 경험에 맞게 사람들을 설득하는 그분의 능력이다. 결국 복음 메시지에 생명력을 제공하는 것은 부활이 한 차례 발생했다는 사실이 아니라, 그 부활이 **그분의** 부활이었다는 사실이다. 바울이든, 요한이든, 베드로든, 신약 성경 기자들이 하나님의 사랑에 대해 언급했을 때, 그들은 재미없거나 일반적인 방식으로 말하지 않았다. 하나님의 사랑을 이해하기 위해 그들이 눈길을 돌린 곳은 예수였으며, 특히 예수의 죽음이었다. 그들의 복음 선포는 어떤 철학을 전달하는 것이 아니라 하나님의 말씀과 행위들을 선포하는 것이었다. 그리고 그 선포는 바로 하나님의 아들이신 예수 그리스도의 말씀과 행위에서 그리고 그분의 말씀과 행위를 통한 선포였다.

주어지는 지식은 이미 얻어진 지식을 바탕으로 진행되어 나간다. 신약 성경에 기록된 복음 선포는 청중에 따라 달랐다는 사실, 특히 유대인과 이방인들 사이에는 뚜렷한 차이가 있었다는 사실을 이미 살펴보았다. 그러나 성경 전체가 결코 하나님이 존재하신다는 사실을 회의론자들에게 증명하려 하지 않는다는 점 또한 분명한 사실이다. 사실 고대 세계에는 무신론이 거의 존재하지 않았다. 그렇지만 사도 바울은 모든 사람이 인정할 수밖에 없는 하나님으로부터 오는 일반 계시가 있다는 사실을 명백히 밝힌다. 우리는 복음이 사람들은 자연 세계에서 증거되는 하나님에 대한 본래적인 지식을, 비록 억누르긴 하지만 소유한다는 사실(행 14:14-18; 롬 1:18-31)과 하나님의 법이 사람들의 양심에 익숙하다(롬 2:14-15)는 점을 전제한다고 말할 수 있다(뒤에 나올 제4장을 보라). 이 지식이 어떤 사람이라도 그 사람을 하나님에 대한 참 지식으로 이끌어 줄 수 없는 것이 사실이지만, 복음은 이 지식을 기반으로 해서 사람들에게 스스로를 호소한다. 복음은 과거, 현재, 미래 및 하나님과 인간과 그리스도에 대한 정보를 전달해 준다. 그리고 우리가 하나님을 아는 지식을 거부하며 세워 놓은 장벽들을 무너뜨려 우리로 하나님과의 사귐에 돌입할 수 있도록, 복음은 하나님의 성령의 쓰임을 받는다. 결국 변증적으로 어떤 승리를 거두든지, 불신자들과 연결되는 다리가 최초로 놓이는 역사가 어떤 것이든지, 호소할 수 있는 본래적 지식이 그 어떤 것이든지, 확신을 전달하고 확신하게 만드는 것은 복음 그 자체다. 복음 자체가 그 일을 한다. 그것이 다름 아닌 바로 "성령의 검"(엡 6:17)이다. 복음을 받아들이는 일에 인간의 이성이, 아니 더 포괄적으로는 인간의 경험이 온전히 동원되는 것이 사실이다. 그리고 우리가 복음의 근거를 제공하는 데 호소할 수 있는 것으로 하나님의 말씀보다 더 높은 것은 없다. 결국 우리가 복음을 판단하듯이, 복음은 우리를 판단한다(히 4:12-13).

## 결론

간단히 말해서, 기독교 계시는 인간이 탐구한 결과물이 아니라 은혜로 내 보이신 결과다. 그리고 '하나님으로부터 온 말씀'으로서, 계시는 인간의 심의에 놓일 수 없다. 그렇지만 복음에 있는 실제 계시는 인간의 말과 노력을 통해 임한다. 그것이 바로 계시로서의 복음이 지닌 특성이다. 계속해서 복음의 진정성이라는 문제를 취급하는 것은 이 책이 논할 부분이 아니다. 복음은 받아들여지거나 받아들여지지 않을 것이다. 단지 나는 가장 먼저 그리스도인 되었던 사람들이 복음을 구원을 주시는 하나님의 권능으로, 하나님을 아는 데 필요 불가결한 길로 여겼다는 사실을 입증했기를 바랄 뿐이다. 그들에게 복음은 근본적인 계시였으며, 하나님의 임재에 이르는 출발점이자 근본 도리였으며, 구약 계시의 성취이자 완성이었다(갈 1:8). 만일 이것이 사실이고 계속해서 그렇다면, 그래서 우리가 복음을 하나님으로부터 온 계시의 기본 형태로 여긴다면, 이 점이 계시론에 대해 갖는 함의들은 무엇이겠는가?

다음 두 장에서 나는, 먼저 복음의 성격을 계속해서 탐구하고(제2장), 두 번째로 복음이 전해 준다고 주장하는 지식의 성격을 검토함으로써(제3장), 복음이 무엇보다도 가장 중요한 계시라는 논의를 개진하고자 한다. 모든 점에서 나는 이 접근 방법이 계시론에 대해 무엇을 의미하는지, 특히 '하나님의 말씀'이라는 개념에 대해 무엇을 의미하는지를 보이려 한다.

제 2 장

# 복음의 성격

기독교 세계의 긴긴 역사는 어떻게 사람들이 그리스도인이 되는가에 관한 지극히 중요한 요점을 모호하게 만들었다. 기독교 운동이 맞이하는 선교적 상황은 그 중요한 점을 회복하라고 지금 우리에게 요구한다. 하나님과의 관계는 예수 그리스도의 복음을 통해 정립된다는 것이 초기 그리스도인들의 믿음이자 경험이었다. 기독교의 입장에서 볼 때, 하나님을 모르는 사람이 하나님을 아는 이 지식에 이르는 길은 복음이다. 그러므로 복음은 계시의 패러다임 혹은 패턴이다. 복음으로 시작한 다음, 하나님에 대한 지식이 임한 방법을 바꾸거나 거부하는 것은 분명 안전한 진행 방향이 아니다. 이 장의 목적은 예수 그리스도의 복음의 성격을 좀더 면밀히 검토하고 그 성격이 계시론에 어떤 의미를 지니는지 살펴보는 것이다. 나는 신약 성경에 기록된 사도들의 설교에 공통적이며, 하나님의 자기 계시 방법에 핵심적인 다섯 가지 특징을 구별했다. 이 '계시 특징들'은 다음과 같다.

### 복음은 말씀하시며, 창조하시며, 구원하시는 하나님으로부터 온 말씀이다

듣는 사람이 유대인이라면, 하나님의 정체성이나 속성에 대해 많은 얘기를 할 필요가 거의 없다. 또한 그러한 청중에게는 하나님의 말씀을 기록해 놓은 기록이 있다는 점을 설득할 필요도 전혀 없다(롬 3:2). 복음은, 이 기록이 말씀을 통해 이미 이스라엘에게 창조하며, 심판하며, 구원하는 주재자로서 자신을 알리신, 하나님의 발언이라는 점을 전제한다. 그러나 아테네나 루스드라에서처럼 청중들이 이교도들일 경우, 복음 전도자는 즉시로 자신이 언급하는 그 하나님의 속성, 그 하나님의 본성을 지적한다. 복음 전도자는 맨 먼저 하나님이 창조주임을 그들에게 말한다. "…이런 헛된 일을 버리고 천지와 바다와 그 가운데 만물을 지으시고 살아 계신 하나님께로 돌아오게 함이라." 둘째, 복음 전도자는 하나님이 심판하시는 재판장임을 말한다. "이런 헛된 일을" 숭배하는 자들에게 하나님의 심판이 아직 떨어지지 않은 것은 "…모든 민족으로 자기들의 길들을 가게 방임하시는" 하나님의 자비 때문이다. 셋째, 복음 전도자는 하나님이 구원자임을 선포한다. 이는 그들이 "살아 계신 하나님"께 돌아옴으로써 구원을 찾아야 하기 때문이다(행 14:15-16; 참고. 17:16-34). 하나님은 창조주이기 때문에 심판할 권리와 구원할 권능을 갖고 계시며, 말씀하시는 능력을 소유하고 사용하신다.

그러므로 유대인들에게든 이방인들에게든 이 메시지는 '하나님의 말씀'으로 받아들여졌다. 빈번하게 언급되는 이 구절이 지니는 세 가지 측면에 주목할 필요가 있다. 첫째, 말할 필요도 없이 그 선포는 하나님에 관한 것이었으며, 바로 그런 의미에서 '하나님의' 것으로 여겨질 수 있다. 그러나 둘째로, 그 주요 의의는 그 선포가 하나님으로부터 온 말씀, 하나님의 권위를 가지고 임하며 하나님의 권능을 표출하는 말씀이라는 사실에 있었다. 하나님이 자신을 계시하신다는 사실, 말씀을 사용해서 자신을 알리시는 분이라는 사실은 복음의 기본 원칙이다. 세상이 복음을 약하고 어리석은 것이라 경멸할지라도, 복음은 사실상 하나님의 권능 자체이며 하나님의 지혜다(고전 1:18-25). 셋째, '하나님의 말씀'은 언어를 의미한다. 그래서 베드로는 자신의 편지를 읽는 독자들의 구원의 신생을 "살아 있고 항상 있는 말씀" 덕분이라 여기면서, 다음과 같이 이 "말씀"을 선포된 복음이라 확인한다. "너희에게 전한 복음이 곧 이 말씀이니라"(벧전 1:23, 25; 참고. 살전 2:13; 행 8:25; 히 4:12). 언어가 없이는 말씀이 있을 수 없다.

단수형 단어 '말씀'을 단 하나의 근원에서 나오며 단일 주제를 다룬 언어상의 의사소통을 요약하는 수단으로 사용하는 것은 상당히 흔한 용법이다. '복음'이라는 단어와 마찬가지로, 말씀은 필연적으로 언어를 통한 의사소통이다. 단어, 문장, 명제, 약속, 단언, 내러티브, 물음, 잠언, 법률과 비유와 언약의 형태로 기록되고 전달되는 하나님의 발설(the speech of God)은 구약 성경의 현저한 특징이다.[1] 우리가 그 점에 대해 편한 느낌을 갖든 불편한 느낌을 갖든, 복음이 하나님의 으뜸 되는 계시라 할지라도 복음 역시 언어적 표출이다. 말할 필요도 없이, 복음은 예수 그리스도와 우리를 위해 행하신 그분의 위대한 행위들에 우리가 접할 수 있게 해준다고 주장한다. 복음어 그리스도와의 연합과 그분을 통한 구원을 약속한다는 것은 사실이다. 그러나 만일 복음이 엄밀히 언어적 실체가 아니라면, 그것은 아무 것도 아니다. 비언어적인 계시들이 존재할 수 있겠지만, 기독교 복음은 비언어적인 계시에 속하지 않는다.

신약 성경에 나오는 '말씀'이라는 단어의 한 가지 각별한 용례는 표면상으로 언어적이기보다는 인격적이다. 이러한 예가 바로 요한의 기록들에 나오는 **로고스** 언어다. 하나님의 결정적인 계시를 언급하면서 '복음'이나 '하나님의 말씀'(word of God)과 같은 용어를 피하고 단도직입적으로 '예수 그리스도'에 대해 논하는 현대 계시 신학의 성향이 바로 이 점에 대한 관찰에서 비롯되었다. "기독교적 계시 이해는 하나님의 말씀에 대한 사람의 응답이며, 그 하나님의 말씀의 이름은 예수 그리스도다."[2] 어떤 의미에서 여기에서 바르트는 성육신 종교의 기본 진리를 진술한다. 이 진리는 요한복음 1:1-18만이 아니라 히브리서 1:1-4과 같은 대목에도 부합한다. 결국 예수 그리스도를 선포하는 것은 복음을 선포하는 것이다. 그러나 이 역시, 만일 그 목적이 하나님에게서 비롯되었다는 단어들과 문장들을 '계시'라 표현하기를 회피하는 데 있다면, 잘못된 방식이다.

요한은 이 말씀(Word, 그리스도)을 자기를 통해 만물이 존재하게 하신 분이라고 확인한다. 그런 다음에 놀랍게도 "말씀이 육신이 되어 우리 가운데 거하시매…은혜와 진리가 충만하더라"(요 1:1-3, 14)라고 말하며, "본래 하나님을 본 사람이 없으되 아버지 품속에 있는 독생하신 하나님이 나타내셨느니라"(1:18)라고 말한다. 그 말씀에 대한 동일하진 않지만 비슷한 언급들이 요한일서 1:1과 요한계시록 19:13에도 나온다. 이 말은 특별하다. 그래서 이 말이 기독론에 대한 어떠한 논의에서도 중요한 자리를 차지해 왔다는 사실은 전혀 놀라운 것이 아니다. 실로 기독교 신학의 초창기에 로고스는 그리스도에 대한 진술을 전개하는 핵심적인 용어였다. 그 용어의 인기는 그 용어가 철학 세계와의 연결점을 갖는 듯 보였기 때문인 것으로 돌릴 수 있다.

또한 현대 신학에서 **로고스**라는 단어가 무거운 짐을 감당하도록 선택되었다는 사실도 이해할 만하다. 첫째, 그 말은 계시에 대해, 커뮤니케이션에 대해, 직접적으로 말한다. 둘째, 그 말은 예수 그리스도께 계시의 실체이자 규범으로서의 마땅하며 적절한 지위를 제공해 준다. 셋째, 그 말은 그리스도에 비추어서 창조 세계의 의의를 볼 수 있게 해준다. 즉, 만물이 그분을 통해 창조되었다. 넷째, 그 말은 우리가 예수 그리스도를 다룰 때, 우리가 하나님 자신을 대하며 어떤 부차적인 신을 대하는 것이 아님을 절대적으로 명확하게 하는 방식으로 예수 그리스도를 하나님과 연결한다. 다섯째, 그 말은 애당초 계시라는 것이 우리가 하나님을 찾아가서 발견하는 문제가 아니라 하나님이 사건 가운데서 우리를 가까이 이끌어 주시는 문제임을 보여 준다. 마지막으로, 그 말은 칼 바르트가 '그 삼중적 형태로 계신 하나님의 산 말씀'에 대해 말하면서 그랬듯이, 계시와 계시를 매개하는 것을 연결하기 위해 우리가 사용할 수 있는 용어를 제공해 주고 있다.[3]

이상의 것들은 괄목할 만한 이점들이다. 그럼에도 불구하고, 한 단어의 각별한 특수 용법에 해당하는 것을 받아들여, 그것이 나머지 전부를 통제한다고 주장하는 데는 방법론상의 난점이 있다. 바르트는, 요한복음 1장을 따라서, 하나님의 한 (살아 계신) 말씀이 예수 그리스도이며, 이것은 우리가 아무리 글로 기록된 말씀을 존중한다 할지라도 그 말씀이 직접적으로 '하나님의 말씀'이라 일컬어질 수는 없다고 본다. 성경은 그 살아 계신 말씀에 대한 하나의 증거일 뿐이다. 볼프하르트 판넨베르크는 바르트가 요한복음 1장에 지나치게 의존한다고 언급하면서, "예수께서 직접적으로 하나님의 그 (살아 계신) 말씀이며 하나님의 계시라는 바르트의 논제에 대한 성경적 지지는, 우리가 그의 교의학이 취한 접근 방법에서 그 논제의 근본적인 중요성을 고려해 볼 때 놀라울 정도로 빈약하다(*Church Dogmatics*, 1/1, 118-119)"라고 지적한다.[4] 요한복음 1장에 나오는 언급을 하나님 말씀에 대한 주도적 사상으로 삼음으로써, 바르트는 심지어 창세기 1장에서조차도 발언과 더불어 시작하는 성경의 순서를 뒤집어 놓았다. 창세기 1장에 대한 하나의 주해로서도, 요한복음 1장이 어떤 의미를 가지고자 한다면, 그것은 일상적인 용례로부터 파생되거나 그 용례를 심화함으로써 의미를 갖는 것이지 그 용례를 대체함으로써 의미를 갖는 것이 아니다. 이 순서를 뒤엎어 버린 결과는 언어와 계시의 적절한 연관성에 있어서는 불행한 것이다.

이렇듯, 요한의 기록들 가운데서 성육하신 말씀은 우리에게 말씀의 옷을 입고 찾아온다. 은혜와 진리가 충만한 그분의 행위조차도 지금은 그리고 실로 그 사건 이후 그분의 생애 가운데서도 오직 언어적으로만 접근될 수 있다. 성부가 아들에 관해 하시는 필수적인 증언—언어적인 증언이며, 아들이 자신을 위해 하기를 거절하는 증언—에는 예를 들면 모세의 증언도 포함되어 있다(5:31-47). 동일한 말씀들이 예수의 대적자들을 꾸짖기도 하며 정죄하기도 한다(5:45-47). 요한은 그 말씀(word)과 예수의 관계를 그리면서 "하나님의 보내신 이는 하나님의 말씀을 하나니 이는 하나님이 성령을 한량없이 주심이니라"(3:34)라고 말한다. 바로 그렇기 때문에, 그는 하나님의 성령에 의해 영감된 말씀들을 사용함으로써 하나님을 '나타낸다'(exegetes, 주해하여 준다―역주). 그 결과 그분의 사도들은 '[아버지의] 말씀을 지켰으며'(obeyed), '예수께서 아버지로부터 받은 말씀들을 저희에게 주셨고, 저희는 이것을 받았던' 것이다(요 17:6, 8). 처음부터 끝까지 요한은 예수를 하나님의 말씀을 최고로 존중하는 분으로 기술한다. 살아 있는 말씀은 말씀들의 기준이 될 수는 있을 것이다. 그러나 그렇다고 해서, 하나님의 참되고 권위 있으며 계시의 말씀으로 여겨야 할 그 말씀들의 권리를 감소하는 것은 아니다.

어울리지 않는 질문들로부터 계시를 보호해야겠다는 필요성에서, 몇몇 현대 신학자는 계시를 살아 있는 말씀(Word)으로 바꾸어 버렸으며, 그 살아 있는 말씀은 곧 한 인격이 되었다. "예수 그리스도 안에서 빛나는 하나님의 빛은 무엇보다 먼저 성경적 증거의 프리즘을 통해 전달된다"라고 미글리오리는 쓴다.[5] 마찬가지로, 에밀 브루너는 이렇게 쓴다. "그 자신이 발설된 말의 자리를 취한다는 사실이 정확히 (발언을 통한 계시인) 구약 성경의 계시와 그리스도 안에 있는 계시인 신약 성경의 계시를 구별하는 범주다."[6] 하나님을 자신의 계시의 중심으로 삼고 그 계시를 주관하는 분으로 삼는 장점에도 불구하고, 이러한 입장은 그릇된 조처며, 우리를 믿음으로 말미암아 접할 수 있는 진정한 계시가 전혀 없는 상태로 만드는 조처다. 우리가 성경 자체가 제시하는 길을 따를 수 있었다면, 복음의 말씀들(words)을 하시는 살아 계신 말씀(Word)을 통해 하나님과의 사귐에 들어가는 일은 일어나지 않았을 것이다. 계시는 고유 명사인 '예수 그리스도'가 아니라 '예수는 주 그리스도시다'라는 명제다. 하나님의 말씀은 이 복음의 말씀들과 별개로 우리에게 임하는 것이 아니라 이 복음의 말씀들 가운데서 임한다.

### 복음은 반역적인 인류에게 임할 심판에 대한 경고를 포함한다

마태에 따르면, 세례 요한과 예수의 첫 선포는 같았다. "회개하라, 천국이 가까이 왔느니라"(3:2; 4:17). 이 선포는 곧 마태에 의해 복음 자체의 맥락으로 묘사된다(4:23). 이미 살펴보았듯이, 마가는 비슷한 말로 보고한다. "이르시되 때가 찼고 하나님의 나라가 가까이 왔으니 회개하고 복음을 믿으라 하시더라"(막 1:15). 그 명령이 시사하듯, 복음서들의 가르침에서 하나님 나라의 도래는 이스라엘과 전 세계에 대한 하나님의 심판을 담는다고 생각된다. 누가는 빌라도가 자행한 갈릴리 사람들에 대한 학살을 보고했던 사람들에게 예수께서 하셨던 질책의 말씀을 이렇게 기록한다. "너희에게 이르노니 아니라 너희도 만일 회개하지 아니하면 다 이와 같이 망하리라"(눅 13:5). 예수의 선포에서 장차 올 심판이라는 강력한 주제는 오직 그 명확한 증거를 억압함으로써만 무시되거나 (흔히 19세기에 종종 자행되었듯이) 아주 부드럽게 해석될 수 있을 것이다.

여러 가지 생생한 방식으로, 사복음서 모두 예수를 자신의 말을 듣는 사람들에게 장차 임할 진노를 경고하면서 종말의 때에 임할 심판을 전하는 선포자로 묘사한다. 거기에는 무덤 너머의 일에 대한 충분한 경고가 담겨 있지만, 강조점은 죽음 이후의 심판에 있지 않다. 그 초점은 하나님이 전 세계를 다루시는 일에, 즉 만물이 심판을 받게 될 하나님의 임하시는 나라에 있다. "인자가 자기 영광으로 모든 천사와 함께 올 때에 자기 영광의 보좌에 앉으리니 모든 민족을 그 앞에 모으고 각각 구분하기를 목자가 양과 염소를 분별하는 것 같이 하여"(마 25:31-32). 예수께서 행하신 경고의 사역은 단순히 악한 행위에는 불쾌한 결과가 따를 것이라고 경고하는 도덕주의자의 경고와 다르다. 오히려 예수는 사람들에게 자연 재해처럼 닥쳐올 것이기 때문에 위험으로부터 빠져나가기 위해 즉시로 결정적인 행동을 취하지 않으면 위협적으로 닥치게 될 무서운 사건들을 미리 알려 주는 전령과 같다. 예수의 사역에 이어 곧바로 일어났던 예루살렘의 멸망을 복음서 기자들은 분명하게 예수의 말씀의 성취로 간주했다. 그러나 그 일은 실제로 우주적이며 역사의 끝이라는 의의를 지닌 말씀의 최종적인 성취가 아니었다.

예수의 죽음 이후 사도들이 선포했을 때도 복음의 동일한 종말론적 틀은 그대로 있었다. 이제 복음의 중심에 명백히 예수께서 계셨다. 그분은 조금도 모자람이 없이 임명받은 재판장으로서 복음의 중심을 차지했다. 이러한 내용이 바로 베드로의 오순절 설교에 담겨 있다. 그 설교에서 베드로는 예수께서 하나님 우편에 높여졌으며 주와 그리스도로 임명받으셨다고 선포한다. 이제 새롭게 동터 온 시대는 하나님이 그리스도의 모든 대적을 그에게 복종시키려는 뜻을 갖고 계신 시대다(행 2:33-36). 베드로는 복음의 전진의 중차대한 전환점을 이루는 시점에서 그의 첫 이방인 청중들에게 증거하면서, 예수의 우주적인 역할을 명백히 밝힌다. "…하나님이 살아 있는 자와 죽은 자의 재판장으로 정하신 자가 곧 이 사람이다"(행 10:42). 마찬가지로, 바울도 아덴 사람들에게 하나님이 "정하신 사람으로 하여금 천하의 공의로 심판할 날을 작정하셨다"(행 17:31)고 말한다. 그러므로 전혀 놀랄 필요 없이, 복음은 유대인과 이방인 모두에게 전달되어, 그들로부터 동일한 반응을 요구하는 "구원의 말씀"이라 일컬어진다(행 13:26). 이미 살펴보았듯이, 바울의 편지들은 '임박한 진노'가 복음에 대한 그의 제시의 일부를 이루었다는 일급 증거를 제공한다(살전 1:9-10; 참고. 롬 2:16; 고전 1:18; 고후 4:3; 5:10). 신약 성경 어디를 찾아보든지, 똑같은 진리가 제시되어 있다(예를 들면, 히 2:1-4; 요 5:22-30; 벧전 4:1-7).

전 세계를 하나님이 다루어 가시는 일의 미래, 특히 하나님의 심판은 복음의 틀에서 본질적인 것으로 간주될 수 있다. 그 일이 없이는 복음을 제대로 이해할 수 없다. 복음은 우리의 자리가 하나님이 펼쳐나가시는 시간에 자리잡도록 만든다. 그 시간은 역사적 시간이다. 그리고 약속된 장래에 의해 계시되는 현재적 의미를 지닌 시간이다. 그러므로 복음의 형태는 종말론적이다. 신약 성경의 가르침에 따라서, 종말이 임했다고 복음이 선포함을 우리는 인식한다. 비록 그 종말이 그리스도의 더 결정적이며 우주적인 계시 가운데서 그 완성을 기다릴지라도 말이다(살후 1:5-10). 그러나 정확히 그것은 '보여 줄 수 있는 연속성'(demonstrable continuity)의 문제다. 오늘날 우리가 복음을 해명하면서 추구해야 할 문제가 바로 이 연속성을 보여 줄 수 있어야 한다는 것이다. 해석학적 난점은 바로 이 점에서 가장 첨예해진다. 지금 우리는 맨 처음 선포된 대로의 복음을 검토해 왔다. 그러나 그 복음의 핵심을 이루는 것은, 그리스도를 유일하신 참 구세주와 온 세상에 대한 심판자로 삼는 기독론과 더불어서, 보편적인 인간의 죄악성과 하나님의 심판을 맞이해야 할 그 죄악의 최후의 운명에 대한 어두운 견해를 포함하는 종말론이다. 이 복음에 본래적으로 내재된 내용은 하나님의 과거와 미래의 계시로서의 그리스도의 유일무이함과 보편성에 대한 주장이다. 이것이 오늘날 우리가 믿고 선포하는 복음에 대해서도 여전히 해당될 수 있는 것인가?

사도들의 초기 선포들에 대한 자신의 고전적인 연구서에서, 다드(C. H. Dodd)는 '현대인은 고대 기독교에 알려졌던 어떠한 형태의 구원도 믿지 못한다'는 취지로 커소프 레이크(Kirsopp Lake)의 말을 인용한다. 그는 이렇게 덧붙인다. "비평 작업이 우리에게 공상적인 것으로 여겨지는 요소들을 신약 성경에서 제거해 냄으로써, 우리는 현대인이 '이것이 바로 내가 언제나 생각했던 것이다'라고 말할 수 있는 원래의 '기독교의 본질'을 우리에게 남겨줄 수 있으리라고 믿으려 했다. 그러나 그 시도는 실패했다. 그 모든 것의 중심에는 우리의 사고방식과는 전혀 딴판으로 보이는 이질적이며 종말론적인 이 복음이 놓여 있다." 다드의 견해에 따르면, 신약 성경 기자들은 "최초의 원(原) 복음을 다시 진술하면서 대담하고 심지어 참신한 방식들을 사용하면서도, 자신의 진술이 그 복음의 본래 의도와 부합한다는 근본적인 확신을 강하게 가지고 있었다." 다드는 신약 성경을 연구하는 학자가 볼 때 진짜 문제점은 "사도들의 선포의 근본적인 확신이 참되고 적절한가 하는 것이다"라는 말로 우리에게 경고한다." 이 말들이 60년 전에 쓰였지만, 다드의 관찰이 지닌 골자는 여전히 유효하다.

그리고 커소프 레이크의 언급은 한 가지 중요한 점에서 도전받아야 한다. 현대인이 지닌 구원의 필요성은 엄청나게 다른 것인가? 인간은 고대인이든, 현대인이든, 죽을 수밖에 없는 운명이며 죽음을 두려워한다. 죄는 사라지지 않았다. 그리고 율법은 여전히 양심을 향해 말한다. 압축된 바울의 언급인 "사망이 쏘는 것은 죄요, 죄의 권능은 율법이라"(고전 15:56)는 말씀은 여전히 현대인에게 출몰하며, 역사상 어떤 시대나 어떤 문화적 발전 단계에 있는 사람에게도 출몰할 수 있는 현실을 지적한다. 죄와 율법이라는 범주들이 친숙하지 않은 명사일 수 있고, 심판날에 대한 상상이 낯설 수 있지만, 그러한 언어가 가리키는 사실들은 일상 경험에서 친숙한 것들이다. 우리 자신과 다른 사람들에게 있는 악과 악에 대한 심판은 우리에게 전혀 낯선 것이 아니다. 성경은 그 종말의 현실들에 대해 특유의 형태를 지닌 '종말론적 언어'로 말한다. 그리고 이러한 종말의 현실들의 실질적인 형태는 틀림없이 우리 모두를 놀라게 할 것이다. 그러나 그 현실들 자체는 우리에게 매우 친숙할 수밖에 없다. 그러므로 또한 복음의 근본적인 제의(offer)인 용서도 마찬가지다. 이리하여 과거에 일어난 구세주에 대한 결정적인 계시는 장차 임하실 심판자에 대한 계시의 충분한 약속이 된다.

다드는 자신이 기술하던 바가 지닌 해석학적 결과들을 의식했다. 이전에 유행했던 '하나님은 사랑이시다'라는 버전의 복음[하나님의 부성(父性)과 인간의 형제애']의 영향 가운데서, 비평학은 복음의 본질을 찾기 위해 신약 성경을 다듬질해서 현대 사상에 어긋나는 부분들을 제거해 버렸다. 복음이 해석학을 결정했다. 그리고 이 경우의 복음은 원래의 복음으로부터 너무나도 벗어난 복음이어서, 해석학이 신약 성경 자체에 폭력을 가한 것이다. 특히 비평학은 그리스도의 보편성과 유일무이성을 공격하여 그분을 여러 구원자 가운데 하나로 만들어 버렸다. 그러나 다드가 말하듯이, 바울의 종말론적 복음 선포는 그 자신의 문화보다는 우리의 문화에 더 잘 맞는다. 그리고 복음을 재해석하려는 시도는 "언제나 아주 다른 어떤 것, 즉 바울이 말했던 '다른 예수와 다른 복음을 선포하는 일'이 되어 버릴 위험이 있다."[8] 종말론적 모델은 기독론에서 우연한 것이 아니라 필수적인 부분이며, 따라서 복음의 핵심이다.

간단히 말해서, 복음의 종말론이라는 쟁점은 복음의 순전함에 있어서 중요한 것이다. 복음이 그 종말론적 틀에 맞게 현대적 정황에서 효과적으로 전달될 수 없다면, 우리는 성경적 기독교가 현대 세계에서 도대체 어떤 자리를 차지하는지 물어야 한다. 그러나 만일, 내가 제시하려고 노력한 것처럼, 종말론적 주제들이 여전히 놀라우리만큼 적절한 것이라면, 사도적 설교의 성격은 예수 그리스도께서 '하나님과 사람 사이의 중보가 되시는 한 분'(딤전 2:5)이라는 사실을 필연적으로 요청한다.

## 복음은 자신의 죽음과 부활과 높아짐을 통해 주님으로 인정되신 예수 그리스도께 집중한다

우리는 이미 데살로니가에서 선포한 바울의 메시지가 우상 숭배로부터의 회개와 장차 임할 진노에서 건짐을 받기 위해 예수의 오심을 소망하는 일에 집중했음을 지적했다. 누가에 따르면, 데살로니가에서 바울을 적대했던 자들은 바울이 "다른 임금 곧 예수"를 전파한다는 소문을 퍼뜨렸다(행 17:7). 바울이 하나님의 나라와 그리스도의 주되심을 선포했음을 미루어볼 때(행 28:30; 또한 롬 1:1-6에 있는 복음에 대한 그의 요약을 보라. 거기에서는 그리스도를 하나님의 아들이며, 다윗의 자손이라 칭한다), 어떻게 해서 그의 말이 이러한 정치적 의미로 받아들여질 수 있었는지 쉽게 알 수 있다. 실로 어떤 수준에서는 그의 말이 정치적이었으며, 정치적이다. 왜냐하면 가이사에게 충성하는 것보다 높은 충성을 요구했기 때문이다. 어쨌든지, 복음 전도자들이든 그들을 대적했던 자들이든 모두 이런 식으로 '주님으로서의 예수 그리스도'가 바울에 의해 전해지거나 베드로에 의해 전해지거나 사도적 메시지의 요지를 구성했음을 입증한다. 나중에 '복음서'라고 불린 작품들에 눈을 돌려 보아도 다른 결론이 나올 수는 없을 것이다. 예를 들어, 요한복음은 의도적으로 그분의 죽으심을 통해 세상의 현재 통치자가 내어 쫓기고 모든 백성이 새로운 순종을 하게 될 유대인의 왕으로 예수를 묘사한다(요 12:31-36; 참고. 눅 23:42-43). 결국 따지고 볼 때, 다리를 놓기 위해서나 변증을 위해서나 지식을 전달하기 위해 다른 무엇이 전도 설교에 들어가든지, 우리는 그 설교를 '그리스도를 전파한다'는 한 마디로 요약할 수 있어야 한다(참고. 행 8:4-5). 사도행전 17장에 기술된 아덴에서의 설교는 하나님과 세상에 관한 기본 자료를 포함하며, 바울의 설교를 듣던 자들이 지녔던 우상들에 대한 헌신적 태도라는 공공연한 사실에서 출발하여 자신이 한 말을 예시하기 위해 이교도 작가들이 한 말에 호소한다. 그러나 그 기회는 바울이 "예수와 부활"을 전했기 때문에 생겼다. 그리고 그 기회는 청중들이 "죽은 자의 부활"을 들었을 때 끝이 났다(17:18, 32).

그리스도 중심의 이 복음은 계시 연구에 두 가지 중대한 영향을 미친다. 첫째, 복음은 우리에 관한 것이 아니라 그리스도에 관한 것이다. 인간이 없다면, 인간의 죄가 없다면, 회개와 믿음이라는 인간의 반응이 불필요하다면, 복음은 전혀 없었을 것이다. 그리고 또한 하나님과의 화평, 기쁨, 의로움이라는 결과들이 없다면, 복음은 그 목적들을 이루지 못하고 실패하는 게 될 것이다. 그럼에도 불구하고, 복음은 무엇보다도 그리스도에 관한 것이다. 그래서 복음을 진정으로 전하는 커뮤니케이션은 듣는 사람들이 자신들이 아니라 그리스도께 집중하도록 만든다. 그 복음은 현저하게 "하나님의 은혜의 복음"(행 20:24; 참고. 14:3)이다. 기독교 복음은 마음의 평정을 얻거나 기도의 응답을 얻는 종교 기술이 아니다. 복음 선포는 몇몇 사람이 천거하듯이, '당신의 믿음의 스토리를 말하라'는 것이 아니다. 복음은 또한 구원이 사람과 하나님의 협동적인 노력이라고도 제시하지 않는다. 그러한 종교적 이야기는(물론 기독교도 종교의 이야기가 아닐 수 없음이 사실이다) 사도들과 첫 증인들이 선포했던 복음의 성격에 공정을 기하는 것이 아니다. 복음은 인간의 죄악과 무능력을 드러내며, 그 사실에 들어맞는다. 제임스 데니(James Denney)의 말을 빌면, "종교적이 되는 길에는 오직 두 가지가 있을 뿐이다. 하나는 하나님을 우리에게 빚진 자로 만들려고 시도하는 것이며, 다른 하나는 단순히 하나님에 대한 우리의 빚이 큼을 인정하는 것이다."⁹ 참된 복음은 우리를 우리 자신으로부터 건져 준다. 왜냐하면 스스로를 도울 수 없는 인간의 형편이 하나님의 은혜와 능력으로 말미암아 채워졌다는 것이 바로 그 메시지이기 때문이다. 주 안에서 자랑하는 것 이외에는 자랑할 것이 전혀 없다(고전 1:26-31).

둘째, 복음은 오로지 예수 그리스도에 대한 것이어야 한다. 복음은 다른 어느 누구에 대한 것이 아닌 진짜 예수 그리스도에 대한 것이어야 한다. 복음에 관한 첫 선포에 대해 알게 되는 과정에서 증인들에게 의존하는 우리로서는 반드시 사도들의 설교에 있는 예수께 초점을 맞추어야 한다. 벌써 바울의 시대에, 그의 말에 따르면, "우리가 전파하지 아니한 다른 예수를" 그리고 실로 "너희가 받지 아니한 다른 복음을" 전파하는 사람들이 있었다. 그래서 그는 이것이 한 부녀자를 그녀의 남편으로부터 떠나게 유혹하는 것과 같이 위험한 일이라고 확신했다(고후 11:1-6). 갈라디아 교인들에 대한 바울의 말도 역시 강력했다. "그러나 우리나 혹은 하늘로부터 온 천사라도 우리가 너희에게 전한 복음 외에 다른 복음을 전하면 저주를 받을지어다"(갈 1:8).

그 문제는 예수 그리스도의 정체(identity)와 관계가 있다. 결국 성경 전체의 기독론은 '예수가 누구냐?'라는 물음에 대한 답변으로서 제시되어야 한다. 그러나 우리는 복음 전도자들에게서 볼 수 있는 것에서부터 다시 한 번 출발해야 할 것이다. 왜냐하면 복음 전도자들은 한 개인으로서의 예수를 전파하고 그분의 삶과 죽음과 부활의 이야기를 전한 것이 아니기 때문이다. 또한 그들은 단순히 '예수 그리스도'를 전파하지도 않았다. '예수 그리스도'라는 말은 계시가 아니다. 예수 그리스도는 말이 없이 존재하지 않는다. 사도들이 전파했던 그리고 계시가 되는 것은 '예수는 그 그리스도이다'라거나 '예수는 주님이다'라는 것이다. 사도들은 하나의 이름을 선포한 것이 아니라 문장을 선포했다.

사도적 복음의 중심은 '내가…전하는 이 예수가 그 그리스도라"(행 17:3)라는 주장이다. 혹은 사도 바울이 자신의 편지를 받아 보았던 고린도 교인들에게 기본적인 복음에 대해 일깨워 주면서 말했듯이, "성경대로 그리스도께서 우리 죄를 위하여 죽으셨다"(고전 15:3)는 주장이다. '예수 그리스도'라는 호칭(title)을 지닌 그 이름(name)을 분석하고, 그분의 삶과 죽음과 부활이 기존의 성경을 성취했기 때문에만 이름이 호칭과 연결되었음을 인식하는 것이 지극히 중요했다. 바로 그런 까닭에, "간절한 마음으로 말씀을 받고 이것(=바울이 말한 것)이 그러한가 하여 날마다 성경을 상고하던"(행 17:11) 베뢰아 사람들이 명성을 얻게 될 것이다. 만일 그리스도에 대한 믿음이 복음에 대한 중심적인 응답이라면, 그 응답의 대상이 되는 그 그리스도는 반드시 분명하게 참으로 그 사람이어야 한다. '나사렛 [출신의] 예수'라는 말이 중요한 것은 그 말들이 어떤 식으로든 하나님과 사람들 사이의 유일한 중보자이신 그 특정한 예수를 실질적으로 지칭하기 때문이다. 만일 그렇지 않다면, 그 말은 하나님과의 어떤 관계를 이룩하지 못할 것이다.

신약 성경은 선포의 주제에 관해 전혀 틀림이 없도록 예수를 기술하면서, 세 가지 면에서 예수의 정체를 확증한다. 그분은 자신이 한 말에 의해서, 겪은 일을 통해서, 그분에 대해 사람들이 한 말을 통해서 확인된다. 복음의 선포에 이 세 가지가 집중적으로 모일 때, 그 복음 전도자는 다른 어떤 예수가 아닌 참 예수를 말하는 것이다.

첫째, 그분은 **어떤 내용들을 말씀하셨다**. 예수 그리스도께서 하신 말씀들은 조심스럽게 기록되고 전달되었다. 그 말씀들은 첫 그리스도인들이 예수를 확인했고 자신들의 삶을 가다듬었던 권위적인 자료집을 이루었다. 이 말씀들 속에는 단순히 도덕 교훈과 통찰만 있는 것이 아니라, 하나님과 나라와 관련된 자신의 신분에 관한 핵심적인 가르침과 약속 및 권면이 있었다. 그 말씀들은 예수의 죽으심 이후 그분과의 기독교적 관계들의 기초를 형성했다. 그 말씀들은 예수께서 계속해서 그 제자들의 주가 될 수 있게 했다(마 28:16-20). 그 말씀들은 '주의 말씀', 하나님의 새 말씀, 신약성경이라 불릴 수 있는 것이다.

둘째, 그분은 **어떤 일들을 겪으셨다**. 우리가 복음서에서 읽는 예수 그리스도 그리고 세상의 구주로 제시되는 그리스도는, 예를 들면 십자가에서 고난을 당한 일이 없는 이슬람 신앙 속의 예수 그리스도가 아니다. 또한 그분은 그분이 육체로 오시지 않았다고 가르쳤던 원조 영지주의자들의 가현주의적 그리스도(docetic Christ)도 아니다. "⋯예수 그리스도께서 육체로 오신 것을 시인하는 영마다 하나님께 속한 것이요, 예수를 시인하지 아니하는 영마다 하나님께 속한 것이 아니니⋯"(요일 4:2-3). 예수 그리스도는 한 여인도 아니었으며, 한 사람의 이방인도 아니었다. 단지 인류에 대한 한 사람의 도덕 교사도 아니며, 단순히 아버지에 의해서 '우리와 함께 계시는 하나님'이 되도록 보냄을 받은 성육신만 하신 분이 아니다. 예수 그리스도가 '참 하나님이며 참 사람'이라고 고백하면서도 그분을 우리를 위해 십자가에 달리시고, 부활하시고, 승천하신 그리스도로 고백하는 데 실패함으로써, '다른 예수'를 선포할 수도 있다. 복음이 말하는 그 예수 그리스도는 참으로 하나님이며, 참으로 사람으로 태어나셨으며, 우리들 가운데서 사셨고 죽으셨고 부활하셔서 하나님 우편으로 높이 올렸으며, 거기에서 자신이 약속한 성령을 보낸 분이다. 만일 우리가 예수에 대해 이러한 말을 할 수 없다고 확신한다면, 그렇게 말할 수 없다고 말하고 다른 예수를 창작해 내는 것이 낫지, 우리가 지어 낸 예수를 복음에서 선포되는 그 예수와 혼동하는 것은 옳지가 않다.

물론 복음으로부터 역사를 분리하고, 신앙의 그리스도를 역사적 예수로부터 분리하는 것이 만족스럽다고 말하는 것은 아니다. 그와는 반대로, 이 논의에 걸려 있는 것이 예수의 정체성이기 때문에, 예수의 사역이 진정으로 그분이 한 일이 아니며 예수의 말씀이 진정으로 그분이 한 말이 아니라면, 우리가 처음 선포의 주제가 되었던 그 예수께 접하게 되었다고 생각할 수 없으며, '전파되기는 했지만 역사적이지는 않은' 추상적인 존재를 아는 것이 어쨌든 가치는 있다고 생각할 수 없을 것이다. 그런 경우라면, 우리는 이 존재가 누구였는지 알 수 없을 것이며, 따라서 그러한 예수에게 우리의 믿음을 던질 수가 없을 것이다. 사도들이 전파한 그 그리스도를 받아들이는 것은 역사적 예수를 받아들이는 것이다. 그렇지 않다면, 복음을 받아들이기 전에 그 결론에 도달하는 것이 최선일 것이다. "그리스도께서 만일 다시 살지 못하셨으면 우리의 전파하는 것도 헛것이요 또 너희 믿음도 헛것이며 또 우리가 하나님의 거짓 증인으로 발견되리니 우리가 하나님이 그리스도를 다시 살리셨다고 증언하였음이라…"(고전 15:14-15).

예수를 확인하는 세 번째 단서는 **그분에 대해 사람들이 한 말**에 있다. 당연히 그분을 알았던 사람들의 그리고 그분을 알았던 사람들을 만났던 사람들의 증언이 가장 중요하다. 신약 성경이, 예를 들면 죽은 자들로부터 예수께서 부활하신 일을 말할 때 우리가 듣는 것이 바로 그들의 증언이다. 그 사람들은 예수의 키와 얼굴과 억양이나 어린 시절을 기록하지 않는다. 그러나 그들은, 예수께서 "너희는 나를 누구라 하느냐?"라고 물으시고 베드로가 "주는 그리스도시요 살아 계신 하나님의 아들이시니이다"(마 16:15-16)라고 말할 때, 우리가 베드로 곁에 설 수 있게 만든다. 말할 필요도 없이, 그 사람들은 예수의 행위와 말씀에 깊은 인상을 받았다. 그러나 가장 의미심장한 감화는, 예수께서 '이스라엘의 소망'을 성취했다는 그들의 인식 그리고 그에 따른 그들의 가르침이었다. 그들은 그분을 구약 성경의 패턴들과 약속들을 성취하신 분으로 확인함으로써 이러한 결론에 도달했다. 그들은 '성경을 검토'했으며, 성경이 예수를 그 그리스도로 확인하는 방식으로 예수에 대해 증거했음을 발견했다. 누가에 따르면, 실제로 "그들의 마음을 열어 성경을 깨닫게 하시고", "모세의 율법과 선지자의 글과 시편에 나를 가리켜 기록된 모든 것이 이루어져야 하리라"(눅 24:44, 45)라고 말씀하신 분은 예수 자신이었다. "이루어져야 하리라"라는 말이 일깨워 주듯, 구약 성경의 증언은 단순히 운명이 다루어나가야 할 우연의 패턴이 아니다. 성경은 하나님 자신의 증언으로 간주되었기 때문에, 성경의 판정은 최종적인 것이었다. 여기에서 하나님은 예수께서 세례 받으시던 날 제자들에게 말씀하셨듯이(막 1:11) 확정적으로 말씀하신다. 실제로 그 음성은 예수의 신분과 사명을 확인하기 위해 구약 성경을 인용했다. 바울이 자신의 복음에 대해 분명하게 진술하는 한 단락에 따르면, 복음은 "…하나님이 선지자들을 통하여 그의 아들에 관하여 성경에 미리 약속하신 것"(롬 1:1-3; 참고. 15:8-12; 16:25-27)이었다.

 그러므로 소위 복음을 재현한다는 어떠한 주장의 진정성도 그 복음에서 전파되는 그리스도의 정체성에 근거한다. 단순히 '예수 그리스도'라는 말이 많이 등장한다고 해서 하나님의 구원하시는 능력인 복음이 전달된다고 단정해서는 안 된다. 우리는 이 예수의 정체성을 알아야 한다. 옛 복음과 현대의 복음 사이에는 이 예수가 말했으며, 그분에게 일어났으며, 그분에 관해 이루어진 말에 대한 증거의 일관성내지는 어떤 입증 가능한 연속성이 필요하다. 특히, 우리가 예수가 그 그리스도라는 고백이 옳은가라는 중요한 물음에 대답하고자 한다면, 예수가 구약 성경의 기대들을 성취했는지의 여부를 평가해야 한다. '예수 그리스도는 주시다'라고 말할 때, 우리는 특정한 말 가운데서 우리에게 임하시며, 특정한 일들을 행하셨으며, 특정한 요구들을 하시는 특정한 사람을 언급하는 것이다. 그분은 우연히 유대인들 가운데 출현했던 그리고 애굽인들이나 아즈텍인들 가운데서도 출현할 수 있었던 고독한 종교 천재가 아니다. 그분은 하나님의 기록된 말씀에 의해, 하나님 나라에 대한 선포를 위해 예비되었던 특정한 문화의 부분으로서만 평가될 수 있고 이해될 수 있다.

그러므로 복음은 그 때나 지금이나, 기록된 하나님의 말씀에 그 생명을 의지하며, 선포된 다음에 기록된 예수의 말씀에 표출되어 있다. 그리스도로서의 예수가 기록된 말씀을 가지고 있지 않았던 사람들이나 이방인들에게 선포되었을 때도, 그 선포 활동 자체는 구약 성경의 약속들에 의해 정당화되었고 설명되었다(행 15:15이하; 롬 15:7-9; 갈 3:6-9). 그리고 새로운 회심자들은 성경을 기록된 하나님의 말씀으로 간주하되 유대인들과 이방인들 모두를 위해서 기록된 말씀으로 간주했던 회중 가운데 유입되었다. "그들에게 일어난 이런 일은 본보기가 되고 또한 말세를 만난 우리를 깨우치기 위하여 기록되었느니라"(고전 10:11; 참고. 롬 15:4). 적당한 곳에서 살펴보겠지만, 이 계시의 방법은 우연히 이루어진 것이 아니다. 그 방법은 바로 하나님이 처음부터 자신의 성품을 입증하신 방법이었다.

### 복음은 하나님의 사랑과 자비하심에 대한 약속의 말씀이다

신약 성경의 대단히 뚜렷한 특징 가운데 하나는 복음을 받아들일 때 수반되는 기쁨에 대한 언급이다(에디오피아 내시의 이야기에서처럼, 행 8:39). 말할 필요도 없이, 이 감정은 복음 메시지의 두 가지 특징에서 비롯되었다. 첫 번째는, 복음을 통한 하나님 사랑의 드러남이라는 특징이며, 두 번째는 하나님이 복음을 통해 약속하셨고 주셨던 자비로운 복이라는 특징이다. 하나님의 사랑은 구약 성경, 특히 호세아서에서처럼 하나님의 구원하시는 행위들 배후에 있는 동기로 여겨진다. 그러나 이 점에 있어서, 결단코 예언자 호세아가 유일한 것이 아니다. 시내 산에서 하나님이 나타나신 결정적인 순간들로 되돌아 가보면, 하나님의 이름이 "자비롭고 은혜롭고 노하기를 더디 하고 인자와 진실이 많은 하나님이라…인자를 천대까지 베푸는"(출 34:6-7) 분으로 설명되어 있다. 그러나 신약 성경에서, 사랑에 대한 증명과 사랑의 규범의 최고의 전형으로 여겨지는 것은 바로 그리스도께서 십자가 위에서 자기 백성들을 위해 죽으신 일이다. "사랑은 여기 있으니 우리가 하나님을 사랑한 것이 아니요 하나님이 우리를 사랑하사 우리 죄를 속하기 위하여 화목 제물로 그 아들을 보내셨음이라"(요일 4:10). 하나님이 자신의 원수들을 향해 보여 주시는 그 자비하심은 우리에게 하나님이 받아 주실 만한 근거가 전혀 없음에도 불구하고, 우리를 확실하게 받아주신다는 사실을 입증한다(롬 5:1-11).

신약 성경의 여러 기자는 다양한 방식으로 복음이 지닌 자비를 표현한다. 요한은 흔히 영원한 생명에 대해 언급하며, 바울은 '의'와 '화해'와 같은 단어들을 선호하는 것 같다. 사도행전은 복음에서 주어지는 복으로 용서를 꼽으며, 실로 복음서들을 분석해 보면 이것이 예수의 가르침에 가장 가깝다는 것을 알 수 있다. 예수께서 세리들과 죄인들의 친구로 알려진 것은 무의미한 게 아니었으며, 그분이 사회의 천민들과 함께 식사하시던 습관은 기다리시는 아버지가 자신에게 돌아오는 자들에게 주실 용서와 환영에 대한 실천적인 비유였다. 이 사실은 복음의 복들이 집단적으로 누려진다는 사실을 우리에게 일깨워 준다. 마찬가지로, 바울이 사용하는 '화해'와 '의'와 같은 언어는, 그 언어가 그리스도께서 죄를 치워 버리신다거나 짊어지신다는 언급들과 밀접하게 연결되어 있다는 사실이 보여 주듯 용서를 그 중심에 간직한다. 실로 바울은 자신이 전하는 복음 전체를 "십자가의 도[메시지]"(고전 1:18)라고 묘사하고, 다음과 같이 진지하게 선언한다. "내가 받은 것을 먼저 너희에게 전하였노니, 이는 성경대로 그리스도께서 우리 죄를 위하여 죽으시고"(고전 15:3, 영역본에는 '먼저'가 '가장 중요한 것으로'로 되어 있다—역주).

하나님의 사랑과 자비하심에 대한 반응에 나타나는 기쁨은 특히 에디오피아 내시의 경우와 같이 이스라엘에 속하지 않아서 언약 공동체로부터 배제됨으로써 정죄를 받은 사람들에게 적절한 것이다. 그들의 포함은 하나님이 유대인과 이방인을 똑같은 조건에서 구원 가운데로 받아들이겠다는 의도를 알리셨다는 점에서 계시론에서의 특별한 의의를 예시해 준다. 어떤 의미에서는, 이 의도가 바로 계시의 본질이다. 바울은 그 의도를 "그리스도의 비밀(mystery)…이제 그의 거룩한 사도들과 선지자들에게 성령으로 나타내신 것 같이 다른 세대에서는 사람의 아들들에게 알게 하지 아니하셨던"(엡 3:4-5) 것이라 일컫는다. 하나님의 혁명적인 의도는 세 가지 면에서 알려졌다. 첫째, 음식 규례와 같은 문제들에 대한 그의 태도를 통해, 예수의 말씀과 행위를 통해(막 7장) 그리고 선교를 위임하시는 위임령을 통해서(눅 24:46-48), 둘째 "이방인을 위하여 그리스도 예수의 일꾼이 [된]"(롬 15:16) 사도 바울의 특별한 사명과 수고를 통해, 셋째 그 의의가 복음이 임할 때까지 감추어졌던('비밀') 구약 성경에 있는 하나님의 기존의 약속들을 통해서다(롬 15:7-13). 실로 바울은 이 약속이 앞서 아브라함에게 선포되었던 복음이라고 말할 수 있었다(갈 3:8). 그 차례에 있어서, 한 교회 안에 유대인과 이방인이 공존하게 된 것은 '하늘의 영역들 가운데 있는 정사들과 권세들에' 대한 일종의 계시다(참고. 엡 3:6-11). 자신과 아무런 관계도 없던 '이방인 죄인들'을 받아주시는 하나님의 자비하심의 지극히 넓으심은 결코 다함이 없는 감사의 주제다(엡 3:20-21).

어째서 이방인들을 포함하는 일이 복음인 계시의 핵심에 근접하는 일인가? 첫째로, 그 일은 "비록 하늘에나 땅에나 신이라 불리는 자가 있어 많은 '신'(gods)과 많은 '주'(lords)가 있으나 그러나 우리에게는 한 하나님 곧 아버지가 계시니 만물이 그에게서 났고…또한 한 주 예수 그리스도께서 계시니 만물이 그로 말미암고 우리도 그로 말미암아 있느니라"(고전 8:5-6)라는 기독교의 배타적인 주장과 연결되어 있다. 또한 그 일은 진정한 기독교 신앙에 각별히 중요한 복음의 한 측면인, 그 약속의 성격을 실증해 준다. 복음은 하나님의 약속의 성취를 주장할 뿐만 아니라 또 다른 약속을 낳는다. "내가 말하노니 그리스도께서 하나님의 진실하심을 위하여 할례의 추종자가 되셨으니 이는 조상들에게 주신 약속들을 견고하게 하시고 이방인들도 그 긍휼하심으로 말미암아 하나님께 영광을 돌리게 하려 하심이라"(롬 15:8-9). 이방인의 유입은 복음에 대한 확인에서 핵심적이다. 왜냐하면 그 일은 하나님이 자신의 약속들을 지키실 수 있으며, 지키시는 분임을 보여 주기 때문이다. 이 일을 통해 우리는 하나님이 하나님이심을 알 수 있다.

그러므로 복음은 하나님의 계시의 한 핵심 요소인 성경의 약속의 구조를 입증해 준다. 예수 그리스도의 복음을 받아들이는 것은 하나님의 약속을 의지하고 그 진정성을 입증하는 것이다. 그리고 그 일은 신자들을 반드시 약속의 영역으로 불러들인다. 약속은 하나님의 이전 계시를 성취하며 가리킨다. 아직 성취되지 않은 약속들은 그리스도께서 나타나시는 그 날, 우리가 "온전히 알" 그 날에 의지하여 믿음으로 받아들여진다(고전 13:12).

약속에 대해서는 일반적으로 다음과 같은 네 가지 예비적인 관찰을 할 수 있다. 자세한 사항은 나중에 설명할 것이다. 첫째, 약속은 언제나 미래와 관련되어 있다. 둘째, 약속은 반드시 언어로 되어 있다. 셋째, 약속은 오직 믿음으로 받아들여질 때만 열매를 맺을 수 있다. 넷째, 약속은 받아들여지면 관계를 형성한다. 그러므로 종말론과 역사가 성경에서 그처럼 중요한 역할을 한다는 사실은 그리 놀라운 것이 아니다. 약속은 미래를 내다보기에 종말론을 낳는다. 그리고 약속 성취의 연기는 역사를 낳는다. 하나님을 아는 데 믿음이 그처럼 중요한 역할을 한다는 사실도 그리 놀라운 것은 아니다. 하나님이 우리에게 주신 유형의 말씀은 특히 하나님 편에서는 진실을, 우리 편에서는 믿음을 요청한다. 믿음은 오직 하나님의 약속의 말씀만을 의지한다. 약속이 의심을 받으면, 믿음은 시들게 된다.

### 복음은 듣는 사람들에게 회개와 믿음을 요구한다

지금까지 이야기한 내용으로 미루어 볼 때, 복음은 다른 자료와 자원으로부터는 결코 얻을 수 없는 하나님의 인격성과 계획들에 대한 정보를 담고 있는 것이 분명하다. 복음은 진정으로 감추어진 것, 사람들이 자신의 힘으로는 얻어낼 수 없는 것들을 밝혀 준다. 그러나 말씀은 결코 단순한 정보가 아니다. 복음을 도덕적 교훈과 구별해 주는 중요한 특징 가운데 하나는 복음이 듣는 사람들에게 선택의 기로를 발생시킨다는 점이다. 복음은 충성과 소망의 근본적인 변화를 추구한다. 도덕적 교훈이 변화를 추구하고, 죽은 행위들로부터 회개를 촉구할 수는 있을 것이다. 그러나 복음은 우리가 다시 한 번 예수께서 공생애를 시작하시면서 말씀하신 "회개하고 복음을 믿으라"(막 1:15)라는 말씀에 대한 마가의 기록을 생각해 볼 때, 그보다 더욱 근본적이며 급진적이다.

 이 명령에서 예수께서 추구하시는 두 가지 반응이 서로 구별될 수는 있겠지만, 나누어지는 것은 아니다. 그 반응들은 하나님 나라 선포로부터 형성된다. 하나님 나라의 선포가 그 반응들의 토대이자 복음이다. 예언자들(세례 요한을 포함해서)의 외침과 같은 줄기를 이루는 회개의 촉구에서, 예수께서는 말할 필요도 없이 듣는 자들이 실질적인 죄악들과 관련해서 필수적으로 취해야 할 구체적인 행동을 촉구하신다. 그러나 성경은 개별적인 죄악을 그 배후에 깔린 하나님에 대한 태도, 하나님에 대한 그릇된 관계에서 기인하는 것으로 돌린다. 그러므로 회개에 대한 촉구는, 부가적으로 그리고 좀더 근본적으로, 자기중심적인 자아관을 버리고 살아계신 하나님께 '돌아오라'는 촉구를 포함한다. 그것은 단지 순결의 문제가 아니라 관계의 문제다. 하나님 나라의 도래에 대한 선언은 사람으로 하여금 하나님과 그분의 다스림을 향하도록 다시 방향을 잡아준다. 회개에 대한 촉구는 하나님에 대한 순복을 요구한다. 복음이 그 메시지를 펼칠 때, 세례 요한의 메시지와는 달리(세례 요한도 다가오는 하나님 나라에 비추어서 사람들이 회개할 것을 촉구한다), 예수께서 그 메시지의 중심이심이 명백해진다. 그리하여 예수께서 촉구하시는 회개는 예수를 따르는 자들이 경험하는 제자도가 된다. 바울이 예수 그리스도께서 주님이

심을 선포할 때, 그는 그리스도를 주인으로 삼고 모든 일에서 그리스도를 기쁘시게 하는 삶을 사는 회개를 촉구한다.

믿음은 또한 사람이 하나님께 순복하는 것이며, 결국 회개와 분리될 수 없다. 믿음은 스스로를 구원할 수 없는 절망감과 어쩔 수 없는 상태에 대한 인정이며, 복음서 이야기에 있는 소경 바디매오가 보여 주듯이 하나님을 향해 돌아오는 것이다(막 10:46-52). 그러나 바디매오의 경우에서처럼, 복음서의 내러티브는 믿음이 참으로 예수 그분을 향하게 될 때 진정으로 실천되는 것임을 보여 준다. 실로, 신약 성경에서 '믿음'이라는 단어와 그 동족어들의 용례를 조사해 보면, 믿음이 '하나님'이나 성부 하나님도 아니고, 예수 그리스도를 향해 있음을 보여 준다. 신약 성경이 가치 있게 여기는 것은 일반적인 믿음이 아니라(어쨌든지, 일반적으로 믿음이란 것은 인간의 공통적인 성격의 하나다) 그리스도에 대한 믿음이다. 실로 믿음은 그 대상으로부터 전적으로 구원의 능력을 얻는다. 구원의 믿음이 완벽한 믿음이거나 전혀 의심이 없는 믿음일 필요는 없으나, 올바른 대상을 믿는 믿음 따라서 하나님과 우리 인간 사이의 중보자가 되시는 그분에 대한 믿음일 필요는 있다. 바로 그런 이유 때문에 신약 성경이 그토록 복음의 순전성에 집착하는 것이다. 믿음이 아무리 어떤 대상을 향해 불 일듯 일어난다 할지라도, '다른 예수'는 구원할 수 없다. 구세주가 되시는 예수는 복음의 말씀에서 확인되며 기술된 그 예수다. 그래서 그리스도에 대한 믿음은 또한 복음에 대한 믿음 혹은 주의 말씀에 대한 믿음이라고 기술될 수 있다. 이러한 것들은 전혀 분리되지 않으며 분리될 수도 없다. 복음을 믿는 것은 그리스도를 믿는 것이며, 말씀을 믿는 것은 바로 구원을 위해 그리스도를 신뢰하는 것이다. 예를 들어, 복음에 있는 그리스도를 파악하는 데 핵심적인 것은 그분의 재림과 승리에 대한 우리의 소망이다. 복음 전체와 같이, 이것은 하나님의 약속들에 대한 믿음으로만 얻을 수 있는 것이다. 칼뱅이 말한 것처럼, "우리는 오직 그 자신의 약속들에 싸여 있는 그리스도를 수용함으로써만, 그리스도를 누릴 수 있다."[10] 그 외에 구원을 위해 그리스도를 만나고 대면할 수 있는 다른 가능성은 전혀 없다.

회개를 통해 하나님께 돌이켜야 하며 우리 주 예수 그리스도에 대한 믿음을 가져야 한다는 복음의 보편적인 요구는 결코 타락한 인류의 마음을 끌지 못했다. 그 요구에 부응한다는 것은 아담 안에서 우리가 태초부터 뒷걸음질하면서 도망해 왔던 상황으로 되돌아가는 것이다. 회개와 믿음은 하나님께 우리가 하나님의 조건 위에서, 즉 하나님에 대한 복종 가운데서 효과적으로 관계를 맺게 한다. 그러므로 복음의 핵심은 예수 그리스도가 주님이라는 사실이다. 그래서 신자들에게 적용되는 신약 성경의 언어는 그 주님과 우리의 관계를 표현해 주는 적합한 말인 '종'이라는 말을 포함한다(예를 들면, 롬 6:18, 22).[11] 이것은 특히 인간의 독립성이 문화적으로 인정을 받는 현대 세계에서는 불쾌감을 주는 말이다. 이 점에 있어서, 실로 자율성은 모더니즘과 포스트모더니즘을 함께 묶는 실타래다. 신학은 문화의 압력으로부터 면제받은 것이 아니다. 신학도 그 압력으로부터 자유롭지 못하다. 그래서 신학도 독립에 대한 욕망을 내포하는 강력한 현 시대 이데올로기들의 먹잇감이 되고 있다. 이러한 상황에서, 하나님이 말씀하실 때, '주제를 바꾼다거나' 하나님의 말씀이 아닌 다른 곳에서 하나님의 계시를 발견하려는 커다란 유혹이 존재한다. 이 유혹은 복음 자체의 성격과 그리스도의 주되심에 얼마나 기꺼이 복종할 것인지에 대한 우리의 의지에 도전한다.[12]

## 결론

나는 신약 성경이 복음을 하나님을 아는 일의 출발점으로 그리고 '하나님의 말씀'이라는 타이틀에 대한 소유권을 주장하는 것으로 제시하기 때문에 복음에 대한 이 연구에 착수했다. 만일 그것이 바로 복음이 그렇다고 주장하는 것이라면(그 주장의 신빙성에 대해서는 제1장에서 논의했다) 복음은 분명히 근본적인 계시가 된다. 그러나 나는 복음이 명확한 형태를 지니며, 더 나아가서 종말론적인 틀이 받아들여지는 한, 복음이 현시대에 부합하는 적실성을 보유한다는 사실을 보여 주고자 했다. 나는 또한 복음 진리의 수용이 계시론에 중요한 함의들을 지닌다고 주장했다. 그에 못지않게 중요한 것이 구원자이시며, 심판자이시며, 하나님의 말씀으로서의 예수 그리스도의 절대성이다. 각별히 복음은 그 자체를 '하나님의 말씀'과 동일시할 뿐만 아니라 성경도 '하나님의 말씀'과 동일시하는 일에 의존되어 있다. 이 점에 대해서는 우리가 앞으로 진행하면서 특히 주목하게 될 것이다. 나의 주장은, 우리가 어떤 일정한 조건들 위에서 복음을 받아들임으로써 시작했다가 나중에 그 조건들을 아무렇지 않게 버린다는 것은 있을 수 없다는 것이다. 이 주장의 결과가 무엇인가에 대해서는 이어지는 장들에서 다뤄지고 정리될 것이다.

제3장

# 복음과 하나님을 아는 지식

나는 지금까지 복음 자체에 대부분을 할애했다. 이제 복음의 열매인 하나님에 대한 관계적 지식이라는 동일하게 중요한 주제로 눈을 돌리고자 한다. 계시는 지식을 낳고, 복음 계시는 무엇보다도 구원을 주는 하나님을 아는 지식을 낳는다고 주장한다. "영생은 곧 유일하신 참 하나님과 그가 보내신 자 예수 그리스도를 아는 것이니이다"(요 17:3). 이렇게 한편으로 우리는 복음을 갖게 되며, 다른 한편으로 그 복음으로부터 기인하는 하나님을 아는 지식을 갖게 된다. 복음 전파자들이 복음을 통해 하나님을 아는 지식을 제공했을 때, 그들은 무엇을 의미하고자 했을까? 이것은 하나님이 우리와 관계하시는 방식에 대해 무엇을 입증해 주는가? 이러한 요점들을 논의한 후에, 나는 '이것이 복음의 수용에서 말씀이 담당하는 역할에 대해 무엇을 보여 주는가?'라는 물음으로 그리고 더 나아가서 '성경의 계시적 성격에 대해 그것이 무엇을 가르쳐 주는가?'라는 물음으로 되돌아갈 것이다.

## 하나님 알기

하나님에 대한 무시와 하나님에 대한 무지

오순절에서 시작해서, 적어도 몇몇 그리스도인은 복음을 가지고 선교에 참여했다. 전도에 대한 그들의 관점은 특히 현재 우리의 상황에 적절한 의미를 지닌다. 첫 복음 전도자들은 자신의 말을 듣는 사람들이 하나님에 대한 구원의 지식을 결여했다고 확신했다. 그들의 말을 들었던 청중들은 "많은 '신'(gods)과 많은 '주'(lords)"(고전 8:5)에 대해 매우 종교적이었을 수 있으며, 자신의 의로움을 세우기 위해 애를 썼던 열심이 넘치는 열심당 유대인이었을 수도 있고(롬 10:2-3), 부도덕한 이교도였을 수도 있다(살전 4:5). 그러나 그들은 모두 하나님과 연결되지 못한 자들로 분류된다. 사람들이 가질 수 있었던 하나님을 아는 지식이 전혀 없는 것은 아니다. 그와 반대로, 양심(롬 2:14-15)과 창조 질서(롬 1:19-20)가 하나님의 실재하심과 그분의 요구들에 대해 증거한다. 하나님에 대한 사실들과 인간이 적절하게 응해야 할 반응의 성격은 모두 분명히 드러나 있다. 또한 유대인들은 '하나님의 바로 그 말씀'(롬 3:2)을 가지고 있다. 오히려 근본적인 문제점은 우리 인간이 다른 영적인 권세들과 맺는 관계에 있다. 그 영적인 권세들은 우리의 양심을 괴롭히며, 영적인 감각을 어둡게 만들며, 주의력을 빼앗아 가며, 지적 사고를 흐릿하게 만든다. 바울은 다음과 같은 말로 이방인들을 규정한다. "그들의 총명이 어두워지고 그들 가운데 있는 무지함과 그들의 마음이 굳어짐으로 말미암아 하나님의 생명에서 떠나 있도다"(엡 4:18). 바울은 또한 "이 세상의 신이 믿지 아니하는 자들의 마음을 혼미하게 하여"(고후 4:4)라고 말하며, 우리가 하나님께 원수들이며(롬 5:10) 하나님에 대해 적대적이라고 말한다(롬 8:7).

인류의 영적인 상태에 대한 이러한 기술은 계시에 대해 논할 때 언제나 지극히 중요하다. 이러한 설명이 없었다면, 우리는 계시를 우리가 피조물이기 때문에 결여한 어떤 정보를 하나님이 허락해 주시는 것이라고 생각할 것이다. 그러나 복음은 우리가 하나님으로부터 소외되어 있으며, 하나님에 대해 적대적이라고 규정한다. 우리가 하나님을 알려면, 하나님이 진리에 대해 우리의 눈을 뜨게 해주셔야 한다. 그러나 우리가 눈을 떠서 보게 되는 그 진리는 예수 그리스도가 주님이라는 적절한 사실일 필요가 있다. 단지 조명해 주는 것만으로는 소용이 없을 것이다. '이 세상의 신'의 통치가 예수 그리스도의 통치로 바뀌어야 할 필요가 있다. 그래서 복음 전도자들이 하나님을 아는 지식을 제공했을 때, 그들은 하나님이 아닌 세력에 매여 있던 이전의 속박과 예속이 깨어지고 하나님과의 새로운 관계가 시작될 수 있다고 말했던 것이다. 적개심과 소외와 적의(敵意)가 한쪽으로 치워지고, 우리가 살아 계신 하나님과 자식 간의 사귐에 돌입할 수 있다고 말했던 것이다. 그러나 복음이 우리에게 소개하는 그 영성은 하나님의 말씀이 하나님에 대한 우리 믿음의 응답에 핵심적인 요소로 계속 작용할 것을 전제로 한다는 점을 인식하는 것이 매우 중요하다.

### 참으로 하나님을 안다는 것

하나님을 안다는 것은 하나님과 화목하게 되고 화평을 누리는 일이며, 하나님의 자녀로 입양되는 것이다(롬 5:1-11; 갈 4:1-11). 양자됨(adoption)은 하나님이 주도적으로 솔선해서 행하시는 일이며, 하나님의 말씀에 대한 믿음으로 말미암아 받아들여지는 것이고, 하나님의 지침들에 따라 형성되는 일이며, 우리의 순종이라는 특징을 갖는 일이다. 양자됨은 우리 자신과 세계에 대한 참된 통찰과 구원을 낳는다. 모든 가족 관계에서처럼, 우리의 지식은 하나님에 대한 광범위한 진리를 포함한다. 이는 관계가 믿음을 요청하기 때문이다. 그래서 성경에서 믿음이 하나님과 그분의 백성들 사이의 가장 중요한 접촉점으로 확인된다는 사실은 결코 우연이 아니다. 이 경우, 우리가 믿음의 터전으로 삼는 진리들은 하나님의 말로 된 자기 계시(self-disclosure)에서 비롯되며, 하나님이 행하셨고 행하시며 그분의 약속들과 명령들을 비롯해서 행하고자 의도하시는 일에 대한 보도(報道)들을 포함한다. 관계는 진리와 진실의 영역에서 번창하는 것이다. 거짓말쟁이나 습관적으로 부정확한 사람을 신뢰한다는 것은 불가능하다. 언어는 동화(同化)되지 않으면서 결합하는 바로 그러한 인격의 연합(personal union)을 만들어 낸다. "그들을 진리로 거룩하게 하옵소서. 아버지의 말씀은 진리니이다.···내가 비옵는 것은 이 사람들만 위함이 아니요 또 그들의 말로 말미암아 나를 믿는 사람들도 위함이니, 아버지여, 아버지께서 내 안에 내가 아버지 안에 있는 것 같이 그들도 다 하나가 되어 우리 안에 있게 하사 세상으로 아버지께서 나를 보내신 것을 믿게 하옵소서"(요 17:17, 20-21).

바로 이 인격의 연합이 복음의 열매다. 그것은 신성에 흡수되어 버리는 것이 아니라, 서로 말하고 들으면서 거하는 상호 내주(mutual indwelling)다. 그것은 주어지고 받아들여진 말씀이 중심적인 역할을 하는 벗됨이며, 사귐이며, 떡을 떼고 나눔(communion)이다. 우리의 지식은 우리가 피조물이기 때문에 갖는 무지 때문에 그리고 하나님이 우리에게 제공해 주신 진리를 우리가 죄악으로 말미암아 왜곡하기 때문에 제한되어 있다. 그 지식은 또한 구원사(救援史)에서의 우리의 위치 때문에도 제한되어 있다. 그래서 우리는 세상 끝에 임할 예수 그리스도의 계시를 소망 가운데서 바라본다. "지금은 내가 부분적으로 아나 그 때에는 주께서 나를 아신 것같이 내가 온전히 알리라"(고전 13:12). 그러나 현재 그리스도 및 성령의 사역에 근거해서 그리고 말씀 가운데서 우리에게 매개되는 그 계시는, 우리가 그 계시로 인한 사귐의 만찬이라는 선물을 받아 누리기에 적절한 것이다. 신약 성경에서의 묵상에 관한 글을 쓰면서 존 클라이닉(John Kleinig) 박사는 다음과 같이 말한다.

> 요한복음 15:7-10에는 예수의 말씀 안에 머물며 지낸다는 개념이 더 발전되어 나타난다. 포도나무의 한 가지가 줄기에 붙어 있듯이, 제자는 예수의 계명들을 지킴으로써 예수와 그분의 사랑에 계속 붙어 있어야 한다. 이렇게 하면, 그 결

과로서 예수의 말씀들이 그 제자 안에 '거하게' 된다. 그 말씀들은 제자의 마음에서 살 집을 찾아 거주하게 된다. 묵상의 과정을 통해, 바깥에 있었던 말씀이 내면화되고 받아들여져서, 그 말씀이 제자를 예수와 연합해줄 수 있으며, 계속해서 예수와 지속적인 접촉을 갖도록 유지해 줄 수 있다. 예수의 말씀이 거하는 곳마다, 예수께서 친히 거하신다(15:4-5). 그러므로 예수의 말씀들을 자기 안에 '거하게' 함으로써, 제자는 예수 안에 거하는 것이다. 그리고 이 일은 다시 그리스도인의 기도의 토대를 놓아 준다.[1]

성경 전체를 통해서, 하나님을 향한 우리의 말은 하나님과의 이 벗됨의 핵심적인 부분이라고 이해된다. 사실상 기도는 일종의 보편적인 인간 현상이다. 그러나 기독교의 기도는 본질상 우리가 하나님에 대해 아는 사실로부터 나온다. 거기에는 하나님이 우리에게 말씀하시는 기도라는 초청이 포함된다. 예수의 기도를 포함해서, 성경에 나오는 기도는 기도가 하나님의 말씀 가운데 있는 하나님의 계시에 응답하는 것임을 보여 준다. 기도의 범위와 내용과 확신은 하나님이 자신에 대해 계시해 주실 때 드러나는 하나님의 성품에 근거한다. 그리스도인의 입장에서 말하자면, 하나님은 특별하게 아들의 이름으로 또한 성령의 권능 가운데서 아버지라 칭해진다. 이 삼위일체의 친밀함은 하나님의 말씀들과 대면하는 데서 비롯된다. 성경은 하나님에 대해 무지한 사람들을 영적인 관계가 결여된 자들로 간주하지는 않지만, 그 사람들이 바람직하기보다는 부정적인 관계를 지닌 것으로 여긴다. 각별히 이스라엘에게 주어진 것은 하나님의 이름인데, 그 이름을 통해서 하나님의 백성들은 하나님이 들으신다는 확신을 가지고 성공적으로 하나님께 말씀드릴 수 있었다. 그 이름이 없이는 관계맺음이 불가능하다. 기도는 계시의 범위 안에서 움직인다. 그리고 찬양은 하나님의 놀라운 위업을 되풀이하여 말하는 것이다.

### 하나님이 자신을 밝히시는 방식

하나님이 자신의 신분을 밝히시며, 자신을 참되신 하나님으로 알리시는 방식에 주목하는 것이 중요하다. 적어도 "**나는 스스로 있는 자니라**"(출 3:14, 강조는 덧붙인 것임; 저자는 'I WILL BE WHAT I WILL BE'라는 미래형 번역을 채택한다—역주)라는 약속을 포함하는 것 같은 모세에게 주신 그분의 이름은[2] 하나님이 자신을 알리시는 방식을 가리킨다. 신약 성경에서와 마찬가지로, 이 방식은 인간의 문제가 지적인 문제라기보다는 영적인 것임을 보여 준다. 그리하여 영적 세력들, 신(神)들 혹은 하나님에 대한 믿음조차도 당연한 것으로 여긴다. 그 문제는 구원과, 우상들로부터의 해방과, 사람들과 참 하나님 사이의 신분 확인 및 상호관계와 관련되어 있다. 그 이름은 우선적으로 그 이름을 통한 관계 형성의 가능성을 시사한다. 그 이름은 많은 거짓 신 가운데서 참 하나님을 확인해 준다. 그러나 그 이름의 의미가 시사하듯, 여호와가 하나님이라는 사실은 그분의 행위에 의해 입증된다. "이 해석에는 약속들을 이행한다는 생각이 함의되어 있다. 즉, 나는 언제나 똑같이 나다. 그래서 결과적으로 나는 내 말에 참되고 내 말을 이룬다는 것이다."[3] 참 하나님은 그저 '하나님'이 아니라 자신의 약속들에 일치하게 그 백성들을 애굽에서 해방하고, 그들을 약속의 땅으로 인도하셨던 그 하나님이다. 그분은 그 하나님이지, 다른 하나님이 아니다. 그러므로 구약 성경의 의미 있는 한 가지 특징은 하나님을 그분의 행위에 의해 확인하고 정의한다는 점이다.

물론 그러한 구절들의 고유한 생각은 여호와의 기이하고 강력한 행위들이 그 자체로 인상적이라는 것이다. 그러나 그것은 그리 근본적인 생각이 아니다. 하나님의 기이하고 강력한 행위들이 이스라엘에서나 열방에서 여호와에 대한 지식을 증대해 주는 것은 특별히 여호와께서 이미 자신이 무엇을 할 것인지를 시사하셨기 때문이다. 신명기 18:9-22에서 하나님의 참 예언자는 이스라엘의 거짓 예언자들과 열방의 점쟁이들과 대조적으로 그가 말하는 대로 이루어지기 때문에 참 예언자로 확인될 수 있다.

그러므로 좀더 일반적으로 말해서, 참 하나님은 그분의 약속이 실제 어떤 식으로 이루어지느냐에 따라 확인될 수 있다. 각별히, 예언자 에스겔은 여호와께서 두로의 멸망과 같은 어떤 큰 기사(奇事)를 행하실 것이며, 그 결과 "그들이 나를 여호와인 줄을 알리라"(예를 들어, 겔 26:6)라고 지속적으로 예언한다. 그러나 에스겔만 이렇게 하는 것이 아니다. 이사야도 그렇게 한다(사 41:21-29; 46:8-13). 그리고 우리는 그러한 예언을 신명기 4:15-40과 그 이상의 구절들로 소급해서 찾아볼 수 있을 것이다. 여호와를 확인하며 그분이 참으로 하나님이심을 보여 주는 것은 단지 하나님의 일을 행하시는 권능이 아니라 행하겠다고 말한 것을 행하실 수 있는 능력이다. 그래서 이사야는 다음과 같이 강력히 변호한다.

…나무 우상을 가지고 다니며,
　구원하지 못하는 신에게 기도하는 자들은 무지한 자들이니라.
너희는 알리며 진술하고
　또 함께 의논하여 보라.
이 일을 옛부터 듣게 한 자가 누구냐?
　이전부터 그것을 알게 한 자가 누구냐?
나 여호와가 아니냐?
　나 외에 다른 신이 없나니,
나는 공의를 행하며 구원을 베푸는 하나님이라.
　나 외에 다른 이가 없느니라(45:20-21; 참고. 48:3-5).

다시 말해서, 여호와에 대한 지식의 확장을 가져오는 것은 표적과 기사나 약속의 말씀 자체가 아니라, 그 둘의 결합이다. 이스라엘과 열방은 "여호와 그는 하나님이시로다"(왕상 18:39)라고 알게 된다. 그러나 그 행위는 말씀으로부터 상당 기간 떨어져 있을 수도 있다. 즉, 그리스도의 재림에 대한 약속—그러므로 완벽한 지식에 대한 약속—이 계속해서 여전히 믿음으로 받아야 하고 믿음으로 살아내야 하는 것이듯이, 약속들이 성취되기까지 수백 년을 기다려야 할 수도 있다. 행위와 말씀이 함께 결합하여 이 일을 행한 그 하나님을 여호와, 약속을 지키시는 하나님으로 확인해 주는 것이다.

이러한 관찰들로부터 두 가지 중요한 사실이 기인한다. 첫째, '약속/성취의 말씀'이라는 주제는 하나님이 자신을 알리시는 방식의 중심을 차지한다. 그 주제가 복음의 한 가지 특징임은 이미 살펴보았다. 그러나 그것은 바로 성경 구조의 한 특징이다. 이스라엘 민족이 하나의 나라가 되었을 때, 그들은 하나의 언약 백성으로서 나라가 되었다. 그리고 그들이 경험했던 구원은 여호와께서 그들의 조상과 맺었던 예전 언약을 기억하시고 친히 그 언약에 근거해서 행동하심으로써 비롯된 것이다(출 2:24-25). 언약은 약속의 말씀이다. 그리고 참 하나님은 자신의 약속을 지키심으로써 자신을 입증하시며 자신을 명명하신다. 하나님을 명명하고, 하나님을 다른 어떠한 영적 세력에 반대되는 유일하신 참 하나님으로 확인하는 전체적인 일이 사실상 성경의 줄거리를 만들어 낸다. 약속은 미래와 관련되어 있기 때문에, 성경은 종말론적일 수밖에 없다. 이 말은 성경이 우리로 하여금 역사의 한 가운데서 믿음과 소망과 사랑을 가지고 살아갈 수 있게 해주면서 시간의 문제를 다룬다는 것을 의미한다.

둘째, 예수를 확인하는 문제로 되돌아가 보자. 우리는 이미 예수께서 그 그리스도라는 사실의 입증은 구약 성경에 있는 하나님의 약속들의 성취를 요청한다는 점을 살펴보았다. 물론 신약 성경의 구체적인 주장은 "하나님의 약속은 얼마든지 그리스도 안에서 예가 된다"(고후 1:20, 개역개정판은 이 구절의 의미를 적절하게 전달하지 못한다. 좀더 적절한 번역은 "하나님이 얼마나 많은 약속을 하셨든지 간에, 그 약속들은 그리스도 안에서 다 '예'가 된다"이다—역주)는 것이다. 다시 말해서, 여기에는 그리스도에 대한 변호만이 아니라 **나는 나일 것이다**(I WILL BE WHO I WILL BE)라는 의미의 이름을 지닌 그 하나님에 대한 계시이자 변호가 존재한다. 그분의 언약이 성취될 때, 하나님을 아는 지식이 물이 바다를 덮음과 같이 온 땅을 덮게 될 것이다. 예수의 초림은 이미 복음에서 하나님을 아는 지식을 한바탕 쏟아냈다. 하나님은 전례 없이 약속을 지키시는 하나님으로, 역사를 엮어나가시는 하나님으로, 하나님으로부터 소외된 자들이 숭배하는 우상들과 대척되는 유일하신 참 하나님으로 비춰졌다. 이전의 말씀들이 행위들과 결합되면서, 말씀과 행위 모두를 변호한다. 듣는 자 편에서의 의무는 말씀과 행위 둘 다를 검토하고, 그 행위가 진정으로 그 약속을 성취하는지의 여부를 판단하는 것이다. 만일 그 행위가 약속을 성취하지 않는다면(물론 오늘날까지도 많은 유대인은 그 행위가 약속을 성취한다는 사실을 부인하지만) 복음은 참되지 않으며 구약 성경은 그 입증의 순간을 기다리는 것이 된다.

말씀과 행위의 연관성은 하나님을 아는 지식이 어떻게 퍼져나갔으며, 유지되고, 덧붙여졌는지를 살펴볼 경우 더 명확해진다. 시간의 흐름이 그 지식을 파괴하도록 허용되지 않았다. 그 지식은 기념할 만한 장소들에, 기념할 만한 표적들에, 기념될 행위들에, 반복해서 구술되어야 할 행위들에, 절기들에, 규칙적으로 임하는 안식일에, 가정에서와 예배에서의 교육과 배움에, 노래의 작사 작곡과 잠언집의 전승에 확고하게 자리잡았다. 성경 종교의 특징적인 태도가 믿음이기 때문에, 믿음을 만들어 내고 유지하며 자양분을 공급하여 자라나게 하는 하나님의 말씀은 헌신하는 경건 생활의 기반이 되도록 의도되었다. 이 기반은 율법에서(신 6:4-9) 제공되며, 시편에서 입증된다(예를 들어, 시 19편; 119편).

성경 종교의 예언적 요소는 주로 약속에 있는 토대로부터 비롯되었다. 예언자들이 언약을 자신의 시대를 향해 해석했을 때, 그들은 자신이 받은 신탁들(oracles)을 장래에 대한 경고와 격려의 형태로 표현하지 않을 수 없었다. 마찬가지로, 바울도 끊임없이 수신자들의 현재 행위와 믿는 내용의 기반으로서 그들이 알거나 당연히 알아야 할 것에 호소한다. 그들이 기존의 말씀에 표현된 하나님을 아는 지식을 공유하기 때문에, 바울은 그 지식에 호소할 수 있으며 자주 그 지식에 호소한다. 간단히 말해서, 성경은 하나님을 아는 지식이 그 약속을 진술하는 말씀을 통해서와 이 말씀을 우리에게 일깨워 주려는 의도를 간직한 조례(條例)를 통해 만들어지며 유지된다는 사실을 강하게 증거한다. 말씀은 하나님을 아는 지식의 핵심적인 부분이다. 이 장의 다음 두 항목에서는, 어떻게 하나님에 대한 지극히 언어적인 지식이 고정되고(stabilized), 형식화되고(formalized), 성경과 유사한 형태를 부여받게 되었는지를 살펴보겠다.

### 복음과 하나님의 나라

지금까지 나는 하나님을 아는 지식은 영적인 속박으로부터의 놓여남을 포함한다는 점을 관찰했다. 하나님의 나라에 대한 복음의 본질은 예수 그리스도가 주님이라는 사실과 그분과 우리의 관계가 흑암의 권세들로부터 구출되는 것에 근거한다는 사실이다. "그가 우리를 흑암의 권세에서 건져 내사 그의 사랑의 아들의 나라로 옮기셨으니, 그 아들 안에서 우리가 속량 곧 죄 사함을 얻었도다"(골 1:13-14). 우리는 모든 일에서 그분을 기쁘시게 해야 할 주님의 수종자일 뿐만 아니라 그분의 노예다.

### 하나님은 자신의 말씀으로 창조 세계를 다스리신다

하나님의 나라에 대한 복음의 개념은 구약 성경에 뿌리박고 있다. 구약 성경의 각 페이지에서 하나님은 빈번히 전 세계를 다스리시는 왕으로 묘사된다. 왕이 있으면 당연히 왕국이, 말하자면 왕의 권세가 미치는 영역 혹은 좀더 정확하게 말해서 왕의 권세의 행사가 있어야 한다. 하나님의 주권(sovereignty)은 무엇보다 먼저 창조 세계를 향해 행사된다. 하나님을 오직 말씀만으로 무에서 만물을 지으신 창조주로 묘사함으로써, 창세기는 어떠한 신학 논문도 할 수 없는 방식으로 하나님의 주권적 권능을 전달한다. "이스라엘은 여호와가 말씀으로—왕으로 발언함으로써, 그 발언이 발설되면 열심히 의무적으로 집행되어야 할 강력한 천명(天命)에 의해서—세계를 창조하신다는 사실을 증언한다."⁵⁾ 성경의 다른 부분들은 무생물뿐만 아니라 동물과 인간도 다스리시는 하나님의 능력을 증거한다. 그리고 각 개인뿐만 아니라 강대국들도 하나님의 뜻을 행하도록 되어 있다. 그리고 선한 자들만이 아니라 악한 자들도 하나님의 장중(掌中)에 있으며, 임금들과 군주들만이 아니라 악한 영들도 하나님의 지시에 따라야 한다. 모든 공간만이 아니라 모든 시간도 하나님의 권세 아래 존재한다. 하나님의 주권에 대한 이러한 관찰들은 성경을 읽는 독자라면 누구나 발견할 수 있는 평범한 사실이다.

성경의 첫 장에서 볼 수 있듯이, 힘들이지 않고 행사하시는 하나님의 주권을 드러내는 한 가지 측면은 어떻게 하나님이 만물을 말씀만으로 이루시는가를 보여 주는 것이다. 권능이 좀 모자라는 존재들은 물리적인 힘을 사용할 필요가 있을 것이다. 그러나 여느 왕이 그렇듯, 여호와는 말씀으로 통치하신다.

> 여호와여, 주의 말씀은 영원히
> 　하늘에 굳게 섰사오며
> 주의 성실하심은 대대에 이르나이다.
> 　주께서 땅을 세우셨으므로 땅이 항상 있사오니
> 천지가 주의 규례들대로 오늘까지 있음은
> 　만물이 주의 종이 된 까닭이니이다(시 119:89-91).

하나님의 말씀에 대한 이러한 개념은, 성경이 하나님과 창조 세계의 관계를 기술하는 유일하진 않지만 지극히 중요한 방식이다. 각별히, 그 개념은 하나님의 강력한 통치를 강조한다. 그 통치는 창조 세계를 초월하며, 동시에 그 세계에 고루 미친다.

**하나님은 말씀으로 사람들을 다스리신다**

성경의 처음 장들은 또 하나님이 친히 창조하신 사람들과 관련해서 하나님의 말씀이 어떻게 사용되는지를 우리에게 소개해 준다. 인간은 다른 피조물들로부터 선별되었다. 그 사실은 인간이 하나님과 독특한 관계를 맺고 있음을 보여 준다. 자신의 형상대로 지은 그 사람들에게 하나님은 세계를 다스리는 과업을 위임하셨다. 인간을 위해서 하나님은 온 땅을 채우고 땅을 정복하라는 명령을 내리심으로써 역사의 가능성을 만들어 내셨다. 하나님은 그 사람들에게 직접 말씀을 건네셨다. 그리고 그 사람들로부터 말로 된 응답을 받으셨다. 하나님의 왕적인 광휘는 역사가 시작되었을 때 인류가 간직한 왕적인 태도에 반영되었다. 그러나 하나님이 진정한 왕이시라는 점은 의심할 나위가 없었다. 하나님의 통치는 하나님이 명하시고 약속하신 말씀에 표명되었다. 인간 권세의 헌장도 그들의 자유를 제한했다. 좀더 쉽게 표현하자면, 인간의 참된 자유는 그 자유가 놓여 있었던 헌법(constitution) 안에서 행사되어야 했다. 그들은 하나님의 말씀에 의해 다스림을 받았다. 그들은 하나님의 나라 안에 있었다. 애초부터 하나님의 나라는 하나님이 자신의 통치를 행사하신 하나님의 백성들을 함축했다는 점에 주목할 필요가 있다.

그러므로 자신의 주인(Lord)에 대한 인간의 반역이 그 주인의 말씀에 대한 의도적인 거부의 형태를 취했다는 것은 그리 놀라운 일이 아니다. 그 뱀은 '하나님이 진짜 그렇게 말씀하셨느냐?'는 질문으로 시작했다(창 3:1). 믿음의 자리에 불신앙이 들어왔다. 그 뒤에 이어진 사건들은 하나님의 말씀을 변호했으며, 그에 따라서 아담과 하와는 새롭고 더 힘든 명령과 약속을 받았다. 에덴동산에서의 편안했던 사귐은 이제 고통과 형벌, 잔혹함과 탐욕의 길로 대체되었으며, 다른 형제에 의한 한 형제의 살인은 땅을 얼룩지게 만들었다. 타락 이전에는 아담이 동물에게 이름을 지어 줌으로써 자신의 권세를 행사했지만, 타락 이후에는 인간이라는 가족이 언어상 비극적으로 분열되어 맹렬하게 언어를 배우지 않고서는 서로 의사소통을 전혀 할 수가 없게 되었다. 이렇게, 동물들은 사용하는 언어에 따라 다른 이름을 갖게 되었다. 고유 명사가 더 이상 단일한 뜻을 갖지 못했다. 하나님의 통치 언어의 상실은 인간 언어의 권세가 상실된 사실에 반영되었다. 인간의 언어는 불성실하고, 잔학하고, 분열하는 것이 되었다. 이리하여 모든 역설 가운데서 지극히 비정상적인 일이 진전되어 나오게 되었다. 즉, 하나님이 다스리셨던 세상에서 부관으로 다스리도록 임명받았던 자가 그 다스림에 대해 반역을 일으킨 것이다.

성경의 나머지 부분을 차지하는 구원 이야기는 어떻게 하나님이 자신의 말씀을 통해 자신의 나라를 재확립해가시는지 전해 준다. 바로 그러한 이유 때문에 복음 메시지가 맨 처음에 그런 용어로 선포되는 것이다. "회개하라, 천국이 가까이 왔느니라"(마 4:17). 하나님의 다스리시는 말씀이 표현되는 주요 방식 가운데 한 가지는 '언약'을 통한 것이다. 하나님이 자신의 말씀을 표현하기 위해 이 방식을 선택하신 의의를 살펴본다면, 성경에 있는 하나님의 자기 계시의 중요한 갈래들을 확인할 수 있을 것이다.

### 왕국과 언약

#### 언약의 성격

에덴동산에서의 하나님과 인류 사이의 협약(agreements)은 일종의 언약을 구성했다고 몇몇 사람이 주장해 왔다.[6] 이러한 주장이 타당하든 타당하지 않든, 노아와 아브라함과 모세에 대한 중요한 이야기들에서 하나님이 말씀으로 자신의 나라를 재건하시기 시작하면서 자기 백성들과의 관계를 설정하실 때 선택하신 관계의 형태가 왕이 맺는 언약의 형태였다는 점이 점차 명백해졌다. 물론 언약에는 동등한 신분 사이에 이루어지는 언약이 있다. 그러나 여호와께서 언약을 맺으실 때는 한 백성을 다스렸던 통치자로서 언약을 맺으셨다. 백성들의 편에서는 언약상의 축복들과 저주들과 조항들과 표시들을 받아들였다. 그리하여 그들은 한 분의 지배자

(lord)로서 그분께 결속되었다. 이처럼 하나님의 말씀의 특징적인 형태의 하나가 언약이다.

언약이란 맹세와 더불어 주어지며 조약들이 수반되고 하나의 인장(印章)에 의해 봉인되는 약속이라 말할 수 있을 것이다. 언약은 당사자들을 서로 묶어 주기에, 때로 한 조(組), 동맹(league) 혹은 협약이라 여겨지기도 한다. 이 모든 요소가 하나님과 사람 사이에 맺어진 언약이든지 단순히 인간끼리 맺은 언약이든지, 성경의 다양한 언약에서 발견된다. 그러나 핵심적인 요소는 약속이다. 약속이 없다면 언약이 될 수 없다. 유언의 경우처럼 그 언약의 한편 상대자가 그 점에 대해 모른다 할지라도, 약속의 요소는 필수적이다. 그 약속은 위협일 수도 있고, 축복을 주기 위한 열심일 수도 있다. 그 약속은 조건부일 수도 있고 무조건적일 수도 있다. 어떤 경우든지, 약속은 언약에서 핵심이며, 언약에 그 특별한 힘을 실어 준다. 성경 종교의 두 가지 위대한 측면은 하나님이 자신의 백성들과 맺으신 언약이 지닌 약속 제공의 성격에 근거한다.

### 언약과 시간

첫째, 성경이 시간에 대해 취하는 태도가 있다. 약속은 시간을 묶고 통제하려는 것이다. 약속은 시간의 흐름 가운데서 확고한 요소를 제공하고자 한다. 인간의 경우, 약속을 통해 시간을 통제한다는 것은 기껏해야 잠정적인 것이다. 우리의 서약 의식 중 가장 엄숙한 의식의 하나인 결혼에서, 우리는 '죽음이 우리를 갈라놓기까지'만 신실하겠다고 약속할 수 있다. 하나님의 약속에서, 우리는 그 말씀이 결코 실패하지 않으며, 결코 거짓말을 하실 수 없는 분을 다룬다.[7] 히브리서가 말하듯, "하나님은 약속을 기업으로 받는 자들에게 그 뜻이 변하지 아니함을 충분히 나타내시려고 그 일을 맹세로 보증하셨나니 이는 하나님이 거짓말을 하실 수 없는 이 두 가지 변하지 못할 사실로 말미암아 앞에 있는 소망을 얻으려고 피난처를 찾은 우리에게 큰 안위를 받게 하려 하심이라"(히 6:17-18).

이 말씀은 하나님의 약속에 의한 시간 통제의 결과를, 말하자면 장래에 대한 소망을 언급한다. 우리가 대망(待望)하면서 미래를 내다보는 일이 약속의 본성에 놓여 있다. 약속은 소망이나 두려움을 만들어 내며, 확신이나 절망을 불러일으킨다. 결국, 약속은 역사를 만들어 낼 뿐만 아니라 종말론을 만들어 낸다. 우리의 현 상황은 우리가 의지하는 하나님의 약속과 너무나 명백히 모순된 것처럼 보일 수 있다. 그 약속이라는 것 전부가 하나의 망상일 수 있다. 그것이 많은 사람이 내려 온 결론이다. 그러나 그러한 결론들에 대한 다른 대답은 그 약속들이 아직 그 참된 끝맺음에 도달하지 않았으며, 훨씬 더 나은 어떤 것이 기다린다는 것이다. 이 대답이 맞는다는 믿음은 그 약속들의 놀라운 부분적 성취라고 볼 수 있는 것에 의해 힘을 얻을 수 있다. 예를 들어, 포로가 되어 사로잡혔던 이스라엘이 유배지에서 귀환한 일은 하나님의 약속을 변호해 주었다. 그럼에도 불구하고, 이 귀환은 예언자들이 사람들로 하여금 믿게 만들었던 것보다는 훨씬 초라했기 때문에 그 약속들을 동요케 했다. 이 경우, 약속들에 대한 믿음이 떨어질 수가 있다. 달리 보자면, 부분적인 성취는 장차 이루어질 일에 대한 보증이라고 여길 수 있다. 이렇게 보면, 부분적인 성취는 믿음과 소망을 야기한다. 그렇게 된다면, 다양하게 기대되었던 여호와의 날은 모든 약속이 함께 실현되고, 마침내 하나님의 나라가 임했다고 말할 수 있을 때인 한 위대한 날에 합쳐질 것이다.

### 언약과 말씀

성경의 언약 구조에 근거를 둔 성경 종교의 두 번째 측면은 하나님을 아는 지식에서 말씀이 중심적 위치를 차지한다는 데 있다. 약속들이 필연적으로 앞을 내다볼 수밖에 없듯이, 약속들은 언어로 이루어진다는 특징을 갖는다. 어떤 몸짓을 가지고 약속을 하거나 암묵적으로 약속하는 일도 가능하긴 하다. 그러나 이것은 약속에서 전형적인 것이 아니다. 미래를 묶음으로써 시간의 흐름 가운데서 확실성을 제공하려는 약속은, 그 약속에 호소하고 그 약속을 기억하고 연구할 필요가 있다. 약속은 말로 표현될 필요가 있다. 성경에 있는 많은 언약 의식에는 표적이 따른다. 표적은 언약식을 보장하며, 참여자들을 일깨워 그 의미를 되새기게 하기 위한 방식이다. 그러나 표적이 약속을 구성하는 것은 아니다. 표적은 그 자체와 연결된 표현된 말씀들로부터 그 모든 효과를 취한다. 이스라엘의 종교에서 놀랄 만한 사실은 하나님에 대한 형상들이 없었다는 점이다. 그 대신에, 언약궤에 언약서(the Book of Covenant)가 담겨 있었다. 언약서는 하나님이 그 백성들에게 하셨던 말씀, 따라서 여전히 하나님의 백성들을 향하는 말씀을 글로 써 놓은 것이다. 왜냐하면 약속에는 약속한 사람이 계속해서 우리를 향해 말하는 성격이 들어 있기 때문이다. 보통의 일상적인 대화에서 내가 하는 말들은 그 순간을 넘어서서는 아무런 중요성을 갖지 않는다. 그러나 약속은 기억되고, 일깨워지고, 표시되고, 의미화 될 필요가 있다. 왜냐하면 약속은 계속해서 우리를 향해 말하기 때문이다. 그러한 점은 하나님이 하신 약속도 마찬가지다. 하나님은 말씀하셨다. 그리고 이렇게 하신 말씀(speech) 가운데서 지금도 여전히 말씀하신다(speak).

말씀의 중심적인 위치는 성경이 말하는 경건의 성격을 규정해 준다. 말씀은 무엇보다도 믿음으로 받아들여지는 것이다. 특히 이 말은 약속의 말씀들에 해당되는 말이다. 바로 그것이 약속들이 동화되는 방식이다. 바로 그런 식으로 약속들이 한 동맹을 이루고, 파트너십을 형성한다. 우리에게 건네진 이 말씀들을 통해서, 우리는 하나님의 언약 상대가 된다. 그 말씀이 약속의 말씀이기 때문에, 이 믿음은 또한 소망이라 일컬어진다. 왜냐하면 소망은 소위 약속의 말씀이라는 그 대상에 의해 형성되는 믿음이기 때문이다. 믿음은 그 약속의 말씀을 굳게 움켜쥔다. 유일한 참 성경적 종교는 바로 말씀이 믿음의 대상을 이루며, 믿음의 대상에게로 나아가도록 해주는 종교다. 하나님의 말씀을 의심하는 것은 하나님이 자기 백성들에게 구원을 가져다주시는 방식 전체를 위험에 빠뜨리는 것이다.

우리는 지금 관계 형성의 바탕을 이루는 언약을 다루기 때문에, 그 언약에서 언어와 문학이 발전하는 것을 보게 된다. 그리고 이러한 언어와 문학의 발전은 약속 자체를 넘어서는 것이다. 결혼은 언약에 근거하며, 언약은 두 사람 사이의 나눔의 필수 불가결한 틀을 제공한다. 그러나 결혼의 언어와 문학은 약속으로 환원될 수 없는 것이다. 성경 종교의 강력한 언약적 기반은 역사와 예언 둘 다를 만들어 내는 데 도움을 주었다. 이는 언약이, 시간이 낳는 사건들에 비추어 검증됨으로써 그 언약이 유지됐는지 실패했는지가 확인되기 때문이다. 성경의 역사가들은 이러한 발전들을 말하고, 기록하고, 해석한다. 예언자들은 (그들 중 어떤 사람은 역사가인데, 이는 예언과 역사의 구분이 성경에서 발견되는 종류의 역사를 반영하지 않기 때문이다) 약속을 사용해서 현재를 해석하고 미래를 예측한다. 성경의 찬송시들과 지혜들은 의식적으로 언약으로부터 자체의 출발점을 삼으며, 언약에 근거해서 개인이나 민족이 하나님과 맺은 관계를 자유롭게 탐구한다.[8]

이러한 사실은 언약적 약속들에 율법과 같은 조항들이 딸려 있을 경우에도 해당된다. 믿음이 먼저다. 왜냐하면 믿음이 없이는 언약 자체를 받아들이는 것이 불가능하기 때문이다. 어떤 언약들은 언약을 받는 자들에게 오직 믿음을 절대적으로 요구하는데, 아브라함의 경우가 바로 그렇다(창 12:1-3; 15:6). 그와 같은 언약에는 복음의 은혜가 미리 예시되어 있다. 실로 바울은, 여호와께서 아브라함에게 언약을 가지고 접근하시기에 앞서서 그에게 복음을 선포하셨다고 말한다(갈 3:8). 그렇지만 참 믿음은 우리를 하나님과의 교제라는 한 동아리로 묶어 주며, 하나님의 전체적인 뜻에 대해 결코 무반응일 수가 없다. 시내 산 언약에서 여호와께서는 구원받은 백성들에 대한 자신의 요구조항들을 율법의 형태로 명시적으로 규정하신다. 이것은 믿음의 원칙에 모순되는 것이 아니라, 언약이 여호와께서 다스리시는 관계라는 사실을 보여 주는 것이다. "[모세가 이에] 언약서를 가져다가 백성에게 낭독하여 듣게 하니 그들이 이르되 여호와의 모든 말씀을 우리가 준행하리이다"(출 24:7). 브루그만(Brueggemann)

이 말하듯, "이스라엘의 신앙에서 계명은 언제나 언약의 상황 가운데 존재하기 때문에, 여호와의 명령들은 철저히 언약적이다."⁹⁾

시내 산 언약은 하나님 나라를 재건했다. 하나님의 백성들은 하나님의 땅에서 하나님의 다스림 아래 살아가야 했다. 그러나 시내 산 언약은 언약들의 복합체의 일부여서 아브라함, 이삭, 야곱과 여호와께서 맺으신 언약들을 되돌아보며, 때가 이르자 사무엘하 7장에 기록된 다윗과의 언약에 의해 보완되었다. 결국 하나의 언약이 다양하게 표현될 수 있다고 생각하는 것이 최선이다. 그것은 상황에 따라서 다양한 요소를 갖는 하나님의 백성에 대한 유일하신 하나님의 유일한 다스림이다. 이스라엘과 맺은 하나님의 언약에서 그 이름을 취하는 구약 성경조차도 그 안에 새 언약에 대한 약속을 포함한다(렘 31장). 그 새 언약은 기본적인 목적이나 조항들에 있어서가 아니라 효과들에 있어서 옛 언약을 대신할 언약이다. 윌리엄슨(P. R. Williamson)은 이렇게 쓴다. "어떤 의미에서, 이전의 신적 언약들은 새 언약에서 절정에 달한다. 왜냐하면 이 장래의 언약은 구약 시대 내내 이루어져 왔던 핵심적인 언약들을 다 감싸 안기 때문이다."¹⁰⁾ 이 새 언약이 바로 복음이다.

### 예수 그리스도와 언약

**예수께서는 약속들을 성취하시며 뒷받침하신다**

신약 성경의 첫 페이지, 예를 들어 마태복음의 계보를 보면, 신약 성경의 저자들은 구약 성경이 야기한 다양한 기대가 그리스도 안에서 성취되었다는 사실을 우리가 이해하기를 바라는 것이 분명하다. 딱 한 가지 예를 들어 다윗 언약의 "나라가 영원히…보전되고"(삼하 7:16)는, 여호와께서 다윗과 맺으신 언약은 신약 성경 전체에서 예수께 적용된다. 예수께서는 다윗의 후손으로, 따라서 정당한 이스라엘의 왕—전 세계를 대상으로 하는 나라를 다스릴 수 있는 왕—으로(암 9:11-12) 생각된다. 현대의 성경 독자들이 단정하듯이 단순히 예견된 예언 가운데서 몇몇 경우가 문자 그대로 성취되는 그러한 것이 아니다. 물론 그러한 경우가 그 자체로 흥미롭기는 하지만 말이다. 오히려 예상과 일하는 패턴 그리고 역사 운동의 전체 구조가 예수의 활동을 옹호한다고 주장된다. "내가 너희와 함께 있을 때에 너희에게 말한 바 곧 모세의 율법과 선지자의 글과 시편에 나를 가리켜 기록된 모든 것이 이루어져야 하리라 한 말이 이것이라"(눅 24:44). 이스라엘의 언약 종교, 여호와와 그 백성들 사이의 연맹은 구약 성경에 포함된 특별한 문화를 낳았다. 그 구약 성경의 목표는 예수의 오심에까지 이르렀던 것이다.

예수께서는 언약에 의해 비롯되었던 기대들을 성취하시기만 한 것이 아니다. 예수와 복음서 기자들은 예수의 사역과 활동을 그 문화가 제공하는 범주들을 통해 해석한다. 인자, 하나님의 나라, 그리스도, 새 언약, 하나님의 말씀, 하나님의 아들이라는 용어와 일단의 여타 표현들은 구약 성경에서 비롯된 것들이다. 그 언어 자체가 예수의 신분과 사역뿐만 아니라 예수께서 말씀하시고 행하시는 일에 대한 이야기를 평가하는 해석의 범주들을 제공한다. 광야에서의 예수의 시험은 이스라엘의 경험과 평행을 이룬다. 열두 제자를 택하신 예수의 선택은 열두 지파를 기억나게 한다. 이사야 53장의 고난받는 종은 예수의 고난을 조명해 준다. 예수의 기적들은 종말에 일어날 하나님의 임재에 대한 예견된 표적들이다. 예수를 그 정황 가운데서 확고하게 세우지 않고는 그분을 적절하게 이해한다는 것이 불가능하다.

구약 성경의 말씀들을 자신에게 그토록 강하게 적용하시면서, 예수는 하나님의 목적들에 대한 옛 계시의 지속적인 의의를 인정하셨다. 진실로, 전체 신약 성경을 연구해 보면 알 수 있듯이, 대부분 구약 성경이 기독교의 성경이며 신약 성경은 일종의 부록과 같다고 말할 수 있다. 구약 성경의 지속적인 권위는 분명하게 확증된다. 예수와 그 사도들이(초대교회도 마찬가지였다) 구약 성경을 하나님의 말씀으로 대하면서 자신이 말하는 것에 대한 증거로서 계속해서 구약 성경에 호소했기 때문이다. 구약 성경은 하나님의 백성의 헌법이었으며, 하나님이 그 백성들의 존재를 다스렸던 통치의 특징이었다. 그러나 구약 성경의 가르침은 무엇인가 새롭고 그 이상의 어떤 것에 대한 약속을 포함했다. 예레미야의 예언은 이스라엘과의 새로운 언약, 다음과 같은 효과를 지닌 언약이 있을 것임을 말했다.

> 내가 나의 법을 그들의 속에 두며
>     그들의 마음에 기록하여
> 나는 그들의 하나님이 되고
>     그들은 내 백성이 될 것이라.…
> 작은 자로부터 큰 자까지
>     다 나를 알기 때문이라.
> 내가 그들의 악행을 사하고
>     다시는 그 죄를 기억지 아니하리라
> 여호와의 말씀이니라(렘 31:33-34).

이것이 바로 예수께서 자신의 죽음을 통해 발효하신 언약이다(마 27:28).

### 예수와 새 언약

히브리서는 "그[그리스도]는 새 언약의 중보자시니…부르심을 입은 자로 하여금 영원한 기업의 약속을 얻게 하려 하심이니라"(9:15)라고 말한다. 예레미야가 사용하는 단어가 시사하듯, 새 언약은 그 조항들보다는 그 효력에 있어서 새롭다. 그러므로 예레미야의 소망이나 모세나 아브라함의 소망은 동일했다. 마음판 위에 새겨지는 율법도 여전히 율법이었다. 그 소망은 하나님의 주권적 영역 바깥에 존재하고픈 소망이 아니라 하나님에 대한 참된 지식, 죄에 대한 사유하심에 근거한 하나님을 기쁘시게 하는 내면의 능력에 관한 것이었다. 이것은 단지 개인이 맺은 개별적인 언약이 아니라, 이스라엘과 맺은 언약이다. 그래서 비록 우리가 하나님 백성의 경계 영역들이 이스라엘을 훨씬 넘어서 확장되는 것을 보더라도, 새 언약에 들어가는 것은 여전히 동일하게 하나님의 언약의 말씀에 의해 다스림을 받는 하나님의 백성들 가운데 들어가는 것이다. 구원받은 백성들의 공동체를 세우시면서, 하나님은 자신의 통치 혹은 헌정 아래서의 삶을 그들에게 제공하셨다. 그리고 예수의 오심으로 우리는 새로운 통치라 불릴 만한 것을 보게 되었다. 그러나 그 목표와 실체는 여전히 동일한 것이다. 그러나 우리가 어떤 새로운 방법으로 다스림을 받는 하나님의 새로운 백성들을 보는 것은 아니다. 하나님은 언약 가운데 살아가도록 자신의 확대된 백성들을 위해 한 가지 언약을 제공하신다. 하나님은 하나의 언약을 통해서 자기 백성들에 대한 자신의 통치(his kingdom)를 계속해서 행사하신다.

예수께서 도입하신 변화가 너무나 크기에 히브리서는 옛 언약에 대해 '낡은 것'이라고 말하며, "낡아지고 쇠하는 것은 없어져 가는 것"(8:13)이라고 말한다. 그 저자가 특히 마음에 둔 것은 모세 언약이다. 성경신학의 맥락에서 볼 때, 모세 언약은 근본적인 언약 원리의 주요 부분집합의 하나였다. 바울은 시내 산 언약을 잠정적으로 기용된 교도관으로 여긴다. "믿음이 오기 전에 우리는 율법 아래에 매인 바 되고 계시될 믿음의 때까지 갇혔느니라"(갈 3:23). 그러나 이런 부정적인 언급에도 불구하고, 히브리서든지 바울이든지 구약 성경 자체를 치워 버리려 하거나 어떤 식으론가 구약 성경의 권위가 떨어졌다고 말하지 않는다. 오히려 구약 성경의 권위는 그리스도께서 복음의 주님으로서 지니신 권위 가운데서, 그 권위를 통해서 이해되어야 한다. 실로 히브리서는 특히 구약 성경에서 인용한 인용문들로 가득 차 있다. 히브리서는 그 인용된 구약 성경 구절들을 명백하게 하나님의 새로운 언약 백성들의 삶을 다스리도록 의도된, 지속적인 하나님 말씀의 일부로 간주한다. 심지어 희생 제사들과 성전의 기구들과 같은 외형적인 율법의 규례들도 장차 올 것을 예시했다. 우리가 구약 성경에 대해 철저히 파악하지 않고서는 히브리서를 이해할 수 없을 것이다.

그럼에도 불구하고, 예수 그리스도의 오심과 더불어서, 성취의 시대가 동터 와 옛 언약에 대한 중심적인 재해석을 요구했다. 이제 그 뒤로는 모든 것이 그리스도를 통해 해석되어야 한다. 왜냐하면 그리스도는 하나님의 다스림의 초점이며, 하나님 나라의 왕이시며, 새 언약의 중개자이시기 때문이다. 이 말은 구약 성경의 모든 페이지에서 그리스도를 발견한다는 식의 구약 성경에 대한 공상적인 해석을 요구하는 것이 아니다. 오히려 가장 깊은 수준에서, 언약 구조 전체, 하나님이 자신의 백성들을 다루시는 약속과 패턴이 그리스도를 가리키는 것으로 이해해야 한다는 것이다. 바로 이 사실이 요한복음 1장에서 예수를 하나님의 말씀과 동일시하는 일을 아주 의미심장하게 만들어 준다. 우리는 만물을 지으신 그 한 분을 소개받으며, 그럼으로써 말하자면 하나님의 말씀(word)이라는 창조 세계의 지배 원리에 대해 일깨움을 받는다. 요한은 그 말씀(the Word)의 창조 사역에 대해서만이 아니라 그분이 어떤 식으로 계속해서 배격당하는지를 우리에게 일깨워 준다. "…세상이 그를 알지(recognize) 못하였고"(요 1:10). 바로 이 다스리시는 말씀(ruling Word)으로서, 그리스도는 계시를 가져온다. 그리고 그분은 하나님의 모든 말씀(words)을 통합하며 하나님의 말(words)을 하신다(요 3:33). 육체가 되어 우리 가운데 거하신 것이 바로 이 하나님의 말씀(word)이다. 모세는 율법을 가져다주었지만, 그 말씀(the Word)은 은혜와 진리를 가져다주신다. 구원의 이야기가 진행되는 중요한 순간마다, 하나님은 그 약속과 성취의 구조를 지닌 자신의 말씀을 통해서 인류에게 말씀하신다. 예수 그리스도께서 오셨을 때, 그 언약 원리는 포기되지 않았다. 그리스도인이 된 모든 사람은 구약의 하나님 백성들이 그랬던 것처럼, 하나님과 언약 관계 가운데 존재한다. 우리 시대에, 그 언약의 말씀은 중심에 예수 그리스도는 주님이라는 복음을 간직한다.

## 성경의 성격

### '언약서'로서의 성경

성경은 언약을 담음으로써 하나님 나라에 기여한다. 이런 의미에서, 성경 전체는 '언약서'라고 일컬어질 수 있을 것이다. 왜냐하면 성경에 하나님의 언약이 기록되고, 해명되고, 적용되기 때문이다. 실로 바울은 토라를 "옛 언약"(고후 3:14)이라고 부르고 복음을 "새 언약"(고후 3:6)이라고 부름으로써 우리가 구약 성경과 신약 성경에 붙이는 명칭들을 보증해 준다. 분명히 바울이 볼 때, 옛 언약을 가지고 하는 일은 그 언약을 읽는 일이었을 것이다. 바레트(C. K. Barrett)는, 비록 바울이 특히 시내 산 언약에 대해 글을 쓰지만, 그 언약은 "우리가 구약 성경이라고 일컬으며 그렇게 번역될 수 있음을 함의한다"[111]라고 말한다.

그렇게 함으로써, 바울은 구약 성경 자체에서 발견되는 몇 가지 실마리를 따른다. 그러므로 요시야 왕 시절에 율법이 성전에서 발견되었을 때, 그 율법은 "모세의 전한 여호와의 율법책", "율법책", "율법", "언약서" 등으로 다양하게 묘사되었다. 그 문서의 내용은 "율법의 말씀"(19절), "이 책에 기록된 모든 것"(21절), "여호와의 말씀"(21절), "그의 계명과 법도와 율례"(31절) 및 "이 책에 기록된 언약의 말씀"(31절) 등으로 묘사되었다(대하 34:14-31). 흔히 가정하듯 이 기록이 신명기의 사본과 관련되어 있는지 아니면 토라 전체를 포함하는지의 여부를 떠나서, 처음에는 소량의 자료에 붙여졌던 "언약서"라는 용어가(출 24:7) 매우 의미심장하게 확대되었음을 확인할 수 있다는 사실은 매우 흥미롭다. 이 현상은 "여호와의 말씀"이라고 알려진 자료의 범주를 만들어 냈다. 그 가운데서 우리는 하나님 백성의 생활 자체를 형성하려는 목적을 지닌 하나님의 기록된 말씀을 갖게 된 것이다. 그 기록된 하나님의 말씀은 하나님이 그 백성들을 다스려 나가실 때에 하나님 자신의 권위를 지닌다.

### 언약적인 성경의 권위

성경의 언약적 특성은 성경론에서 두 가지 중요한 함의를 갖는다. 첫째, 하나님 나라와 언약의 연관성을 두고 볼 때, 그 성격은 성경 권위의 본성을 가리킨다. 하나님은 언약을 사용하여, 말씀으로 자기 백성들에 대한 통치를 재확립하셨다. 언약은 예수 그리스도를 중심으로 하는 약속과 요구의 말씀인 복음에서 절정에 달하는 하나님 말씀의 특징적 형태다. 성경의 기능은 하나님의 이 권위를 기록하고, 설명하고, 적용하는 것이다. 바로 그런 까닭에 성경은 하나님의 말씀, 하나님의 신탁(oracle of God), 성서(Holy Scriptures)라고 일컬어진다. 우리가 그분의 언약을 기반으로 하나님과 관계를 맺을 때, 우리는 말씀하신 바를 절대적으로 신뢰할 수 있는 그런 분과 관계를 맺는 것이다. 그것은 또한 성경이 동시에 복음과 언약으로 기능한다는 뜻이다. 그런 기능 가운데 성경은 올바른 기반 위에서, 말하자면 우리가 충절과 순복 가운데 하나님께 구속되어 있으며 중보자이신 예수 그리스도를 통해 하나님과 관계를 맺는 하나님의 언약 상대자라는 사실에 근거해서, 살아 계신 하나님과 우리의 관계를 만들어 내고 유지하려는 의도를 가지고 있다. 다시 말해서, 복음, 하나님의 나라, 언약, 성경은 우리를 하나님과의 구원의 관계로 이끄는 기능을 하는 상호 관련된 개념들이다. 간단히 말해서, 적어도 족장 시대부터 하나님의 백성들은 언약이라고 불리는 약속의 말씀들을 통해 하나님께 매이게 되었다. 하나님의 백성들은 결코 하나님의 말씀이 없이 존재하지 않았다. 그들은 결코 하나님의 말씀을 통한 통치 없이 지내지 않았다. 그리고 이 말씀들은 성경에서 발견될 수 있는 것이다. 성경을 단지 인간의 문화적 산물로, 즉 하나님의 권위는 빠진 신성에 대한 인간 경험에 대한 증거로 보는 것은 성경의 본성을 오해하는 것이다.

### 언약적인 성경의 기능

둘째, 성경의 언약적 성격은 성경을 교과서로 보는 생각에 도전한다.

"기독교적인 신 개념에서, 성경은 우리의 유일한 교과서다. 성경에서, 우리는 하나님의 자기 계시를 발견한다."[12] 말할 필요도 없이, 성경은 우리에게 하나님에 대해 가르쳐 준다. 성경은 핵심적인 교훈적 기능을 지닌다. 즉, 우리가 진리의 영역에서 하나님께 응답해야 한다면, 우리는 진리 안에서 가르침을 받을 필요가 있다는 말이다. 그러나 우리는 또한 성경의 언약적 성격, 즉 그 약속들을 통해 우리를 찾아서 하나님을 위해 보듬어 지켜 주는 기능에 대해서도 공정을 기해야 할 필요가 있다. 성경의 언약적 성격이라 함은, 성경이 우리에게 하나님의 계획과 목적에 대한 지식을 제공해 준다는 뜻이다. 성경은 언약 백성들을 위해 하나님이 여러모로 마련하신 대비책이다. 성경의 시편들과 잠언들, 예언적인 탄원들, 약속들과 언약들, 내러티브들과 여타의 문학 형식들은 순종하는 신앙을 유지하고 지도하는 데 기여한다. 예를 들어 우리는 시편이 지닌 교훈적 유용성을 놓치지 않도록 유의해야 하지만, 그 시편을 삶의 여러 형편에서 사용할 수 있도록 하나님이 우리에게 주신 말씀이라고도 볼 수 있다. 시편은 하나님이 주신, 하나님이 권위를 인정하신 믿음의 노래이기도 하다.

### 결론

에밀 브루너는 자신의 계시론이 기독교 신앙에 대해 지니는 함축미를 의식했다. 축자 영감(verbal inspiration)을 배격하면서 브루너는 자신이 믿음의 진정한 핵심을 구해 낸다고 생각했다. 그가 볼 때, 심지어 사도들의 증거도 "결코 믿음의 **기반과 대상**이 될 수 없고 단지 믿음의 수단일 뿐이다."[13] 그러나 만일 이 장의 논증이 정확하다면, 그리스도의 위격과 그리스도에 대한 말씀의 관계는 브루너가 용인할 수 있는 것보다 훨씬 더 밀접하며, 진정한 신앙은 단어와 문장과 단락을 신뢰하고 순종할 수 있는 능력을 포함하게 된다. 이 쟁점의 중요성은 명백하다. 왜냐하면 기독교적인 삶의 성격 자체가 거기에 달렸기 때문이다.

제4장

# 계시의 패턴으로서의 복음

예수 그리스도의 복음을 하나님의 가장 중요한 계시로 확인하게 되면, 계시에 대해 일반적으로 우리가 믿는 바에 대한 틀이 잡힌다. 최고의 계시로서의 예수 그리스도의 복음은 계시의 패러다임이나 패턴의 역할을 하며, 계시라는 이 이름을 주장하는 다른 주장들에 대해 우리가 어떤 식으로 접근해야 하는지에 주도적인 영향력을 행사한다. 이 간략하고 교량적인 장에서 나는 지금까지 조사해 온 바가 지닌 중요한 함의들을 정리하고자 한다. 복음이 계시의 패턴이라는 점에 대한 인지(perception)는 네 가지 주요 결과를 낳는다. 그리고 이러한 결과들은 다른 자료들에서 입수될 수 있는 하나님을 아는 지식을 다루게 될 다음 장들에서 우리가 고찰하는 과정에 근본적인 원리들(axioms)을 제공해 줄 것이다.

## 복음은 모든 계시의 척도다

첫째로, 복음은 하나님에 대한 구원의 지식에 이르는 핵심 요소다. 나는 복음이 하나님에 대한 유일한 계시라고 주장하지 않는다. 그와 반대로, '계시'에 해당되는 '아포칼립시스'(*apokalypsis*)와 여타의 단어들에 대해 (그 단어나 그 단어의 동족어군을 사용하지는 않지만, 명백히 계시 사건들과 경험들을 지칭하는 성경 기사들은 말할 것도 없다) 연구해 보면 알 수 있듯이, 성경 자체는 많은 계시와 '계시'라고 일컬어질 수 있는 다양한 경험—시각적 경험, 내면적 경험, 꿈과 연관된 경험, 언어를 통한 계시 경험—을 언급한다.¹⁾ 나는 의도적으로 단어 공부에서부터 시작하지 않았다. 왜냐하면 신약 성경에 있는 복음에 대한 주장들이 훨씬 더 중요한 경우에도, 복음을 단순히 단어 연구의 범주로 두드려 맞추는 위험이 있기 때문이다.

성경에 있는 다른 계시들은 훨씬 더 제한적인 기능을 한다. 바울은 다양한 계시를 받았다고 주장하는데, 그 예로 그에게 예루살렘으로 올라가라고 지시하는 계시(갈 2:2)와 그가 "표현할 수 없는" "주의(from the Lord) 환상과 계시" 그리고 '지극히 큰 계시'라고 묘사했던 다른 계시들을 들 수 있다(고후 12:1, 4, 7). 바울은 또한 교회의 예언자들에게 임하는 계시들의 현상에 대해서도(고전 14:30) 그리고 하나님에 관한 진리가 지음 받은 피조물 가운데 계시된다는 개념에 대해서도(롬 1:20) 친숙했다. 바울은 자신의 편지를 읽게 될 독자들이 더욱 더 계시를 받게 되길 기도하면서, "우리 주 예수 그리스도의 하나님, 영광의 아버지께서 지혜와 계시의 정신을 너희에게 주사 하나님을 알게 하시[기를]"(엡 1:17) 간구한다. 그는 이것을 일상적인 사고 과정들과 더불어 발생하는 것으로 묘사한다. 그래서 그는 빌립보 교인들에게, "만일 어떤 일에 너희가 달리 생각하면 하나님이 이것도 너희에게 나타내시리라"(빌 3:15)라고 말한다. 자주 지적되듯이, 그리스도의 재림 역시 데살로니가후서 1:7처럼 계시의 맥락에서 묘사된다. "주 예수께서 자기의 능력의 천사들과 함께 하늘로부터 불꽃 가운데 나타나실 때에 [이 일이 일어나리라]."²⁾

그러나 복음의 목적과 내용은 복음을 기독교 신앙의 근본적인 계시로 그리고 나머지 다른 계시들이 그 계시를 통해 해석되어야 할 것으로 확고하게 만들어 준다. 히브리서는 처음을 이렇게 시작한다. "옛적에 선지자들을 통하여 여러 부분과 여러 모양으로 우리 조상들에게 말씀하신 하나님이 이 모든 날 마지막에는 아들을 통하여 우리에게 말씀하셨으니 이 아들을 만유의 상속자로 세우시고 또 그로 말미암아 모든 세계를 지으셨느니라"(히 1:1-2). 하나님의 이전 계시와 마지막 계시 사이에는 다음과 같은 대조가 유지된다. 시내 산에서 모든 계시 중 가장 중요한 계시를 전달했다고 여겨지던 천사들은 영광의 아들보다 열등하다. 천사들의 계시조차도 그 계시를 무시한다면 계시를 듣는 사람들이 극도의 위험을 감수하지 않을 수 없었다. 하물며, 천사들을 통해서가 아닌 주님과 그분의 사도들과 하나님 자신을 통해서 임하게 된 그 아들의 계시는 어찌 피할 수 있겠는가?(2:1-4) 그 말은 옛 언약이 폐지되어 없어졌다는 말이 아니라, 그 아들 안에서 옛 언약을 해석할 중심점을 발견했다는 말이다.

마찬가지로, 바울은 로마서의 인사말에서처럼 끝맺으면서 드리는 송영에서도 계시로서의 복음의 중심성을 강조한다. "나의 복음과 예수 그리스도를 전파함은 영세 전부터 감추어졌다가 이제는 나타내신 바 되었으며 영원하신 하나님의 명을 따라 선지자들의 글로 말미암아 모든 민족이 믿어 순종하게 하시려고 알게 하신 바 그 신비의 계시를 따라 된 것이니 이 복음으로 너희를 능히 견고하게 하실 지혜로우신 하나님께 예수 그리스도로 말미암아 영광이 세세무궁하도록 있을지어다 아멘"(롬 16:25-27; 참고. 1:1-6; 벧전 1:10-12). 바울이 볼 때, 원래 창조 세계를 통해서 오는 어떤 보편적인 일반 계시가 있었으나, 사람의 마음의 완악함과 생각의 부패함 때문에 그 계시가 구원의 계시가 되지 못했다(롬 1:18-31). 성경은 그리스도 중심적이기 때문에 또한 복음 중심적이다. "내 아버지께서 모든 것을 내게 주셨으니 아버지 외에는 아들을 아는 자가 없고 아들과 또 아들의 소원대로 계시를 받는 자 외에는 아버지를 아는 자가 없느니라"(마 11:27).

그러므로 신약 성경이, 그리스도인들이 복음으로 시작해서 그 다음에는 더 높은 신비 가운데로 들어가는 것으로 끝맺는다고 여기지 않는다는 사실은 그리 놀라운 것이 아니다. 특정하게 복음에 대해 말하건 그리스도에 대해 말하건 간에, 신약 성경은 읽는 자들에게 복음에 따라 살고, 복음의 대의를 진척하고, 복음의 맥락에서 다른 그리스도인들에게 말을 건네며, 복음 안에서 모든 지혜와 지식을 발견하라고 강력하게 권면한다. 복음에 율법을 덧붙이려는 시도를 통해 유대주의화를 주장하는 그리스도인들의 문제에 대해서나 영적 지식을 덧붙이려는 골로새의 이단의 문제에 대해서나, 복음은 계속해서 진리의 기준이 된다. "그러므로 너희가 그리스도 예수를 주로 받았으니 그 안에서 행하되 그 안에 뿌리를 박으며 세움을 받아 교훈을 받은 대로 믿음에 굳게 서서 감사함을 넘치게 하라"(골 2:6-7).

### 기독교의 계시는 기본적으로 언어 중심적이다

복음 연구를 통해 나온 두 번째 결론은 계시에서의 언어의 위치에 대한 것이다. 우리는 현대 신학이 말씀(words)을 계시와 직접적으로 동일시하기를 꺼리는 것을 보아 왔다. 명제적 계시(propositional revelation)는 배격하고 인격에 대한 계시(revelation of persons)를 선호한다. 따라서 자신을 내어 주시는 하나님과의 어울림(communion)을 명제들로부터 나오는 정보(information)보다 더 선호한다. 그러나 복음이 그 첫 주장자들이 제시했던 구원의 경륜 가운데서 중요한 자리를 차지한다면 그리고 그들이 복음에 관해 주장했던 바를 성취한다면, 인격적 지식과 명제적 지식 사이의 구별은 유지될 수 없다. 계시에 대한 그들의 견해는 확실하게 말씀 및 언어의 계시와의 동일시를 허용한다. 복음을 하나님의 말씀이라고 기술한다는 사실이 바로 그 점을 입증한다. 이와는 다른 어떤 이론을 갖는다는 것은 기독교 전통의 원천으로부터 근본적으로 떠나는 것이다.[39]

우리는 또한 복음을 통해 일어나는 하나님과 인간의 관계에서 언어의 역할이 계시에 대한 현대의 서술에 허용된 것보다도 훨씬 더 핵심적이라는 점을 지적해야겠다. 많은 사람이 성경을 그렇게 부르고 싶어 하듯이, 복음을 (예를 들면) 계시에 대한 하나의 증거라고 말할 수 없다. 하나님에 관한 진리들과 그분의 행위들과 의도들을 전달해 주며 또 그분의 성품(person)을 전달해 준다는 점에서, 복음은 바로 계시다. 예를 들어, 복음은 우리에게 하나님이 살아 있는 자들과 죽은 자들을 심판하실 한 날을 정해 놓으셨다는 사실을 알려 준다. 이 주장은 매우 인격적이며 자기 참여적(personal and self-involving)이다. 이 주장은 정보이기도 하며 약속이기도 하다. 그리고 오직 믿음으로만 받아들일 수 있다. 이 주장은 그 메시지에 우리의 삶을 맞추어 정렬할 것을 요구한다. 이 주장 자체가 심판 날인 것은 아니다. 쉽게 설명하자면, 말은 그 말이 표현하는 대상 자체가 아니다. 그러나 말은 그 말이 표현하는 실체를 전달할 수 있으며, 이 경우처럼 그 실상을 전달함으로써 우리가 그 실상에 대해 마땅하게 처신하도록 만든다(히 4:12-13). 이런 정도로 우리는 바로 말씀 자체에 의해 심판을 받는다. 마찬가지로, 우리는 말씀에 대해서 하나님을 대하는 것처럼 행동한다. 우리가 하나님을 대하듯이 말씀을 대해야 하기 때문에, 말씀은 하나님 자신(his person)을 우리에게 전달해 준다. 하나님의 말씀에 순종할 때, 우리는 바로 하나님께 순종하는 것이다. 하나님의 말씀을 신뢰할 때, 하나님을 신뢰하는 것이다. 하나님의 말씀을 연구할 때, 하나님을 연구하는 것이다. 하나님의 말씀을 선포할 때, 하나님을 선포하는 것이다. 하나님의 말씀이 하나님은 아니다. 그렇지만 우리의 관계가 이루어지는 장으로 정해진 자리가 바로 그분의 말씀이기 때문에, 하나님이 자신의 말씀에 지극히 충실하시기 때문에, 하나님은 그분의 말씀이다. 그분의 말씀은 그분을 우리에게 전달해 준다. "너희가 내 안에 거하고 내 말이 너희 안에 거하면 무엇이든지 원하는 대로 구하라. 그리하면 이루리라"(요 15:7).

마찬가지로, 복음을 단순히 하나의 사건으로 일컫는 것도 합당하지 않다. 물론 복음은 예수의 말씀과 행하신 일에 대한 기록, 예수라는 '사건'에 대한 기록을 포함한다. 복음은 하나님의 행하신 일 가운데 가장 큰 일을 진술해 준다. 이 사건들이 없다면, 복음은 공허해질 것이다. 그리고 복음에 그리스도를 알게 되는 역동성이 존재하는 것이 사실이며, 그렇게 그리스도를 알게 되는 일 자체가 성격상 하나의 사건인 것도 사실이다. 한 가지 시각에서 볼 때, 이 사건들이 복음이다. 그러나 이 사건들은 오직 그 사건들을 진술해 주는 말씀에 의해서만 우리가 접근할 수 있다. 복음은 하나의 사건인 것만이 아니다. 복음은 고정된 말씀이며, 표명된 진리며, 삶에 근본이 되는 말씀이다. 그 말씀에는 장차 일어날 일들에 대한 약속이 포함되어 있다. 내가 제2장에서 지적했듯이, 약속은 사건이나 행위로 환원될 수가 없다는 사실이 약속의 성격에 들어 있다. 약속은 그 자체가 부분을 이루는 역사를 초월한다. 약속은 언어적이며 지속적이다. 하나의 구조가 성립하듯이 약속이 성립해야 한다는 것이 약속의 신실성의 한 부분을 이룬다. 약속은 어떤 행위에서 주어진다. 약속은 또 다른 행위에서 되풀이될 수 있다. 그러나 그러한 행위들 사이에서 약속은 근거로 제시되고, 행동과 소망의 바탕으로 존재한다.

그것이 바로 말의 본성이며, 말로 하여금 사귐(fellowship)에 딱 들어맞는 수단이 되게 하는 것이다. 들리지 않으면 다른 사람들로부터 잔혹하게 소외되기 때문에, 귀먹은 상태는 인간관계에서 처참한 고통이 된다. 우리가 사용하는 말들은 벗되어 사귀고, 명령하며, 친밀해지고, 주문을 하는 데 필수적인 수단이다. 과거에 일어났던 행위들에 대한 기억으로서와 장차 일어나게 될 행위들을 일깨우는 수단으로서, 말은 현재를 안내하며 통제한다. 믿을 만한 자료에서 나오는 말은 전적으로 신뢰할 수 있으며, 믿음이 꽃피고, 사랑이 자라게 한다. 우리는 그 말이 원래 가졌던 힘을 그대로 가지게 될 것이라고 확신하면서 어느 때든지 그 말을 언급할 수 있다. 우리는 이 말에 근거해서 우리의 삶을 안전하게 건설할 수 있으며, 그 요구 사항들에 맞추어서 우리 자신을 맞추어 나갈 수 있다. 말은 그 말을 하는 사람의 성품과 의도에 대한 살아 있는 확고한 계시이기 때문이다.

이러한 식의 접근은 계시 사건에도 불구하고 여전히 남아 있는 하나님의 신비를 침해한다는 반대가 있을 수 있다. 즉, 우리는 눈으로 보는 것에 의해 행하지 않고 믿음으로 살아간다는 것이다. 그리고 우리는 주님의 말씀을 우리 손으로 파악함으로써 임하는 확신을 추구해서는 안 된다는 것이다. 그러한 확신은 오직 주님이 우리를 다 아시듯이 우리가 다 알게 될 때인 장차 임할 그 때에 속한 것이라고 말할 수 있으리라는 것이다. 그러나 그러한 반론은 믿음의 본질에 대한 오해에 기인한 것이다. 믿음에 있어서, 그 믿는 대상의 불확실성은 믿음 자체의 본질에 속하는 것이며, 보증이 되는 확실한 말씀들을 요구하는 것이 종말을 청구하거나 하나님의 비밀들을 요구하는 것이라고 말하는 것은 옳지 않다. 우리에게 진정 참 말씀을 해주신다고 해서 하나님의 자유나 '은닉성'(hiddenness)이 상실되는 것이 아니다. 하나님의 초월성을 보호하려는 인간의 노력은 하나님이 자신을 믿을 만하게 계시하실 수 있는 능력에 대해 의문을 불러일으키는 효과를 가질 수가 있다. 믿음의 불확실성이란 무엇보다도 믿음을 가진 당사자의 불확실성이며, 그 사람이 죄 때문에 가지는 불확실성이다. 그리고 두 번째로 그 불확실성은 약속을 받았을 뿐 성취를 보지 못한 사람으로서 갖는 불확실성이다. 그러나 약속은 그 자체가 그 약속을 하신 분만큼이나 확실하다. 이러한 제약 사항들은 믿음에 존재하는 긴장을 충분히 설명해 준다. 믿음이 참으로 기독교적이 되기 위해서는 믿음의 대상 역시 불확실해야 한다는 식의 말에는 귀 기울일 필요가 없다. 또한 믿음이 하나님에 대해 모든 것을 다 알아야 하는 것도 아니다. 기독교 신앙은 결코 거짓말을 하지 않으시는 하나님의 말씀 위에 세워져 있다. 그래서 그 토대에서 떠나는 것은 심각한 피해를 가져오게 된다.

하나님과의 관계는 그 자체를 하나님의 말씀이라 일컫는 언어로 된 복음을 통해 형성된다. 그러므로 그 시작에서부터, 하나님으로부터 오며 하나님과 우리의 관계를 결정짓는 말씀들을 신뢰하는 것이 관계의 중심을 차지하도록 정해져 있다. 그런 말씀들을 가지고 시작하고 나서, 처음 우리가 그리스도인이 될 때 받아들였던 그 말씀들의 확실성을 (그 말씀에 그런 확실성이 없기 때문에) 지금은 받아들일 수 없다고 말하는 것은 복음에 대해 등을 돌리는 것이다. 그렇게 하는 것은 이편에서 시작하고 나서 반대편으로 나가려고 하는 것이다. 이것이 대부분의 현대 기독교의 운명이다. 분명 여기에는 중립 지대란 전혀 존재하지 않는다. 어떤 사람이 여러 가지를 고려한 다음에, 복음은 사실이 아니며 복음의 약속들도 허위고, 복음이 제시하는 그 예수는 역사상의 그 예수가 아니며 삶에 대한 복음의 해석도 타당성이 없다고 믿을 수도 있다. 그 점이 바로 그 사람이 기독교를 거절하는 요점이 될 수 있다. 그러나 말씀이 진술하는 분을 예배하도록 만들어 준 말씀들을 가지고 시작한 다음에, 여전히 예배는 드리면서 그 말씀들에 다른 역할을 부여하는 것은 전적으로 부조리한 것이다. 하나님의 말씀과 말씀에 대한 믿음을 떠난 기독교적 방식으로는 절대 하나님께 나아갈 수가 없다. 간단히 말해서, 예수 그리스도의 복음의 언어에 적용되는 대로의 '하나님의 말씀'이라는 범주는 기독교에 본질적이다. 그것은 하나님의 중심적인 계시다. 기독교 자체를 포기하지 않고서는 그 말씀은 포기될 수 없다.

### 계시는 정보와 관계 둘 다를 전해 준다

우리가 복음의 본성과 지위로부터 이끌어낼 수 있는 세 번째 결론은 기독교 계시에 근거한 관계와 관련되어 있다. 계시는 지식으로 이끌며, 복음은 하나님을 아는 지식을 가져다준다. 그러나 이것은 대체 어떤 종류의 지식인가? 복음의 요약은 '예수 그리스도가 주님'이라는 것이다. 이 명제는 실상에 대한 정보인 동시에 회개와 믿음을 통해 그리스도의 주권에 순복함으로써 그 정보에 순응하라는 즉각적인 도전이다. 우리는 '복음에 순종해야' 한다. 사도 바울은 이 새로운 관계를 아들과 아버지의 관계와 종과 주인의 관계라고 말하려 했다. 신약 성경의 나머지 부분들과 마찬가지로, 바울은 주님께 빚진 우리의 섬김을 강조한다. 우리는 모든 일에서 주님을 기쁘시게 하고자 하며, 주님을 닮아야 하며, 모든 생각을 사로잡아서 주님께 끌고 가야하며, 주님께 순종해야 한다.

이 모든 것에서, 주님이신 예수 그리스도의 정체성은 그분의 말씀과 행하신 일에 의해 그리고 그분에 대해 언급된 말에 의해 확립되었다(이 책의 제1장을 보라). 우리는 그분의 정체성을 알려 주는 말씀들을 차치하고는 그분과 관계를 형성할 수 없다. 명령이든 약속이든, 주님이 자신의 제자들이 어떻게 살아야 할 것인지를 결정해 놓으신 그 말씀들을 포함한다. "내가 너희에게 분부한 모든 것을 가르쳐 지키게 하라. 볼지어다 내가 세상 끝 날까지 너희와 항상 함께 있으리라"(마 28:20). 눈으로 볼 수 없는 주님을 향한 믿음은 암묵적으로 그 믿음이 신뢰할 수 있는 말씀들을 요청한다. 아마도 사실일 수 있는 말들이나 진리를 포함하는 말들, 진리에 대해 증거하는 말들이나 이따금씩 참인 말들에 근거해서는 믿음이 살아 남을 수 없다. ("내가 세상 끝 날까지 너희와 항상 함께 있으리라"와 같은) 약속을 향한 믿음은, 그 약속을 하신 분을 신뢰하는 것만큼 그 약속을 신뢰할 수 있어야 한다. 바로 이 점에서 약속과 약속을 하는 이는 서로 분리될 수 없다. 마찬가지로, 죽기까지 자신을 희생하는 일을 포함하는 제자도에 헌신하는 믿음은 진정으로 주님 자신을 대표하는 명령과 권면의 말씀들에 의해 그러한 헌신을 하도록 부름을 받는다. 그 말씀들에 대한 우리의 반응이 바로 주님 자신에 대한 반응이다. 우리가 주님의 뜻을 좀 더 안전하게 혹은 좀더 분명하게 알고자 하면서, 주님에 대해 말하는 말씀들을 지나칠 수는 없다. 바로 그 말씀에서 우리가 주님을 발견하는 것이다. "믿음으로 말미암는 의는 이같이 말하되 '네 마음에 누가 하늘에 올라가겠느냐' 하지 말라 하니 올라가겠느냐 함은 그리스도를 모셔 내리려는 것이요 혹은 '누가 무저갱에 내려가겠느냐' 하지 말라 하니 내려가겠느냐 함은 그리스도를 죽은 자 가운데서 모셔 올리려는 것이라. 그러면 [믿음으로 말미암는 의가] 무엇을 말하느냐? '말씀이 네게 가까워 네 입에 있으며 네 마음에 있다' 하였으니, 곧 우리가 전파하는 믿음의 말씀이라. 네가 만일 네 입으로 예수를 주로 시인하며 또 하나님께서 그를 죽은 자 가운데서 살리신 것을 네 마음에 믿으면 구원을 받으리라"(롬 10:6-9).

그러므로 복음의 본성은 하나님을 아는 지식에 관해 두 가지 중요한 사실을 결정해 준다. 첫째로, 이 지식은 하나님으로부터 온 그리고 하나님에 관한 정보, 하나님의 성품과 의도들에 관한 정보를 포함한다. 우리가 생각했던 약속이라는 바로 그 범주가 이 점을 입증해 준다. 약속을 하실 뿐만 아니라 그 약속을 지키시는 분으로서, 하나님은 자신이 신실하심을 계시하셨다. 동시에, 하나님의 약속은 그분의 의도를 계시한다. 둘째로, 복음이 말하는 지식은 관계적이다. 하나님의 약속은 믿음으로 받아들여진다. 우리가 그 약속들을 받아들일 때, 우리는 하나님과 연결되면서 신약 성경이 구원이라고 기술하는 하나님을 아는 지식 가운데 들어가는 것이다. 계시에 대한 이전의 견해들이 하나님 말씀의 정보적 요소를 지나치게 강조하는 경향이 있었을 수는 있지만, 계몽주의에 대한 응답으로 형성되어 나온 계시에 대한 견해들은 정보와 관계를 단절하는 경향이 있다. 예를 들어, 에밀 브루너의 견해에서, "예수 그리스도, 그 자신이 바로 하나님의 '말씀'이다. 그러므로 어떠한 인간의 말들, 어떠한 '그분에 관한 발언'도 신의 자기 전달과 동일시한다는 것은 불가능하다."[4] 그 결과로서 나오게 된 그리스도인의 생활에 대한 설명은 주님의 종들로 하여금 주님의 말씀에 믿음과 순종으로 응답하도록 격려하지 못하는 설명이 되고 말았다. 계몽주의가 지닌 큰 해방이라는 주제가 그리스도인의 영혼에 침입해 들어와서, 그리스도의 말씀을 통한 그리스도의 주권보다는 인간의 자율성이 선호되었다. 그것은 마치 주님이 말씀하시지 못하도록 만들어 버린 것과 같다.

### 성경이 계시다

네 번째 결론은, 이상의 세 가지 결론에 들어 있는 것이다. 만일 복음이라는 근본적인 기독교의 계시가 필수적으로 그 복음을 하나님의 말씀과 동일시한다면, 그러한 동일시는 성경에까지 확대되어야 한다는 것이다. 그 이유는 두 가지다. 첫째로, 말을 통한 계시 자체에 대한 반대는 복음을 제쳐놓거나 곁길로 빠질 수밖에 없다. 복음을 받아들였다면, 우리는 이미 '하나님의 말씀'이라는 범주를 전심으로 받아들인 것이다. 우리의 입장에서 볼 때, 이 말씀의 권위는 확정적이다. 우리는 예수 그리스도가 주님이라는 것을 믿는다. 그리고 우리의 믿음은 반드시 하나님의 말씀 자체에 순복하듯이 그분의 가르침에 순복하는 것을 포함한다. 유일하게 남는 다른 문제는 그 말씀의 범위인데, 여기에서 우리는 두 번째 이유를 제시하게 된다. 다시 한 번 말하지만, 이 점에 있어서 주요한 결정들은 원칙적으로 이미 내려진 상태다. 우리가 믿는 복음의 예수 그리스도는, 성경에 있는 하나님의 말씀을 성취하시는 분으로 확인하는 바로 그분이다. 만일 예수께서 성경을 성취하시지 않는다면, 그분은 그 그리스도가 아니며 복음은 허위가 된다. 만일 예수께서 성경을 성취하셨다면, 그 이유는 하나님이 이미 전에 주어진 신적인 약속의 말씀에 대한 성취로서 예수의 삶과 죽으심과 부활 가운데서 행동하셨기 때문이다. 예수와 그분의 사도들 모두가 구약 성경이, 그 말씀들을 신뢰했던 사람들을 결코 실망시킬 수 없는, "하나님의 말씀"(롬 3:2)을 구성한다는 견해를 견지했다는 사실은 전혀 놀라운 것이 아니다. 이리하여 당연히 구약 성경은 복음의 계시에 비추어 이해되었다. 그러나 기독교 신앙은 하나님이 "친히 모퉁잇돌이 되[신 그리스도 예수와 함께]"(엡 2:20) 예언자들과 사도들의 말을 통해 자신을 계시하셨다는 확신 위에 세워졌다.

이 여정을 통해서, 나는 하나님의 계시인 '성경'이라는 범주가 있다는 견해로 복귀했다. 그러나 그 여정은 전형적인 이전의 복음주의적 입장들과는 달랐다. 그리고 이 여정을 택한 결과들 역시 전형적이지 않다고 말할 수 있다. 제7-9장에서, 나는 성경의 각 페이지에서 하나님이 우리에게 주신 계시의 성격을 파악하기 위해, 이전 장들의 주제 가운데 몇 가지를 사용하여 하나님의 말씀과 성경이라는 쟁점을 계속해서 검토하고자 한다. 그러나 비록 이전의 입장들을 넘어서서 개진하더라도, 하나님의 경륜 가운데서의 성경의 지위를 희생하면서까지 해서는 안 될 것이다. 교회에서 성경의 권위가 상실되는 것은 선교에 의해 세워진 교회에서 기독교의 명분에 커다란 재난을 가져왔다. 선교사들로부터 기쁘게 복음을 받아들였으며 그와 더불어서 성경을 받아들였던 이 교회들은, 흔히 그 다음 세대에 성경의 축소를 그리고 그 다음에는 복음의 축소를 경험했다. 오늘날 이루어지는 전례 없는 성경 배포의 현상에는 그리스도인들의 마음에 성경의 권위를 재확립하는 일이 함께 따를 필요가 있다.

### 결론

처음 네 장을 통해서 우리는 계시론의 신학적 기반을 놓았다. 나는 어떤 계시 개념으로부터 시작해서 그 다음에 실제로 기독교가 그러한 계시를 소유하는지를 물으려 하지 않았다. 오히려 복음이 제공하는 길을 따른다면, 우리는 하나님의 인격성과 그분의 계획에 대해, 하나님에 대해 아는 일이 하나님의 말씀에 대한 믿음으로부터 온다는 사실을 알 수 있을 것이다. 복음은 예수 그리스도께 집중되었으며, 예수 그리스도를 주님으로 선포하는 말이다. 복음의 말씀 그 자체가 하나님이 언제나 자신의 언약의 말을 통해 자기 백성들을 다스리고자 하셨다는 사실을 계시한다. 기독교 계시는 하나님의 성품에 관한 정보들을 드러낼 뿐만 아니라, 곁길로 나가 방황하면서 반역하는 사람들에 대해 하나님의 통치를 다시금 주장한다. 믿음으로 복음을 받아들이는 일이 새로운 관계 형성에 돌입하는 경험이지만, 복음을 통한 하나님의 다스리심에 대한 경험이나 기독교 계시는 어떤 종교 경험이 아니다. 계시는 언어적이다. 계시는 예수 그리스도께 집중하되 그 표현은 다양한 하나님의 말씀을 선포한다. 계시는 성경과 같은 면을 공유하며, 믿음을 창조하고 키움으로써 하나님의 다스리심을 재확립하는 역할을 한다.

그러므로 자신에 대한 하나님의 중심적인 계시는 복음중심적이며, 성격상 언약적이며, 형태상 성경적이다. 이 점에 대해 여전히 의심이 있다면, 이전의 어떤 다른 근거에서가 아니라 복음 자체를 위해 그 쟁점을 놓고 싸워야 할 것이다. 만일 앞의 주장이 받아들여진다면, 우리는 이러한 성격의 계시가 무엇을 야기하는지 탐구할 필요가 있다. 예를 들어, 계시라는 이름을 주장하는 다른 주장들도 있다. 만일 우리가 확립된 복음 계시를 기반으로 출발한다면, 계시에 대한 다른 주장들에 어떤 지위를 부여할 수 있겠는가? 그러므로 이어지는 두 장에서, 나는 인간의 경험과 종교적 경험을 통한 다른 계시들이라는 주제를 살펴보고자 한다. 계시로서의 성경에 대한 좀더 면밀한 검토는 제7-9장에서 다뤄질 것이다.

제5장

# 계시와 인간의 경험

예수 그리스도의 복음은 하나님을 아는 지식의 원천인 동시에 척도다. 그러므로 하나님을 아는 지식을 전달한다고 주장하는 다른 모든 것은 그 계시에 의해 평가되고 해석되어야 한다. 우리는 지금까지 복음의 수용이 언약적인 성경을 하나님의 말씀으로 받아들이게 만든다는 사실을 살펴보았다. 그러나 하나님을 아는 지식은 다른 곳에서도 가능한 것일까?

몇 가지 가능성이 실재한다. 예를 들어, 복음을 지지하거나 복음으로 이끄는 예비적 지식이 있을 수 있다. 사도들이 복음을 선포했을 때, 그들은 다른 계시에 호소하거나 다른 계시를 전제로 하지 않았던가? 인간의 이성은 어쩌면 계시의 도움이 없이도 하나님에 대한 진리들을 찾아낼 수 있을지도 모른다. 혹은 다른 종교에 계시가 있을 수도 있다. 하나님의 말씀이라는 특별 계시에 덧붙여서, 모든 인간이 접근 가능한 하나님에 대한 '일반 계시'가 있지 않은가? 신학 서적들과 철학 서적들은 그러한 쟁점들에 대한 논의로 가득 차 있다. 지금까지의 논의에 비추어서, 나의 의도는 하나님을 아는 지식을 줄 수 있는 다른 자료들에 대해 복음이 가지는 함의를 탐구하려는 것이다.

지난 네 장에서 설명된 복음 중심의 접근 방법을 채택하면서, 나는 이 쟁점들에 대해, 복음에 수반되어 있으며 성경이 가르치는 바가 무엇인가를 탐구할 것이다. 이 목적을 위해서, 나는 또한 이 장과 다음 장에서 경험에 대한 광범위한 생각을 중심 주제로 채택했다. 인간의 경험과(제5장) 특정한 종교적 경험에는(제6장) 하나님을 아는 어떤 지식을 암시하거나, 그런 지식으로 이끌거나, 그런 지식을 지지하는 무엇인가가 존재하는가?

이 장에서 나는 이러한 영역에서 복음이 지니는 함의들을 간략하게 고찰함으로써 출발해서 자연신학과 일반 계시에 대한 주장들을 논의할 것이다. 이렇게 한 후에, 나는 복음에 비추어서 인간의 경험이라는 주제로 되돌아갈 것이다. 이러한 접근 방법의 가능성들을 예시하기 위해서, 나는 자연신학(natural theology)보다는 자연에 대한 신학(a theology of nature)을 고찰함으로써 결론을 맺을 것이다.

### 복음과 경험의 증거

하나님을 아는 지식에 대한 다른 길들이라는 주제를 고찰하는 데는, 우리가 복음의 진리를 하나의 출발점으로 받아들인다면, 다음과 같은 네 가지 한계 조건이 따르게 된다. 이 조건들은 앞 장에서 확립된 네 가지 원칙을 구체적으로 적용한 것이다.

첫째로, 우리는 구원의 지식이 하나님의 은혜의 선물 가운데 하나인 관계를 구성한다는 견해를 견지한다(앞의 42페이지를 보라). "영생은 곧 유일하신 참 하나님과 그가 보내신 자 예수 그리스도를 아는 것이니이다" (요 17:3). 주도적으로 시작하는 일, 제공하는 내용 그리고 끝마침이 다 하나님의 것이다. 하나님을 아는 지식에 이를 가능성이 있는 다른 길들에 대해서 우리가 무엇을 말하든지, 그 다른 길들을 우리의 견해에 통합하더라도 그 길들은 결코 복음의 길이 주는 은혜에 모순될 수도 없고 그 은혜를 압도할 수도 없다. 그러므로 하나님은 '자신을 통해서' 알려지신다. 즉, 구원을 가져다주는 사귐 가운데서 하나님이 자신을 계시하시기로—진정으로 자신을 주시기로—선택하실 때 하나님은 알려지신다. 우리가 복음 가운데서 하나님을 아는 것은 전적으로 그리스도의 십자가를 통해 우리를 구원하시는 하나님의 방법에 그리고 오직 믿음으로 말미암아 의롭다 함을 얻는다는 이신칭의론에 준한다. 복음 가운데서 하나님을 아는 것은 우리를 거짓된 신들에 대한 예속으로부터 건져내며, 우리를 구원하신 주님을 섬기면서 있어야 할 그 자리에 둔다. 이 사실은 원칙이어야 한다.

둘째로, 하나님 지식에 대한 복음의 길은 인류의 죄악 때문에 심판을 받을 수밖에 없는 인류의 소망 없는 곤경을 전제로 한다(앞의 66페이지 이하를 보라). 죄의 직접적인 결과로, 하나님을 아는 일에 대한 자신에게서 비롯되는 힘이 우리에게는 전혀 없다. 바울의 말을 빌면, "이 세상이 자기 지혜로 하나님을 알지 못한다"(고전 1:21). 성경은 인간의 사유 능력을 묘사하면서 죄로 말미암아 너무나 부패해서 우리가 하나님의 진리를 알 수 없게 되었다고 말한다. 설상가상으로, 우리는 하나님의 진리에 대해 알기를 원하지도 않는다. 창조주를 향한 태도 때문에, 우리는 구원받아야 할 아무런 권리도 갖지 못하며, 하나님을 알 수 있는 독립적인 능력도 없다. 복음과 별개로 하나님을 아는 지식이 그 무엇이든지, 그 지식은 억눌려 있으며, 그에 따른 우상 숭배는 정죄당할 일에만 기여할 뿐이다(롬 1:28-32). 그러므로 복음은 우리를 향한 하나님의 구원의 은혜의 정수를 구성하며, 주도권이 하나님께 속해 있음과 우리가 아무리 애써도 우리를 향한 하나님의 뜻의 신비를 꿰뚫어 볼 수 없음을 보여 준다. 우리가 하나님의 실제나 다른 면들을 검토하면서 설 수 있는 중립적인 입지는 전혀 존재하지 않는다. 다시 말해서, 하나님으로부터 독립하려는 욕심 때문에, 우리는 하나님을 대적하는 일에 빠져 있다.

셋째로, 우리는 복음을 통한 하나님을 아는 지식이 최종적인 동시에 배타적이라는 점을 인정해야 한다(앞의 103-106페이지를 보라). 예수 자신이 "내 아버지께서 모든 것을 내게 주셨으니 아버지 외에는 아들을 아는 자가 없고 아들과 또 아들의 소원대로 계시를 받는 자 외에는 아버지를 아는 자가 없느니라"(마 11:27)라고 말씀하셨다. 신약 성경의 종말론은 예수의 주장들을 최고로 삼는다. 만일 예수께서 심판의 날에 산 자와 죽은 자를 심판할 재판장으로 임명받으셨다면(행 10:42), 그분이야말로 남녀노소 모든 사람과 관련된 분이다. 그분은 첫 말씀이기도 하며, 최후의 말씀이기도 하다. 그리고 다른 어떠한 계시도 그분이 하는 주장을 할 수 없다. 그러나 그분의 최고의 탁월함은 다른 가능성들을 배제하지 않는다. 즉, 실로 복음이 하나님의 말씀이라는 주장은 부분적으로 구약 성경도 하나님의 말씀이라는 사실에 대한 인정 가운데 서 있다. 우리가 계시 및 지식에 대한 다른 주장들에 대해 어떻게 하든지, 우리의 결론이 그리스도 예수의 배타적이며 최종적인 주장이 제공하는 한계를 넘어서서는 안 된다.

넷째로, 그리스도를 통한 하나님 지식은 인간의 능력과 기능을 벗어나지 않는다(앞의 42-45페이지를 보라). 이는 성육신에 함축되어 있다. 하나님의 아들이 사람의 몸으로 오셔서 사람의 말과 행위와 몸짓을 가지고 의사를 전달하셨다. 하나님의 아들은 인간의 공감 능력과 지혜와 상상력과 이성에 호소하셨다. 그분은 가르치셨으며, 논증하셨으며, 선포하셨으며, 모범을 보여 주셨다. 그분은 토론하자고 초대하셨으며, 대답을 요청하셨으며, 사랑을 요청하고 통찰력을 바라셨다. 자신을 알려주심에 있어서 하나님의 은혜에 대한 강력한 성경의 강조는 결코 인간의 반응이라는 현실을 무시하지 않는다. 갈라디아서 4:9에서 사도 바울은 하나님의 선물에 우선권을 부여하는데, 그렇게 하면서도 결코 인간의 노력을 무시하지 않는다. "[그러나] 이제는 너희가 하나님을 알 뿐 아니라 더욱이 하나님이 아신 바 되었거늘." 회개와 믿음은 하나님의 선물인 동시에 인간의 책무다. 바로 그러한 이유 때문에, 인간의 경험은 복음의 호소와 무관하지 않다.

이상의 것들이 복음 자체에 의해 부과되는 한계들이다. 이처럼 복음이 제공하는 바에 비추어 볼 때, 하나님을 아는 지식의 원천이라고 말하는 다른 주장들로는 무엇이 있는가? 우선 접근 가능한 일반 계시가 있으며, 성립 가능한 자연신학이 있다는 주장에서부터 시작해 보자.

### 일반 계시와 자연신학

'일반 계시'라는 말로 내가 의미하는 바는 보편적으로 접근 가능한, 하나님을 아는 지식을 제공하는 신적 활동을 말한다. 일반 계시는 진리에 대해 하나님이 제공하시는 천부의 보편적인 이해의 형태나 역사 속에서 관찰될 수 있는 하나님의 섭리적 활동의 형태 혹은 자연 질서의 구조로부터 유추할 수 있는 형태를 띨 수 있다. 제공되는 지식을 사람들이 파악할 수도 있고 못할 수도 있다. 그러한 계시가 존재하는지의 여부를 학자들이 판단하는 가장 명백한 방법은 그런 식의 탐구를 흔히 자연신학이라고 알려진 활동의 한 부분으로 취급하는 것이다.

'자연신학'에 대해서는 몇 가지 정의가 있는데, 내가 정의하는 바로는 '신 혹은 신들의 존재와 그러한 존재자 혹은 존재자들의 성격에 관한 진리를 발견하려고 노력하는 인간의 활동'이다. 그 용어는 또한 이러한 활동의 결과들을 가리키기도 한다. 즉, 그러한 활동을 통해 도달하는 신학을 자연신학이라고 말할 수도 있다. 이러한 의미에서 자연신학의 특징은, 자연신학의 물음에 답변을 줄 수 있는 하나님으로부터의 언어적 의사소통이 제공하는 어떠한 초자연적인 도움도 받지 않고 신학적 탐구가 이루어진다는 것이다. '자연'이라는 단어가 시사하듯, 자연신학의 결론은 사람이 자신의 힘만으로 도달할 수 있는 내용이다. 그와 대조적으로, 계시신학은 성경과 같이 '초자연적인' 원천으로부터 온다. 자연신학은 하나님에 대한 어떠한 증거도 신적인 것을 의도적으로 보여 주는 현시라고 전제하지 않는다. 자연신학은 신이란 전혀 존재하지 않는다거나, 수많은 신이 있다거나, 하나님은 자신을 의도적으로 계시하시지 않는다거나, 하나님이 자신을 의도적으로 그리고 보편적으로 계시하신다고 결론을 내릴 수도 있다. 그러나 앞으로 보게 되겠지만, 지금까지의 논의가 제시하듯이 자연신학을 자연 계시와 구별하는 것은 그리 쉽지 않을 수 있다.

신적인 것의 존재는 자연신학의 의제상 첫 번째 주제다. 자연신학자들은 대개 이 쟁점에 대해 작업하면서 두 가지 진로 중 하나를 채택한다. 첫째로, 자연신학자들은 하나님의 실존성에 대해 합리적인 증거들(혹은 합리적인 반증들)을 제출한다. 어떤 논증들은 캔터베리의 안셀무스(Anselm of Canterbury, 1033-1109)와 르네 데카르트(Rene Descartes, 1596-1650)와 관련 있는 존재론적 증명처럼, 순전히 연역적이다. 다른 논증들은 토마스 아퀴나스(Thomas Aquinas, 1225-1274)와 관련 있는 목적론적 논증과 기타의 증명들의 경우처럼, 세계 질서에 대한 관찰에서부터 시작한다. 그러나 자연신학자는 하나님의 성품에 관해서도 무엇인가를 말하고 싶어 할 수 있다. 그래서 우주가 제공하는 증거는 그러한 정보에 대한 자료가 될 수 있다. 예를 들어, 우주의 광대함에 의해 환기되는 신비와 탄성이 그 우주를 만드신 창조주의 전능하심에 관한 결론들로 이끌 수 있다. 마찬가지로, 우주의 질서와 복잡 미묘함은 계획하시고 건설해 나가시는 하나님에 대해 강력하게 말해 준다. 실로 자연신학에는, 더 나아가 세계를 면밀하게 조사하면서, 역사의 흐름이 포함될 수가 있다. 신학자는 역사의 사건에서나 나라와 이데올로기의 발전에서 하나님의 계획 및 목적에 대해 무엇인가 식별될 수 있는지 물을 수 있다. 이에 덧붙여서, 하나님의 실재성이 세계 종교 현상들의 증거가 제공하는 도움을 받아서 논의될 수도 있다.

자연신학이 거의 소멸했던 시기도 있으며, 커다란 성공을 거두었던 시기도 있다. 예를 들어, 17세기와 18세기 동안 영국의 대부분의 신학 사상은 자연신학의 과제에 투신했다. 윌리엄 팔리(William Paley)의 *A View of the Evidences of Christianity*(1794)와 *Natural Theology*(1802) 및 조셉 버틀러(Joseph Butler) 주교의 *Analogy of Religion Natural and Revealed to the Constitution and Course of Nature*(1736)는 널리 읽히고 깊은 영향을 주었다. 분명 리튼(E. A. Litton), 다브니(R. L. Dabney), 찰스

핫지(Charles Hodge)와 같은 19세기의 개혁주의 신학자들은 하나님 지식에 대한 프롤레고메나에서 자연신학이 신(God) 지식을 지지한다고 생각했으며, 그러한 지지를 당연하게 여겼다.[1] 마찬가지로, 19세기에는 로마 가톨릭 교회 진영에서 나온 사상가들이 계몽주의의 도전에 맞설 수 있는 철학적 도구들을 찾으면서, 로마 가톨릭 교회 안에 토마스 아퀴나스 철학의 부흥이 일어났다. 20세기의 다소 부정적인 철학적 신학적 분위기에도 불구하고, 최근에는 옥스퍼드의 리처드 스윈번(Richard Swinburne)과 같은 저자들과 더불어서[2] 자연신학의 부흥이 있었다. 그들이 자연신학의 신 존재 증명들과 다른 전통적인 주제들에 대해 보이는 관심은 철학적으로 의의가 있다. 어떤 사람들은 그러한 노력을 중요한 진전이라고 판단할 것이다.

긍정적인 자연신학을 제공하려는 지속적인 노력에는 많은 것이 걸려 있다. 만일 계시에 대한 호소가 없이도 하나님의 존재가 입증될 수 있다면 그리고 하나님의 성품 가운데 어떤 것이 알려질 수 있다면, 서구 문화가 지녔던 지속적인 회의주의는 근본적인 점에서 도전받을 것이다. 전도와 변증을 위한 확연한 중립적 근거가 확립될 수도 있을 것이다. 그리고 그러한 근거가 있으면, 기독교의 입장을 세워 주기 위해 특별한 변론을 활용한다는 우려를 하지 않고도 구도자들이 기독교를 검토해 볼 수 있을 것이다. 일단 하나님의 존재가 입증된다면, 구도자는 성경에 있는 좀더 특정한 가르침들을 소개받을 수 있을 것이다. 최소한, 성공적인 자연신학은 기독교의 주장들을 인류의 생활 일반에 연결할 수 있을 것이며, 믿음만을 내세우는 식의 신앙이 할 수 없는 방식으로 기독교를 인간의 경험에 연결할 수 있을 것이다. 또한 그것이 특정하게 기독교적이지 않다는 사실 때문에, 자연신학은 다른 사람들의 신앙 내용과 경험에 대한 교량을 제공하는 데 도움을 줄 수 있다. 자연신학은 배타적이기보다는 개방적이다.

그러나 이 모든 사실에도 불구하고, 그 전체적인 기획(enterprise)에는 여러 괄목할 만한 난점이 존재한다. 두 방면에서 공격이 이루어졌는데,

하나는 철학적이며 다른 하나는 신학적이다.

첫째로, 자연신학에 대한 강력한 **철학적** 비판들이 존재한다. 초기 근대 과학자들에 의해 드러난 세상의 불가사의들은 더욱 더 하나님이 위대한 창조주였다는 견해를 뒷받침하는 것처럼 보였던 것이 사실이다. 그러나 그러한 자연신학의 개가는 그리 오래 가지 못했다. 윌리엄 팔리(1734-1805)와 같은 변증가들의 작품 및 그 이전의 작품들에 대해서 데이비드 흄(David Hume, 1711-1776)의 비판과 임마누엘 칸트(Immanuel Kant, 1724-1804)의 철학이 뒤따랐다. 흄은 세계가 그 창조주의 자취들을 간직하기는커녕, 여러 가지로 다르게 이해될 수 있는 모호한 곳임을 보여 주었다. 칸트는 하나님의 존재에 대한 증명들—특히 존재론적 증명—의 부적절성을 입증했으며, 자신의 윤리 체계를 지지하기 위한 '실천 이성'의 문제로서 하나님의 영역을 인정한 것 이외에는 하나님의 영역을 인간이 미치지 못하는 곳에 효과적으로 밀어 넣어 버렸다. 그러나 결국 신의 목적이라는 사상은 더 이상 불필요하다고 결론내림으로써 이전의 자연신학을 무력화한 것은 찰스 다윈(Charles Darwin)의 진화론이었다. 흄이 하나님에 대한 소위 증거라는 것이 모호하다는 사실을 보여 주었다면, 다윈은 신적인 존재자를 전혀 요청할 필요가 없다는 사실을 보여 주는 것 같았다.

흄, 칸트 및 다윈이 제기했던 도전들에 부응하기 위한 많은 작업이 이루어져 왔으며, 그들 편에서도 회의론의 새로운 옹호자들이 등장해 왔다. 흄의 견해들은 18세기에 비판적인 논평 없이 그냥 넘어가지 않았다. 결정적으로 흄의 철학을 반박했다고 자신 있게 주장하는 신학자들과 철학자들이 나타났다.[3] 마찬가지로, 다윈과 칸트에 대해서도 다양한 방식으로 대처하려는 괄목할 만한 노력이 진행되었다. 다윈이나 칸트 모두 보편적으로 자연신학의 적으로 간주되지는 않았다. 칸트는 자신의 자연신학을 가지고 있었다. 그는 그 신학을 자신의 책 「이성의 한계 안에서의 종교」(*Religion within the Bounds of Reason*, 1793, 이화여자대학교출판부 역간)에서 설파했다. 이미 지적했듯이, 실제로 신 존재 증명들은 두 학자의 이름만 거론하면 리처드 스윈번과 알빈 플란팅가(Alvin Plantinga)의 저술들에 분명하게 나타나듯 매우 진지한 철학적 관심을 계속해서 불러일으킨다.[4] 또한 앞으로 보게 되겠지만, 그들의 연구 조사에 비추어서 하나님의 존재에 대한 논증들을 개진하고자 하는 현대 과학자들도 있다. 그럼에도 불구하고, 그와 같은 모든 인간적인 노력은 이 모든 노력에도 불구하고 결정적으로 보여 줄 수 있는 것이 거의 없다. 뜨겁게 논쟁을 불러일으키지 않는다는 것이 아니라 자신감 있게 개진할 만한 것이 거의 없다는 말이다.

그러나 자연신학의 적으로 철학자들만 있는 것은 아니다. 두 번째로 그 기획에 대해 마찬가지로 강력한 **신학적** 반론들이 존재한다. 신학자들은 '성공적인' 자연신학이 계시에 근거한 신학(revealed theology, 이는 하나님의 계시에 근거해서 세워진 신학을 말하는 반면, 계시신학은 계시에 대한 신학이라 할 수 있다—역자)을 지배하는 경향이 있음을 관찰해 왔다. 이러한 점은 17세기와 18세기의 이신론 운동에서 확실하게 파악될 수 있다. 그 운동을 벌인 사람들의 자연신학에 속하는 저작들—특히 존 톨런드(John Toland, 1670-1722)의 「신비롭지 않은 기독교」(*Christianity Not Mysterious*, 1696)의 자연신학—은 기독교에서 기적의 요소들을 벗겨 내 버렸으며, 기독교를 합리주의의 간단한 종교로 만들어 버렸다. 그러한 논의의 영향 아래서 예수 그리스도의 복음은 오직 이성에 의해서만 도달할 수 있을 종교의, 그것도 연약한 사람들을 위해 불가피한, 외부적인 장식품으로 바뀌어 버렸다. 그러한 축소된 '종교'는 도덕적인 성향을 그 특징으로 하며, 인간 본성과 인간이 이성을 가지고 진리에 도달할 수 있는 능력에 대한 지나치게 낙관적인 견해에 근거한다.

그러나 그렇게까지 극단적으로 갈 필요는 없다. 초대교회에서는 변증의 필요성 때문에 성경의 하나님과 헬라 철학에서의 하나님에 대한 생각 사이에 공통 기반이 있다는 주장을 했다. 야로슬라프 펠리칸(Jaroslav Pelikan) 교수는 "갑바도기아 교부들과 같은 사상가들의 손에서…자연신학은 하나의 근본적인 변화(*metamorphosis*)를 겪었다. 자연신학은 변증학이 되었을 뿐만 아니라 체계적이며 교의적인 신학을 위한 전제가 되었다"라고 말한다. 또한 "변증의 이름으로 진행된, 헬라 문화의 자연신학에 대한 양보들과 그에 맞추어 이루어진 조정들 때문에 긍정적으로 형성되었던 교회의 가르침들이 괴롭힘을 당했다"는 주장이 빈번하게 제기되었다고 말한다.[5] 마찬가지로, 토마스주의적인 신학에서 철학적인 출발점들은 분명 특별 계시의 도움을 받아 충분한 삼위일체적 신앙으로 이끈다. 그러나 시간 순서상 자연신학이 출발점이 된다는 사실은 계시된 믿음이 출발하는 길에 불행한 영향을 준다. 자연신학의 발견들이 확실한 것으로 간주되어야 하기 때문에, 성경은 특별 계시에 속하는 것을 자연적인 것의 형태에 집어넣는 경향을 지닌 자연신학자의 눈을 통해 읽힌다. 무엇보다도 중요한 것은, 인간의 이성이 자연신학에 의해 진리를 분별할 수 있기 위해서, 인류에 있는 하나님의 형상에 대한 타락의 효과가 지성(mind)의 부패를 포함하지는 않는다고 주장된다는 점이다.[6]

19세기 개혁주의 목사이자 위대한 신학자였던 프리드리히 슐라이어마허에 대해서도 똑같은 비판을 가할 수가 있을 것이다. 그는 비록 임마누엘 칸트의 결론은 아니지만, 칸트의 방법을 받아들여 종교 경험을 기독교 교리의 원천이자 시험대로 만들었다. 앨런 토렌스(Alan Torrance)가 말하듯, 칸트가 "자신의 선험적 방법에 의해서 '모든 사건에는 하나의 원인이 있다'는 사실이 모든 일관성 있는 경험의 필연적인 범주라고 연역했듯이, 슐라이어마허는 하나님 의식(God-consciousness)은 모든 자발적이며 의식적인 인간 경험의 필연적인 범주라고 연역했다.···그 의식은 인간의 경험을 하나로 통일해 준다. 그 의식은 인간의 의식상의 경험을 강력하게 뒷받침하는 종합적 기원 혹은 바탕이다."[7] 그 결과는 여전히 하나의 종교였으며, 여전히 예수 그리스도께 집중하는 종교였다. 그러나 슐라이어마허는 기독교 가르침을 수정하여, 그 가르침이 구약 성경에 관한 것이든, 기독론이나 마귀 심지어 삼위일체에 관한 것이든, 의식 속에서 자신이 세워놓은 출발점에 준하도록 만들었다. "최고 존재자 안에 어떤 영원한 구별이 있다는 가정은 종교적 의식(意識)에 관한 발언이 아니다. 왜냐하면 그러한 발언이 그 의식에서는 결코 등장할 수 없기 때문이다. 신이신 그리스도에 의해 빚어지는 인상이 우리로 하여금 그 인상의 기반으로서 그와 같은 어떤 영원한 구별을 생각하도록 만든다고 누가 감히 말할 수 있겠는가?"[8]

자연신학을 맨 앞자리에 놓는 것을 반대했던 사람들은 언제나 있었다. 조지 휫필드(George Whitefield)와 찰스 시므온(Charles Simeon) 같은 초기의 복음 설교자들 중에만 그러한 사람들이 있었던 것은 아니다. 하지만, 자연신학에 대한 개신교의 비판은 칼 바르트로부터 가장 강력한 지지를 얻었다. 자신이 살았던 문화 때문에 그리고 바울과 칼뱅에게 호소함으로써 자연신학에 대한 부정적인 선고를 내리면서, 바르트는 그 선고를 계기로 자신이 탐지해 내는 온갖 종류의 자연신학에 대해 전쟁을 선포했다. 바르트가 생각할 때, 자연신학은 우리를 하나님과 접촉하게 이끌지도 못하면서 인간의 오만을 부추길 뿐이었다. 그것은 자신의 은혜로 우리를 의롭다 하시는 하나님의 은혜의 교리에 대해 완전히 이질적인 것이었다. "우리는 예수 그리스도의 은혜를 인정하지 않으려는 입장에 설 수가 있다. 왜냐하면 그런 인정은 실로 쓰라린 것이기 때문이다. 우리가 단지 하나님의 동정심의 대상에 그치기보다는 더 나은 다른 존재이기를 바랄 수가 있다. 그런 경우에는 우리가 계시들을 자랑스럽게 여기기가 쉽다. 이러 저러한 자연신학이 다소 소란스럽고 영향도 끼치는 객쩍은 이야기를 하는 것이 쉽게 발견될 수 있는 것이다. 그러나 일단 우리가 은혜를 받아들였고 은혜가 필요한 입장이라는 사실을 인정하면, 그러한 과정은 불가능하다. 오히려 **오직** 예수 그리스도만이 계시라는 고백이 불가피하게 된다."[9](인용된 바르트의 글에서 '계시들'은 일반 계시를 포함하는 여러 계시를 말한다. 이 계시들은 참 계시이신 예수 그리스도와 대비된다—역주.) 칸트에게는 미안한 얘기가 되겠지만, 예수 그리스도 안에 있는 하나님의 계시는 단지 그 현존성만으로도 계시가 가능했다는 사실을 보여 주었다. 이 참된 계시는, 실재하는 그대로의 실상(actuality)이기 때문에 받아들여지고 연구되어야 했다. 그 계시가 자체의 청중과 언어를 만들어 낸 후에야 비로소 사람들이 계시를 받아들이는 일이 가능했다.

자연신학에 대한 바르트의 공격은 복음에서 비롯하며, 그러므로 위에 설정해 놓은 첫 번째와 두 번째의 한계 조건에 근본적으로 일치한다. 인간의 중립성에 대한 전제나 하나님께 속한 것들을 조사 검토할 수 있는 인간의 능력에 대한 전제는 잘못된 출발점이다. 그리고 그 결과, 불행한 점에서 인간의 기여를 허락하게 만드는 상황을 초래한다. 그러한 전제는 하나님으로부터 인류에게 임하는 운동만이 아니라 인류로부터 하나님께로 진행해가는 운동도 존재하는, 우리와 하나님과의 관계에 대한 반(半)펠라기우스 파 혹은 심지어 펠라기우스 파의 모델을 따르는 것이다. 사람이 하나님을 발견하거나 지적인 노력을 통해 하나님에 대한 명확한 생각을 갖는다는 것이 불가능하다고 복음은 전제하며, 성경도 그렇게 가르친다. 철학적인 근거에서, 자연신학이 그러한 역할을 할 수 없다고 말하는 사람들은 (어떤 측면에서) 성경의 판단을 확증하는 것이다. 마찬가지로 복음에 대한 자연신학의 해로운 결과들을 지적하는 사람들도 옳다. 자연신학은 공로와 은혜를 혼합한다. 그 이유는 자연신학이 지닌 낙관적인 인간론 때문이다. 이 인간론에는 결함이 있다. 또 자연신학은 하나님에 관해 부가적인 정보가 더 있다는 견해에 대해 개방적이며, 우리가 이미 아는 것을 보충하기 위한 하나님으로부터의 소위 특별 계시가 있다는 식의 주장에 대해 개방적이다.

그러나 바르트의 맹렬한 공격과 여러 철학자의 부정적인 태도에도 불구하고, 자연신학은 복귀하기 시작했다. 많은 사람이 바르트의 비판과는 의견을 달리했다. 특히 그들이 내세운 근거는 바르트가 순수한 자연신학이 제공해 줄 수 있을 지원을 배제함으로써 복음을 고립시켰다는 것이다. 예를 들어, 스윈번은 일찍이 자신이 조우했던 바르트주의에 대해 비판적이다. "하나님이 존재하지 않을 가능성이 거의 확실하다면, 당신의 죄악들을 하나님께 고백하거나 하나님을 경배하는 일은 아무런 의미가 없다.…그러나 불행하게도, 1950년대에 유행했던 조직신학은 그러한 문제점을 다룰 만한 아무런 자원들을 갖지 않았다.'[10] 바르트가 주창했던 복음의 버전은 인간의 현존 상태에 아무런 기반을 갖지 않는 것 같았다. 즉, 그 복음은 검토되지 못하고, 받아들여지거나 거부될 수만 있었다. 모든 인간 종교에 대한 바르트의 배격에는 일종의 무신론이 자리잡고 있다. 그것은 포이어바흐에 대한 일종의 항복으로서, 복음을 보호하려고 애를 쓰지만 성공하지는 못한다. 비록 몇 가지 점에서 바르트에게 빚졌지만, 볼프하르트 판넨베르크는 자신의 신학을 상당히 다른 방향으로 진행했다. 그는 기독교 신앙이 비평적인 역사의 법정 앞에 서야 하며, 그 일을 감수한다면 그 정당성을 입증 받을 것이라고 주장한다. 판넨베르크가 볼 때, 기독교는 바르트가 상상할 수 없을 정도로 보편사와 문화에 연결되어 있다. 그러나 또한 다른 발전도 있었다. 그 발전 가운데 몇 가지에 대해서는 다음에 논의할 것이다.

바르트의 자연신학 기각은 다른 사람들이 별로 달가워하지 않는 성경 읽기 및 종교개혁신학 읽기를 요구했다. 이 쟁점을 놓고 바르트가 자신의 친구였던 에밀 브루너와 벌인 논쟁은 유명하다. 그리고 나중에 바르트는 자신이 지나쳤음을 인정한 것 같다. 제임스 바(James Barr)는 자신의 기포드 강좌(Gifford Lectures)에서[11], 바르트가 채택했던 입장들에 대한 면밀한 재검토를 시도했다. 제임스 바의 어조에 담긴 못마땅한 적의를 배제하고 볼 때, 바울과 칼뱅에 대한 바르트의 읽기에 대해 제임스 바가 제기한 문제는 그 자체로 정당하다. 월터 브루그만은 제임스 바가 "자연신학에 대한 명확하거나 안정적인 정의를 전혀" 제공하지 않는다고 보았다.[12] 내 입장에서는 오히려 이렇게 말하고 싶다. 서두를 열면서 직접 언급하는 그 모호성 때문에 제임스 바가 대부분의 사람이 인정할 수 있는 것보다는 훨씬 더 많은 것을 자연신학의 이름 아래 포함할 수 있게 되었다고 말이다. 그러나 그렇게 함으로써, 바는 내가 제안하는 네 번째 조건의 실제성을 확인해 준다. 그 조건이란, 계시가 인간의 옷을 입고 찾아온다는 것이다. 그리고 바는 자연신학과 계시를 나누는 일의 난점을 다음과 같은 말로 지적한다. "우리가 하나님이 자신을 그 창조 세계에 계시하셨으며, 지금도 그렇게 하신다고 믿는다면, 어째서 그 현상이 '계시' 신학이 아니라 [이름 붙여진 것처럼] '자연' 신학인가?…어쩌면 모든 신학은 '자연' 신학인 동시에 '계시' 신학인 것이 아닌가?"[13] 그러므로 성경으로부터 제임스 바가 예로 드는 증거는 내가 정의한 자연신학이 아니라 일반 계시에 더 가깝다. 성경도 칼뱅도, 도움을 받지 않은 채 독립적으로 이루어지는 인간 활동으로서의 자연신학의 실천을 결코 지지하지 않는다. 그러나 성경과 칼뱅 모두 일반 계시를 기술한다. 그리고 바르트는 이 점에 대해 좀더 신속하게 인정했어야 했다.

일반 계시가 존재한다는 사실은 성경적이다. 그리고 일반 계시는 복음에 의해 요청되는 사실이다. 마음을 통한, 자연 질서를 통한 그리고 역사를 통한 하나님 지식을 언급하는 구절들(예를 들면, 롬 2:14-16; 시 19편; 겔 32:15)은 하나님이 어떤 사실들을 계시하기 위해 그렇게 의도하신다는 명백한 가정 위에서 말한다. 그러한 계시가 존재한다는 사실은 두 번째와 세 번째 경계 조건(boundary condition)에 고유하게 내재되어 있다. 두 번째 조건에서, 인간의 죄에는 하나님이 일반적으로 알려 주신 진리를 억압하는 죄가 포함되며, 따라서 우상 숭배와 부도덕함을 더 원해서 하나님께 등을 돌리는 사람들의 보편적인 죄책(guilt)이 포함된다(롬 1:18-31). 이처럼 성경의 가르침과 인간의 허물(culpability)의 실상은 일반 계시가 실존함을 확인할 수 있게 해준다. 죄는 일반 계시에 대한 우리의 이해(apprehension)를 왜곡한다. 그러나 또한 그렇게 하면서 그 왜곡 때문에, 그 왜곡에 의해서 죄가 규정되며 판단 받는다. 하나님의 일반 계시는 인간 전체에 대한 정죄의 근거를 제공한다. 바르트는 자연 질서가 하나님의 임명을 받아 하나님에 대해 말했다는 사실을 부인하고 사람들에게 [그 계시를] 이해할 능력이 전혀 없었다는 점을 부인함으로써, 성경을(특히 롬 1장을) 잘못 이해한다. 일반 계시가 구원으로 이끌지 못하는 것이 사실이지만, 그 까닭은 인간의 죄악됨(sinfulness) 때문이다. 그리고 이 사실을 우리에게 전해 주는 바로 그 본문(롬 1:18-21)이 인간에 대한 그러한 계시의 실재를 멋지게 언급한다.

마찬가지로, 세 번째 조건이나 네 번째 조건도 바르트적인 결론으로 이끌지는 않는다. 하나님을 아는 수단으로서의 복음의 궁극성과 배타성도 그러한 결론으로 이끌지 않는다. 이미 살펴보았듯이, 바르트의 맥락에서는 유일한 계시로서 그리스도의 유일성이 지나치게 강조되어서, 어떠한 다른 후보를 인정해 줄 수 있는 여유가 전혀 없다. 다른 종교들의 경험은 차치하더라도, 심지어 성경도 그 후보에 들지 못한다. 이렇게 되면, 복음은 사람들과의 접촉으로부터 너무나 동떨어져서 세상에 복음이 진입하는 조건들과 복음 전달의 조건들에 위기가 초래된다. 하나님의 계시로서 그리스도의 궁극성에 대한 복음의 고백은 복음이 최우선적이긴 하지만 유일한 것은 아님을 인정한다. 이 점은 특히 우리가 네 번째 조건을 살펴볼 때 명확해진다. 그 조건은 성육신과 복음의 언어적 성격과 그리스도께서 복음대로 사셨던 방식과 첫 전파자들이 복음을 권했던 방식을 고려함으로써 성립된다. 인간의 경험은 복음에 대해 낯설지 않다. 물론 복음이 하나님의 근본적인 계시로서 인간의 경험보다 앞서긴 하지만 말이다.

**쟁점들에 대한 분류**

좁게 정의된 자연신학은 배격하더라도, 존재에 대해 말할 수 있는 '자연계시'가 있다면 어떤 맥락에서 어떤 말로 해야 하는가? 예를 들어, 스스로를 자연신학의 옹호자라고 간주하는 사람들과의 대화에 대한 새로운 관심을 염두에 둘 때, 이 사람들과 지속적으로 대화를 유지해서 얻어지는 것이 무엇인가? 나중에 한 질문을 살펴보면, 첫 번째 질문에 대한 답변이 나올 수 있을 것이다.

주의해야 할 몇 가지 점과 그 접근방법의 전환과 함께, 자연신학은 주로 일반 계시와 겹치는 부분이 있기 때문에 어떤 의의를 지닌다. 그 의의를 선용하기 위해서는 두 가지 전략을 채택할 필요가 있다. 첫째, 단지 이성의 맥락이 아니라 경험의 맥락에서 자연신학에 대한 증거를 다루어야 한다. 둘째, 복음을 통해 경험을 이해해야지 경험을 통해 복음을 이해해서는 안 된다.

첫째, 경험이라는 주제다. 한 가지 접근 방법이 대부분의 자연신학의 특징을 이룬다. 전통적으로, 그 분야는 주지주의적 특징을 지녀 왔다. 우선 적어도 자연은 은혜에 대해 그리고 이성은 믿음에 대해 대척적인 것으로 대비되었다. 자연신학은 조사와 비판, 연역과 성찰 및 사색을 고무했다. 그러므로 자연신학의 첫 번째 질문들은 구원과 장래에 대한 실존적인 문제가 아니라 하나님의 실존성과 하나님의 속성에 관한 것이었으며, 논리적인 분석이 방법론으로 채택되었다. 이러한 접근 방법의 위험성은 증거를 취사선택하고 평가할 때 연역적인 이성에만 의존한다는 데 있다. 자연신학은 흔히 합리성에 대한 좁은 견해에 의존한다. 합리성에 대한 협소한 견해란 암시적(suggestive)이기보다는 확정적인(definitive) 증거를, 귀납적이기보다는 연역적인 증거를 요구하는 견해를 말한다. 이에 따라 증명의 기준들은 고려되는 주제(말하자면, 하나님과 하나님의 방식이라는 주제)의 성격에 대해 터무니없이 높게 책정되어 왔고, 그 결과 타당한 증거가 배제되었다.

현대의 자연신학자들은 이미 이 점을 지적했다. 또한 연역적인 확실성을 낳을 수는 없지만, 종래의 자연신학이 최고조에 이르렀을 때 채택되었던 것과는 다른 접근 방법을 요구하는 증거가 있음을 인정할 준비가 되어 있다. 예를 들어, 역사상의 증거에 대한 연구에 돌입하는 움직임이 존재한다. 그러나 (철학자 한 사람을 예로 들자면) 스윈번은 하나님의 실존성에 대한 증명들을 재활하고자 노력하면서, 연역적인 방식보다는 귀납적이라고 부를 수 있는 방식을 사용한다. 스윈번은 토대론적인(foundationalist) 논리를 가지고 설득하기보다는 증거를 축적함으로써 설득하려 한다. 알빈 플란팅가의 존재론적 증명에 대한 재평가에 대해서도 똑같은 말을 할 수 있을 것이다. 그는 단순한 연역에 의해서가 아니라 사람들이 일반적으로 공통으로 지닌 전제들을 통해 증명하고자 한다.

간단히 말해서 우리는 지금 좀더 단련된 자연신학을 그리고 실제로 자연 계시가 존재한다는 생각에 잘 부합하는 자연신학을 목도한다. 이러한 형편에서 자연신학은, 매킨토시(H. R. Mackintosh)의 다음과 같은 말을 의식하면서, 일반 계시로 이루어질 수 있는 것을 추적한다. "어느 곳에 존재하든지, 하나님에 대한 모든 종교 지식은 계시에 의해 임한다. 그렇지 않다면, 우리는 사람이 하나님이 기꺼이 자신을 알리고자 하시지 않음에도 하나님을 알 수 있다는 얼토당토않은 입장에 빠졌음에 틀림없다."[14] 이것이 정확히 그의 최근 글, "자연신학에 대한 에세이"(essay in natural theology)에서 이언 마크햄 박사(Dr. Ian Markham)가 취했던 입장이다. 그 글에서 마크햄은 유신론이 없이는 비판적 실재론이 불가능하다는 점을 논증하려 한다. 그는 우리가 그 대신에 전적으로 상대주의적인 진리 개념을 받아들일 수도 있음을 인정한다. 그러나 그렇게 했을 경우에 나타나게 될 결과가 무엇인지를 지적한다. 그는 다음과 같이 주장한다. "자연신학 전통을 실존하지도 않는 '전통 없는' 사람을 설득하려는 논증을 추구하는 연습으로 봐서는 안 된다. 오히려 자연신학의 역할은 기독교 전통의 설명의 힘을 끌어내는 데 있다."[15] 의미심장하게도, 그는 일반 계시의 전통에서 그리고 자연 계시에 대한 명확한 호소와 더불어서 글을 써 나간다.[16] 비록 그가 자신의 작업을 일종의 자연신학이라고 일컫지만, 그의 작업은 내가 앞서 제시했던 자연신학 정의에 부합하지 않는다. 왜냐하면 그의 작업은 특별 계시와 일반 계시 모두에 의존하기 때문이다.

이 사실은 두 번째 요점으로 이끈다. 즉 경험은 복음을 통해 해석되어야 한다는 것이다. 경험에 대한 관심은 일반 계시의 본성에 대한 성경의 가르침에 의해, 인간 삶의 전 영역에 대한 하나님의 주권의 실질에 의해, 복음이 스스로를 우리에게 권하고 그 자체의 진리를 설득하는 방식에 의해, 신학적으로 정당화된다. 자연신학에 대한 부정과 일반 계시의 한계성에도 불구하고 하나님의 은혜에 대한 우리의 이해와 인간의 죄악성과 그리스도의 최우선성이 타협되지 않는다면, 우리는 자연신학과 일반 계시에서 복음에 대한 암시들과 확증을 발견할 것이라 기대할 수 있을 것이다. 간단히 말해서, 복음이 전파되어 받아들여졌을 때, 복음이 여러 면에서 세계에 대한 우리의 경험에 부합한다는 점을 지적하는 것이 적절하다. 경험은 넌지시 비춰 주며, 복음은 눈을 열어 준다. 복음은 해석해 주며, 경험은 확증해 준다. 그렇지만 암시도 확증도 근본적인 것이 아니다. 왜냐하면 우리가 자신의 경험을 오해하기 때문이다. 어느 경우든 복음 진리는 여전히 하나님의 말씀과 성령에 의존한다. 여기에서 우리가 다루는 것은 암시와 확증에 대한 것이지, 설득의 본질이 아니다.

이 장의 두 번째 부분에서, 나는 복음과 인간의 경험이라는 주제를 검토함으로써 이 문제들을 다루고자 한다.

### 복음과 인간의 경험

랄프 후드(Ralph Hood)는 경험 개념에 대해 다음과 같은 설명을 제공한다.

경험한다는 것은 단순한 감정이나 인지가 아닌, 발생한 일이나 일어난 것에 대한 좀더 총체적인 1인칭 주격의 주체적 음미(appreciation)다. 전문가(expert)와 실험(experiment)과 같은 용어에 대한 경험(experience)의 연결점은 무관하지 않다. 그 두 용어 모두 직접적으로 알 수 있는 자리에 있는 사람이라는 말로 혹은 가장 직접적인 지식이 획득될 수 있는 조건들이라는 맥락에서 권위적인 지식을 함축한다. 이러한 의미에서 경험에 대한 호소는 절대적이며 근본적

이다. 경험에 대한 호소는 해당 사례가 실제로 발견된 것이라거나 대면된 것이라는 주장이다.[17]

경험에 대한 이 흥미로운 서술은 우리의 인식(knowing)의 합리적인 측면을 무시하지 않고 정의적이며(affective) 총체적인(holistic) 측면도 지녔음을 강조한다. 이에 덧붙여서, 이 서술은 경험에 특별한 향취를 즉 인격적 권위의 어조를 제공하는 경험의 측면을 명확하게 끄집어낸다. '나는 안다. 이 일이 일어났기 때문이며, 그 일이 내게 일어났기 때문이다.' 후드가 말하듯, 경험에는 절대적인 측면이 있다. 경험은 종종 다른, 직접적인, 몸소 겪은 권위적 형태의 이름으로 전문가의 권위에 도전한다. 거꾸로, 경험의 권위의 주관적인 성격은 또한 개인주의적인 풍취를 경험에 제공한다. 나의 경험은 당신의 경험과 다를 수 있다. 혹은 당신은 경험하지 못했지만, 나는 경험했을 수 있다. 아무리 내 경험이 강하다 할지라도, 내가 나의 경험만을 기반으로 어떤 주장의 참됨을 당신에게 설득할 수 있는 것은 아니다. 만일 나의 경험이 복제될 수 있다면, 나의 주장은 좀더 설득력을 지닐 것이다.

자연신학은 전통적으로 이성에 의존되어 있다. 그러나 경험에 의해 얻어지는 인식은 이성과 직관과 성찰과 해석과 상상력과 창의력을 통해 도달하며 동화되고 평가된다. 실로 빈번히 경험은 주어진다. 흔히 우리가 찾아서 추구한다고 해서 경험되지는 않는다. 그리고 어떻게 겪어야 할 것인지를 통제할 수도 없다. 경험은 합리적인 생각을 내버리지 않으며, 사고(思考)와 판단의 광범위한 활동을 요청한다. 경험으로부터 흘러나오는 권위와 더불어서, 경험의 절대성에도 불구하고 경험에 대한 우리의 해석은 도전받을 수 있으며 뒤엎어질 수 있다. 한 사람이 자신의 경험에 대한 즉각적인 해석을 선호하는 경향이 있음은 인정할 수밖에 없는 사실이다. 그러나 때로 경험이 즉시로 해석되지 못할 수 있다. 때로 더 깊은 성찰과 숙고는 경험에 대한 더 깊은 감상으로 이끌어 주며, 그렇게 했을 때 경험에 대한 우리의 이전 해석은 완전히 뒤집힐 수도 있다.

복음의 신빙성에 대한 이전 논의에서(제1장), 나는 복음이 세 가지 다른 노선을 따라서 복음을 듣는 자들을 설득하고자 했음을 시사했다. 그 첫 번째 노선은 구약 성경의 약속들의 성취였다. 두 번째 노선은 역사적인 논증이었다. 즉 복음은 예수의 부활을 하나의 역사적 사건으로 제시하며, 증언에 기초해서 그 사실의 참됨을 우리가 받아들일 것을 추구한다. 세 번째 노선은 복음서의 예수께서 세상에 대한 우리의 경험에 부합한다는 사실이었다. 이 가운데 어느 것도 어떠한 연역적 의미에서 하나의 '증명'이 되지 않는다는 점은 명백한 사실이다. 예언에 대한 호소조차도 단도직입적으로 말해서 연역적 증명은 아니다. 오히려 그 반대로 그 세 가지 노선은 자체 분석을 하고, 상상하고, 판단하고, 성찰하고, 사유(思惟)하는 능력에 호소한다. 씨 뿌리는 자의 비유가 우리에게 일깨우듯, 그 세 가지 길은 우리 자신에 대해 상당히 많은 것을 말해 주며, 우리를 설득하면서 선별하며, 우리에게 알려 주면서 우리를 판단한다. 이 점에서, 이 세 길은 복음 자체와 복음이 의도하는 기능에 부합한다. 복음은 주님의 주되심과 우리의 순종을 기반으로 하나님에 대한 관계적 지식을 갖도록 우리를 이끈다. 이 지식은 복음의 말씀들에 기반을 둔다. 그 복음의 말씀들은 하나님이 예수 안에서 행하신 기사들(mighty acts)에 대해 말해 준다. 그리고 이 지식은 성령의 역사를 통해 우리 마음에 박히게 된다. 복음은 그러한 종류의 복음이 됨으로써 설득하지, 어떤 형이상학 소논문의 형식으로 설득하지 않는다. 이러한 언급들은 앞서 제시된 범주에서 각별히 세 번째—복음이 세상에 대한 우리의 경험을 이해할 수 있도록 만들어 줌으로써 설득한다는 주장—에 적용된다.

인간의 생각은 특징적으로 알려진 것에서 알려지지 않은 것으로 움직여 나간다. 복음이 전파될 때, 복음은 그 자체를 해명하기 위해 일정하게 인간의 경험에 가 닿는 언어와 개념들을 사용한다. 복음은 사랑, 분노, 용서, 믿음, 회개, 죄, 사망에 대해 말한다. 이것들은 모두 공통적인 인간의 경험이다. 그 각 경우, 복음은 경험에 대한 우리의 부적절한 이해를 사용해서 그 경험에 대한 새롭고 강력한 지혜를 우리에게 제공한다. 그 재해석은 종종 아주 강렬해서 일종의 혁명, 즉 생각과 실천의 전환을 구성한다. 예를 들어, 우리가 예수 그리스도의 사랑을 볼 때, 사랑에 대한 새롭고 근본적인 개념이 우리의 문화와 인격으로 들어오게 된다. 우리가 이전에 결코 사랑을 경험하지 못했던 것은 아니다. 오히려 그리스도의 사랑은 인간의 사랑을 넘어서며, 그 사랑을 변모시킨다. "사람이 친구를 위하여 자기 목숨을 버리면 이보다 더 큰 사랑이 없나니"(요 15:13). 정의(正義), 부모노릇 혹은 죽음에 대한 우리의 개념에 대해서도 똑같은 관찰을 할 수 있다. 이러한 경험들과 여타의 다른 많은 경험에서, 우리는 먼저 복음이 우리의 경험을 가로지르며 교차하는 모습을 보며, 그 다음에는 그 경험이 의미할 수 있고 의미해야 하는 바에 대한 새로운 버전을 가지고 그 경험에 도전하는 복음의 모습을 본다.

사도들이 유대인들과 하나님을 경외하는 자들에게 복음을 전했을 때, 그들은 권위 있는 성경에 호소함으로써 시작할 수 있었다. 그러나 루스드라(행 14:8-20)에서와 아덴 사람들에게(행 17:16-34) 행한 바울의 선포와 같은 사건에서 그리고 로마서에서의 바울의 복음 기술에서 볼 수 있듯이, 다른 접근 방법도 채택되었다. 이러한 자료들로부터 얻을 수 있는 증거는 사도 바울이 (한편으로) 고대 세계에 편만했던 우상 숭배와 (다른 한편으로) 창조 질서가 지닌 함의들 및 인간 양심의 해방 사이에서 느낄 수 있었던 대조적인 측면에 호소했다는 것이다. 사도 바울은 이러한 관찰에 대해 모든 사람으로부터 상당한 동의를 얻을 수 있다는 사실을 알았다. 즉, 도처에 예배하려는 욕구가 있었으며, 그 예배가 예배자들에게 합당치 않고 부도덕함이 수반되었으며, 그러한 부도덕함은 예배자들이 정죄하던 것이었다. 바울이 찾았던 그 일치점은 문제의 실상을 볼 수 있도록 하나님의 성령의 감동을 받은 양심들로부터 일어난 것이었다. 그러나 좀더 광범위하게 살펴볼 때, 도처에서 바울이 말하던 바가 참되다는 사실은 자주 인정되었다. 고대 세계의 사상가 중 상당수의 강력한 의견은 하나님(神)이 '손으로 지은 전에 계시지 않으며'(행 17:24), 자신들이 '그(神)를 힘입어 살며 활동하며 존재한다'(행 17:28)는 사실을 인정했다.[18] 바울이 볼 때, 인간이 세상에서 경험한 사실들은 하나님의 실재성을 입증했다.

바울은 당시에나 지금이나 많은 사람이 인간의 형편에 대한 자신의 분석에 동의하지 않는다는 사실에 그다지 놀라지 않았을 것이다. 그는 하나님의 존재에 대한 철학적 증명을 제출하지 않았다. 그는 모든 합리적인 사람이 지성을 통해 필요한 과정을 거쳐서 자신이 도달했던 것과 동일한 결론에 도달하게 될 것을 기대하지 않았다. 바울은 하나님을 아는 지식을 우선적으로 사람들이 도달하는 어떤 것이라기보다는 하나님이 주시는 것으로 생각했다. 그것은 일종의 일반적인 계시였다. 둘째로, 바울은 하나님을 아는 지식이 관계적이라는 사실을 알았다. 그는 우리가 하나님이 창조주이시며 마땅히 예배를 받으셔야 할 분이라는 지식과 그러나 지금 대부분의 사람에게는 결단코 그렇지 못한 것이 현실이라는 인식을 가지고 출발했다고 제시한다. 하나님을 아는 지식은 억눌려 있으며, "오히려 그[사람들의] 생각이 허망하여지며, 미련한 마음이 어두워졌다"(롬 1:21). 사람들이 자신이나 동물을 예배하는 우상 숭배의 경험은 이 어두워진 마음에 대한 증거다. 그렇지만, 바울은 또 자연 세계에 있는 하나님에 대한 증거에 호소함으로써, 그의 청중들이 알려진 사실에서 알려지지 않은 사실로 진행해 나가도록 만들 수 있었다(행 13:16-17).

어두워진 마음, 창조 세계, 역사에 드러난 하나님의 진노, 이러한 것들은 진상(眞相)에 대한 암시들을 포함한다. 하나님의 존재에 대한 우주론적, 목적론적, 도덕론적 논증들이 개진되어 왔으며 그리고 비록 그러한 논증들이 하나님의 존재하심에 대해 납득시키지 못하더라도, 듣는 사람이 무엇인가를 느끼도록 만든다는 사실은 결코 뜻밖이라고 말할 수 없다. 예수 그리스도의 복음이 임할 때 그리고 유일하신 참 하나님의 창조의 광채가 계시될 때, 창조된 자로서의 경험은 이해가 되며, 진리의 암시들을 깨닫게 된다. 진실로, (그 현대판이 무엇이든지) 우리의 우상 숭배와 우리에게 "하늘로부터 비를 내리시며 결실기를 주시는 선한 일을 하사 음식과 기쁨으로 여러분의 마음을 만족하게 하신"(행 14:17) 하나님의 자기 증거는 자주 복음 전달 과정의 일부가 될 것이다.

복음은 그 복음을 듣는 자에게 하나님에 대한 어떤 기본적인 지식이 있다고 가정하는가? 만일 그렇다면, 그러한 지식은 어디에서 오는 것일까? 주목할 만한 사실은, 성경 자체는 결코 하나님의 존재성에 대해 주장하지 않는다는 것이다. 무신론의 가능성은 시편 14:1에서 인정된다. 그렇지만, 어리석은 바보만이 그러한 말을 한다는 사실을 보여 주려는 것일 뿐이다. 무신론은 지적인 문제라기보다는 영적인 문제로 취급된다. 하나님 개념은 사실상 성경의 세계에 보편적이다. 그리고 핵심적인 물음은 하나님이나 어떤 다른 신이 존재하느냐 않느냐가 아니라 하나님의 이름과 본성이 무엇이냐이다. 심지어 자연 질서에 드러난 하나님에 대한 계시에 호소할 때조차도, 바울은 하나님의 존재성 일반에 대해 논증하지 않는다. 그는 다음과 같이 말한다. "이는 하나님을 알 만한 것이 그들 속에 보임이라. 하나님께서 이를 그들에게 보이셨느니라. 창세로부터 그의 보이지 아니하는 것들 곧 그의 영원하신 능력과 신성이 그가 만드신 만물에 분명히 보여 알려졌나니 그러므로 그들이 핑계하지 못할지니라. 하나님을 알되 하나님으로 영화롭게도 아니하며 감사하지도 아니하고"(롬 1:19-21). 세계가 드러내는 것은 하나님의 존재성이 아니라 본성이다(참고. 시 19:1-6). 사람들은 하나님이 존재하신다는 사실을 이미 안다고 예상된다. 우리의 잘못은 우리가 행하는 우상 숭배다.

인류의 일반적인 종교성과 더불어서 이상과 같은 관찰들 때문에, 아우구스티누스와 칼뱅을 포함한 여러 신학자는 하나님을 아는 것이 사람들의 마음속에 본유적(本有的)이며, 이는 하나님이 그러한 앎을 가지고 태어나도록 하셨기 때문이라는 견해를 갖게 되었다. "인간의 마음속에는 그리고 실로 신성에 대한 자각이 존재한다. 우리는 이 점에 대해 논쟁할 여지가 없다고 여긴다. 어떤 사람이라도 알지 못했다고 가장함으로써 도피하지 못하도록 방지하기 위해 하나님은 만인에게 자신의 신적 위엄에 대한 어떤 이해를 친히 심어 놓으셨다."[19] 이러한 생각에는 매력적인 것이 많지만, 지적할 만한 점은 구체적인 성경적 지지가 결여되었다는 것이다. 가장 근접하는 구절은 로마서 2:13-16이다. 그 대목은 율법의 작용에 대한 인식이 사람들의 마음에 심겨 있다고 말한다. 더글러스 무(Douglas Moo)는 이것이 모든 이방인을 가리킨다고 보며, 지칭되는 바는 "'옳고 그름'에 대한 본유적인 도덕감각"이라는 데 동의한다.[20]. 나는 이렇게 주장하고 싶다. 만일 율법의 첫 번째 책무가 살아 계신 하나님을 섬기는 것이며, 양심이 이미 심판 날에 대해 자각했다면, 그 점은 논쟁의 여지가 없다.

솔직한 무신론이 존재한다는 사실은 명백하고도 강력한 반론이다. 우리에게 하나님에 대한 본유적인 인식이 존재한다고 주장하는 것은 현대 세속인들의 경험에 반하는 것 같다. 그러나 두 가지 점을 언급할 수 있을 것이다. 첫째, 성경 자체가 사람들이 하나님에 대한 인식을 부인한다는 사실에 동의하며, 그 이유가 무엇인지를 설명해 준다는 점이다. 사람들이 참에 대해 거의 알지 못하며 참된 지식을 참된 예배 가운데 표출하지 못한다는 사실은 바울의 상황 분석과 일치한다. 둘째, 사람들이 형식상 종교를 포기했다고 해서, 바울이 하나님에 대한 인정을 부인하는 원인이라 추적하는 그 예배를 포기해 버렸다고는 결코 확실하게 말할 수가 없다. 현대의 무종교는 다른 질서에 대한 우상 숭배일 수 있다. 그리고 하나님이 아닌 것들에 대한 인간의 예속은 여전히 지속된다. 오히려 우리 인간은 전적으로 하나님 없는 자가 되기보다는, 다양한 이데올로기 신이나 개인적인 신 가운데 어떤 것이든 섬긴다고 말할 수 있다.

또한 사람들에게 하나님에 대한 본유적인 인식이 있다는 주장은 모든 사람이 태어나면서부터 똑같은 방식으로 하나님을 의식한다는 의미가 아니며, 무신론에 대한 사리에 맞는 주장을 펴는 것이 불가능하다는 의미도 아니다. 하나님에 대한 우리의 본유적인 인식은 우리가 하나님을 믿는 성향을 지녔다는 사실을 의미할 뿐이며, 그 성향에 대해서는 그 성향이 자연 세계에 대한 묵상이나 양심에 의해 일깨워진 죄책감과 같은 어떤 경험에 의해 '촉발되기'까지는 의식하지 못한 채로 남아 있을 수 있다.[21]

### 경험, 복음 그리고 자연에 대한 신학

이 장의 마지막 단락에서는 최근 몇몇 과학자가 시도했던 일종의 자연신학을 참조함으로써 그 선도적인 사상 몇 가지를 보여 주고자 한다. 예상할 수 있듯이 그러한 노력들이 거의 없다시피 하다. 그러나 그러한 노력들은 복음을 통해 이해할 때 세계를 바라보는 복음의 방식의 참됨을 암시하고 확증해 줄 수 있는 자료들을 제공한다고 본다.

소위 과학과 종교 사이에 전쟁이 치러졌던 수십 년이 지난 후에 몇몇 과학자는 커다란 형이상학적 물음들을 다시 제기할 준비를 하게 되었다. 그러한 물음들은 종교도 붙잡고 씨름하는 주제였다. 특히 물리학자들은 이 새로운 관심사를 불러일으킨 당사자들이다. 그리하여 일반 대중을 목표로 한 책을 통해 스티븐 호킹(Stephen Hawking)과 폴 데이비스(Paul Davies)와 같은 이름이 매우 광범위한 청중에게 친숙해졌다. 특히 데이비스는 『현대 물리학이 발견한 창조주』(*God and the New Physics*, 1984, 정신세계사 역간), 『현대 물리학이 탐색하는 신의 마음』(*The Mind of God*, 1992, 한뜻 역간)과 같은 책에서 하나님(神)의 문제를 명확하게 제기해 왔다. 그러나 다른 학자들도 있었다. 튤레인 대학교(Tulane University)의 프랭크 티플러(Frank Tipler)는 현대의 우주론, 하나님, 죽은 자의 부활이라는 주제에 대해 쓰면서, 신학이 물리학의 한 분과이며 "유대-기독교 신학의 중심 주장들은 사실 참되며, 이러한 주장들은 우리가 현재 이해하는 물리학의 법칙들로부터 직접적으로 연역되는 것"이라고 주장했다. 그리고 그는 자신이 "물리학이라는 내 자신의 특별한 분과의 냉혹한 논리에 의해 이러한 결론에 이르지 않을 수 없었다"라고 주장했다.[22] 마운트 윌슨

인스티튜트(Mount Wilson Institute)의 소장인 로버트 재스트로(Robert Jastrow)는 일반 독자층을 위해 현대의 우주론을 개관하면서 다음과 같이 결론을 내린다. "이성의 힘에 대한 믿음으로 살아가는 과학자가 볼 때, 그 이야기는 마치 악몽과 같이 끝난다. 그는 무지의 산등성이들을 등정하여 바야흐로 가장 높은 꼭대기를 정복할 즈음에 이르렀다. 마지막 바위에 올라섰을 때, 그는 벌써 수백 년 동안 그 자리에 앉아 있었던 한 무리의 신학자들의 환영을 받는다."[23]

이러한 기여들이 현대 과학의 면모를 일신했다고 말할 수는 없을 것이다. 예를 들어, 티플러의 책에 대한 리뷰는 형편없다. 또한 유전공학과 같은 과학의 다른 분과에서는 그와 유사한 일이 거의 일어나지 않는다. 그럼에도 불구하고, 신학자와 설교자가 이러한 작업으로부터 무엇을 얻을 수 있는지 그리고 그러한 작업이 자연신학의 부흥을 진작하는 데 활용될 수 있는지를 묻는 것은 정당한 일이다. 예를 들어, 우주가 설계자의 어떤 손길이 없이 발전되어 나왔을 기회가 극미(極微)하다는 점을 지적함으로써, 하나님의 존재를 주장하는 것이 가능한가? 이 점은 특히 데이비스, 프레드 호일(Fred Hoyle) 및 스윈번과 같은 사상가들이 주목하는 것 같다.[24] 우리가 세계의 본성으로부터 신성의 불가피성으로 진행해 나갈 수 있을까?

대체로 그러한 접근 방식에는 실질적인 난점들이 그대로 존재한다. 그 당시의 자연신학에 대한 데이비드 흄의 비판들은 여전히 적절하다. 증거의 단일성은 출몰하는 문제점으로 남아 있다. 하나님이 모든 것을 설계하셨다면, 어떻게 설계된 것과 혼돈스러운 것을 비교할 수 있을까? 어떻게 우리가 인과(因果)의 질서 안으로 하나님을 집어넣을 수 있을까? 이 과정을 통해 계시되는 하나님은 누구인가? 폴 데이비스는 과정신학의 하나님이 우주를 창조하셨으며 지금도 여전히 창조하시는 그 하나님에 가장 잘 부합한다고 제안한다. 그러나 다른 선택 사항들도 있다.[25] 실로 그 전체적인 시도에는 의미심장한 신학적 문제가 하나 놓여 있다. 그리고 그 문제는 모든 자연신학에 계속적으로 따라다니는 문제다. 자연철학자들에 의해 계시되는 하나님은 성경의 하나님이 아니다. 예를 들어, 성경의 하나님이 믿을 만하지 못한 자리에서 물리학의 하나님은 믿을 만한 것으로 제시되어 왔다. 왜냐하면 인류에 대해 성경의 하나님이 가지는 관심사들은 지금은 그 면모가 드러난 우주에 대한 물리학의 하나님의 관심사에 비해 보잘 것 없는 것처럼 여겨지기 때문이다. 프랭크 티플러는 자신이 하나님과 죽은 자의 부활과 "유대-기독교 신학의 중심 주장들"을 입증했다고 믿는다. 그러나 그는 예수의 부활과 삼위일체 교리는 부인한다.[26]

실로 티플러의 입장을 보면, 자연신학에 대한 기본적인 신학적 반론들이 그대로 드러나 있다고 말할 수 있다. 그 반론은 자연신학을 기껏해야 환영받지 못하는 동맹군으로 만든다. 자연신학의 인식론은 인격적이지 않다. 그 인식론은 성경에 계시된 하나님과 인간의 관계를 고려하지 않는다. 그 인식론은 지나치게 인간 지성 중심적이며, 우리가 빠져나와야 할 교만의 형태를 지닌다. 데이비스, 티플러, 재스트로 등이 자신의 연구 결과에 대해 화려하게 발표하지만, 그들 중 그리스도인이 된 사람은 하나도 없다. 왜냐하면 성경적인 신앙에는 그들이 동의할 수 없는 부분들이 있기 때문이다. 티플러는 여전히 무신론자의 입장에서 글을 쓰며,[27] 거의 보편구원론적 냄새를 풍기는 일종의 이신론적(deism) 버전을 선호한다. 재스트로는 초판(1978)의 시작 부분에서 그랬듯이, 1992년 판에서도 다음과 같이 시작한다. "내 경우에, 내가 종교적인 문제들에 대해서는 불가지론자라는 점을 출발부터 이해해야 할 것이다. 이 문제에 대한 나의 견해는 다윈의 견해에 가깝다. 다윈은 이렇게 썼다. '나의 신학은 그저 뒤죽박죽이다. 나는 우주를 맹목적인 우연의 산물로 볼 수가 없다. 하지만 그 세부적인 면에서는 지혜로운 설계의 증거를 전혀 발견할 수 없다.'"[28]

재스트로의 다윈 인용은 우리에게 다시금 경험이라는 쟁점을 일깨워준다. (이 인용에 따르면) 다윈이나 재스트로가 볼 때, 그 증거는 대답할 수 없는 물음들을 제기한다. 그러나 그 증거는 재스트로, 티플러, 데이비스로 하여금 하나님에 대해 말할 수밖에 없도록 만들었다. 그리고 그들의 논의를 통해 상당히 많은 일반 독자가 똑같이 당혹스런 점이 있음을 알게 되었다. 세계에 대한 우리의 경험은 우주의 설계에 대해 생각하도록 그리하여 어떤 설계자의 존재에 대해 생각하도록 이끈다. 그렇지만 이것으로부터 그 설계자와의 관계 형성이나 그러한 존재자가 있다는 온전한 확신으로 혹은 그 존재자가 분명히 어떤 모습일 것이라는 것에 대한 일치된 의견으로 진행해 나가지는 못한다. 티플러는 참 하나님은 전체를 다 구원하는 하나님이어야 하며, 지옥은 결코 있을 수 없다고 주장한다. 그러나 그가 자신의 자료에 단순히 우주의 물리적 구조만이 아니라 도덕 구조도 포함한다면 그리고 세계의 자연사와 인간사로부터 그 세계를 만드신 하나님에 대한 그림을 이끌어낸다면, 지옥은 그 목록의 상당부분을 차지할 것이다. 아주 전적으로, 심각하게 받아들일 때 자연신학은 악을 반드시 포함해야 하며, 따라서 세계를 다스리는 그 하나님이 그 성품에 잔인하며, 보복적이며, 잔학하며, 부주의한 요소를 지녔다는 결론을 내리는 경향을 띠어야 한다.

사실 우리에게 필요한 것은 자연신학이 아니라 자연에 대한 신학이다. 재스트로가 언급한 종류의 경험은 하나님의 문제를 제기한다. 그러나 인간의 지성은 그러한 경험들로부터 하나님에 대해서나 세계에 대해서 올바른 결론들을 이끌어낼 능력을 지니지 못한다. 복음만이 그 일을 달성할 것이다. 복음은 하늘과 땅을 창조하셨으며 우주의 모든 것을 창조하신 주님을 우리에게 소개한다. 그러므로 복음은 자연의 규칙성과 그 근본적인 확실성에 대해 말한다. 성경은 창조 질서의 선함에 대해 말하며, 그 창조 질서가 보기에 좋다고 선언하신 하나님의 말씀 아래 존재한다고 말한다. 성경은 또한 하나님으로부터 분리된 동시에 하나님께 의존하는 창조 세계에 대한 그림을 제시한다. 창조 세계는 영(spirit)으로 물들어 있지 않다. 그렇지만 그 자체의 맥락에서 연구될 수 있는 대상이다. 창조 세계를 규율해 나가는 원리는 하나님의 말씀이다. 창조 세계를 하나님의 말씀이며 아들이신 예수 그리스도와 명확하게 연결함으로써, 성경은 창조 세계를 목적을 지닌 곳으로 이해하게 만든다. 즉, 창조 세계는 그분을 통해, 그분으로 말미암아, 그분을 위해 창조되었다(요 1:1-3; 고전 8:6; 골 1:15-16).

이와 같이 복음은 세계 안에서 그리고 세계에 대해서 우리가 겪는 경험들을 이해할 수 있게 하는 틀을 우리에게 제공한다. 성경의 가르침을 통해, 세계는 "하늘이 하나님의 영광을 선포하고 궁창이 그의 손으로 하신 일을 나타내는"(시 19:1) 계시의 장소가 된다. 그러나 이러한 수단을 통해 계속해서 하나님을 높이고 하나님에 대해 배워 나가는 일은 모든 면에서 성경 계시에 의존한다. 마찬가지로, 세계에 대한 우리의 경험이 고통을 포함할 때, 복음의 틀은 참된 해석을 촉진하게 된다. 성경만이 "피조물이 허무한 데 굴복하는 것은 자기 뜻이 아니요, 오직 굴복하게 하시는 이로 말미암음이라. 그 바라는 것은 피조물도 썩어짐의 종노릇한 데서 해방되어 하나님의 자녀들의 영광의 자유에 이르는 것"(롬 8:20-21)이라는 점을 계시한다. 성경의 종말론은 자연에 대한 신학의 등장에 필수적이다. 만물에게 자신의 강력한 말씀으로 분부를 내리시는 주권적인 하나님에 대한 성경의 그림은, 하나님의 은혜의 복음을 통해 해석되지 않는다면 우리가 세상과 조우할 때마다 실망을 안길 것이다.

마지막으로, 성경으로부터 나오며 그리스도를 중심으로 하는 자연에 대한 신학에 우선권을 준다면 과학에도 중대한 유익이 있을 것이라는 점을 볼 수 있어야 한다. 근대 과학의 등장에 성경적인 기독교가 감당했던 역할을 지나치게 강조하는 경우도 있겠지만, 근대 과학의 등장과 성경적인 기독교 사이의 본질적인 연결점을 놓치는 경우도 있을 것이다. 헤롤드 네벨시크(Harold Nebelsick)가 말하는 것처럼, "칼뱅이 말하듯, '성경의 안경'을 통해 세계를 바라보라는 종교개혁자들의 주장이 바로 과학에 대해 책임을 지게 된 사람들의 눈과 생각을 열어 놓는 데 아주 중요한 기여를 했다."[29] 하나님의 주권을 강조함으로써, 기독교는 질서와 규칙성에 대한 사상을 뒷받침했다. 세계가 하나님께 의존되었음을 강조함으로써, 기독교는 세계를 예배 대상이 되는 일로부터 해방했다. 하나님 이외의 다른 영적 세력들로부터 세계가 독립되어 있음을 강조함으로써, 기독교는 세계를 그 자체로 연구할 수 있도록 격려했다. 창조 세계의 선함을 강조함으로써, 기독교는 물질에 개입하는 것이 존중받을 수 있도록 만들었다. 진리를 공개적으로 말하고 나누는 것이 명예로운 일임을 강조함으로써, 기독교는 과학자들 사이에 인격적인 신뢰의 공감대를 형성했다. 하나님의 창조 세계 안에서의 노동의 가치를 강조함으로써, 기독교는 세계에 대한 우리의 이해를 증진한 실험적인 수고들을 자극했다. 특히, 하나님의 은혜의 복음을 강조하여 하나님의 부성적인 돌보심에 대한 지식을 강조함으로써, 기독교는 그 추종자들로 하여금 귀신들에 대한 공포심을 떨쳐버릴 수 있게 만들었으며, 그렇게 함으로써 그들이 어떠한 상황에서도 오직 하나님 한 분과만 관계를 맺을 수 있게 만들었다. 이러한 모든 면에서, 성경적인 신앙은 세계를 미몽에서 벗어나게 만들어 과학의 시대를 여는 데 도움을 주었다.

### 결론

기독교와 과학의 관계는 우리가 자연신학과 일반 계시에 대해 생각해야 할 길을 변호한다. 성경에 계시된 그 하나님이 다스리시는 세계가 우리에게 그 하나님의 영광과 권능에 대해 말한다는 사실에는 의심의 여지가 전혀 없다. 그러나 하나님의 계시를 이해할 수 있는 우리의 애초의 능력은 우리의 반역에 의해 제한되었다. 기껏해야 인간의 경험을 통해 다양한 방식으로 우리에게 접촉되는 하나님에 대한 일반적인 계시는 복음을 수용하도록 만드는 데 기여할 뿐이다. 하나님은 그 계시를 사용해서 우리를 자신에게로 부르실 수 있다. 그러나 우리가 복음을 받아들이고 이해할 때, 세상에 대한 우리의 관계는 근본적으로 변모한다. 이제 우리는 이전에 결코 할 수 없었던 방식으로 세상을 이해하며, 그 세상에서 살아가는 경험을 하게 된다. 이제 우리는 하나님을 가치 있게 경배하고 예배하는 자리에 서서 "하나님께서 지으신 모든 것이 선하매 감사함으로 받으면 버릴 것이 없나니 하나님의 말씀과 기도로 거룩하여진다"(딤전 4:4-5)는 사실을 안다. 그리스도의 복음을 중심으로 하는 성경 계시에서, 우리는 이제 모든 경험이 이해될 수 있는 척도(canon)를 갖게 된다. 성경이 과학을 전달하는 것은 아니지만, 성경은 과학이 집행될 수 있는 조건을 낳으며, 바로 여기에 세상에 관한 복음의 진술에 대한 긍정적인 확증이 있는 것이다.

제6장

# 복음과 종교적 경험

자연신학의 몰락과 더불어서, 교회의 권위와 성경의 권위의 침식은 서구 기독교에 막대한 위기를 초래했다. 그러나 어떤 사람들은 요동치 않은 채 남아 있었다. 왜냐하면 그들은 신앙이 하나님에 대한 경험의 실질 위에 세워졌으며, 이 실질이 밝혀져 참 종교를 재건하는 데 사용될 수 있다고 확신했기 때문이다. 18세기는 단순히 볼테르와 흄의 시대였을 뿐만 아니라 웨슬리, 횟필드 및 폰 진젠도르프의 시대, 경건주의와 복음주의의 시대이기도 했다. 계몽주의는 낭만주의 운동이 승계했다. 대 철학자인 임마누엘 칸트와 대 신학자인 프리드리히 슐라이어마허가 경건주의에 빚졌다는 사실은 결코 우연이 아니다. 그리고 한 사람의 철학과 다른 한 사람의 신학이 사람됨의 경험에 대한 심원한 분석을 포함했다는 점도 결코 우연이 아니다. 그 둘은 모두 내면을 향하는 태도라는 특징을 지녔다. 슐라이어마허는 만일 하나님의 계시가 외부에서 입수될 수 없는 것이라면, 절대적인 의존성에 대한 경험을 종교 교리의 한 자원이자 척도로 쓰이도록 만들 수 있을 것이라고 여겼다.

종교 건설의 토대가 되는 실재(reality)는 종교적 경험을 통해 접근되었다. 하나님에 대한 인식에 도달할 수 있는 다른 가능한 수단은 복원되더라도 만족스럽지 못했다. 자연신학, 성경의 권위, 교회와 그 전통 중 어느 것도 진정한 경건(religion)에 의해 일어난 열정적인 응답에 공정하게 대하지 않았다. 물론 이러한 것들이 여전히 감당하던 어떤 중요한 역할이 있었을 것이다. 그러나 그러한 권위들은 오랜 세월에 걸쳐 전수되어 왔으며, 하나의 사회적 유기체로 표현된 종교에 적합한 것이었다. 그러한 권위들은 하나님과의 직접적인 접촉(the immediacy of contact with God)에는 거의 적합하지 않았다. 성경 자체가 바로 이 직접적인 접촉의 증거였다. 성경과 교회가 성령에 관해 언급했더라도 보통의 신자들은 "아니라, 우리는 성령이 계심도 듣지 못하였노라"(행 19:2)라고 고백해야 했던 에베소 지방의 제자들과 같아 보였다. 종교적 경험의 실상은 기독교 신앙이 당했던 권위 상실을 보상해 주고, 불신 세계를 향해 하나님에 대해 설득력 있게 말하는 것 같았다.

간단히 말해서, 조지 린드벡이 말하는 '인지 중심적 명제형'(cognitively propositional) 계시에서 '경험 중심적 표현형'(experiential-expressive) 계시로의 진행이 일어났다." 그의 판단에 따르면 다음과 같다. "이 전통에 속하는 사상가들은 모두 자아의 성찰 이전에 일어난 경험의 심연 가운데서 무엇이든지 궁극적으로 종교에 중요한 것과의 지극히 의미심장한 접촉을 자리매김하며, 종교의 공적인 혹은 외형적인 측면들을 내면적 경험이 표출되고 환기되어 나온 객관화(즉, 추론적이지 않은 상징들)인 것으로 간주한다. 거의 200년 동안, 이 전통은 칸트의 혁명적인 '주체로의 회귀' 이래로 서구 문화의 인본주의적 측면을 지배해 왔던 낭만주의적이며, 관념론적이며, 현상학적인 실존주의 사상의 흐름들과 비견될 수 있는—실로 흔히 그 흐름들의 중심을 차지하는—종교 생활에 대한 지적으로 탁월하며 경험적으로 인상적인 진술들을 제공해 왔다."

윌리엄 제임스(William James)는 1901-1902년의 기포드 강좌들을 종교적 경험이라는 주제에 할애했으며, 그렇게 함으로써 「종교적 경험의 다양성」(*The Varieties of Religious Experience*)이라는 고전적 진술을 산출했다. 이 책은 그 주제에 대한 많은 논의의 출발점을 이루었다. 그 진술은 하나님의 일반적인 의식(general consciousness)에 초점을 맞추기보다 회심(conversion)과 같은 계시와 경험의 사건들을 분석했다. 20세기 초에 루돌프 오토(Rudolph Otto)의 영향력 있는 연구인 「성스러움의 의미」(*The Idea of the Holy*, 1917, 분도출판사 역간)가 두려움과 동시에 매료의 대상이 되는 신성과의 조우에 대한 기술로 커다란 영향력을 행사했다. 마찬가지로, 19세기 이래로 대중 전도는 감정과 회심과 '제2의 축복'(second blessing)을 강조했으며, 경험에 우선 순위를 두는 경향이 있었다. 이는 개혁주의 신학에는 결여되었던 것이다.

제1차 세계대전 후에 경험을 통한 계시에 대한 전체적인 접근이 한편으로는 신정통주의의 종교 비판에 의해 그리고 다른 한편으로는 대부분의 앵글로 색슨 신학의 경험주의(empiricism)에 의해 위축되었음이 사실이다. 그러나 시대는 바뀌었다. 바르트의 견해는 더 이상 신학에서 지배적이지 않다. 그리고 철학에서의 반토대론적(anti-foundatinalist) 분위기는 합리주의나 경험주의가 인식론을 지배해야 한다는 기대를 누그러뜨렸다.[2] 그 결과 철학은 특히 종교적 경험에 대한 연구로 괄목할 만한 복귀를 했으며, 그 논의에 신 존재 증명들과 기독교의 진리를 포함한다. 최근의 주요 저작으로는, 스윈번, 알스톤(Alston), 얀델(Yandell), 데이비스(Davis) 등의 저작이 있다.[3] 전체적으로 봐서, 철학적 층위에서 이루어지는 주장은 종교적 경험이 하나님에 대한 신념을 보증할 수 있다는 것이 아니라 종교적 경험이 하나님에 대한 신념을 정당하게 보증할 수 있는 집적적인(cumulative) 논증의 일부라는 것이다.

린드벡은 상당히 공정을 기해서 경험 중심의 기술과 인지 중심의 기술이 서로 다르다는 점을 언급했으며, 그 기술로부터 기독교 교리의 본성과 내용에 대한 다양한 기대가 비롯된다는 점을 언급했다. 실로 경험 중심적 기술은 종종 성경의 무오성과 같은 달갑지 않은 잔재가 없이도 기독교 신앙이 그 본질을 계속해서 지속할 수 있게 해주는 것으로 간주된다. 복음과 성경을 통해 내가 채택하는 접근 방식은 린드벡이 기술하는 전통 중 '인지 중심적' 전통에 더 잘 부합할 것이다. 그렇지만 성경과 복음은 모두 인간의 삶이 많은 종교적 경험을 낳는다는 견해를 지지한다. 실로, 그 청교도 선배들과 마찬가지로, 18세기의 복음주의 운동이 그 전체적인 문제에 잘 알려진 관심을 가졌다는 사실은 결코 우연이 아니다.[4] 비록 그 운동이 하나님에 대한 인식의 원천으로서의 성경에 호소했다는 점에서는 '인지 중심적'이었지만, 종교의 형식주의는 치명적이며, 진정한 종교적 경험은 영적 건강에 지극히 중요하다고 주장했다. 복음에 근거한 접근 방법과 경험에 근거한 접근 방법의 관계는 린드벡이 분류한 것처럼 그리 간단하지만은 않은 것 같다.

종교적 경험은 영혼을 먹이고, 지성을 안내하고, 정신을 황홀경으로 고양해 줄 수 있을 것이다. 종교적 경험은 또한 하나님으로부터 임하는 계시들이 있는지의 여부에 대한 물음에 그리고 계시들이 존재한다면 그 계시들이 무엇으로 이루어지는지에 대한 물음에 답하는 데 도움을 줄 수 있을 것이다. 나는 복음이 하나님에 대한 인식에 적절한 출발점이며 이러한 접근 방법이 성경은 하나님의 말씀이라는 인식을 낳는다고 주장해 왔다. 그러나 나는 또한 은혜, 그리스도의 유일성, 인간의 계시 수납과 관련된 공리들(axioms) 혹은 '경계들'(boundaries)이 있다고 주장해 왔다. 복음은 종교적 경험에 대한 주장들을 평가하는 데 핵심적인 역할을 한다. 복음은 세상의 사상가처럼 자동적으로 그러한 주장들을 거부하지 않는다. 실로 복음 그 자체가 종교적 경험의 원천이며 또한 그 주장의 의의에 대한 척도다. 이 장은 복음에 비추어서 종교적 경험의 가능성과 그에 대한 해석을 검토할 것이다.

## 종교적 경험의 가능성

앞장에서는 간략하게나마 경험의 본성에 대해 기술했다. 그 강조점은 전인(全人)을 포함하며 개인에게 독특한 권위를 부여하는 한 사건에 대한 어떤 식의 이해에 있다. 물론 종교적이든 다른 것이든, 집단적 경험을 가질 수도 있고 거대한 군중 속에서 개별적인 경험을 가질 수도 있다. 결국 하나의 경험이란 그 경험에 참여했던 사람들의 기억 속에서 그 자체의 권위를 만들어 낸다. 종교적 경험은 영(spirit)에 속하는 문제에 집중되었다는 점에서만 다를 뿐이다. 두 말 모두 어느 점에서는 모호하다. 왜냐하면 '종교'라는 말도 '경험'이라는 말도 꼭 집어서 말하기가 어렵기로 악명이 높기 때문이다. 흔히 종교적 경험에는 기도, 인도(guidance), 환상, 예언, 방언, 영매, 신비주의, 예배, 회심, 기적 및 하나님(神)에 대한 고양된 의식과 하나님의 임재에 대한 내면적 의식이 포함되었다고 생각된다. 그러나 이것이 모든 종교적 경험을 다 망라한 목록은 절대 아니다. 이슬람은 성속(聖俗)의 구분이 전혀 없기 때문에 종교적 경험에 정치 활동도 포함한다.[5]

종교적 경험의 네 가지 요소는 계시와 하나님에 대한 인식에 관심을 기울이는 사람들이 그러한 경험에 대한 특정한 주장들을 심각하게 검토해야 한다는 점을 시사한다.

### 경험의 권위

첫째, 그러한 주장들이 낳는 인격적 권위가 있다. 철학자는 하나님의 존재에 대해 생각하고 논증한 결과로서 긍정적이든 부정적이든 어떤 견해에 도달할 수 있다. 그러한 논증들이 건전할 수도 그렇지 않을 수도 있다. 그러나 그러한 논증들은 검은 백조(a black swan)가 존재할 수 있는지의 여부에 대해 논의하기 위해 한때 채택되는 논증들과 같은 것이다. 처음으로 검은 백조가 관찰되었을 때, 검은 백조란 없다는 반대논증이 아무리 설득력 있게 주장되어 왔더라도, 그 논쟁은 즉시로 잠잠하게 되었다.

간단히 말해서, 심지어 종교에서조차도 경험으로부터의 논증은 경험주의적 입장이 가진 모든 힘을 지닌다.

아니, 거의 그렇다고 할 수 있다. 물론 하나님의 특별한 점은 그분이 비물질적이기에 백조처럼 실험 대상이 될 수 없다는 것이다. 그럼에도 불구하고, 그러한 경험이 불러일으키는 인격적 권위는 쉽게 반박될 수가 없다. 그 경험은 진리에 대한 하나의 증거(testimony), 하나의 증언(witness)이 된다. 말해지는 바를 부인하는 것은 흔히 당연히 진지할 수밖에 없는 사람의 진실성에 의문을 제기하는 것이다. 이와 관련해서, 스윈번은 대담하게도 근거 없는 회의주의 앞에 '증거의 원리'(principle of testimony)를 내세울 것을 촉구한다.[6] 경험에는 어떤 실질(reality)이 존재한다. 그 실질은 공식적인 종교의 비현실성 그리고 전혀 종교를 갖지 않은 자의 비현실성과 자주 대조되는 것이다. 경험이 말할 때는, 교회와 심지어 성경조차도 잠잠해야 한다. "내가 행한 모든 일을 내게 말한 사람을 와서 보라"(요 4:29). 형식적인 종교나 학문상의 종교와 달리, 경험은 그 본성상 관계적이며, 하나님에 대한 인식을 수수께끼가 아니라 사귐으로 들어가는 입구로 여긴다. 이 점에서 경험은 상당히 공식화된 종교보다는 복음에 의해 계시된 진리에 더 가깝다.

또한, 비록 하나님이 비물질적이며, 경험적인 실험 대상이 될 수 없다 할지라도, 종교적 경험은 그 경험을 겪은 사람들이 하나님과 접촉한다고 확신하게 만드는 표(mark)를 가지고 있다. 그러한 경험이 하나님(神)으로부터 왔다고 판단하게 되는 이유는 그 경험이 매우 기이하다는 것이다. 어떤 경험의 그 '신적' 측면은 그 경험의 예기치 못한, 비인간적인, 비자연적인 힘(force)에 있다. 그 경험은 달리는 설명할 길이 없다. 다른 모든 선택사항이 배제되었을 때, 남는 선택사항은 우리가 볼 때 당혹스럽거나 불쾌하더라도 참이어야 한다. 그 기이함은 경험에 수반되는 시기, 힘, 올바름 혹은 신성한 느낌에 있을 수 있다. 경험의 바로 이러한 '신성'이 그 계시적 권능을 형성하는 데 도움을 준다.

런던의 세인트 폴 성당(St. Paul's Cathedral)의 전임 주임 사제이자 종교 철학자이며, 신학적으로 자칭 '모더니스트'(modernist)인 매튜스 박사(Dr. W. R. Matthews)는 정신이 나간 사람이라거나 근본주의자라는 비난을 받을 수 없을 것이다. 그는 일찍이 자신이 겪었던 그러한 경험 하나를 자세히 진술한다. 그 당시 그는 기독교 신앙의 지적 측면과 자신이 믿는 내용들에 좀더 충실하고 명확하기를 바라는 노력 틈바구니에서 씨름했다. 그는 이렇게 쓴다.

이리하여 나는 내가 일종의 하나님의 인도하심으로 여기며, 나의 실존의 진로를 바꾸어놓았던 한 사건을 접하게 된다.…그 경험은 보통의 정상적인 경험과는 달리 두드러진다. 마치 그 경험은 어떤 무시간적인 실존성을 지닌 것 같았다. 여기에 덧붙이자면, 나는 그 경험이 꿈이 아니었음을 확실하게 말한다. 그리고 내가 그 경험을 말하려 할 때, 아무 것도 말할 것이 없는 것 같기도 하다. 비록 지금은 내가 그 날짜를 정확히 알지 못하지만, 그 날은 매우 잘 기억한다. 한 여름 날이었다. 태양이 비숍스게이트(Bishopsgate)에까지 찬란함으로 흘러넘쳤다. 나는 어떤 일상적인 일로 스위스 은행의 런던 사무소에 가 있었다. 출입구에 있는 계단들을 내려와서 찬란한 햇빛 속으로 들어갔을 때, 나는 갑자기 그 태양이 내 속에 있다고 느꼈다. 물론 아주 부적절한 은유지만, 나는 그 경험을 그렇게 묘사한다. 나는 어떤 힘 혹은 성령에 사로잡혔다. 그 힘은 내게 기쁨과 평안과 용기로 가득 채워주었다. 하나님에 대해 가졌던 의심들은 지나가 버렸다. 루이스(C. S. Lewis)의 「예기치 못한 기쁨」(*Surprised by Joy*, 홍성사 역간)을 읽었을 때, 나는 그 경험의 본질을 깨달았다. 그러나 분명 차이점도 있다. 그의 계시는 하나님의 아들의 성육신에 대한 초자연적인 확신이었던 데 반해, 나의 계시는 사랑이신 창조주 하나님의 실재성에 대한 초자연적인 확신이었다. 터져 나오는 행복이 나를 휩쌌다. 나는 하나님이 실재하심과 내가 하나님의 자녀임을 알았고 느꼈다.7)

매튜스의 진술은, 그 수납자의 입장에서만큼은, 그러한 조우로부터 흘러나오는 권위의 어조를 포함한다. 그의 경우, 그것은 지적인(하나님의 실재하심에 관한) 동시에 정서적인(하나님 앞에서 그 자신의 처지에 관한) 확신이었다. 그는 알았고 또한 느꼈다. 그의 느낌은 그의 인식의 일부였다. 왜냐하면 이것이 실제로 하나의 경험이었기 때문이다. 그 경험 때문에 그는 자기 존재의 중심에서 확신을 갖게 되었으며, 성경에 대해 비평적이 되었다. 그 경험이 하나님으로부터 온 것이었다고 그는 조심스럽게 말한다. 왜냐하면 그 경험은 꿈과 같이 일상적인 것으로 설명될 수 없기 때문이었다. 그의 일상적인 은행 업무는 '보통의 정상적인 경험과는 구별되는' 것과 대조를 이룬다. 태양보다 더 일상적인 것은 없으며, 그 태양이 우리 속에 있는 것보다 더 특별한 일은 없다.

### 경험의 접근 가능성

종교적 경험의 두 번째 모습은 그 경험이 접근 가능하다는 것이다. 이 점은 매우 이상하게 들릴 것이다. 만일 그러한 경험의 본질이 그 기이함에 있다면, 그 경험은 말 그대로 흔할 수가 없기 때문이다. 또한 최고조의 종교적 경험이 논의될 때, 비상한 영적 도달은 보통 수준의 영혼으로서는 엄두조차 낼 수 없는 것임에 틀림없다. 신비의 길을 택하여 가는 자는 극소수다. 그리고 대부분의 신비주의의 목표인 합일(合一)의 경험을 보고해 주는 사람들은 여전히 더욱 극소수다. 구루(guru)나 성자(聖者)나 성녀(聖女)는 말 그대로 희귀한 존재다. 그렇지만 종교적 경험을 주장하는 사람이 드물다고 해서, 종교적 경험이 희소하다고 말할 수는 없다. 또한 많은 사람이 함께 살아가는 곳이나 집단을 이루는 곳에서는 비교적 드물게 일어나는 사건이라고 생각될 수 있을 것이다. 비록 (신들이 산다는—역자 첨가) 올림퍼스 산상의 경험이 극소수 사람들의 영역일 수는 있겠지만, 좀더 단순한 경험은 많은 사람이 접할 수 있을 것이다. 옥스퍼드 대학교의 하디(Hardy) 연구소가 시행한 종교적 경험에 대한 연구 결과는 교회에 다니는 사람이든 그렇지 않은 사람이든 살아가면서 놀랍게도 높은 회수로 그러한 사건들을 경험했음을 알려 준다.[8]

'배울 수 있는' 종교적 경험도 있으며, 최소한 잘 확립된 그리고 비교적 단순한 길들을 따라서 추구될 수 있는 종교적 경험도 있으며, 사실상 찾는 사람들 누구에게나 열려 있는 종교적 경험도 있다. 이그나티우스 로욜라(Ignatius Loyola)의 영성 훈련들은 수련할 준비를 갖춘 구도자를 믿음의 확신을 주고 삶을 변화시키는 종교적 경험으로 이끈다. 오순절 집회에 모인 사람들에게 제공되는 성령 세례는 그 세례를 받는 사람을 방언의 낯선 세계로 데려다 준다. 이러한 경험들이 대중적이 되기 위해 일상적으로 일어나야 할 필요는 없다. 모든 사람이 그런 경험을 할 수 있다 해서 (즉, 그 경험이 특별하지 않기 때문에 ─ 역주) 그 경험이 하나님으로부터 온 것일 수 없는 것은 아니다. 우리가 많은 사람의 삶에서 그 경험들을 재생할 수 있다는 사실 때문에 단 한 사람에게 임할 수 있는 그 경험들의 권능을 재단(裁斷)할 수 없다. 그럼에도 불구하고, 청하지도 않았는데 찾아오는 경험, 흔치 않게 발생하는 경험 그리고 폭넓은 집단의 사람들에게 의미심장한 내면적 중요성을 지니는 경험은 신성한 질서가 있다는 사실과 진정 순전한 계시가 발생했다는 사실을 그 수납자들만이 아닌 다른 사람들에게도 납득시킬 수 있어야 하리라는 점을 덧붙이는 것이 공정할 것이다. 그러나 종교적 경험에 대한 상당수의 주장은 인상적이다. 기독교 내에서 많은 사람이 그리고 전 세계적으로 다른 많은 사람이 초자연과의 교통을 가졌다고 그리고 지속적으로 갖는다고 주장한다. 그러한 원천들로부터 발현되었다고 주장되는 계시를 어떻게 해야 할 것인가?

### 성경에 빈번히 나타남

우리가 계시의 잠재적 원천의 하나로서 종교적 경험을 진지하게 취급해야 하는 세 번째 이유는 성경에 그 경험이 비교적 빈번하게 등장하기 때문이다. 성경을 하나님의 계시라고 일컬으려는 사람들은 그렇게 하면서 성경에 기록되고 약속된 경험에 포함된 계시적 사건을 배제해서는 안 된다. 하나님의 실재성에 대해 성경이 우리를 설득하는 방법 가운데 한 가지는 믿음의 영웅들이 살아가면서 하나님을 만났던 사건들을 기록하는 것이다. 꿈, 예언, 환상, 기적, 기도에 대한 응답, 성령의 이끄심, 방언과 다른 많은 에피소드가 언급된다. 또한 초대교회는 상당히 공정하게 말해서 그 한 가운데에 성령이 주시는 은사의 실질과 약속을 지닌 일종의 은사 공동체로 간주될 수 있을 것이다. 그리스도인의 예언에 대해 설명하면서, 바울도 계시가 주어질 수 있는 순간에 대해 말한다(고전 14:30).

### 종교적 경험의 '에큐메니컬' 성격

종교적 경험에 대한 주장들의 네 번째 매혹적이며 흥미로운 측면은 그 경험들의 '에큐메니컬'(ecumenical, 달리 마땅한 용어가 없어서 이렇게 부른다) 성격이라 불릴 수 있는 것이다. 그러한 경험들은 대개 그 경험을 겪는 자에게 가장 친숙한 전통이나 종교의 색조를 띤다. 이 사실은 가사(假死) 상태의 경험들, 방언으로 말하기, 환상 보기 등에 적용된다. 그렇지만 그 가운데서 작용하는 통합적인 요소가 한 가지 있는데, 그것은 종교적 경험이 교단과 종교의 경계를 넘어서서 그 경험에 동참한 사람들을 하나로 묶어 준다는 것이다. (그러나 때로 똑같은 경험이 사람에 따라 신성한 것으로 간주되거나 마귀적인 것으로 간주됨으로써 날카롭게 양분되기도 한다.) 결과를 볼 때 종교적 경험은 다양하지만, 그 대상을 볼 때는 하나로 통일되어 있다고 말한다. 모든 경험이 단 하나의 신성과의 조우라는 것이다. 그러한 경험들의 사실은 비교 종교학 연구와 종교 간의 상호 존중에서 중요한 가교(架橋)가 된다. 그렇게 해서 등장하는 교리적 천명들은 서로 모순될 수 있지만, 전 세계의 서로 다른 모든 경험자가 동일한 실재와 접촉할 수가 있다.[9] 조지 린드벡이 지적하듯, 종교의 '경험 중심적 표현' 차원은 "교리를 내면의 느낌, 태도 혹은 실존적 정향(orientation)의 비정보적이며 비추론적인 상징으로 해석한다."[10] 이러한 형편에서는 다른 신앙

공동체들로부터 온 이들과의 관계 형성이 훨씬 더 용이해질 수가 있다.

실로, (종교의 세련되고 지적인 구성물들에 대조되는 것으로서) 대중적인 층위에서는, 종교적 실천들과 기본적인 신앙 내용들이 전 세계적으로 어떤 유사성을 가지고 있다는 증거가 있다. 일종의 '민간 신앙'(folk religion)이 존재하는데, 그 신앙에서는 경험이 훨씬 중요하며 교리는 별로 중요하지 않다. 흔히 교리는 분열하고 경험은 하나 되게 한다고 말한다. 그렇지만, 물론 그러한 경험을 겪은 사람들이 지닌 교리에 대한 이해와, 의미심장한 경험을 대하는 교리 및 위계적 권력과 같은 문제들에 주어지는 중요도에 많은 것이 달려 있다. 어빙 추종자들(the Irvingites)의 역사를 보면, 똑같은 경험이 부분적으로는 신성한 것으로 동시에 부분적으로는 사탄적인 것으로 여겨졌다.[1]

그럼에도 불구하고, 종교적 경험을 대중화하는 사람들은 여러 일화와 증명과 증거를 통해 그 경험을 전파한다. 만일 누군가가 다른 종교 출신이라 할지라도 똑같은 증거를 한다면, 언제나 그들의 이야기도 참이라고 결론을 내릴 수 있는 가능성이 존재한다. 입으로 증거되는 것이 신적인 것의 실질성과 초자연적인 것의 계시이기 때문에, 우리는 어떤 식으론가 우리가 교류할 수 있는 초월 영역에 대한 일차적인 증거라고 생각될 수 있는 것을 갖게 된다. 즉 하나님은 실재하시며 계시는 일어난다는 것이다. 우리는 이러한 상황에서 임하는 계시가 완벽하거나 오류가 없기를 요구할 필요가 없다. 계시가 문화적 요인들의 영향을 받는다는 사실은 계시가 임할 때 찾아오는 인간이라는 통로에 무엇인가를 빚지고 있음을 시사한다. 그러나 모든 종교와 교단에서 증거되듯이, 세계의 전 영역에서 그러한 경험들의 보편적인 성격은 계시가 진지하게 취급되어야 함을 요구한다.

### 종교적 경험에 대한 거부

서구 세계에서 종교적 경험이 폭넓게 발생한다는 보고에 일반 세상의 몇몇 관찰자는 깜짝 놀랐다. 교회 참석자의 수가 감소한다는 사실은 모든 층위에서 종교가 쇠락했음을 입증한다고 가정되어 왔다. 그러나 이것이 전혀 그렇지 않을 수도 있다.[12] 동양 종교의 기교들과 뉴에이지 종교에 대한 격렬한 관심사는, 비록 기독교라는 종교가 그 형식적인 성격 때문에 그 요구에 부응하지 못하더라도, 종교에 대한 갈급증이 여전히 존재함을 보여 준다. 문제는 교회가 공동체적이며, 제도적이며, 세계의 몇몇 지역에서는 국가의 일부라는 것이다. 교회는 빈번하게 배타적인 경향이 있다. 현재의 사회적인 추세들은 개인적인 것과 인격적인 것을 강조한다. 그래서 집단에의 참여를 요구하지 않으면서도 유익한 개인적인 결과를 낳는 간단한 기교를 제공하는 종교들이 더욱 매력적일 것이다. 그럼에도 불구하고, 종교적 경험의 발생은 (기독교 신앙으로의 복귀뿐만 아니라) 초자연적인 것에 대한 신앙으로의 대대적인 복귀로 이어지지 않는다. 여기에는 몇 가지 이유가 있다.

### 종교적 경험의 주장들에 대한 일축

(어떤 일이 있었다거나 어떤 것을 경험했다는 식의) 일화를 통해 전해지는 초자연적인 것에 대한 증거와 관련하여 서구 사회에서 지적인 의견을 선도해 나가는 사람들 사이에서 일어나는 일차적인 반응은 거의 언제나 미심쩍게 의혹의 눈을 가지고 바라보는 것이다. 계몽주의를 거친 세계에서는, 어떠한 주장도 참이라고 증명되기 전까지는 참이 아닌 것으로 간주된다. 그리고 증명의 기준들도 상당히 높게 책정되어 있다. 종교적 경험에 대한 주장들은 기적에 대한 주장에 해당하는 것으로 간주된다. 그래서 그 주장에 대해 흄이 보여 주었던 경고들이 작동한다. 이성이 신앙과, 과학이 종교와 대결을 벌여 종교가 명백하게 대대적으로 패주하게 되었다는 믿음이 사실상 지성인 문화의 기본을 이룬다. 마찬가지로 대학교에서는 신학 일반의 지위가 심각한 의문의 대상이며, 특히 조직신학이 그렇다. '인지 중심의' 신학은 논박되었으며, '표현적인' 신학은 이성에 미치

지 못한다. 신학은 점성술과 같이 시대에 뒤진 믿음 체계에 비유된다. 현대 세계의 지성을 형성했던 사람들 가운데 아주 높은 영향력을 발휘하는 한 사람을 예로 들어보자. 지그문트 프로이트(Sigmund Freud)가 인간의 마음에 대한 영향력 있는 방대한 연구에 착수했을 때, [에드워드 샤프란스키(Edward Shafranske)에 따르면] 종교에 대해 의식적으로 반대하는 입장을 가지고 착수했다고 한다. "그의 동기는 정치적인 것에 대한 탐구적 교습을 넘어 서 있었다. 그는 어떤 패러다임 전환을 이룰 것을 목표로 했다.…그 전환은 과학이 문화에서 종교의 권위를 찬탈하는 것이었다."[13] 프로이트가 종교적 경험에 대해 철저하게 자연주의적인 기술을 했다는 사실은 그리 놀라운 것이 아니다.

그러므로 외계인과 접촉했다는 주장들이 일축되는 것과 같이 종교적인 경험에 대한 모든 주장은 선험적으로 일축되는 경향이 있다. 본래적으로 믿기 어려운 어떤 주장을 지지하기 위해서는 사실상 어떠한 증거로도 충분하지 않을 것이다. 또한 비행접시의 경우와 같이, 그럴듯하게 보이는 선택 사항을 부정할 수 있는 반대 증거와 반대 설명은 충분히 존재한다. 은밀하게 일어난 밀교적(密敎的) 사건, 귀신, 영, 치유, 의사(擬似)과학적 현상, 마술, 초능력 같은 것과 연관된 주장들은 초자연적인 것에 대한 모든 주장을 의심할 수 있을 만큼 아주 많은 사기(詐欺)와 심지어 [예를 들면, 존스타운 재난(Jonestown disaster, 집단 자살을 했던 천국의 문 신도들의 일을 가리킨다—역주)과 같은] 죽음을 몰고 온 일들이 따랐다. 더욱이 개인적인 경험에 따르는 확실성의 반대는 스스로를 속이는 자기기만의 성향이다. 종교적 경험의 전통은 터무니없을 만큼 괴상하고, 자기만족에나 기여하는 시시한 이야기로 가득 차 있다. 그런 이야기들 가운데 상당수는 관련 있는 신의 명예에 전혀 도움이 되지 않는다. 마지막으로, 경험에 근거해서 이루어지는 주장들은 자가당착적이다. 그 주장들은 서로 배타적이며, 적대적인 사고 체계를 지지하기 때문에, 진리의 하나님에 대한 증거로 받아들여질 수가 없다.

그러므로 종교적 경험에 대한 주장들이 빈번히 이루어지고 그러한 주장을 하는 사람들 가운데 몇몇은 지식인이고 그들의 순수성을 인정할 수 있더라도, 주된 경향은 그에 대한 대안적이며 환원적인 설명을 제공하는 것이다. 물론 아주 흔히 최면 상태, 사춘기의 번민 혹은 정신 질환 상태 등과 같은 심리학적 설명이 제공되기도 한다. 그러나 사회적 문화적 기대는 또 하나의 합리화를 제공한다. 따라서 귀신들림이 어떤 문화에서는 경험되지만, 다른 문화에서는 나타나지 않는다는 사실은 그 현상을 진짜로 여기기 힘들게 만든다. 혹은 또 다르게 접근해서, 그 경험을 한 사람에게 그 경험이 초자연적인 것으로 인식되도록 만들었다는 바로 그 기이함은 단순히 그 경험자의 무지나 무경험에 대한 증거로 받아들여질 수도 있다. 그러므로 예를 들어 방언을 하는 당사자에게는 아주 중요한 것이겠지만, 그러한 방언으로 말하기가 다른 종교에서와 전혀 종교를 갖지 않았다고 말하는 사람에게서도 나타난다는 사실을 아는 사람들에게는 그다지 중요하지 않을 수 있다. 마찬가지로, 예견(豫見)과 같이 매우 드물기는 하지만 자연적인 몇몇 인간 경험은 아무런 초자연적 함의를 지니지 않는다고 주장될 수도 있다.

### 회의적 태도에 대한 응수

캐롤린 프랭크스 데이비스(Caroline Franks Davis)는 그녀의 책 「종교 경험의 증거력」(*The Evidential Force of Religious Experience*)에서 이러한 제안 중 몇 가지에 대해, 특히 심리학적인 설명들에 대해 꼼꼼한 비판을 가했다. 말할 필요 없이, 어떤 종류의 마약을 사용하면 종교적인 유형에 해당하는 경험이 일어날 수 있다는 증거가 있다. 말할 필요 없이, 어떤 종류의 경험과 한 사람의 개성, 인생의 단계, 내면 상태와 같은 요소 사이에는 관계가 있다. 따라서 매튜스와 같이 지적이면서도 예민했던 청년이 일종의 회심의 경험에 해당하는 일을 겪었다는 것, 특히 그가 그 당시 자신의 인생에서의 어떤 이전의 긴장에 대한 증거를 제공한다는 것은 전혀 놀라운 일이 아니다. 그러나 마찬가지로 중요한 반대 증거가 있다. 예를 들어, 그러한 경험들을 보고하는 많은 사람이 정신적으로 균형 잡히지 않다거나 불안정하다는 암시는 전혀 없다. 실로 그들은 심리적으로 건강하다. 십대의 회심과 관련해서 통계상의 어떤 정상 상태가 있을 수는 있겠지만, 많은 경우 이 패턴에 전혀 들어맞지 않는다. 그러나 그 설명들이 지닌 큰 문제점은 환원적이라는 데 있다. 그 설명들은 사실 '설명하지' 않는다. 하나의 경험의 출발점을 추적한다고 해서 그 경험에 관련된 사람들에게 그것이 일종의 계시의 수단이었다는 점이 일축될 수 있는 것은 아니다. 마찬가지로, 경험들이 너무나 희귀하기 때문에 자연주의적인 설명을 받아들이는 것이 더 낫다는 식의 불평은 편파적인 것이다. 그러한 경험들의 요점이 바로 그 경험들의 상대적인 희소성에 있기 때문이다.

간단히 말해서 종교적 경험에 대한 세상의 비판은 많은 관찰 사항이 참이긴 하지만, 여전히 이러한 종류의 경험이 하나님의 계시로 와닿지 못하게 만들 만큼 설명하지는 못한다. 부정적인 입장을 입증하기 위해, 즉 진정한 종교적 경험의 실례란 전혀 없다는 점을 입증하기 위해 노력하면서 세속이 행한 종교 비판은 지나치게 나갔으며, 그 접근법에서 마땅치 못한 편견을 드러냈다. 또한 그 비판은 종교적 경험을 가졌다며 자신이 받은 경험에 대한 해석의 필요성을 주장하는 사람들에게 전혀 도움을 주지 못한다. 세속적인 의식 상태는 철저하게 무책임하며 교조적이다. 그래서 그 결과 중 하나는 그 의식 상태가 두려워하는 미신의 기회가 사실상 더 증가한다는 것이다.

실로 경험을 통한 종교적 인식에 대한 주장이 좀더 존중받게 될 새로운 지성적 분위기가 서서히 부상하는 것 같다. 이 분위기는 앞서 언급했던 철학 저작들과 신학에 대한 경험주의적인 공격이 완화되어가며 좀더 관용적으로 등장한다는 점에 반영되어 있다. 마법 현상에 대한 역사 연구에서도 그러한 분위기를 볼 수 있다. 그 연구에서 다른 모든 것을 거부하는 듯한 합리주의가 사회 인류학으로부터 등장하는 좀더 사려 깊고 이해심 깊은 접근방법에 자리를 내준다.[14] 그러나 모든 것에 대한 관용의 무드는 새로운 지적 사회적 위험을 낳게 마련이다. 그 위험이란, 모든 종교적인 경험에 대한 근거 없는 배격이 아니라 그 모든 것에 대한 무차별적인 수용을 말한다. 하나님의 계시로서의 복음은 이 두 문제점을 다룬다. 복음은 모든 경험을 다 인정하지 않지만, 종교적인 경험이 대표하는 개념은 인정한다. 복음은 중추적인 중요성을 여전히 지닌다.

그러므로 이제 우리가 돌아봐야 할 것은 복음에 대한 성경의 제시다. 다시 한 번 그 논의를 안내해 갈 네 가지 변수를 지적하고자 한다. 그것들은 하나님의 은혜, 인류의 죄악성, 그리스도의 유일성 및 계시의 '인간성'(humanity of revelation)이다. 이상의 원칙들은 복음 자체로부터 나오는 것이다. 이 원칙들을 거부하는 것은 복음의 진리가 받아들여졌던 그 시점 너머로 복귀하겠다는 것이다. 이 원칙들을 사용한다면, 성경적인 복음을 가지고 종교적 경험에 대해 풍성한 결실을 맺을 수 있을 것이다.

### 복음과 종교적 경험

#### 복음이 가지는 해석상의 우선성

성경은 많은 종교적 경험을 기술한다. 심지어 성경은 종교적 경험을 격려한다. 성경이 하나님에 대한 본유적인 인식을 가정한다는 증거가 있다(앞의 제5장을 보라). 그러나 성경에서 경험은 하나님의 말씀에 대해 이차적이다. 오직 그럴 때만 복음의 은혜가 확립될 수 있다. 경험이 말씀에 의해 형성되고 검증되는 것이지, 그 반대는 아니다. 이것이 핵심이다. 하나님의 말씀의 우선성은 유지되어야 한다. 말씀은 우리로 하여금 경험들을 차별할 수 있게 만들어 주며, 유익하고 하나님의 영광에 기여하는 경험들을 격려해 줄 수 있다. 왜냐하면 모든 경험이 다 유익하거나 선한 원천으로부터 오는 것은 아니기 때문이다.

이것이 구약 성경의 위대한 교훈 가운데 하나다. 이스라엘의 종교는 하나님이 직접 주신 대단히 강력한 의식을 포함했다. 그러나 하나님은 예언자들을 통해 그러한 종교에서 일어나는 하나님에 대한 경험을 진리와 혼동하는 위험에 대해 백성들에게 경고하셨다. "나는 인애를 원하고 제사를 원하지 아니하며 번제보다 하나님을 아는 것을 원하노라"(호 6:6). 이적과 기사를 행할 수 있는 예언자라도 하나님의 말씀에 반대되게 가르쳤다면 멀리해야 했다. "너는 그 선지자나 꿈꾸는 자의 말을 청종하지 말라"(신 13:3). 마찬가지로, 예수께서는 하나님과 사람들 앞에서 자신의 진실성을 입증하는 것으로 간주될 수 있는 권능의 표적을 지닌 사역자들에게 다음과 같이 단도직입적으로 말씀하셨다. "나더러 '주여 주여' 하는 자마다 천국에 다 들어갈 것이 아니요 다만 하늘에 계신 내 아버지의 뜻대로 행하는 자라야 들어가리라. 그 날에 많은 사람이 나더러 이르되 '주여 주여 우리가 주의 이름으로 선지자 노릇하며, 주의 이름으로 귀신을 쫓아내며, 주의 이름으로 많은 권능을 행하지 아니하였나이까' 하리니, 그 때에 내가 그들에게 밝히 말하되 '내가 너희를 도무지 알지 못하니 불법을 행하는 자들아 내게서 떠나가라' 하리라"(마 7:21-23). 주목할 것은 죄 있다고 판결을 받은 사람들은 단순히 영적인 경험을 한 사람들이 아니라 그와 같은 경험의 상대적인 의의에 대해 아무런 의심을 갖지 않도록 그 경험을 처리했던 사람들이라는 점이다.

누가복음에 있는 두 개의 중요한 단락에서도 정확히 동일한 우선 순위를 찾을 수 있다. 첫 번째 구절을 보면, 제자들의 커다란 경험들이 인정받는다는 점은 의심의 여지가 없다. "칠십 인이 기뻐하며 돌아와 이로되 '주여 주의 이름이면 귀신들도 우리에게 항복하더이다.' 예수께서 이르시되 '사탄이 하늘로부터 번개 같이 떨어지는 것을 내가 보았노라. 내가 너희에게 뱀과 전갈을 밟으며, 원수의 모든 능력을 제어할 권능을 주었으니, 너희를 해칠 자가 결코 없으리라. 그러나 귀신들이 너희에게 항복하는 것으로 기뻐하지 말고 너희 이름이 하늘에 기록된 것으로 기뻐하라' 하시니라"(눅 10:17-20).

이 말씀에서, 예수께서는 제자들의 강력한 역사가 아니라 그들의 구원에 강조점을 두신다. 그들의 초점이 땅에서의 경험이 아니라 하늘에 있는 책에 고정되어야 한다는 것이다. 이는 아마도 그 경험이 크게 오도할 수 있기 때문일 것이다. 우리가 이미 주목했듯이, 경험의 핵심적인 특성 가운데 하나는 개인의 생활에서 지니는 권위다. 그 당사자가 이해하는 대로의 경험에 거슬러 말한다는 것은 너무나도 힘든 일이다. 예수께서는 실질의 이름으로(in the name of reality) 경험에 도전하신다.

부자와 나사로의 비유를 보면, 똑같은 점이 쟁점이 된다(눅 16:19-31). 자신이 부활해서 형제들에게 간다면, 그들을 향해 쌓여 있는 진노에 대해 경고할 것이라고 제안하면서 부활의 기적을 바라는 부자의 열정적인 요청은 하나님의 말씀을 선택하면서 거절된다. "모세와 선지자들에게 듣지 아니하면 비록 죽은 자 가운데서 살아나는 자가 있을지라도 권함을 받지 아니하리라"(눅 16:31).

경험에 대한 말씀의 우선성은 바울 신학에서도 명백히 나타난다. 자신이 복음을 전했던 대상이 한쪽에서는 지혜를 그리고 다른 한쪽에서는 표적을 원했다는 것이 바울의 직접적인 경험이었다. 그는 기적을 일으키시는 하나님의 권능에 대해서도(갈 3:5), 헬라인의 지혜에 대해서도(행 17:28) 친숙한 사람이었다. 그러나 그는 기억에 남을 만하게 그것들(심지어 세례까지도)을 복음과 대비했다. "유대인은 표적을 구하고 헬라인은 지혜를 찾으나 우리는 십자가에 못박힌 그리스도를 전하니, 유대인에게는 거리끼는 것이요 이방인에게는 미련한 것이로되"(고전 1:22-23). 은혜의 복음이 영적인 경험이나 지적인 경험 모두의 척도가 되어야 했다. 경험이 복음의 척도가 되어서는 안 되었던 것이다(고전 12:1-2; 참고. 갈 1:8). 고린도전서의 또 다른 부분에서도 동일한 요점이 중심을 이룬다. 거기에서 다시금 바울은 방언과 예언과 같은 은사의 형태를 취하는 종교적 경험을 면밀하게 다룬다. 자신이 그 은사들을 행하는 데 참여했기에 그 일에 가담하던 사람들에게 큰 권위로 말할 수 있었고 예언하는 일을 계시에 근거한 것으로 확인하지만(14:30), 바울은 이 모든 현상을 매우 확고하게 기존의 '공적인' 하나님의 말씀의 통제 아래 두었다. "만일 누구든지 자기를 선지자나 혹은 신령한 자로 생각하거든 내가 너희에게 편지하는 이 글이 주의 명령인 줄 알라. 만일 누구든지 알지 못하면 그는 알지 못한 자니라(영어 성경은, "만일 이 말을 무시하면 그 사람 자신이 무시를 당할 것이다"로 되어 있다—역주)"(고전 14:37-38).

바울이 영적인 고양(高揚) 상태에 대해 전혀 문외한이 아니었다는 사실은 강조할 만한 가치가 있다. 그의 비판들은 무지나 시샘에서 나온 것이 아니었다. 고린도후서에 있는 주목할 만한 대목에서, 그는 자신이 낙원에 들어가서 "말로 표현할 수 없는…사람이 가히 이르지 못할 말"(고후 12:4)을 들었던 영적 경험의 주인공이었음을 밝힌다. 그러나 그가 이 경험을 상당히 주저하면서 그리고 자신이 주목받기보다는 그리스도가 주목을 받게 하면서 언급하는 게 분명하다(12:9). 바울은 또한 기적의 형태를 띤 종교적 경험 가운데 마귀의 세력에 의해서 불러 일으켜지며, 속이는 능력을 가진 것들이 있음을 의식한다(살후 1:9-10). 실제로, 바울은 사람들에게 하나님에 대한 구원의 지식을 가져다주는 능력을 그의 시대의 종교들이 지녔다고 보지 않았다. 바울이 볼 때, 우상 숭배는 귀신들을 예배하는 것이었다(고전 10:20). 따라서 예수와 구약 성경처럼, 바울은 종교적 경험들을 그리고 실로 모든 종교를 그리스도를 중심으로 했던 하나님의 말씀에 확실하게 복속했다.

16세기 종교개혁자들이 성경에 할당했던 역할에 비추어볼 때, 그 시대에 우선 순위에 대해 커다란 충돌이 벌어졌음이 확실하다. 중세 교회는 최소한 하나의 가능성으로서, 그리스도와 성자들의 이름으로 이루어지는 기적들에 대해 아무런 신학적인 장벽을 만들지 않았다. 또한 당시에 거짓된 주장들과 마귀적인 활동에 대한 자각도 있었다. 그러나 칼뱅과 같은 종교개혁 사상가들은 불에 대해 불로 맞서지 않았다. 그 사상가들은 마귀적인 표적들과 기사들의 가능성을 받아들였지만, 당시의 세계에서 하나님이 기적적으로 활동하신다는 생각은 거부했다. 물론 성경에 있는 기적들에 대해서나, 하나님이 그렇게 하시고자 한다면 지금도 기적을 일으키실 수 있다는 점에 대해서는 전혀 의심하지 않았다. 그러나 성경의 특히 신약 성경의 기적들의 계시적 기능을 관찰하면서 개혁주의 신학자들은 기적이 중단되었다는 견해에 도달했다.[15]

그렇게 하면서도, 그들은 하나님을 하나님의 세계로부터 추방하지는 않았다. 하나님의 주권에 대한 그들의 가르침은 그 점에 대해 너무나도 강렬했다. 칼뱅과 그의 추종자들은 세계에서의 하나님의 능동적인 권능을 의식했다. 하나님은 기도에 응답하셨으며, 일상생활의 세세한 것까지도 정하셨다. 하나님은 질병을 치료하셨으며 특별한 사건들을 감독하셨다. 그러나 이 모든 것은 기적에 해당하지 않는다. 이러한 활동은 초자연적이라기보다는 '섭리적'이라고 말하는 것이 더 좋다. 그들은 세계에서의 초자연적인 개입의 가능성을 전적으로 부인하지는 않았다. 그러나 그러한 개입들은 사람이 보기에 유익한 목적을 향해 있는 것 같더라도 마귀적이었다. 신자는 하나님이나 성자들의 기적적인 개입을 추구하기보다 하나님의 섭리의 손길 아래서 살기를 추구하도록 격려되었다. 확실히 하나님 자신과의 근본적인 관계 이외에는 어떠한 영적인 관계에 들어가서는 안 되었다. 이렇게 해서 창조 세계가 매우 명확하게 영향력 있는 한 영역으로 들어오게 되었으며, 다른 기이한 것들은 악에 속하게 되었다. 그 가르침은 몇몇 사람이 생각했듯이 스토아주의와 유사하다고도 할 수 있을 것이다. 비록 스토아주의는 본질적으로 범신론적이었다는 점을 기억하는 것이 좋지만 말이다. 그러나 결정적인 차이점을 만든 것은 복음이었다. 좋은 경험이었든 나쁜 경험이었든, 삶의 경험들은 모두 복음을 통해 해석될 수 있었다. 그것은 큰 능력을 가지고 하나님이 주권적이실 뿐만 아니라 아버지가 되시기도 한다는 점을 가르쳐 주었다. 다시 말해서, 종교개혁의 가르침은 경험에 대한 복음의 우선성을 능력 있게 주장했다. 그러나 세속주의와 달리, 종교개혁의 가르침은 경험의 실상을 부인하지 않았다.

그 대신에 그 가르침은 상당히 의미심장한 방식으로 그 경험의 실상을 재해석했다. 현실에 대한 주술적인 설명들의 몰락은 자연에 대한 신학에 있는 이 성경적인 가르침을 적용한 덕이 크다. 그러나 17세기에 나온 두 가지 점은 그러한 자연에 대한 신학이 그다지 만족스럽지 못한 방향으로 발전될 수도 있다는 경각심을 우리에게 일깨워 준다.

첫 번째 예로, 올리버 크롬웰(Oliver Cromwell)의 학교 스승이었던 토마스 베어드(Thomas Beard)는 「하나님의 심판의 극장」(*The Theatre of God's Judgments*, 1597)이라는 대중적인 종교 서적을 썼다. 그 책에서 그는 세상에서의 하나님의 섭리의 작용을 예시하기 위해 여러 일화를 엮어 놓았다. 그는 어떻게 하나님이 선한 자에게 복을 주시며, 안식일을 범하고 가톨릭을 신봉하는 일과 같은 범죄를 저지름으로써 자신에게 불순종했던 사람들을 저주하셨는지에 대한 이야기들을 골라내는 예리한 안목을 지녔다. 그러나 복음의 눈을 통해 역사를 해석하려는 시도로 시작되었을 수 있는 것이 곧 역사를 하나님 마음의 독립적인 표현으로 보게 만들었다. 간단히 말해서, 베어드가 해석한 역사는 계시의 자리가 되었다. 그 견해는 그의 학생(크롬웰을 말함—역주)에게서도 발견되었다. 그리하여 크롬웰은 성경과 나란히 또 하나의 계시의 원천을 규정하는 식으로, 사건들을 해석하고 그 사건들로부터 하나님의 생각에 대한 결론들을 도출해 냈던 것이다.

두 번째 예는 종교적 스펙트럼의 반대편에 등장하는 것 같다. 그러나 성경에 관한 한 마찬가지의 결과에 도달했다. 존 로크(John Locke)는 기적을 인정하지 않는 개신교의 입장을 많은 사람이 개신교의 논리적 결론으로 간주할 것이라고 여겼다. 이와 같은 표준적인 개신교 입장을 비판하면서, 로크는 회심에서의 성령의 특별한 조명의 역사가 일종의 기적에 해당하기 때문에, 개신교 사상에서 설명되는 회심에서의 성령의 역사에 대한 진술은 올바르다고 말할 수 없다고 선언했다. 그는 한 사람의 그리스도인이 되는 문제를 전적으로 자연적인 현상으로 축소했다. 이 견해는 펠라기우스주의와 잘 어울렸으며, 당연히 이신론(deism)과도 잘 어울렸다. 이렇게 해서 하나님의 주권에 대한 개신교의 강조는 표준적인 서술이 되어가던 뉴턴적인(Newtonian) 기계적 우주에 맞추어졌다. 이러한 일은 하나님의 은혜와 성령의 역사에 대한 성경의 가르침을 희생해 가면서 이루어졌다. 그 두 발전에 대해서는 적당한 때에 좀더 면밀하게 재검토할 것이다(제10장과 제11장을 보라).[16]

회의론은 지혜롭지 못하게 모든 종교적 경험의 의의와 가능성조차도 부인한다. 그러나 마찬가지로 회의론을 강화하는 광범위한 종교적 경신성과 미신이 존재하는 것이 사실이다. 나는 이미 성경에 근거해서 종교개혁자들이 행한 차별에 대해 언급했다. 그들이 모든 종교적 경험을 부인하거나 인정한 것은 아니었다. 이 영역에서의 그들의 지혜는 이 장 끝 부분에 가서 언급될 자연에 대한 신학에 관한 결실 있는 새로운 태도에 기여했다. 하나님의 말씀의 우선성을 강조하면서, 그들은 하나님의 주권을 선포했다. 바로 이 점에 대해 이제 살펴보자.

### 하나님의 주권과 종교적 경험

이미 살펴보았듯이, 성경은 종교적 경험으로 여겨지는 자료로 가득 차 있다. 물론 그 이야기 가운데 몇 가지는 고전적인 지위를 획득했다. 불붙은 가시떨기 나무 앞에 선 모세, 갈멜 산에서의 엘리야, 성전에서의 이사야, 변화산상에서의 제자들의 이야기가 즉시 떠오른다. 그러나 기적들, 기도에 대한 응답, 꿈과 환상들, 예언과 천상적 존재들 및 하나님과의 대면 등의 다른 많은 예가 있다. 성경의 하나님의 생명과 그 백성들의 삶은 많은 지점에서 교차한다. 그리고 성경이 하나님을 가까이 계시며 강력하게 개입하시는 분으로 묘사하는 것은 말할 나위가 없다. 그러나 동시에 성경이 종교적 경험에 대한 이야기들 이외에 다른 많은 것을 포함한다는 점을 관찰하는 게 좋을 것이다. 진실로, 성경은 개념과 기교를 우리에게 소개하기 위해 기록된 그와 같은 사건들의 핸드북이 아니라, 그 초점이 되는 하나님의 백성들에게 구원의 이야기를 전달해 주는 책이다. 성경의 기적은 그 면면마다 무차별하게 산재해 있는 것이 아니라 어떤 중요한 사건들을 중심으로 모여 있다.

더욱이 종교적인 경험에 대한 성경의 예들은 의도적으로 그 성격상 계시적인 경향을 띤다. 확실히 그 예들은 동일하게 다른 효과도 낳는다. 그 백성의 대적들이 패주하며, 질병이 치유되며, 기도가 응답되는 효과들이 있다. 그러나 각 경우마다, 심지어 치유가 포함되는 경우라도, 그 바라는 주요 목적은 백성들을 하나님께로, 그분의 길과 말씀으로 이끌려는 것이다. 이러한 점은 이미 언급했듯이 모세, 엘리야, 이사야, 제자들에게 그대로 해당된다. 예수의 치유 활동에도 마찬가지다. 그 활동에는 분명 불쌍히 여기는 동정이 포함되어 있었지만, 무엇보다도 그분이 이스라엘의 소망을 성취한 자였음을 보여 주기 위한 것이었다.

성경은 또한 종교적 경험에 대한 회의적인 해석들이 핵심을 벗어났음을 보여 준다. 흔히 환원주의적 비평가들은 기독교적 신관과 세계관이 이신론적이어서, 하나님은 꼭 필요한 경우에만 개입하실 뿐 세계가 기계적으로 돌아가도록 허용하신다고 가정하는 것 같다. 성경적인 견해는 주권적인 주님에 대해 말한다. 그분은 "그의 능력의 말씀으로 만물을 붙드시는"(히 1:3) 하나님이다. 아무리 사소한 일이라 할지라도, 하나님이 없이는 아무 것도 일어나지 않는다. 우리가 어떤 기적이나 종교적 경험의 기이함에 대해 말할 때, 그 기이함은 하나님이 전에는 그렇게 하지 않던 자리에 자신을 개입하셨기 때문에 느껴지는 것이 아니다. 그리고 꼭 하나님이 어떤 새롭고 알려지지 않은 방법을 사용하셨기 때문도 아니다. 하나님의 역사에서 어떤 것들은 어떠한 층위에서도 우리 인간의 이해를 영원히 넘어설 것이다. 그러나 사건들의 일상적인 과정 가운데서 하나님이 목적을 달성하기 위해 구름으로부터 비를 내리시고 태양으로부터 온기를 보내시면서 창조 세계를 사용하시듯이, 우리가 종교적인 경험이라 일컫는 사건들에서도 우리는 종종 하나님의 길들을 추적할 수 있으며, 그것이 하나님이 자신의 목적을 달성하기 위해 사용하신 것임을 볼 수 있다. 놀라움을 주는 요소는 그 시기일 수도 있고, 특별한 일이 벌어졌다는 사실일 수도 있다. 이러한 성격을 지닌 경험은 그 경험의 구성 요소로 '환원된' 다음에 일축되어 버릴 수 없는 것이다.

이러한 요점들은, 예를 들어 회심을 가지고 설명할 수 있을 것이다. 회심한 사람들은 그 일을 분명 일종의 종교적 경험으로 여길 것이며, 그 궁극적인 작인을 하나님께 돌릴 것이다. 좀더 깊은 신학적 이해는 그 일을 하나님의 선택과 그분의 부르심을 통해 이루어진 하나님의 은혜의 덕분으로 돌릴 수 있을 것이다. 그러나 어떤 면에서도 이 말은 우리가 이 일에서 인간적 요소들을 볼 수 없으며, 어떻게 그 요소들이 그러한 결과를 달성하도록 작용했는지 이해할 수 없다는 뜻이 결코 아니다. 대부분의 회심은 사춘기 때 일어나는가? 사춘기의 개방성을 가정한다면 그리고 그 때가 결혼과 직업과 여타의 헌신에 대한 커다란 결정들을 내려야 할 적기임을 감안한다면, 하나님이 그렇게 맞추어 놓으셨다고 말할 수 있을 것이다. 하나님은 회심의 주요 수단으로서 복음 선포를 지정하셨고, 이 일을 사람들에게 맡기셨기 때문에, 우리는 하나님의 종들의 혼신의 노력에 대한 사용과 듣고 응답하는 사람들의 응답의 메커니즘들이 세상에 대한 하나님의 다스림과 전혀 불일치하지 않는다는 것을 알아야 한다. 회심의 순간은 심리학자의 분석에 대해 열려 있으며, 흥미로운 관찰 결과들을 낳을 것이다. 그러나 심리학자가 되었건 회심자가 되었건, 회심의 발생에서 어떤 구체적인 '하나님 요소'를 발견하지는 못할 것이다. 왜냐하면 하나님의 통제하시는 손길 아래에 전인격과 전체 경험이 다 놓여 있기 때문이다.

하나님의 주권을 고려함으로써, 우리는 종교적 경험 일반에 대한 차별적인 진술을 채택할 수 있게 된다. 한편으로, 우리는 그들이 가진 자연주의적인 철학 때문에 그러한 종교적 경험에 대한 주장들을 기만이라거나 오해로 치부해 버리는 사람들을 따를 필요가 없다. 그와 반대로, 성경은 세계가 영적인 권세들로 가득 차 있으며 인간들이 그 영적인 세력들과 접촉할 수 있는 실질적인 기회가 있음을 우리에게 보여 준다. 다른 한편으로, 우리의 자연에 대한 신학은 하나님이 습관적으로 그 자체의 본성에 맞게 창조 질서 자체를 자신의 목적들을 성취하는 데 사용하신다는 사실을 밝혀 준다. 하나님의 일하심에는 방법의 경제가 있다. 그래서 우리는 어떤 각별한 발생을 비상한 것으로 여길 수도 있지만, 그 발생이 하나님이 별다르게 행하신 경우가 꼭 아닐 수 있다. 비상한 점은 단순히 시기일 수도 있으며, 그 사건이 의미 있는지 아닌지를 결정해 주는, 사건 발생의 정황에 의해서 그 사건에 부여되는 해석일 수도 있다.

　이러한 사실들을 확인한다면, 두 가지 점에서 자유를 얻게 된다. 첫째, 우리는 자신의 종교적인 경험에 대해 우리에게 전해 주는 사람들의 신실성을 의심하는 일로부터 자유로울 수 있다. 속임수나 자기기만이 여전히 흔한 일이지만, 그러한 일이 일어나는 모든 것을 완전히 해명해 주지는 못한다. 세속주의자는 자신이 거부하는 입장을 증명할 수 있어야 하지만, 그 일은 불가능하다. 그러나 두 번째로, 우리는 모든 기이한 사건을 기적이라고 경솔하게 받아들이는 일로부터 자유로울 수 있다. 세상에는 냉소적인 사람들이 인정할 수 있는 정도보다는 훨씬 더 많은 기이한 사건이 있다. 그러나 이러한 사건들은 신자들이 받아들일 수 있는 정도보다는 더욱 더 '자연적'이다. 예를 들어, 예견과 같은 것을 불가능한 것으로 간주할 필요가 전혀 없다. 만일 그렇게 해야 한다면, 하나님은 장래를 예고하는 꿈을 분명하게 허락하실 수 있다. 그러나 예견하는 일이 단지 지극히 드물다고 해서 예견하는 일마다 하나님의 특별한 계시라고 결론을 내려서는 안 될 것이다. 그러한 현상들이 종교적인 정황과 비종교적인 정황에서 모두 발생한다는 증거가 있다. 요점은 그러한 경험이 일어날 수도 있다는 것이 아니라, 어떤 의미에서 (별 도움이 되지 않는 용어를 쓰자면) '초자연적'이 아니라 '자연적'이라는 것이다. 문제는 그 사건이 하나님의 계획 가운데서 의의를 지니느냐의 여부다. 그 점에 대답하기 위해서는 다시금 성경과 복음으로 되돌아가야 할 것이다.

**경험의 의의**

우리가 종교적인 경험에 대해 복음이 제공하는 우선 순위를 그 경험에 부여한다면, 종교적 경험의 실재성을 부인하지 않을 것이며 종교적 경험을 무차별하게 받아들이지도 않을 것이다. 그렇지만 종교적인 경험에 대해 할 말이 더 있을까? 세 가지 점을 지적할 수 있을 것이다.

**하나님에 대한 경험은 필수불가결하다**

첫째, 복음적인 사고방식에서, 경험은 필수불가결한 것이다. 복음이 우선성을 갖는다고 말하는 것과 우리에게 경험이 필요하지 않다고 말하는 것은 전혀 별개다. 왜냐하면 복음 자체가 하나님과의 평화의 경험을 가져다주기 때문이다. 복음으로부터 우리는 회개와 믿음에 대해 배운다. 복음으로부터 우리는 하나님을 사랑하는 법과 섬기는 법을 배운다. 복음으로부터 우리는 기도에 대해서와 하나님의 약속들을 신뢰하는 법을 배운다. 예를 들어, 시편은 하나님의 백성들의 경험들을 모아 놓은 비할 데 없는 보고(寶庫)다. 그리고 시편은 그들의 우선적인 경험에 참여해 보라고 우리를 초청한다. 현재 우리의 교회에서 죽어가며 정죄되는 것이 바로 하나님에 대한 일차적인 경험이다. 우리의 교회에서는 그 경험이 결여되어 있다. 회심하지 않은 '그리스도인들'이 하나님의 일하심에 대한 가장 큰 장애물 가운데 하나를 구성한다. 회심하지 않은 목회자들이 교회로부터 하나님에 대한 참된 인식을 몰아낸다. 하나님의 백성이 자신의 삶에서 힘입는 하나님의 도우심을 증거할 능력이 없을 때, 복음에 대한 그들의 이해의 실질에 대해 의문이 일지 않을 수 없다. 모든 그리스도인은 자신이 성경에 의해 훈련된 감수성과 하나님이 행하신 일에 대한 기억을 결여하지 않는 한, 하나님의 신실하심과 가까이 계심에 대해 말할 수 있다.

이 점에 대한 한 가지 실례는 확신에 대한 그리스도인의 경험으로부터 온다. 하나님의 용서하심과 받아주심에 대해 확신한다는 것은 복음의 위대한 축복 가운데 하나다. 그 확신의 근본적인 토대는 언제나 반드시 예수 그리스도 안에서 세상을 자신과 화목하게 하시면서 하나님이 우리를 위해 행하신 일이다. 그 일은 복음 가운데서 우리에게 약속된 것이며, 성령에 의해 우리 마음에 인장처럼 찍힌 사실이다. 의심과 걱정의 때마다, 우리가 되돌아가서 의지하는 것은 바로 복음이다. 우리가 자신의 의로움에 대해 정당하게 의심이 들 때, 복음 이외에는 달리 갈 곳이 없다. 그러나 그것이 전체 그림은 아니다. 예를 들어 요한일서에 따르면, 우리는 자신의 삶을 점검하여 그 삶이 우리 안에서 일하시는 하나님의 역사를 확증해 줄 수 있는지, 그래서 우리를 위해서 행하시는 하나님의 역사가 결코 헛되지 않는지를 재확인할 수 있으며 확인해야 한다. "우리가 형제를 사랑함으로 사망에서 옮겨 생명으로 들어간 줄을 알거니와"(요일 3:14). 요한일서는 참된 가르침의 쇠퇴를 지적하기 위해 쓰였다. 그리고 그러한 쇠퇴는 도덕적 타락과 교리적 오류를 초래한다.

경험은 복음의 필수적인 부수물이다. 그러나 경험은 여러 가지 방식으로 이루어진다. 모든 사람이 회심할 필요가 있다고 말하는 것은 회개와 믿음이 그리스도를 붙드는 데 필수적이라는 사실을 확인하는 말과 마찬가지다. 그러나 회심의 방식과 시기는 사람마다 당연히 크게 다르다. 어떤 사람에게는 회개가 복음의 성례전들(즉, 세례 및 성찬)과 연결될 수 있다. 다른 사람들에게는 하나님을 향해 회개했던 기억이 전혀 없을 수도 있다. 또 다른 사람들의 경우, 오랫동안 복음을 거부해 왔다가 임종의 순간에 회심을 경험할 수도 있다. 어떤 사람들은 다른 신을 섬길 수도 있다. 인간의 경험이 매우 다양하기 때문에, 이상의 유형과 그 이상의 것들이 모두 가능하다. 진실로 바로 그러한 이유 때문에 우리가 경험 자체를 진리의 원천과 척도로 사용할 수 없는 것이다. 진리가 경험을 결정해야 한다. 물론 경험이 진리를 조명하고 지지할 수 있음이 사실이지만 말이다.

(이러한 문제들에 대해서는 제11장에서 좀더 논의하게 될 것이다.)

### 일반 계시는 하나님에 대한 경험들을 포함한다

그러나 둘째로, 우리는 유일하게 진정한 하나님 경험이 명백한 복음에 연결된다고 결론을 내릴 필요는 없다. 우리가 앞 장에서 개관한 (그것으로부터 어떤 진리들이 도출되어야 하는) 하나님의 일반 계시가 존재한다는 견해를 받아들인다면, 일반 계시를 자연 세계에만 국한할 필요가 없다. 사울 왕은 엔돌의 영매를 통해 사무엘을 불러올 수 있었다(삼상 16장). 발람은 이스라엘을 저주하러 가는 중에 한 천사와 맞닥뜨렸다(민 22:21 이하). 가야바는 그것이 계시인 줄 모른 채 예언했다(요 11:49-53). 고넬료는 복음 선포에로 그리고 자신을 구원으로 이끌어 줄 환상을 보았다(행 10:1-8). 하나님은 주권적이시다. 그래서 하나님은 섭리로 원하시는 바를 원하시는 곳에서 주신다. 실질적인 어떤 의미에서, 하나님 자신이 복음 전도자이시다. 그리고 물론 사람들이 복음에 의해 건짐을 받은 것이 사실이지만, 뜻하지 않은 경험을 하고서 기독교 신앙을 찾게 되었다는 증거가 풍성하다. 물론 우리는 여기에, 신약 성경에 따르면 하나님으로부터 오지 않은 종교적인 경험이 있으며, 그러한 경험에서 사람들이 마귀의 세계에 접하게 된다는 점을 덧붙일 필요가 있을 것이다. 이러한 경험을 하는 것도, 경험의 영역에 존재할 수 있는 한 가지 가능성이다. 그리고 이 점은 우리가 분별하기 위해 복음을 해석할 필요가 있음을 일깨워 준다.

그러므로 전 세계적으로 종교적 경험에 대한 아주 많은 보고가 있다는 사실은 전혀 놀랍지 않다. 그리고 그 경험들에 대한 보고가 흔히 서로 모순된다는 사실이나(그러한 경험들에 대한 자료와 그 경험들을 이해하고 기록하는 사람들의 능력이 엄청나게 차이가 나기 때문에) 이러한 경험들의 세부적인 내용이 종종 현존하는 종교 문화를 따른다는 점 때문에도 놀랄 필요는 없다. 그러한 경험 전부를 무용지물이며 잘못되었다고 여길 필요는 없다. 그러나 앞 장에서 설명했던 것과 똑같은 조건들이 적용된다.

즉, 복음은 인간의 죄악됨을 드러낸다는 것이다. 자연을 통한 하나님의 계시가 그 계시를 받는 우리 같은 사람들에 의해 왜곡되고 뒤틀리듯이, 경험도 그렇게 왜곡되고 뒤틀린다. 경험 그 자체만으로는, 종교사회학자인 피터 버거(Peter Berger)의 말을 사용하자면, "초월에 대한 신호"로 기능할 수도 있을 것이다. 그러나 그러한 경우에 우리는 틀림없이 그 경험을 왜곡해서 그 경험이 구원으로 인도하지 못하게 만들 것이다.

20세기 후반의 예술 문화계의 두 지도적인 인물이었던, 예술사가인 케네스 클라크 경(Sir Kenneth Clark)과 노벨상 수상자인 소설가 패트릭 화이트(Patrick White) 모두 자신이 하나님의 실존에 대해 더 이상 의심할 수 없을 정도로 강력한 종교적인 경험을 가졌던 순간을 전한다.[17] 그러나 두 사람 다 최종적으로 기독교적 의미에서의 신자는 되지 않았다. 클라크는 (그리스도인이 될 경우─역주) 솔직하게 도덕적으로 지불해야 할 대가가 너무 큰 것 같다고 인정했다. 마찬가지로, 상당수의 사람이 자신의 '사후'(死後) 경험에 대해 전한다. 그들은 자신이 죽는 것을 의식했고, 아마도 수술 현장에서, 다시 깨어났다. 이 집단에 속하는 몇몇 사람은 죽음이나 사후의 삶에 대해 두려워할 것이 전혀 없다고 안심시키는 메시지를 전해 주었다. 죽음이 천국 같은 어떤 것으로 들어가는 입구였다는 것이다.[18] 비록 진짜 '죽음'이 그러한 경험에 포함되었다고 가정하더라도, 그리스도인들이 복음의 우선성을 포기하고 이 경험이 천국과 사후 세계의 실재성을 입증해 주었다고 주장하는 것처럼 어리석은 일은 없을 것이다. 그 일을 겪은 사람들의 증거는 복음에 부합하지 않으며, 위조된 소망을 제공한다. 그 증거들이 참이거나 복음이 참일 것이다. 우리는 둘 다를 가질 수 없다. 이 사실은 우리를 이 논의의 세 번째 그리고 최종적인 요점인 그리스도의 의의에 대한 논의로 이끈다.

### 그리스도의 유일성

이미 언급했듯이, 종교적 경험에는 '에큐메니컬' 성격이 있다. 말할 나위 없이, 우리가 하나님에 대한 지식의 핵심적인 자료로서 경험에 집중한다면, 그러한 태도는 세계의 종교들이 거의 동등한 입장에서 계시에 대한 우리의 이해에 풍성하게 기여하도록 요청하는 입장에 이를 것이다. 그러나 그렇게 하는 대신에 나는 모든 경험에 대한 해석의 틀로서 복음에 우선성이 주어져야 한다고 주장했다. 물론, 그 말은 그리스도인들이 하는 경험 주장에 대해서만이 아니라 다른 사람들이 하는 경험 주장에 대해서도 적용된다. 그렇지만 그 말은 복음에 전적으로 특권적인 지위를 부여한다. 이것이 바로 유일성의 공식이다. 물론 이 특권적인 지위가 우리의 기독론에 대한 최종적인 분석에 달려 있음은 사실이다. 그리스도인들은 그 형태가 무엇이든지 일반 계시의 가치에 대해, 따라서 세계 종교들의 가치에 대해 서로 다른 견해를 가져 왔다. 그러나 그들은 사실상 일치하여, 하나님의 독생자이시며 독보적인 계시의 담지자로서 예수 그리스도에 대한 자신의 헌신을 근거로 기독교에 유일무이한 지위를 부여해 왔다.

이 특권적인 위치가 최근에, 특히 바르트 이후의 시대에 무너져 내리는 것은 주지의 사실이다. 제2차 바티칸 공의회 이래로 로마 가톨릭 교회의 생각에 혁명이 일어났다. 그 회의에서, 다른 종교들에 대한 긍정적이며 권위 있는 언급들이 이루어지기 시작했다. 교회와 세상의 구원의 관계에 대해 괄목할 만한 생각이 진행되었다. 그리고 '교회 바깥에는 구원이 없다'는 말의 의미가 재평가되었다. 개신교와 가톨릭 신학 모두, 세계의 민족들이 세계의 종교들을 통해 구원받게 될 것이며 주요 종교들은 부분적으로 하나님에 대한 진리를 계시한다는 견해를 예상 외로 즉각적으로 수용한다. 존 힉(John Hick)은 개신교 전통 가운데서 아주 담대하게 이 입장을 대변한다.[19] 그러나 그렇게 함으로써, 그가 그리스도에 대한 신약성경의 가르침에 중요한 요소들을 거부했다는 점을 지적하는 것이 중요하다.

물론 각 종교의 계시에 기초해서 그 종교들의 가르침을 상세하게 분석하는 일은 가능하다. 키스 워드(Keith Ward)는 주요 종교들에 대해 그렇게 했다.[20] 그러나 무엇이 분별의 근본적인 요점인지를 결정하는 것은 여전히 문제로 남는다. 그리스도를 바로 그러한 근본적인 요점으로 삼겠다는 결정은 그 점을 추천하는 세 가지 특징을 지닌다.

첫째로, 그 점은 인간 종교(언약에 근거하지 않은 다른 종교)에 대한 성경 자체의 기술에 부합한다. 그 기술은 일관되게 인간 종교를 구원의 수단으로서는 부정적인 것으로 여긴다. 좀더 최근의 기독교계의 반응은, 복음 전파와 선교의 열기에 형성된 기독교 신앙에 대한 기초 문헌들이 다른 종교들과의 타협에 대한 혹은 구원이 예수 그리스도의 이름이 아닌 다른 이름에서도 발견될 수 있다는 신념에 대한 근거를 전혀 제시하지 않는다는(행 4:12) 점을 솔직하게 인정한다. 그와 반대로, 성경은 세계의 종교들이 인간의 죄악된 마음의 창안 능력으로부터 생겨난 것으로 여긴다. 성경 저자들이 자신의 복음을 세계의 위대한 고전적 종교들과 대조해 볼 수 없었다는 항변에 대한 답변으로는, 신약 성경이 유대교라는 종교와의 갈등으로부터 등장했다는 사실을 언급하는 것으로 충분할 것이다. 신약 성경 기자들은 유대교를 하나님이 주신 최고의 종교로 여겼던 사람들이다. 그러나 이제 그들이 그 종교를 생명의 길이라기보다는 정죄의 길로 여긴 것이다(고후 3:6; 히 8:13).

둘째로, 기독교의 본질은 그리스도에 대한 진리를 평가할 것을 촉구한다는 점에 주목하는 게 중요하다. 기독교는 역사적 그리스도(historical Christ)에 대한 호소가 중심적인 역할을 한다. 복음은 받아들여질 수도 있고 배격될 수도 있다. 실로, 서구 문화는 지난 300년 동안 각별히 부정적으로 그 평가를 진행해 왔다. 많은 사람이 심사숙고한 후 그리스도인이 되지 않겠다는 선택을 했다. 다시 말해서, 세계의 종교 중 가장 큰 종교라 할지라도 그 종교의 진리나 오류가 판단될 수 있으며, 그 종교의 기본적인 신조들이 그릇되었음이 입증될 수 있음이 너무나 분명하다는 것이다. 우리는 오직 불안정하며 이치에 맞지 않는 중도적 입장에서만 복음을 받아들이되 그 함의들은 받아들이지 않으며, 종교를 믿음의 문제로 여기되

진리의 문제로는 여기지 않을 수 있는 것이다. 우리는 이 사실에서부터 모든 주요 종교가 선험적으로 타당하다는 감상적인 견해가 무의미한 생각이며 수백만의 사람이 그렇게 안다고 결론을 내려야 한다. 경험에 근거해서든지 계시에 근거해서든지, 종교적인 주장들에 대해 그 진리를 시험해 보는 일을 면제해 주어서는 안 될 것이다.

그러므로 셋째로, 우리는 복음을 그 자체의 맥락에서 평가할 필요가 있다. 우리는 어떻게 복음이 구약 성경에 있는 하나님의 계시에 부합하는지 그리고 어떻게 우리의 경험과 부합하는지를 물어야 한다. 복음은 우리의 경험을 수정해 주는 동시에 그 경험을 이해할 수 있게 해준다. 그리고 또한 부활에 대한 증거가 참된지를 물어야 할 것이다. 이 모든 일에서 핵심적인 문제는 여전하다. 그리스도에 대해 우리는 어떻게 할 것인가? 그에 대한 답변이 출발점이 되어야 한다. 그에 대한 답변이 지닌 함의들이 받아들여지고 실천되어야 한다. 거대하고 희생적인 기독교 선교 활동은 오직 예수 그리스도가 만물의 주님이라는 고백에 의해서만 정당화될 수 있다. 한 생명을 극적으로 변화시킬 수 있는 것이 경험의 힘이다. 당연히 경험은 설득력이 있으며, 변화를 불러일으킬 수 있다. 그러나 그렇다고 해서 경험의 힘이 복음을 변모해서 복음에 등을 돌리고, 우리가 하나님을 알게 되는 조건들을 바꾸는 것이어서는 안 된다. 복음과 그 복음으로부터 흘러나오는 경험은 그 우선 순위를 유지한다. 그렇지 않으면, 우리에게는 경험의 타당성을 평가할 수 있는 것이 하나도 없을 것이다.

**결론**

종교적인 경험에 대한 나의 논의는 계몽주의 이래로 경험 중심적 기독교가 인지 중심적 기독교보다 훨씬 더 광범위하게 인기를 끌었다는 점을 관찰하면서 시작되었다. 진정 우리가 이런 식으로 이 둘 가운데 하나를 선택해야 하는 것인가? 하나님의 계시의 성격으로부터 나오는 그에 대한 답변은 아니라는 것이다. 그리스도인들이 불신 세계에 제공해야 하는 것이 바로 예수 그리스도의 복음이다. 그리고 바로 그 복음이 구원을 위한 하나님의 권능이다. 그러나 그리스도의 주되심의 복음을 받아들임으로써, 우리는 그 자체가 인격적이며 동시에 명제적인 계시를, 그 자체가 마음을 사로잡는 동시에 지성을 일깨우는 것임을 확증하는 계시를, 인간의 경험에서 하나님의 일반 계시의 실재성을 발견하는 계시를 받아들인다. 복음은 또한 성경을 하나님의 말씀으로 여김으로써, 일반 계시와 자연신학에 대한 성경의 평가를 받아들이는 결과를 초래한다.

하나님은 인간의 경험 가운데서 자신을 계시하신다. 그러나 하나님의 말씀을 통해서만 우리는 참으로 하나님의 계시를 파악할 수 있다. 그러므로 세상에서의 그리스도인의 적절한 전략은 여전히 예수 그리스도를 주님으로 선포하는 일이다. 그러나 이 선포는 종교적인 경험을 포함해서 세상에서 살아가는 경험에 대한 해석이 뒤따라야 한다. 그리하여 그 복음 선포를 듣는 사람들이 자신의 경험에서 하나님이 주권적으로 역사하심을 보게 할 수 있어야 하며, 그 사람들에게 그리스도를 믿으라고 요청하고, 그들이 일단 그리스도를 믿게 된 후에 세상에서 하나님의 영광을 위해 살 수 있도록 그들에게 권능을 부여해 줄 수 있어야 한다. 그러나 이러한 일이 일어난다면, 이는 하나님의 말씀과 그분의 성령을 통해 우리에게 주어진 하나님의 은혜의 선물이다.

제7장

# 성경의 권위

어떤 이유에서인지 서구 문화에는 권위에 대한 회의주의가 깊이 뿌리박혀 있다. 교회와 국가와 지성인의 권위는 우리를 크게 실망시켜 왔다. 권위를 전복함으로써, 관례에 대한 불경스런 태도에 의해서 그리고 우리가 듣는 내용이 참인지를 물음으로써 진짜 어떤 진보가 이루어져 왔다. 특히 서구의 교육은 이렇게 캐묻는 탐문(探問) 정신을 격려한다. 다른 문화권에서 학생들을 가르쳐 왔던 사람들은 이 점이 사실임을 즉시 인정할 것이다. 아직도 다른 여러 중요한 문화에서는 교사가 가르쳐 주는 것은 어떤 것이든 믿을 정도의 권위에 대한 존중을 학생에게 주입한다. 가정과 일터에서 연장자들은 특별한 존경을 받으며, 더 나이가 적은 사람들은 연장자들의 의견이 잘못되었음을 알더라도 그들의 의견을 존중한다. 그러한 문화에서는, 교사나 교과서에 의문을 제기한다거나 교사나 교과서에 대해 비판적이 된다는 것은 거의 생각할 수도 없다. 이러한 태도가 교실의 질서 유지에는 큰 도움이 되겠지만, 대부분의 서구 교육자들은 그 태도가 진정한 교육에는 해롭다고 판단한다.

자유주의적인 서구 인문 교육은 학생들에게 독립심을 낳는 것을 목적으로 한다. 개인의 성숙도는 다른 사람에 대해 독립적으로 자신을 성취하고 스스로 책임을 지는 능력에 의해 측정된다. 그 윤리적 이상(理想)은 사회적 자유에 대한 존 스튜어트 밀(John Stuart Mill)의 생각의 중심을 차지하는 '한 가지 매우 간단한 원칙'으로 요약될 수 있을 것이다. 그 원칙은 다음과 같다. "인류가 개인적으로나 집단적으로, 몇 명이든 그들의 행동의 자유를 막을 수 있도록 보장하는 유일한 목적은 자기 보호다. 문명화된 공동 사회의 어떠한 구성원에 대해서도 그 사람의 의지에 반하여 정당하게 권력이 행사될 수 있는 유일한 목적은 다른 사람에게 피해 주는 일을 예방하려는 것이다. 물질적이든 도덕적이든, 개인의 유익은 충분한 이유(warrant)가 될 수 없다."[1] 밀은 이 원칙을 "사회가 개인을 다룰 때 절대적으로 지배할 자격이 있는 것으로" 간주했으며, "자기 자신에 대해, 자신의 몸과 정신에 대해 개인이 주권을 갖는다"라고 결론을 내렸다.[2]

가치 있는 태도들은 자유, 관용, 의문 제기, 실험, 실용주의에 대한 사랑이다. 어떤 교육자들은 이러한 태도가 민주주의에 필요한 바로 그 가치들이라고 주장할 것이다. 우리는 신민(臣民)들이 아니기에 스스로를 다스려 나갈 수 있으며, 사제가 됐든지 정치가가 됐든지, 권력을 찬탈하려고 시도하는 자들의 도발에 저항할 수 있는 시민들을 낳는 것을 목적으로 한다. 인문 교육은 사상의 자유로운 교환을 요구하며, 어떠한 형태의 검열에 대해서도 반감을 가진다. 또한 그러한 인문 교육은 특히 서구 세계의 풍요의 토대를 이루는 과학 문화에 적절하다. 과학의 자랑은 그 자체가 권위나 명성에 허리를 굽히지 않는다는 것이다. 과학은 과거가 언제나 옳다고 생각되었던 문화로부터, 아버지들이 언제나 모든 결정권을 가지며 이미 확립된 의견들은 실험을 통해 흔들 필요가 없다고 생각했던 문화로부터 탈출함으로써 탄생했다.

그 교육 체계는 외부의 압력으로부터의 자유에 우리 사회가 부여하는 가치를 드러내는 한 가지 방식일 뿐이다. 밀의 원칙은 중시되며, 아마 그도 탄복을 금치 못할 정도로 여러 면에 적용된다. 각별히, 진리에 대한 밀의 탐구는 획득될 수 있는 진리란 전혀 존재하지 않는다는 광범위한 현대의 견해로 대체되었다. 거트루드 히멜파브(Gertrude Himmelfarb)는 그 유혹적인 '한 가지 매우 간단한 원칙'이 현대 자유주의의 역설과 모순되게 진행해 가는 모습을 추적하면서 "이 각별한 원칙은 현대의 해방되고 자율적이며 '진정한' 개인이라는 이미지에 부합하기 때문에 더욱 호소력이 있다"라고 말한다.[3] 이와 같이, 교육 체계의 비판적인 사고는 중요한 긍정적 효과들을 낸다. 그러나 그러한 사고방식은 개인주의가 높이 평가되고 개인의 주관적인 삶을 진리에 대한 주인이자 척도로 삼는 경향을 보이는 사회를 발전시켰다. 근대 세계에서 가장 영향력 있는 사상가 중 두 사람인 마르크스와 프로이트는, 하나님에 대한 개념은 인간 마음의 창조물이며 하나님은 확대된 인간이라는 포이어바흐의 판단을 확실하게 뒤따랐다. 현대 문학 이론에 뒤따르는 슬로건 가운데 하나인 '독자가 저자다'는 개인에게 '텍스트'에 관해서는 똑같은 특권적 지위를 부여한다(이 점에 대해서는 제9장에서 더 논의할 것이다).

그러므로 성경의 권위가 이처럼 심하게 도전받는다는 사실은 그리 놀라운 일이 아니다. 성경은 서구 역사에서 '하나님'에 대해 말하는 중심적인 '텍스트'다. 하나님과 텍스트, 그 두 개념은 급진적인 주관주의의 먹잇감이 되었다. 이제 텍스트는 자율적인 독자의 종이다. 그리고 하나님은 우리 자신을 투영한 결과다. 비판의 논점은, 단순히 성경이 우리에게 전해진 모양대로 봤을 때 그 안에 역사적인 난점과 불일치들이 있다는 사실이 아니다. 건튼이 지적했듯이, 이러한 점은 결코 새로운 것이 아니다. 그 문제는 단지 성경에 가해 왔던 윤리적 비판들이 아니다. 다시 말하지만, 이 점에 있어서도 결코 새로운 것이 없다. 다윈과 모세 사이에는 부닥치는 점이 없다. 심지어 워필드(B. B. Warfield)의 입장에 서 있는 보수적인 학자들도 각 저자의 장르를 존중하면 그러한 긴장들은 경감될 수 있음을 보았다.[4] 이러한 문제들 가운데 어느 것도 가볍게 제쳐 버려서는 안 될 것이다. 그러나 우리는 훨씬 더 심원한 문화적, 신학적, 영적 문제를 인식할 필요가 있다. 그것은 우리가, 종교와 관례적 도덕성의 개인화에서 입증되듯이, 은밀하고 광범위하게 인간의 자율성을 높이고 하나님을 밀어 내는 문화 가운데서 살아간다는 사실이다. 존 스튜어트 밀이 인간의 자유를 높이고 죄에 대한 성경의 견해를 배격했다는 사실은 결코 놀라운 일이 아니다. 히멜파브는 개인성에 대해 밀이 바치는 찬가는 "인간 본성에 대한 비상한 낙관론을 반영한다"라고 말한다.[5] 밀의 철학은 우리의 열정, 욕망, 충동, 감정, 감수성이 선하기보다는 부패할 가능성이 더 많다는 소위 칼뱅주의 사상에 대한 배격과 「자유론」에서의 종교에 대한, 종교에 의해 재가(裁可)되는 도덕성에 대한 그리고 여전히 정통 종교를 존중하는 사람들에 대한 거의 감추어지지 않고 드러난 적의"[6]를 포함한다.

그러므로 우리는 밀과 여타의 자유사상가들의 생각에 의해 형성된 사회에서 성경의 권위에 대해 논하는 것이다. 이러한 사고방식이 세상만이 아니라 교회에도 영향을 끼친다는 사실은 전혀 놀라운 일이 아니다. 우리는 기독교 권위의 본질로 소급해 볼 필요가 있다. 이 말은 다시 한 번 복음 그 자체의 밑바닥으로 되돌아가 본다는 뜻이다. 예수 그리스도의 주되심의 맥락에서 이해되는, 하나님 나라의 복음으로부터 우리는 성경이 우리에 대해 갖는 권위의 본질에 관하여 무엇인가를 배울 수 있을 것이다. 이렇게 되면, 우리가 교회 안에서의 성경의 권위 및 권위에 대한 다른 주장들과 성경의 권위 사이의 관계라는 좀더 폭 넓은 쟁점을 파악하는 데 도움을 얻을 수 있을 것이다.

### 예수 그리스도의 권위

복음은 우리에게 이 세계가 위계적인 세계라고 말한다. 창조주는 죽어서 사라져 버린, 아주 오래 전에 망각된 개념이 아니다. 창조주는 살아 계시고, 우리의 세계에서 활동하시며, 우리의 현 세계가 끝날 때 새 하늘과 새 땅을 만드실 것이다. 성경에서 창조주에게 주어진 특색 있는 여러 호칭 가운데 많은 것—왕, 주, 목자, 구속자, 전능자, 만군의 주, 남편, 아버지—이 창조주의 지속되는 권력에 대해 말한다. 그러나 그러한 호칭이 말하는 내용은 맹목적인 힘이 아니다. 그 호칭들은 권력이 아니라 권위를, 우리를 다스리고 우리를 책임지는 권리를 기술한다. 실로, 성경의 처음 몇 장에 기술된 것이 그러한 관계다. 그 곳을 보면, 인간은 모든 것을 하나님께 빚졌으며, 하나님이 정해 주신 테두리 안에서 자유롭게 산다. 하나님의 절대적인 권력은 지속적으로 우리를 향해 있다. 그 권력이 없다면, 우리는 한시도 존재할 수 없을 것이다. 그 권력은 우리 전 존재의 바탕을 제공한다. 그러나 그분의 권위는 정확히 똑같이 행사되지 않는다. 이것은 일종의 관계적인 것이다. 하나님의 본성에, 말하자면 하나님의 '얼굴'에 우리가 맞닥뜨리는 대신에, 우리는 그분의 말씀을 통해 매개적으로 하나님과 연결된다. 그래서 이스라엘은 예언자 모세를 통해 하나님의 말씀을 들었으며, 이 마지막 때에는 하나님이 자신의 아들을 통해 우리에게 말씀하셨다. 그 말씀은 비록 하나님과 동일하지는 않지만, 하나님의 권위를 지닌다. 말씀은 관계의 참된 자유를 만들어 낸다. 말씀은 제약하고, 공적이며, 확정하는 성격을 가지고 묶는다. 그와 동시에, 말씀은 믿음과 답변, 해석과 적용을 요구하기 때문에 자유하게 한다.

타락은 그 지으신 분에 대한 인류의 반역이다. 복음은 자신과 우리의 고유한 관계를 회복하라는 창조주의 명령이다. 하나님 나라에 집중해서 선포하는 예수의 설교 의의가 바로 이것이다. 그 의의는 또한 사도들이 '그리스도를 선포했을 때' 또는 바울의 말을 사용하자면 '예수 그리스도를 주로' 선포했을 때의 의의다. 하나님 나라가 충만하게 임하기를 기다리면서 살아가는 이 중간 시기는 마땅히 그리스도의 나라라고 일컬어진다. 신약 성경은 그리스도께서 아버지의 우편에 앉아서 바로 지금도 다스리신다고 계속 묘사한다. 성경을 주신 것이 그리스도의 다스리는 권한을 입증한다. 성경은 주님이 부르시는 자들의 마음과 생각에 복음을 가져다

준다. 유대인이나 헬라인이나, 모든 인류의 적절한 대답은 '회개하고 하나님께 돌아와 우리 주 예수에 대한 믿음을 갖는 것'(참고. 행 20:21)이다.

이러한 설명이 좋은 생활에 대한 현대판 생각들과 얼마나 큰 대조를 이루는지는 언급할 필요조차 없을 것이다. 좋은 생활에 대한 현대판 생각은 자율성과 거의 무제한적으로 보이는 자유로운 선택의 확대에 대한 비전에 근거한다. 기독교적 관점에서 볼 때, 자율성을 추구하고 하나님으로부터 멀어지고자 하는 충동은 아담으로부터 비롯된 반역적 교만이라는 죄악의 극단적인 표현이다. 모든 죄악이 마찬가지지만, 그 충동은 하나님이 자신이 지으신 인간이라는 피조물에게 주시는 자유라는 선한 것을 왜곡한다. 마찬가지로, 인간의 자율성을 가치 있게 여기지 않는 사회들의 전형적인 굴레도 죄악된 것이며, 하나님이 인류를 향하여 주신 뜻의 일부인 상호 의존성을 왜곡하는 것이다. 그러나 우리 사회에서의 복음을 위한 출발점은 하나님과의 최대의 분쟁 사항이 놓인 자리에, 말하자면 권위의 영역에 있다. 복음은 우리가 주님께 순복할 것을 추구함으로써 축복을 약속한다.

이 권위의 본질은 무엇인가? 그리고 이 권위는 인간의 자유에 어떻게 연결되는가? 우리는 즉시로 한 가지 가능성을 제쳐놓을 수 있다. 주님의 권위는 자기(self)를 부인할 것을 우리에게 요구하지 않는다. 자기를 망각함으로써 주님 안에서 자신을 상실할 정도가 되라고 요청하지 않는다. 그리고 주님과 우리의 관계가 그 소유주와 로봇의 관계나 기계적인 관계라는 암시도 전혀 존재하지 않는다. 그 관계는 동의 없이 다른 사람을 자신의 의지에 굽히게 만드는 권력의 문제가 아니다. 우리는 여전히 인격적인 존재자들이다. 그리고 우리가 말하는 관계는 인격적인 관계다. 그러나 이 사실은 또한 자유의 본질에 대해서도 우리에게 일깨워 준다. 자유란 많은 사람이 생각하는 것처럼, 완벽한 자신의 결정 능력이 아니다. 인간은 결코 자신의 삶을 결정해 주는 다른 권력들로부터 자유롭지 못하다. 자유의 문제는 한 주인을 갖는 것과 주인 없이 지내는 것 사이의 선택이 아니다.

자유의 문제는 우리가 어느 주인을 갖느냐의 문제다. 그리스도인의 자유는 그 나름의 사고방식과 악한 영향을 지닌 죄와 사망이라는 허위 권력들로부터의 자유며, 자신을 위해 우리를 만드셨으며 우리를 사랑하시는 참 주님에 대한 순복이다. 우리는 이 관계의 본질을 탐구함으로써 자유의 의미를 발견하게 된다. 사실상, 그것은 명령과 순종을 포함하는 권위와 순복의 관계다. 사람들이 무척 받아들이기 힘들어하는 것이 바로 이 관계다.

   그리스도의 주되심의 본질은 참된 자유의 의미를 우리에게 보여 준다. 그리스도는 '주'라 불린다. 그 이름은 영예와 지위의 칭호다. 세상 끝에, 모든 무릎이 그분께 꿇어 절할 것이며, 모든 입이 그분을 주라고 인정하게 될 것이다(빌 2:9-11). 그러나 그리스도라는 칭호는 그분의 구원 사역을 기반으로 주어진 것이다. 하늘에서의 자신의 지위를 누리지 않고, 친히 종의 형체를 입어 자신의 목숨을 자기 백성들을 위해 내려놓음으로써 얻으신 것이다. 그리하여 이제 그리스도는 산 자와 죽은 자에 대한 재판장으로 임명되었다. 그분의 재림은 공개적이며 영광스러울 것이다. 현재의 세상이 아무리 오래 지속되더라도, 그리스도는 심지어 지금도 자신이 모든 그리스도인 개개인과 함께하실 것이라고 약속하실 수 있다. 또한 그분은 하늘이나 땅에 있는 어떠한 권력—정치 권력, 물리력, 영적인 권력 혹은 죽음 그 자체까지—도 자신을 자신에게 속한 사람들로부터 떼어놓을 수 없을 것이라고 약속하신다. 그분은 그들이 자신의 최후의 승리에 동참할 때까지 줄곧 그들의 주가 되실 것이다. 인간의 자유에 대한 우리의 개념은 이러한 모든 실질을 다 고려해야 한다.

   그와 같은 주님과 어떠한 관계를 맺는 것이 적절한지 생각해 보자. 신약 성경은 주님과 관계를 맺는 적절한 방식은 회개와 믿음을 통한 길이라고 가르친다. 회개는 주님께 반해서 저질러진 범죄들에 대한 슬픔과 주님의 뜻에 따라서 살겠다는 결심을 가지고, 주님께 순복하는 것이다. 회개는 정복당한 왕이 자기를 정복한 자에게 원치 않으면서도 굴복하는 것과 같이 외부적으로 강제된 순복이 아니다. 회개는 전적이며 영구적인 마음의 순복이다. 믿음은 구원과 인도를 위해 자신을 주님께 맡기는 것을 의미하기 때문에, 우리가 섬겨 왔을 다른 모든 주와 신을 버리고 이 주님 한 분과의 독점적인 관계를 맺는 것을 의미한다. 이러한 범주들이 새롭지 않다는 점을 주목하는 것이 중요하다. 그 범주들은 이스라엘 백성이 언약의 주님께 드리라고 요청받았던 그 예배를 구성한다. 구약 성경의 경건과 신약 성경의 경건에는 근본적인 연속성이 존재한다. 물론 신약 성경에는 하나님의 삼위일체적 본질이 계시되어 있지만 말이다. "나는 인애를 원하고 제사를 원하지 아니하며, 번제보다 하나님을 아는 것을 원하노라"(호 6:6; 참고. 마 9:13)라는 사실은 다른 것과 마찬가지로 신구약 성경 모두에 속하는 것이다.

신약 성경은 여러 이미지를 사용하여 예수 그리스도를 언약의 충성을 드리기에 합당한 주님이라고 인정한다. 그리스도인은 예수에 대해 한 사람의 종으로서의 지위를 가진 자다. 그 종은 '거하든지 떠나든지 모든 일 가운데서 주를 기쁘시게 하는 것을 내 목적으로 삼는다'(참고. 고후 5:9)고 말하는 사람이며, 모든 생각을 사로잡아서 그리스도께 데려오려고 노력하는 사람이다(참고. 고후 10:5). 실로 신약 성경은 때로 주저함이 없이 그리스도인들을 그리스도의 노예라고 기술한다. 우리는 그분의 명령에 따라서 일하는 그분의 군사다. 우리는 그분의 목소리에 청종하는 그분의 양이다. 우리는 그분이 명하시는 모든 일을 하는 그분의 제자다. 교회는 그리스도의 신비로 그리고 그분의 몸으로 그려진다. 그 두 이미지는 모두 여러 사실 가운데서도 특히 우리가 그리스도께 빚진 충심의 섬김을 이끌어내려는 의도에서 사용되었다. (구약 성경의 경건도 마찬가지지만) 신약 성경의 경건은 자아에 대한 부인이 아니라 자아의 항복을 요구한다는 의미에서 절대적이다. 즉, 신자들은 '자기를 부인하고 날마다 자기 십자가를 지고 그리스도를 따라야' 한다(눅 9:23).

그러나 주님은 또한 형제시다(히 2:11). 그리고 하나님은 또한 아버지시다. 진실로, 갈라디아서는 노예와 아들 사이의 한 가지 특정한 대조를 도출해 낸다. 그리스도인의 노예 시대는 끝났고, 양자로 입양된 상속자의 자유가 시작되었다. 아주 근본적인 층위에서, 하나님 자신의 삼위일체적 본질은 우리에게 관계의 본질과 자유의 본질에 대해 가르쳐 준다. 삼위일체의 위격들은 영원하며 불가분리적이다. 세 위격은 권능과 위엄과 영광에 있어서 동등하며, 서로에 대한 사랑 안에서 엮여 있다. 그러나 삼위일체 내부에서의 그 관계들의 본질도, 벗됨과 같은 이미지들도, 그리스도의 주되심이라는 복음에 의해 확립된 기본 패턴에 모순되지 않는다. 그러한 것들은 그분이 어떤 종류의 주님인가를 보여 준다. 그 주님은 자신의 수하들에게 속마음을 터놓고 얘기하시는 분이며, 그들을 자신의 가족과 같이 친밀하게 대하시는 분이다. 그러나 성자가 성부께 순종하듯이, 아들들은 아버지들에게 순종한다. 아들됨의 이미지는 하나님이 아닌 것들[의롭다 하는 동인(動因)으로서의 율법, 우주의 기본 요소들]로부터의 자유와 하나님이신 그분께 순종하는 자유의 이미지다. 이러한 이미지들과 여타의 다른 이미지들의 사용은 우리의 자유의 언어가 믿음과 소망과 사랑의 인격적 언어임을 확증한다. 그리스도인의 자유는 자율성에서가 아니라 그리스도와의 연합에서 발견되는 것이다.

우리를 자신에게 묶기 위해 우리를 자유하게 하시는 주님은 사랑의 주님이다. 종됨이라는 제한적인 조건을 받아들임으로써, 주님은 자신의 종들을 위해 구원을 달성하셨다. 자신의 사역을 감당함에 있어서, 주님은 이미 주어진 약속들과 이미 맺어진 언약에 의해 매여 있었다. 한 사람의 종이 되신 일에서만이 아니라 가장 뚜렷한 부자유인 감금과 양손이 묶이고 십자가에 못박히신 일에서 주님은 그 신실하심 때문에 자신을 드리셨던 것이다. 그렇지만 이 부자유는 자신이 사랑했던 자들을 위해서 그리고 자신의 영광을 위해서 이루어져야 했던 일을 하기 위한 그분의 자유에 대한 완벽한 예였다. 우리는 존 스튜어트 밀이 말하는 자유가 인간의 선함을 높이 평가하는 데 근거함을 살펴보았다. 그는 인류에 대한 도덕적이며 영적인 속박을 허용하지 않는다. 이에 따라서, 그가 말하는 식의 자유는 자기 결정(self-determination)이라는 사상을 키운다. 자율적인 인간의 덕은 관용이며, 하나님의 사람의 덕목은 사랑이다.

근대와 포스트모더니티의 아들들은 그 차이점을 이해하며, 그에 따라 행동한다. 사랑은 다른 사람에 대한 노예됨이다. 관용은 '그대로 두는 것'이다. 관용은 다른 사람들에게 공간을 제공해 주라고, 그들이 자기 나름대로 실수하도록 내버려 두라고, 그들이 실험을 통해 성장하도록 두라고 우리에게 촉구한다. 관용은 개인주의적인 기풍(ethos)을 선전하며, 헌신을 불신한다. 신약 성경이 그리스도와 교회의 관계를 남편과 아내의 관계와 비슷하게 여기는 사상도, 현대인들이 결혼이라는 언약 관계에 들어가지 않으려는 풍조도 결코 우연이 아니다. 신약 성경의 표현대로 하자면, 아내는 남편에게 순종함으로써 자신의 자유를 발견한다. 그리고 마찬가지로 남편은 그 일에 자신이 죽는 일이 포함되더라도 자신의 사랑을 선물함으로써 자유하게 된다. 창세기의 이야기에서 그랬듯이, 자유는 주님의 말씀을 믿음으로써 행동하는 것을 의미했으며, 속박은 주님의 말씀이 허위라고 믿기로 선택하는 것을 의미했다.

그러므로 복음을 받아들이는 것이 우리에게는 참 자유의 시작이다. 절대적인 자유는 일종의 망상이다. 그러한 자유는 우리가 현재 서 있는 그리고 마땅히 지녀야 할 모든 관계를 무시한다. 그리스도의 주 되심은 우리를 해치는 것에 대한 속박으로부터 우리를 자유하게 하며, 지음 받은 상태의 백성이 되도록 우리를 자유하게 한다. 사회생활의 위계 질서적 형태에 반역하는 일은 헛되다. 그러한 반역은 현실을 무시하는 것이기 때문에 곤경을 만들어 낸다. 그러한 반역이 하나님과 우리의 관계와 연결될 때, 그 반역 행위는 정죄를 야기한다. 모든 층위에서의 진정한 그리고 온전함을 이루는 인간관계들은 약속들 때문에만 그리고 약속들에 대한 충실함 때문에만 존재할 수 있다. 이러한 관계들은 자유—믿음과 소망과 사랑의 자유—를 창조하기 위해 자유를 제한한다. 한 분 주님을 모신다는 것은 화나고 불쾌한 상태가 아니라, 우리가 본래 지음받은 상태인 것이다.

이 사실로부터 두 가지 위대한 진리가 두드러진다. 그 진리들은 세상 뿐만 아니라 교회에 대해서도 맞서는 진리다. 왜냐하면 자율성을 바라는 세상의 힘이 교회에도 영향을 끼쳐서 그리스도의 권위에 대한 교회의 유지 능력을 약화했기 때문이다. 첫 번째 진리는 이 권위의 절대적 성격이다. 그리스도께서 진정 주님이라면, 그분의 주되심을 받들어 섬기는 모든 사람은 그분을 섬겨야 하고, 모든 일을 할 때 그분을 기쁘시게 하려고 노력해야 하며, 모슨 생각을 사로잡아서 그분께 포로로 끌고 와야 하는 것이 의무다. "내게로 오라…내게 배우라"(마 11:28-29)라고 예수께서는 말씀하셨다. 그것이 바로 그리스도인 되는 것의 업무다. 비록 그리스도께 순종하는 일이 우리를 우리의 문화와 배치되게 하더라도 말이다. 교회가 바알과 여호와 하나님 둘 다를 섬기기 원하며, 그 두 입장 사이에서 어쩔 줄 모른다는 충분한 증거가 있다. 결국 따지고 볼 때, 하나님의 성문화된 말씀의 권위에 대한 배격의 대부분은 성경의 형태가 지닌 문제점들로부터가 아니라, 적어도 자유주의적 의미에서 이해된 자유를 유지하고자 하는 인간의 욕심으로부터 비롯되는 것이다.

두 번째 진리는 그리스도의 권위가 그분의 말씀에 의해 매개된다는 사실이 그리스도에 대한 우리의 매여 있는 봉사와 우리의 자유에 핵심적이라는 사실이다. 그리스도의 권위는 복음에 의해 확립되는데, 그 복음은 일정한 단위의 말씀이다. 우리가 회개와 믿음으로 그리스도를 영접할 때, 우리는 하나님의 말씀(the Word of God)으로서의 그리스도에 대한 진리를 받아들인다. 하나님의 말씀으로 알려진, 언어로 된 실체가 없이는 기독교에 대한 어떠한 진정한 버전도 존재할 수가 없다. 복음은 여러 가지 방식으로 표현될 수 있으며, 다른 언어들로 번역될 수가 있다. 다른 말들과 마찬가지로, 복음은 신뢰와 순종과 배격과 반복과 기록의 대상이 될 수 있다. 또한 우리가 그리스도 예수를 주님으로 영접할 때, 우리는 옛 언약을 하나님의 말씀으로 받아들이는 것이다. 왜냐하면 옛 언약과 복음은 서로를 변호하며, 해석하며, 성취하기 때문이다. 그렇게 믿지 않는 것은 복음 가운데서 우리에게 주어지는 그분이 아닌 다른 예수를 믿는 것이다. 복음은 구약 성경을 하나님의 말씀으로 간주하셨으며 그렇게 대하셨던 예수만을 안다. 예수를 주님으로 영접하면서도 이 주제에 대한 예수의 말씀을 받아들이지 않는다는 것은 모순이다. 또한 복음을 영접한다는 것은 예수의 말씀과 사도들의 말을 하나님의 말씀으로 삼는 것이다. "내가 너희에게 분부한 모든 것을 가르쳐 지키게 하라"(마 28:20). 성경에는 두 개의 정경이 있는 것이 아니라 단 하나의 정경이 있을 뿐이다. 문제는 단지 복음서들과 서신서들이 기존의 권위 있는 하나님의 말씀에 덧붙여져야 하느냐 하는 것일 뿐이다. 주님으로서의 그리스도에 대한 우리의 헌신에는 새 것이 옛 것을 성취한다는 믿음이 따라오기 때문에, 그 둘을 하나로 묶는 것이 이상한 일은 아닐 것이다.

### 성경의 권위: 언약

그러므로 복음을 받아들인 핵심적인 결과는 예수 그리스도가 우리의 주님이 되셔서, 우리의 삶에서 자신의 나라의 권위를 행사하시는 것이다. 복음으로부터, 우리는 그분의 권위의 본질이 무엇이어야 하는지, 그분이 그 권위를 행사하시는 수단이 무엇인지를 볼 수 있다. 그분의 권위의 수단은 말씀이다. 그러므로 말씀은, 하나님 나라와 언약 사이의 밀접한 연결성에서 보듯이, 그분의 권위 스타일을 반영해야 한다. 나는 제3장에서 이것이 이미 그렇게 되었음을 암시했었다. 타락은 하나님 나라에 대한 반역이었으며, 언약은 약속의 말씀을 통해 주님이 자기 백성과 왕으로서의 관계를 맺으심으로써 그 나라를 회복한다. 하나님의 언약적 규정들은 하나님 백성의 발전 상태에 따라 시시때때로 달랐다. 아브라함과의 언약은 한 가족을 주님께 묶어 주었으며, 모세와의 언약은 한 민족을 주님께 묶어 주었다. 그리고 다윗과의 언약은 한 국가를 주님께 묶어 주었고, 예수를 통한 언약은 그분의 백성들을 주님께 묶어 주었다. 주어지고 받아들여진 약속의 말씀들을 통해서, 언약의 당사자들은 서로에게 헌신함으로써 자신들의 행동의 자유에 제약을 가한다.

이미 지적했듯이(제3장), 시내 산 언약을 주신 기록에서 우리는 '언약서'에 대해 읽을 수 있다. '언약서' 혹은 '율법책'이란 말은 그 때(예를 들면, 출 24:7)와 그 후(예를 들면, 대하 34:15)에 몇 차례 등장하는데, 언약과 그에 따른 조약들에 대한 공적인 기록을 가리키기 위해 언급된다. 이와 같이 '언약' 혹은 '율법'이라는 말이 이러한 것들을 기록하는 문서들에 옮겨져 사용된다는 사실은 중요한 통찰을 하나 포함한다. 구약 성경과 신약 성경의 문서들은 '언약적'이다. 그 문서들의 기원은 주님이 자기 백성과 맺으신 언약에 있다. (결국 새 언약은 그 언약을 기록하고, 선포하고, 해명하고, 적용하고, 조명하는 가운데서 '구약 성경 시대 내내 이루어졌던 핵심적인 약속들을 요약하며…동시에 그 약속들을 넘어선다.'") 하나님의 언약 백성들은 성경과 동일 연장선상에 있는 언약서를 지닌다. 그리하여 성경의 언약적 기원은 성경의 권위와 본질 둘 다를 동시에 드러낸다. 우리는 성경이 소유하는 종류의 권위를 결정하는 데 도움을 주는 특별한 특징들을 인식함과 동시에 성경의 권위를 계속해서 존중할 수 있다. 그러므로 한편으로 언약적 접근은 성경이 하나님에 관해 발견하게 해주는 교과서일 뿐이라는 견해에 도전하며, 다른 한편으로 성경이 하나님이 하신 말씀에 대한 증거일 뿐이라는 견해에 도전한다. 그 두 접근 방법 가운데 어느 것도 그 책을 통해 하나님이 자신의 언약 백성을 다스리신다는 점을 적절하게 기술하지 못한다.

성경의 권위는 구원하신 사람들에게 미치는 주님의 인격적 권위다. 성경은 「낚시 대전」(*The Compleat Angler*)이 낚시에 대한 책인 것과 같은 식으로 하나님에 대해 말해 주는 책이 아니다. 하나님에 대한 인식이 관계적이듯이 성경은 관계적인 인식을 제공하며, 그 인식을 받아들이는 자들을 하나님의 다스림을 받는다는 것이 무슨 뜻인지에 대한 진리로 이끄는 기능을 수행한다. 그렇게 말한다고 해서, '성경에서 하나님에 대한 진리들이 전달되지 않는다는 뜻이 아니다. 그와 반대로, 성경에서 우리는 하나님에 대해 가르침을 받는다. 성경은 분명한 교훈적 기능을 지니며, 가르침(doctrine)의 토대다. 그러나 성경의 교훈적 기능은 하나님과의 관계의 맥락에서 행사된다. 그 기능은 "무릇 마음이 가난하고 심령에 통회하며 내 말을 듣고 떠는 자 그 사람은 내가 돌보려니와"(사 66:2)라고 말씀하시는 그 하나님에 대한 인식에 의해 형성된다. 성경의 권위는 먼저 자기 백성을 구속하심으로써, 그 다음으로는 그들을 자신과의 언약적 충성의 관계에 두심으로써 그 권위를 행사하시는 여호와의 권위다. "언약서를 가져다가 백성에게 낭독하여 들게 하니 그들이 이로되 여호와의 모든 말씀을 우리가 준행하리이다"(출 24:7). 간단히 말해서, 권위의 중심적인 쟁점은 영적인 것이다. 그것은 바로 순종의 문제다.

우리가 성경을 언약서의 궁극적인 형태로 생각한다는 것은 성경의 기원이 하나님께 있으며, 성경을 하나님의 말씀이라고 일컫는 것이 적합하다고 말하는 것이다. 성경의 권위는 하나님의 마음에 있는 그 기원으로부터 비롯된다. 하나님이 성경의 궁극적인 저자이시다. 그러나 '기원'이라는 말은 또한 인간적인 기원도 가리킨다. 인간적인 기원이란 하나님이 그러한 책이 나오도록 정해 놓으신 방식을 말한다. 애초의 언약서는 이런 식으로 등장한 것으로 묘사된다. "모세가 와서 여호와의 모든 말씀과 그의 모든 율례를 백성에게 전하매 그들이 한소리로 응답하여 이로되 여호와께서 말씀하신 모든 것을 우리가 준행하리이다." 그런 다음에 모세가 여호와의 모든 말씀을 기록했다는 것이다(출 24:3-4). 역대기는 요시야 왕의 시대에 발견된 언약서를 "모세가 전한 여호와의 율법책"이라고 묘사한다(대하 34:14). 성경은 말씀하시는 하나님을 표현하며, 경우에 따라서 자신의 예언자들에게 직접 말씀하시는 하나님을 표현한다. 그러나 다른 곳에서 종종 그렇듯이, 여기서 성경은 다음 단계 즉 설교의 형태나 글로 기록된 형태로 혹은 그 둘 모두로 말씀을 기록해서 전달하는 단계를 묘사한다.

그렇게 하면서, 성경은 그 권위와 본질을 나타내는 데 도움을 주는 두 가지를 지적한다. 첫째, 말씀의 기원 즉 저작성과 권위는 하나님께 속한다는 사실이다. 둘째, 자신의 메시지를 전달하도록 자신이 택한 예언자들의 은사와 기량을 사용하시는 것이 여호와의 관례라는 사실이다. 이 점에 있어서, 모세는 두드러지는 모범이다. 그는 다른 사람들에게는 주어지지 않은 방식으로 하나님에 관한 진리를 분별할 수 있는 어떤 종교적인 천재로서가 아니라, 그 자신 너머에서부터 임하는 말씀을 전달하고 적용하는 일을 자신의 과업으로 삼는 한 사람의 종으로서 우리에게 제시된다. 모세는 하나님의 이름으로 이스라엘에게 말하고, 하나님의 말씀을 이 백성들에게 전달하려는, 언약의 종들의 긴 행렬 가운데 첫 사람이다. 성경의 특징 가운데 하나는 "여호와의 말이니라"라는 예언자들의 말이다. 그들은 확실히 주저함이 없이 자신의 말을 여호와의 말로 여긴다.

이것은 세계와, 특히 인간 세계와 하나님의 관계를 대하는 성경의 방식의 구체적인 예다. 하나님의 주도하심과 권능은 그 자신의 권능이나 사람의 힘을 희생해서 집행되는 것이 아니다. 기드온을 위해 전쟁을 승리로 이끄실 때, 하나님은 기드온의 군대를 거의 없애다시피 하셨지만, 여전히 기드온 군사들의 칼과 미디안 군대가 도주하도록 계획한 전략을 사용하신다(삿 7장). 하나님이 사도 바울을 쓰셔서 큰 일들을 감당하게 하실 때, 참으로 뛰어난 한 사람의 열정과 지성을 병합하여 쓰심으로써 그렇게 하신다. 성육신은 인간적인 것이 하나님의 목적을 위해 흠 없이 신적인 것에 병합된 최고의 실례다. 십자가에 달리심은 결코 모의 사건이 아니었으며, 그리스도의 고난도 환각이 아니었다. 그러므로 이렇듯 하나님의 말씀을 낳는 과정에서의 하나님과 사람들의 연합적 노력은 하나님이 우리를 다루어 가시는 전형적인 패턴이며, 그 자체에 인간적인 것이 신적인 것을 손상했다거나 불순하게 만들었다는 암시는 전혀 없다.[8]

### 성경의 기원: 영감

나는 언약의 범주를 사용해서 성경의 권위와 기원 둘 다에 대해 말했다. 좀더 관례적인 것은 하나님 말씀의 신적 저작성의 양식에 대해 '영감'(inspiration)이라고 말하는 것이다. 어떤 의미에서는 이 범주를 끄집어낼 필요가 전혀 없다. 성경이 언약적이라고 말하는 것으로 하나님의 저자됨이 성립하기 때문에, 성경의 권위와 성격도 성립된다. 그러나 영감이라는 표현은 어떻게 하나님의 말씀이 임했는가에 대한 성경 자체의 진술에서 비롯되기 때문에, 그 점에 대해 좀더 탐구하는 것이 유용할 것이다. 이 표현은 성경을 고려할 때 성령의 역사를 도입하는 유익을 지닌다. 성령과 말씀을 가져다주는 자의 연결은, 요한복음에 있는 예수 자신의 표현에서처럼 빈번하게 이루어진다. "하나님의 보내신 이는 하나님의 말씀을 하나니, 이는 하나님이 성령을 한량없이 주심이니라"(요 3:34). 영적 감동을 받은 예언자가 하는 일은 철학적인 관찰들을 제공하는 것이 아니라 하나님의 진리를 전달하는 것이었다. 그 메시지의 권위는 예언자로부터가 아니라 신적인 원천으로부터 비롯되었다. 베드로는 예언자의 글의 권위를 강조하기를 원하면서, 이렇게 말한다. "또 우리에게는 더 확실한 예언이 있어 어두운 데를 비추는 등불과 같으니, 날이 새어 샛별이 너희 마음에 떠오르기까지 너희가 이것을 주의하는 것이 옳으니라. 먼저 알 것은 성경의 모든 예언은 사사로이 풀 것이 아니니, 예언은 언제든지 사람의 뜻으로 낸 것이 아니요, 오직 성령의 감동하심을 받은 사람들이 하나님께 받아 말한 것임이라"(벧후 1:19-21). 간단히 말해서, 하나님이 성경의 저자이시기 때문에 우리는 성경에 대해 면밀하게 집중해야 한다는 말이다.

성경을 연구함으로써 우리가 알 수 있는 사실은, 사실상 계시가 다양한 방식으로 전달된다는 것이다. '영감'은 성령의 역사가 내포되는 한, 적합한 범주다. 즉, 영감이라는 사상이 하나님께 사로잡히는 것과 같은 특별한 일로부터 비롯될 수도 있겠지만, 그 결과를 하나님의 성령의 역사의 탓으로 돌릴 수 있는 한, 그 사상은 계시의 다른 양식들에 대해서도 똑같이 사용될 수 있다. 이 사실을 우리는 베드로의 말에서 살펴볼 수 있었다. 예언자들은 환상(겔 10장)과 여호와의 말씀을 보았다(암 1:1; 영역본에는 '드고아의 목자 중 한 사람, 아모스의 말씀…지진 두 해 전에 이스라엘에 관하여 그가 보았던 것…'으로 되어 있다―역주). 또 여호와의 성전 안에서 여호와의 음성을 들었으며(사 6:8), 다른 예언자들의 글을 연구하고 논평했으며(렘 31:3-6), 역사와 지혜에 관한 책들을 쓰기 위해 성경 이외의 문헌들에 있는 자료를 사용했으며(왕하 18:19-25), 특수한 상황을 전달해 주는 편지들을 사용했다(렘 29장). 그 저자들의 다른 개성들, 다른 역사적 정황들, 서로 다른 언어적 솜씨들과 문체들이 그 점을 검토하는 모든 사람에게 분명히 드러난다. 여호와의 손은 자신이 계시하고자 하는 것을 전달하는 이러한 방식들 및 다른 여러 방식을 사용하실 수 없을 만큼 짧지 않다. 사건들에 대한 하나님의 섭리적인 배열은 심지어 자신이 영감된 말을 발설하거나 기록하면서 영감의 경험에 대해 전혀 의식하지 못했던 개인의 말에 대한 배열까지도 포함한다. 예를 들어, 가야바는 주님의 명하심에 따라 말한다는 사실을 전혀 의식하지 못했다. 그가 생각할 때는, 일상적인 이성적 절차에 따라서 자신이 말하고자 하는 내용을 말했던 것이다. 그렇게 해서 그는 부지중에 하나님의 말씀을 전했다. "이 말은 스스로 함이 아니요 그 해의 대제사장이므로, 예수께서 그 민족을 위하시고 또 그 민족만 위할 뿐 아니라 흩어진 하나님의 자녀를 모아 하나가 되게 하기 위하여 죽으심을 미리 말함이러라"(요 11:51-52).

### 영감의 방법

영감에 관해 이야기할 때 두 가지 문제를 언급할 필요가 있다. 첫째는 영감의 방법과 관계된 것이다. 지난 수백 년 동안 영감에 관해 말하는 참고 문헌치고 '구술'(dictation)과 '영감'(inspiration) 사이의 혼동을 활용하지 않은 글은 없었다. 영감이라는 범주에 대해 어떤 견해를 가지고 쓰든지, 저자는 영감에는 구술이 의도되지 않는다고 우리에게 다짐한다. 복음주의자들은 자신의 입장이 그렇지 않다는 맹렬한 항의에도 불구하고, 하나님이 그 인간 저자들로 하여금 성경을 한 자 한 자 받아 적게 하셨다는 견해와, 그러므로 인간 저자의 견해는 최소한의 것이었다는 견해를 분명히 견지한다는 의심을 받는다. 사실상 복음주의자들은 '영감'이 어떤 식으로도 전혀 인간의 기여를 수반하지 않으며, 궁극적으로 볼 때 텍스트의 저자는 하나님이심과 그에 따른 텍스트의 권위를 주장할 필요가 있음을 조심스럽게 시사해 왔다. 그러나 복음주의의 대처는 지나치게 방어적이었다고 말할 수 있을 것이다. '받아쓰기식의 구술'에 대한 맹렬한 거부감과 그런 식의 견해를 복음주의자들(혹은 근본주의자들)이 지녔다는 식으로 치부하려는 거의 뿌리 깊은 욕망은 은밀하게 감춰진 한 가지 문제를 시사한다. 결국, 성경이 사람의 발설이 하나님의 발설로도 생각된다는 점을 여러 면으로 보여 준다고 말하는 것이 사실이지만, 모세와 적어도 언약서의 경우에는 '구술'에 매우 근접한 실례를 우리에게 제공한다(출 19:6-7; 24:4; 34:27). 실로, 십계명은 애초에 하나님이 직접 기록하셨다(출 32:15-16). 그리고 만일 예언자들이 종종 그렇게 주장하듯, 하나님이 하신 말씀을 인용함으로써 그 말씀을 말하는 것이라면, '구술'이 그러한 사건에 대한 전적으로 부적합한 묘사라고는 말할 수 없다.

구술이라는 개념은 현대에 더 가까운 저자들보다는 계몽주의 이전의 저자들에게 해당되는 것이라는 생각이 더 쉽게 든다. 그들은 '하나님의 서기관들'(the divine penmen)과 같은 어구들을 사용할 준비가 되어 있었다. 지금은 그 비평가들로부터는 말할 것도 없고, 복음주의자들로부터도 그러한 표현을 듣는 일이 희귀해졌다. 그러나 이전의 신념들을 제치고 지난 수년 동안 등장했으며, 섭리보다는 천재성을 강조하는 영감에 대한 이론들은 어떻게 하나님의 말씀들이 인간의 언어 가운데로 들어오는가에 대한 성경 자체의 진술을 훨씬 더 부정확하게 반영한다. 계몽주의 이전의 저자들은 우리가 문화적인 이유 때문에 무시하는 어떤 진실을 이해했다고 말할 수 있을 것이다. 만일 하나님의 말씀을 받아 적는 서기로서가 아니었다면, 출애굽기 24:4의 모세를 우리가 어떻게 이해할 수 있겠는가? 복음주의자들은 자신을 비판하는 비평가들에게 그 문제점이 무슨 문제점인가를 물을 필요가 있다. 만일 모세와 여타의 예언자들이 진정으로 하나님의 말씀을 받아 적는 '구술'의 예들을 드러낸다면, 우리는 그 말씀을 형성하는 데 인간적 창의력의 여지를 거의 지니지 않는 하나님의 말씀을 아주 확실하게 소유하는 것이다. 배후에 깔린 문제점이라는 것이 그 주장의 대담성, 하나님이 실제로 말씀하셨다는 것과 같은 두려운 사실인가? 진정 받아 적은 여호와의 말씀이 존재한다면, 동일하게 직접적인 권위(immediate authority)를 지닌 어떤 다른 것도 존재할 수 있지 않겠는가? 또한, (예를 들어) 요한복음과 같이 아주 세심하게 기록된 문학적 산물 역시 '하나님의 말씀'이라고 한다면, 어째서 우리는 구술이라는 개념에 대해 곤란해 하여야 하는가? 그렇게 해서 야기되는 실체의 권위는 똑같은데 말이다. 지금 여기에서 우리가 보는 것이 서구 문화 전체의 특징인 자율성에 대한 추구가 교회의 신학적 사고 자체에 등장한 것은 아닐까?

어째서 구술이라는 생각이 기각되는지에 대한 두 가지 표면적인 이유가 있다. 첫째는 신학적 이유다. 즉, 하나님은 전형적으로 자기 종들 가운데서 그리고 그들을 통해서 세상에서 행하신다는 것이다. 여기에서 경고음을 발할 필요가 있다. 기드온의 실례를 통해 이미 시사했듯이, 이것이 진실로 여호와께서 일하시는 보통의 방식이라는 점에 대해서는 전혀 의심이 없다. 그러나 성경은 이 방식만이 유일한 것이라고 제시하지 않는다. "여호와께서 너희를 위하여 싸우시리니, 너희는 가만히 있을지니라"(출 14:14). 세상에서 하나님이 섭리로 정해 놓으신 일은 규칙적이며, 관례적으로 부차적인 원인들을 차용한다. 그러나 이것이 어떤 절대적인 제약 사항은 아니다. 하나님의 권능은 또한 세상에서 우리로 하여금 하나님의 일을 수행하게 하실 필요가 없다는 사실을 여러 면에서 드러낸다. 하나님의 일하심은 대개 섭리적이다. 그러나 때때로 하나님의 어떤 일은 기적이라고 말하는 것이 더 합당할 때가 있다. 하나님이 하나님이라면, 우리는 기적에 대한 편견 때문에 기적적이라고 해석하는 일을 배척하지 않도록 주의해야 할 것이다.

구술이 그처럼 즉시로 기각되는 두 번째 이유는 해석학적인 것이다. 19세기 이래로, 성경을 이해하는 방법에 대대적인 변천이 이루어져 왔다. 성경이 지닌 인간적 측면(the humanity of Scripture)은 성경 읽기의 핵심 요소가 되었다. 성경이 '다른 책과 마찬가지로' 읽혀야 한다는 주장은 한 때 논쟁을 불러일으켰으며, 많은 사람을 대경실색하게 만들었다.⁹ 그러나 성경이 지닌 인간적인 맥락과 저작성을 명확하게 지적함으로써 성경을 읽는 일에 이루어진 진전들은 이러한 새로운 강조를 변호해 주었다. 이 점에 대해서는 다음 장에서 좀더 언급될 것이다. 그러나 이러한 진전에도 불구하고, 이 방법의 긍정적인 열매는 논의 대상이 된 책의 진정한 성격에 대한 간과를 정당화할 수는 없다는 점을 지적하는 것으로 충분할 것이다. 성경의 기원은 사람과 하나님 둘 다이다. 성경이 다른 어떤 책과 마찬가지 방식으로 읽혀야 한다는 점을 인정한다고 해서 성경이 진짜 다른 어떤 책과 **똑같이** 읽혀야 한다는 말은 아니다. 그 둘 사이에는 유사점도 있지만, 심대한 차이점도 있다. 그리고 구술 사상은 지금까지 무시되어 왔던 아주 중요한 점에 대한 하나의 증거로 성립할 수 있다. 어쨌든, 구술은 성경에 기록된 하나님의 영감의 유일한 양식이 아니며, 가장 현저한 양식도 아니고, 여러 양식 가운데 하나일 뿐이다.

### 영감의 범위

영감을 논할 때 언급되어야 할 두 번째 문제는 영감되었다고 일컬어지는 성경의 부분들과 전체의 연결이다. 성경은 하나님으로부터 나온 말씀들을 포함하되, 성경 전체가 다 하나님의 말씀이라고 일컬어지는 것은 옳지 않다는 주장이 있을 수 있다. 결국, 성경의 부분들은 분명히 하나님에 관한 그리고 하나님을 향한 인간의 말이기 때문에, 우리는 그 말들이 하나님으로부터 왔다고 인정할 수 없다고 말할 수 있다. 성경은 심지어 사탄이 한 말도 기록한다. 그런데 어떤 의미에서 그러한 말들이 하나님의 말씀이라고 말할 수 있는 것인가? 때때로 제기되는 유사한 질문은 역대기에 있는 긴 족보들과 같이, 성경에서 좀 덜 '영감받은' 부분들이라 일컬어질 수 있는 것과 관련되어 있다.

이러한 물음들에 대해 두 가지 입장에서 언급할 수 있을 것이다. 첫째는, 이러한 확실한 난점에도 불구하고, 정확히 신약 성경이 구약 성경을 대하는 방식을 관찰해 보라는 것이다. 성경 혹은 그렇게 또한 불리는 것처럼 거룩한 책들(롬 1:2)은 "하나님의 말씀"으로 알려진 특별한 글들의 묶음을 형성한다. 우리가 직접 주님으로부터 온 것이라고 돌릴 수 있는 부분들만을 인정할 수 있을 것이라는 암시는 어느 곳에서도 찾아 볼 수 없다. 예수께서는 창세기 2장에 있는 "이러므로 남자가 부모를 떠나 그의 아내와 합하여 둘이 한 몸을 이룰지로다"라는 편집자의 해설을 인용하시면서, "사람을 지으신 이[Creator]가…말씀하시기를"(마 19:4-6)이라는 제목 아래서 그렇게 했다. 바울은 특히 구약 성경에서 하나님으로부터 온 것으로 인정되는 말씀들을 인용하면서, "성경이 바로에게 이르시되"(롬 9:17)라는 충격적인 말로 그 말씀들을 도입했다. 히브리서 기자는 하나님에 관한 다윗의 말들을 언급하면서, 그 말씀들을 다윗과 하나님 둘 다의 것으로 돌렸다. "오랜 후에 [하나님이] 다윗의 글에 다시 어느 날을 정하여 오늘이라고 미리 이같이 일렀으되, 오늘 너희가 그의 음성을 듣거든 너희 마음을 완고하게 하지 말라 하였나니"(히 4:7). 간단히 말해서, 신약 성경의 관례는 구약 성경 전체를 하나님의 말씀으로 대하고, 인간 저자들과 저자로서의 하나님 둘 다를 인정하며, 하나님이 직접 공식적으로 말씀하실 뿐만 아니라 자신에 관한 혹은 자신에 대해 이루어진 말씀들의 저자일 수 있음을 인식한다.

두 번째 관찰은 의사소통의 일반적인 성격과 관련되어 있다. 사람들 사이의 의사소통은 어떠한 것도 그 자체로는 성립하지 않는다. 모든 의사소통은 어떤 정황을 갖는다. 정황은 의사소통의 과정에서 내용보다는 훨씬 적은 역할을 할 것이다. 정황은 예술 작품의 경계나 틀에 지나지 않을 수도 있다. 그렇지만 경계가 없이는, 정황이 없이는, 핵심 부분이 정확하게 그리고 효과적으로 전달될 수 없다. 때때로 의사소통이 말하는 바를 이해할 수 있게 해주는 것은 그 의사소통이 말하지 **않은** 내용이다. 성경에서도 그렇다. 어떤 부분들이 다른 부분들보다 훨씬 더 강렬하다는 근거에서든, 어떤 부분들만이 하나님으로부터 오는 직접적인 말이라 주장한다는 근거에서든, 성경에서 영감된 부분들과 그렇지 않은 부분들 사이를 구별하는 것은 앞면을 이해할 수 있게 해주는 배경을 제거해 버리는 것이다. 그러한 일은 성경을 교리 안내서로만 대하려는 자들과 같이 주지주의적 함정에 빠지는 것이다. 같은 책 안에 전도서와 요한복음을 함께 가짐으로써만이 우리는 하나님이 우리에게 하시는 말씀을 알 수가 있다. 또한 어떤 부분들이 다른 부분들보다 더 '영감되었다'고 말하는 것은 영감을 텍스트의 한 특성으로가 아니라 독자에 의한 반응으로 취급하려는 것이다.

## 성경의 특이성

이 설명에는, 주님의 권위와 성경의 권위가 확실하게 서로 묶여 있다. 언약적 성경은 주 예수께서 자기의 언약 백성을 다스려 나가시는 수단이다. 이 사실은 공히 집단적인 연관성과 개인적인 연관성을 지닌다. 그리스도의 주되심은 개인에 대해 행사되지만, 훨씬 더 근본적인 층위에서 그리스도의 다스림은 모아진 사람들에 대해 행사된다. 그리고 우리의 이해관계는 교회에 대한 그리스도의 권위에 그리고 그 권위가 어떤 식으로 행사되느냐에 달려 있음에 틀림없다. 그러나 하나님 백성의 충성을 요구하는 다른 권위들에 비해 성경의 상대적인 입장은 무엇인가? 이 장의 나머지 부분에서는 소위 성경의 특이성 혹은 독특성을 살펴보도록 하겠다. 낯설기는 하지만, 하나님의 이름으로 성경을 밀쳐 내리는 사람들이 있기 때문에, 하나님에 대해 성경의 권리를 주장함으로써 시작해야겠다. 그래서 다른 두 권위인 전통과 이성을 다루기에 앞서서, 하나님과 성경의 적절한 관계에 주목하고자 한다. 성경과 성령의 관계는 이 책 마지막 부분의 주제가 될 것이다.

## 성경과 하나님

모든 그리스도인은 하나님의 권위를 받아들인다. 그러나 성경의 권위를 강조하는 사람들은 종종 하나님에 대한 그들의 태도에 대해 공공연하게 도전을 받는다. 말하자면, 그들이 성경에 너무나도 현저한 지위를 부여함으로써, 그들이 믿는다고 고백하는 그 하나님의 권위를 흐린다는 것이다. 이러한 비난은 두 가지 형태를 띤다.

### 그것은 축소적이다

첫째, 하나님의 신비란 우리와 하나님 사이의 의사소통은 언어적인 것으로는 결코 만족스럽게 환원될 수 없음을 의미한다는 주장이다. 언어적인 것은 너무나 무미건조하며, 너무나 학문적이며, 인간적인 것에 불과하다는 것이다. "어떠한 각별한 진술도 명확하게 하나님의 계시로 확증될 수 없다. 그 진술은 계시이기도 하고 아니기도 하다."[10] 하나님이 하나님이시라면, 하나님에 대한 우리의 자각은 말로 표출될 수 없는 많은 것을 포함해야 한다. 이처럼 하나님에 대한 우리의 인식은 언어적이기보다는 훨씬 더 성례전적이며(sacramental), 평범하기보다는 신성하다(numinous). 복음주의 개신교의 전형적인 말씀에 대한 강조는 하나님의 은닉성에 대해 전혀 공정하지 않으며, 그분의 신성한 현존이 존경받아야 할 한 인격으로 하나님을 대하기보다는 연구되어야 할 대상으로 격하한다는 것이다. 실로 그러한 강조는 하나님을 통제하려 하고, 하나님을 우리 인간의 크기로 깎아 내리고, 파악될 수 없는 것을 파악하려는 인류의 또 하나의 시도라는 것이다. 가톨릭 예배와 개신교 예배의 대조가 그 점을 말해 준다. 하나는 신비로 가득 차 있으며, 모든 감각에 호소하고, 성례전적이며, 신성하다. 다른 하나는 단순 명확하며, 비상징적이고, 주로 귀에 호소한다.

에드윈 베번(Edwin Bevan)의 고전적인 작품은 그 점을 깔끔하게 지적하는 한 사건을 다음과 같이 전해 준다. "나는 한 사람이 영국의 한 성당에 방문했을 때, 자신이 경험했던 일을 대화 중에 묘사하는 말을 들은 기억이 난다. 예배는 아직 시작되지 않았지만, 내 기억이 맞는다면, 오르간은 벌써 연주되었다. 그는 자신이 그 안에서 이리저리 움직였을 때, 자신을 에워싼 고풍스런 건물과 간접 조명과 음악의 흐름이 자신에게 어떻게 신성한 것에 대한 풍성한 감각을 가져다주었는지를 묘사했다. 그런 다음에 그 사람은 그 음악이 그치자 갑자기 복도를 통해서 '비록 우리가 그분께 거역했을지라도, 자비와 용서는 주 우리 하나님께 있습니다'라고 선포하는 음성이 들려왔는데, 그 때 갑작스럽게 진부하다는 느낌과 함께 막막한 지루함에 빠져들었다고 설명했다."[1] 베번이 이 태도에 대해 몇 가지 비판적인 언급을 하긴 하지만, 이 태도는 많은 사람이 무슨 생각을 하는지를 잘 보여 준다. 즉, 종교의 영역은 언어적인 것에 의해 저해되지 않고 경험에 맡겨두는 것이 최선이라는 것이다. 계시의 측면에서, 우리에게는 상징적인 것, 감각적인 것, 최소한으로 말해서 예언자 엘리야가 하나님과의 두려운 대면에서 들었던 것과 같은 "세미한 소리"가 훨씬 더 낫다는 것이다. 그러한 종류의 경험이 우리가 설교나 책에서 그분의 말씀을 듣거나 읽는다는 진부한 믿음보다는 하나님의 본성에 더 진실하다는 것이다.

이에 대한 답변으로 몇 가지를 지적하고자 한다. 엘리야의 경험에서부터 시작하는 것이 좋을 것 같다(왕상 19장). 왜냐하면 그 경험이 신성한 것을 위해 계속 남용되기 때문이다. 예언자 엘리야는 모든 언어적 계시 가운데 가장 위대한 계시 중 하나의 장소인 호렙 산 혹은 시내 산으로 알려진 곳으로 복귀하는 중이었다. 그는 하나님이 말씀하신다고 알려진 곳으로 돌아가는 중이었다. 그 곳에서 지진과 바람과 폭풍우 가운데서 여호와의 권능이 강력하게 나타났다. 그러나 본문은 여호와께서 이러한 것들 가운데 어느 곳에서도 계시지 않았다고 구체적으로 언급한다. 실로 그러한 현상들 뒤에 이어져 나온 "세미한 소리"[12절, '부드러운 속삭임'(gentle whisper); 거의 확실히 오역이다. NRSV는 '침묵의 소리'(a sound of sheer silence)로 되어 있다]는 여호와께서 말씀하시는 하나님이심을 일깨워 주는 말이다. 그리고 그렇게 여호와께서는 엘리야를 위해 거기에 계셨다. 그리하여 그 이야기는 진정한 계시를 구성할 때 자신의 예언자에게 말을 건네시는 여호와에게서 정점에 달한다.

엘리야의 일화 전체는 여호와께서 위대하시고 압도적이지만, 그분의 인격이 우리에게 신비스러운 것이고 우리를 훨씬 초월하여 위엄과 권능 가운데 계신다 할지라도, 여호와는 언어로 우리에게 말을 건네신다는 관찰에 대한 증거다. 말씀은 이 위대하신 하나님이 우리에게 다가오시는 은혜의 접근이다. 말씀은 더 고상한 종교적 감수성에 대한 흥미 때문에 우리가 경멸하거나 지나칠 수 있도록 주어진 것이 아니다. 성당 안에서의 목소리가 음악의 신성한 혹은 미학적 질은 소유하지 못했을지 모르지만, 말로 표현되던 것은 살아 계신 하나님의 말씀, 복음에 대한 즐겁고 유쾌한 소식이었다. 하나님을 어떤 대상으로 대하는 자들은 말씀을 가치 있게 여기는 자들이 아니라 자신에게는 말씀이 충분하지 않다고 선언하는 자들이다. 하나님은 말씀 가운데서 공격받을 수 있게 자신을 노출하셨다. 하나님은 자신을 우리에게 잡아매시면서, 말씀 가운데서 자신의 생명을 주신다. 모세가 이스라엘 백성들에게 일깨워 주었듯이, 이스라엘이 살아 계신 하나님과 대면했을 때는 다음과 같았다. "여호와께서 호렙 산 불길 중에서 너희에게 말씀하시던 날에 너희가 어떤 형상도 보지 못하였은즉 너희는 깊이 삼가라. 그리하여 스스로 부패하여 자기를 위해 어떤 형상대로든지 우상을 새겨 만들지 말라"(신 4:15-16).

모세는 자신의 위대한 연설을 거의 끝맺으면서, 하나님의 말씀을 구체적으로 이스라엘이 파악할 수 있는 범위에 두고 있다. 그들은 하나님의 말씀을 찾기 위해 하늘에 올라갈 필요도 없고, 그 말씀을 손에 넣기 위해 바다를 가로지를 필요도 없다. "오직 그 말씀이 네게 매우 가까워서 네 입에 있으며 네 마음에 있은즉 네가 이를 행할 수 있느니라"(신 30:14; 참고. 롬 10:5이하). 자신의 말이 하나님과 그 백성 사이의 정해진 회동 장소라고 작정하신 분은 바로 하나님이다. 이 결정은 언약궤에 의해서, 회막에 의해서 그리고 그 후에 시온에 있는 성전에 의해서 상징화되었다. 그것은 육신을 입은 그분의 말씀(his Word)이신 그 아들에게서 그리고 우리에게 가까이 있는 복음에서 성취된다. 하나님이 우리에게 어떻게 의사소통하셔야 하는지를 말하기 위해 종교적 경험의 이름으로 이루어지는 시도들은, 바울이 지혜와 기적들에 대한 요구를 십자가에 대한 말씀으로 대응했을 때(고전 1:18-25) 부딪혔던 자연신학이 지닌 바로 그 문제점들을 전형적으로 보여 준다.

### 그것은 우상 숭배적이다

성경에 대한 복음주의의 태도를 겨냥해서 퍼부어지는 두 번째 비난은 그와 같은 입장이 성경 숭배 혹은 하나님 대신 성경을 경배하는 일을 낳는다는 것이다.[12] 결국, 하나님에 대한 말씀이 아니라 하나님이 바로 하나님이라는 것이다. 즉, 우리의 관계는 하나님과의 관계이지, 하나님에 관한 말씀과의 관계가 아니라는 것이다. 복음주의자들이 하듯이 성경을 공대한다면, 우리가 불가피하게 우리의 믿음을 지성화하고 하나님보다 성경을 (혹은 사실상 성경에 대한 우리의 해석을) 더 중요시하는 경향을 띠게 된다는 것이다. 그리고 그 결과는 예수께서 부딪히셨던 종류의 바리새주의라는 것이다. 또한 그것은 하나님이 우리에게 주셔야 하는 새로운 교훈들을 찾는 대신에, 과거에 대한 우리의 이해를 보전하면서 책 하나에 언제나 묶여 있다는 뜻이기도 하다.

여기에서 각자의 경전에 대한 이해에 있어서 모슬렘과 그리스도인 사이의 차이점이 관심을 끈다. 영감에 대한 모슬렘의 견해는 사실상 구술이다. 예언자 모하메드가 꾸란(Qur'an)을 하나님으로부터 직접 받았다고 이해되기 때문이다. "꾸란에는 인간과의 어떠한 협력도 존재하지 않는다. 모든 것이 하나님에 대한 것이다."[13] 엄격히 말해서, 꾸란에 대한 번역이나 해설에 대한 요청은 전혀 없다. 물질로 된 책 자체를 최대의 존경심으로 대해야 한다. 예를 들어, 그 책을 마룻바닥에 놓고 발로 민다는 것은 생각할 수도 없는 일이다. 그러나 대체로 그리스도인들은 성경에 대해 그와 같은 금기 사항을 전혀 가지고 있지 않다. 우리는 그 내용들을 하나님으로부터 오는 것으로 존경하기에 이 책이 하나님의 말씀이라고 말할 것이다. 그러나 우리는 경전 숭배자들이 하듯이 말씀의 외형적인 형태와 말씀 그 자체를 혼동하지는 않는다.

실로 하나님과 성경 사이에는 본능적인 그리고 고유한 구별이 존재한다. 성경은 하나님이 아니다. 그러므로 성경에 절한 사람은 누구나 성경을 우상 숭배하는 죄가 있을 것이다. 그러나 복음주의자들을 성경 숭배자들이라고 비난하는 것이 공평한가? (만일 복음주의자들이 이 점에 대해 유죄라면, 그것이 역사 내내 모든 유형의 그리스도인에 대한 뿌리 깊은 공격이었다는 점을 관찰하는 것은 가치 있을 것이다.) 이 비난은 겉만 번지르르할 뿐 사실이 아니다. 다시 한 번 우리에게 가장 먼저 하나님을 아는 지식을 가져다주는 복음으로 돌아가 보자. 복음과 하나님을 아는 지식이 단순히 지적인 것이 아니라 관계적이라는 사실에 대해서는 이미 많이 지적해 왔다. 그러나 복음은 어쩔 수 없이 언어적이다. 복음은 하나님의 말씀이다. 우리는 그 말씀을 믿고 순종하라고 요청받는다. 그렇게 하면서, 우리는 하나님 자신을 믿고 순종하는 것이다. 그 하나님은 바로 이 수단을 통해 우리를 자신과의 관계로 이끄시는 분이다. 이것이 잘못된다면, 성경을 대하는 우리의 방식도 잘못 된다. 왜냐하면 성경에 대한 우리의 태도가 복음에 대한 우리의 태도에서 흘러나오기 때문이다.

한 가지 더 생각해 보자. 이것은 정확히 우리 자신과 우리가 사용하는 언어의 연관성에 대한 인간의 경험이다. 만일 한 사람이 다른 사람에게 편지로 의사소통을 한다면, 그 수신자는 그 편지를 보낸 사람과 혼동하지 않을 뿐 아니라 서로 떼어놓을 수 없는 것을 분리하지도 않는다. 예를 들어, 그 편지를 받은 사람이 편지에 쓰인 모임 일정들이 단지 말뿐이었기 때문에 편지에 써 놓은 일정을 지키지 않았다고 말한다는 것은 참을 수 없는 일일 것이다. 우리는 결코, "나는 당신의 말은 당신이 아니기 때문에 믿지 않습니다"라고 그럴 듯하게 말할 수 없다. 인간사에서도 우리는 자신의 말을 지킨다. 여러분이 나의 말을 대하듯이, 나도 여러분을 대한다. 만일 여러분이 나의 말을 경시하고, 무시하고, 따르지 않고, 반대한다면, 개인적으로 나는 당연히 기분이 상한다. 나는 여러분이 나에게 이러한 일들을 했다고 생각한다. 마찬가지로, 여러분이 내 말을 신뢰한다면, 여러분은 나를 신뢰하는 것이다. 내 말에 순종한다면, 내게 순종하는 것이다. 내 말을 존중한다면, 나를 존중하는 것이다. 그것이 일상 경험 가운데서의 언어와 사람들의 본성이다.

그것은 성경의 경우에도 마찬가지다. 실로 성경에서는 더욱 그렇다. 왜냐하면 말씀하시는 하나님은 우리에게 만져질 수 없기 때문이다. 하나님은 신체 언어(body language)에 의존하실 수가 없다. 혹 하나님이 성육신 가운데서 '신체 언어'에 의존하신다고 말할 수 있다면, 그러한 언어는 이제 성경의 언어에서만 우리가 접근할 수 있을 뿐이다. 어쨌든 다시 말하지만, 신구약 성경에서 하나님의 말씀은 하나님처럼 취급을 받는다. 예수께서는 이렇게 말씀하셨다. "내가 너희에게 이른 말이 영이요 생명이라"(요 6:63). 여호수아는 그 당시 그 백성들에게 이렇게 권면했다. "오직 여호와의 종 모세가 너희에게 명령한 명령과 율법을 반드시 행하여 너희의 하나님 여호와를 사랑하고 그의 모든 길로 행하며 그의 계명을 지켜 그에게 친근히 하고 너희의 마음을 다하며 성품을 다하여 그를 섬길지니라"(수 22:5). 마찬가지로 모세도 "너와 네 자손이 네 하나님 여호와께로 돌아와 내가 오늘 네게 명한 것을 온전히 따라 마음을 다하고 뜻을 다하여 여호와의 말씀을 청종하면"(신 30:2), 여호와의 복을 약속했다. 히브리서에서는 하나님의 말씀에 하나님의 역할이 주어진다. "하나님의 말씀은 살아 있고 활력이 있어 좌우에 날선 어떤 검보다도 예리하여 혼과 영과 및 관절과 골수를 찔러 쪼개기까지 하며 또 마음의 생각과 뜻을 판단하나니"(히 4:12). 예수께서는 "누구든지 이 음란하고 죄 많은 세대에서 나와 내 말을 부끄러워하면 인자도 아버지의 영광으로 거룩한 천사들과 함께 올 때에 그 사람을 부끄러워하리라"(막 8:38)라고 말씀하셨다. 성경에 대한 복음주의 교리가 우상 숭배적이라면, 성경 기자들과 예수의 태도 또한 그렇다.

이상을 정리하면 다음과 같다. 성경과 하나님은 서로 대립적이거나 경쟁자의 관계가 결코 아니다. 하나님은 성경의 저자이시며, 성경을 자신의 백성을 다스리는 언약적 수단으로 선정하여 제공하셨다. 우리가 성경을 오용하는 것은 하나님에 대한 모욕이며 하나님을 거스르는 것이다. 우리가 성경을 이용함에도 불구하고 오히려 그 일 때문에 하나님과의 관계가 어긋날 수 있는 가능성은 언제든 존재한다. 이 점에 대해서는 이스라엘을 기억할 필요가 있다. 이스라엘의 그 책의 민족이었다. 그리고 성경으로 말미암아 중요하게 여김을 받았다. 그렇지만 예수께서는 그들에게 이렇게 말씀하셨다. "너희가 성경에서 영생을 얻는 줄 생각하고 성경을 연구하거니와 이 성경이 곧 내게 대하여 증언하는 것이니라. 그러나 너희가 영생을 얻기 위하여 내게 오기를 원하지 아니하는도다"(요 5:39-40). 성경에 대한 그들의 연구는 심원했지만 불신앙적이었다(6:47). (성경 읽기에 대한 문제는 제9장에서 다룰 것이다. 그리고 하나님의 보조적인 계시로서의 성령의 음성이라는 쟁점에 대해서는 제10장과 제11장에서 다룰 것이다.)

### 성경과 전통

전통이란 어떤 죄수가 새로운 간수에게 인도되거나 넘겨지듯이, 전달되는 것 혹은 넘겨지는 것을 말한다. 한 문화의 맥락에서, 전통은 압축되어 현재로 전해 오는 이전의 경험이다. 전통은 역사의 선택이다. 역사는 전통을 통해 흘러간다. 최소한 전통은 경험의 발견이라는 측면에서 권위를 갖는다. 그러나 전통은 마찬가지로 높이 존중되는 자원의 권위를 지닐 수도 있다. 경험이 그 자체에 권위에 대한 생각을 포함하듯이, 전통도 그 안에 권위의 뿌리를 지닌다. 전통은 과거의 권위가(아주 최근에 지나간 일의 권위라 할지라도) 현재에 목소리를 가질 수 있게 한다. 전통은 현재의 권위들이 어떤 요점을 확립하기 위해 과거의 권위에 호소하도록 허락해 준다. 전통이 행위들 가운데 혹은 행위의 유형들 가운데 압축되어 들어갈 때, 전통은 우리가 관례적으로, 따라서 끊임없이 심문을 받지 않으면서 행동할 수 있도록 해준다.

### 성경은 전통 위에 존재한다

성경은 전통에 대해 삼중적인 관계를 지닌다. 첫째, 전통이 사람이 만든 것인 한, 성경은 전통 위에 자리잡는다. 마가복음에 기록된 것처럼, 이것이 정확히 바리새인들과 벌였던 논쟁에서 말씀하신 예수의 요점이었다. "너희가 하나님의 계명은 버리고 사람의 전통을 지키느니라"(막 7:8). 바리새인의 전통에 기존의 하나님의 말씀을 반대하려는 뜻은 없었다. 그 대신 그 전통들은 여러 해를 거듭해 오면서 권력을 획득한 법률적 전통 가운데서 그 말씀을 설명하고 정교하게 다듬었다. 해석의 전통이 그러한 권위를 확보하게 됨으로써, 바리새인들은 그 전통이 하나님이 명령하신 의도에 어긋난다는 사실을 인정하지 못할 정도가 되었다는 것이 예수의 비판이었다. 전통이 아무리 존경할 만했더라도, 하나님의 말씀 자체의 우선성과 권위가 자유롭게 제 역할을 감당할 수 있게 해주는 일이 절대 필수적이었다. 이 점은 전통에 대한 논의들 가운데서 근본적인 신학적 요점으로 남아 있다.

이것은 우리가 살펴보았듯이, 복음이 취하는 계시의 진로(the route of revelation)와 정확하게 들어맞는다. 때때로 성경은 교회의 책이라고 주장된다. 교회가 성경을 낳았고, 성경의 영감된 내용들을 결정했으며, 성경의 존재를 수호했으며, 성경의 메시지를 해석했기 때문이라는 것이다. 로렌스 커닝엄(Lawrence S. Cunningham)의 말을 빌자면, "성경이 교회 안에서 선포될 때, 가톨릭 신자들은 그 곳이 성경을 들을 수 있는 올바른 장소일 뿐만 아니라 그 선포 가운데서 우리가 하나님의 말씀을 듣는 것이라고 믿는다."[14] 그러나 성경에 대한 교회의 이러한 우위성은 성경 자체에서 발견되는 근본적인 진리를 잘못 진술한다. 그 근본적인 진리란, 하나님의 말씀에 의해 믿음이 생겨나며(갈 3:1-5), 교회는 그 존재를 하나님의 말씀에 빚지며(엡 2:20), 하나님의 말씀은 하나님의 목적을 달성하는 강력한 힘이며(히 4:12-13), 복음은 우리를 구원하시는 하나님의 말씀(롬 1:16)이라는 사실이다. 교회는 그 자신의 생명을 말씀에 빚지고 있다. 성경은 이 말씀으로부터 분리될 수 없으며, 교회는 아무리 자신이 유일하게 허가받은 해석자라고 주장할지라도 그런 주장을 가지고 성경을 지배할 수 없다.

### 성경은 전통을 포함한다

둘째로, 신약 성경은 그 저자들 자신이 전통으로 확인하는 요소들 그리고 그 자체로 하나님 말씀과 동일시되는 요소들을 포함한다. 이렇듯, 복음은 바울에게 '전해진' 것이었다. 그리고 바울은 이 사실을 그 복음의 진정성(authenticity)을 입증하기 위해 사용한다. 왜냐하면 자신이 그 복음을 전해 받았던 그 자료들은 전혀 흠잡을 데가 없는 것이기 때문이다(고전 15:3-7). 마찬가지로, 최후의 만찬에 대해서도 바울은 "내가 너희에게 전한 것은 주께 받은 것이니…"(고전 11:23)라고 기록한다. 여기와 다른 몇 곳에서 우리가 다루는 것은 하나님의 말씀으로 여겨지는 자료임에 분명하다. 실로, 예수에 관한 우리의 모든 자료는 애초에 말로 '전승되었던' 것이었을 가능성이 있다. 여기에서는 '전승'이라는 말이 어떤 다른 의미에서 사용되는 것이 확실하다. 그 개념은 '증거' 및 '사도'와 같은 단어들과 연결된다. 그 개념은 현재 우리가 가진 대로의 신약 성경의 성립을 설명하는 데 도움을 준다. 이미 언급한 두 예에서 알 수 있듯이, 그러한 경우 전통은 성경의 발전 초기 단계에서, 성경 자체의 권위를 지녔다. 전통의 권위에서 핵심은 전통의 역사가 아니라 그 원천에 있다. 그리고 신약 성경 자체가 그렇게 판단되었듯이, 전통의 원천은 기존의 하나님 말씀과의 일치성에 의해 판단될 수 있을 것이다.

초기의 그리스도인들 세대에는, 현재 우리가 기록된 전통에 가지고 있지 않은 다른 예수에 관한 전통의 요소들이 존속되어서 설교와 가르침에 사용되었을 수 있다. 분명히 어떤 '신앙 규칙'(rule of faith, 아마도 신조들의 원조였을 것이다)이 발전되어 나왔고, 그 규칙은 진리를 오류로부터 구별하는 데 사용되었다. 그러나 우리가 어느 정도까지 이러한 전통들을 성경과는 별개의 독립적인 생명을 지닌 것으로 볼 수 있을 것인가? 우리가 어느 정도까지 은밀하게 성경의 권위를 지닌 성경 이외의 전통들을 공유할 수 있을 것인가? 트렌트 공의회는 성경과 전통에서 우리가 계시의 두 원천을 가졌다는 견해를 승인하는 것 같다. 트렌트 공의회는 "그리스도 자신의 입으로부터 사도들을 통해 받았거나 사도들 자신으로부터 받은, 성령이 지시하신, 기록된 책들과 기록되지 않은 전통들은 말하자면 손에서 손으로 전달되어서 우리에게까지 내려왔다"고 말한다. 트렌트 공의회는 성경과 전통 둘 다에 '동등한 경건과 존경의 애정을' 표한다(세션 4). 그러나 핸슨 교수(Professor R. P. C. Hanson)는 독립적인 전통에 관한 한, '진정한 구전(口傳)은 250년경에 사실상 소멸되었음'과 모든 교부가 신앙 규칙의 내용은 '성경의 내용과 동일하다'는 사실에 동의했음을 지적한다. 핸슨 교수는 "성경으로부터 독립된 원초적인 정보의 원천으로서, 전통은 무용지물이다"라고 결론을 내린다.[15]

그 내용을 제시하는 약간 다른 방식이 제2차 바티칸 공의회 이후 로마 가톨릭 신학에 등장한다. 그 공의회 자체는 전통이 성경과는 별개로 계시의 두 번째 원천을 구성한다는 주장에 대해 좀더 신중을 기했다. 그 대신에, "동일한 신성의 원천으로부터 흘러나오는 그 둘 모두는 어떤 식으론가 합쳐져서 통일성을 이루며 동일한 목적을 향해 나아간다"[16]는 입장이었다. 그럼에도 불구하고, "성스러운 전통과 성스러운 성경 둘 다는 동일한 헌신과 존경 의식을 가지고 받아들여져야 하며 존중되어야 한다."[17] 전통은 사도들을 승계하는 것으로 간주되는, 감독 직분과 떨어질 수 없게 연결되어 있다. 전통은 '삶의 거룩성과 하나님 백성의 믿음의 증진에 기여하는 모든 것을' 포함한다. "그래서 교회는 그 가르침과 삶과 예배 가운데서, 그 자체의 모든 것, 교회가 믿는 모든 것을 영속화하며, 모든 세대에 전달해 준다."[18] 제2차 바티칸 공의회는 전통과 성경과 교회의 가르치는 직분이 여기에서 서로 묶여 있다는 점을 명백히 했다. "그러므로 하나님의 가장 지혜로운 설계에 따라서, 성스러운 전통과 성스러운 성경과 교회의 가르치는 권위는 하나가 없이는 다른 것이 성립할 수 없을 정도로 서로 연결되고 묶여 있음과 모두 다 함께 그리고 각기 나름의 방식으로 한 성령의 활동 아래서 영혼들의 구원에 효과적으로 기여함이 분명하다."[19]

이 신학에서는, 성경 밖의 전통과 성경이 계시의 전달과 해석에서 일종의 협력관계를 구성하는 것으로 여긴다. 물론 성경이 상급 파트너로 여겨지는 것은 틀림없지만 말이다. 이것은 성경에서 우리가 긍정적으로 읽었던 그 전통에는 상응하지 않는다. 왜냐하면 우리가 읽었던 전통은 정경 자체를 형성하는 것의 일부였기 때문이다. 전통의 기능과 가르치는 직분의 기능은 주로 성경에 대한 해석에 놓여 있지만, 가르치는 직분이 대단히 권위적이며('기록되었든지 구전되었든지, 하나님의 말씀을 진정으로 해석하는 과업은 교회의 살아 있는 교직에게만 독보적으로 맡겨졌다. 그 직책의 권위는 예수 그리스도의 이름으로 행사된다'),[20] 전통은 너무나도 깊이 스며들어 있기 때문에('성스러운 전통과 성스러운 성경은 하나님 말씀의 하나의 성스러운 기탁물을 이룬다. 그 기탁물은 교회에 맡겨졌다'),²¹¹ 성경 자체의 권위적인 특수성이 타협되지 않을 수가 없다.

제2차 바티칸 공의회의 표현은 성경에 대해 전통에 도전할 수 있는 여지를 불충분하게 제공한다. 특히 성경과 전통이 모두 다, 그 자체로 무오성을 주장하는 가르치는 직분(교직, 감독직)의 은혜를 입는 것으로 여겨지기 때문이다. 전통에 대해 성경이 긍정적으로 말하는 것은 이 경우에 적용되지 않는다. 왜냐하면 성경의 전통들은 사도들과 증인들의 첫 세대, 유일무이한 독특한 세대 가운데서 성경이 형성되는 일과 관련이 있기 때문이다. 핵심 사안은 성경 자체가 사도들이 감독들에게 지배적인 해석의 역할을 넘겨주었다고 말할 수 있는 그리고 그러한 사람들이 사도들의 계승자임에 틀림없었다고 말할 수 있는 근거를 전혀 제공하지 않는다는 사실이다. 핵심적인 문서들에는 그러한 권위가 감독들에게 넘겨지게 하는 그 전체적인 복잡 미묘한 규정이 없다. 그 핵심적인 문서들에는 텍스트에 대한 어떤 확립된, 권위 있는 해석자에 대한 호소가 전혀 존재하지 않는다. 오히려 그리스도인들은 그 문서들을 스스로 읽고, 이해하고, 적용하도록 부르심을 받는다. 제2차 바티칸 공의회가 전통에 대한 가톨릭의 이해에서 의미심장한 진일보를 대표한다는 견해에도 불구하고, 그 공의회는 자기 백성을 다스리시는 데 성경을 사용하시는 교회의 주님의 관리에 성경을 두기보다는 이전보다 더욱 단단하게 교회의 관리에 잠가 놓는 것 같다.

### 전통은 성경에 대한 해석을 안전하게 지켜 준다

그러나 교회와 성경의 관계에는, 시간이 흐르면서 지나가는 성경의 궤적(軌跡)을 인정하는 세 번째 요소가 있다. 비록 모든 그리스도인이 스스로 성경을 읽거나 읽는 말을 들음으로써 스스로 성경을 배울 것이 예상되더라도, 성경은 또한 가르치는 사역을 제공한다. 복음이 전해진 곳마다 가르치는 목사의 직분의 발전이 뒤따랐다. 교사의 권위는 중요하지만, 절대적인 것은 아니다. 그리스도인과 교회는 여전히 가르치는 내용이 참인지를 스스로 판단해야 할 의무가 있다. 그러므로 전통을 제대로 활용한다면, 하나님의 임명을 받은 교사들이 성경을 가르치고 적용함에 있어서 자신의 세대를 초월해서 말할 수 있게 된다. 이 일에는 예배 의식과 건축물과 같은 표현들도 포함될 수 있을 것이다. 특별히 상당히 큰 변화가 논의될 때에는, 그 변화가 하나님의 말씀을 이해하는 전통의 한 부분에 속하는지를 묻는 것이 언제나 공정한 일이다. 이런 이유 때문에, 여성 안수와 같은 혁신들은 대단히 신중하게 검토될 필요가 있다. 이 경우, 혁신한다는 것은 애초부터 위대한 성경 교사를 포함한 모든 세대의 그리스도인들이 이 점에 대한 하나님의 생각을 오해해 왔다고 말하는 것이 될 것이다. 그러한 결론이 맞을 수도 있다. 예를 들어, 종교개혁은 교회의 교사들이 아마도 문화적인 이유들 때문에 심각하게 그릇될 수도 있다는 점을 언제나 일깨워 주는 이정표다. 그러나 개신교의 종교개혁자들이 자신의 신학적 조상을 추적하기 위해 시공간의 거리가 있음에도 불구하고 교회가 시작되었던 처음 몇 세기에까지 상당한 시간과 거리를 거슬러 올라갔었다는 점에 주목하는 것 역시 가치가 있을 것이다.

물론 피해야 할 똑같은 오류와 정반대의 오류가 있다. 하나는 전통이 성경의 해석을 결정해야 한다는 신념이며, 다른 하나는 전통은 아무 말도 해서는 안 된다는 신념이다. 우리는 나름대로 특이하게 교단으로부터 전통을 습득한다. 그리고 그 전통에 그 전통이 받을 만한 것 이상의 긴 역사와 깊은 내재적 권위를 부여할 수 있다. 상당히 당혹스러운 최근의 발전 한 가지는 우리 자신과 다른 사람들이 가진 희박한 교회론적 신념들과 관습들에 대한 하나의 변명으로서 '전통'이라는 말을 계속 사용하는 것이다. 초교파적인 논의에서는, 그것이 '전통의 일부'라고 말함으로써 온갖 종류의 불일치를 처리하는 것이 습관처럼 되어 있다. 이러한 간편한 전략을 사용함으로써, 우리는 우리 자신과 다른 사람들의 생각과 실천을 하나님의 말씀의 예리한 정밀 검사로부터 유리한다. 거꾸로 오늘날 교회 생활의 많은 부분을 보면, 마치 우리가 초기 그리스도인들인 것처럼 그리고 성경 이외에는 다른 아무 것도 가지지 않고 시작한 것처럼 말하는 것 같다. 그와 반대로, 모든 그리스도인은 다 위대한 기독론과 삼위일체론 교리에 계제(階梯)된 성경에 대한 해석의 후예들이다. 우리가 알든 모르든, 이러한 교리들이 기독교의 본질을 형성한다. 성경은 그 교리들 위에 자리 잡으며, 원칙적으로 그 교리들에 대해 독립해 있다. 그러나 오고 가는 모든 세대는 그 교리들이 본질적으로 성경에 대한 참된 해석이기 때문에 여전히 유효하다는 점을 확증한다.

우리가 과거에 한 표를 던져 주는 전통을 아무리 정당하게 존중하더라도, 우리는 전통이 기껏해야 우리의 성경 해석을 도와주는 데만 유용할 뿐이라는 사실을 인정할 필요가 있다. 그러나 전통이 지닌 이 역할은 우리가 하나님의 말씀이(혹은 전승된 하나님의 말씀이) 전통에 대해 자주적인 우선권을 지녀야 한다는 점을 인정할 때만 만족스럽게 성취될 수 있다. 전통이 아무리 유서 깊고 지난 세대에 적합했다 할지라도 말이다. 복음의 예리함은 결코 타협되어서는 안 된다.

### 성경과 이성

신학 방법에서의 삼중적 형태, 말하자면 다양한 조합의 형태로 성경과 전통과 이성을 활용하는 방법을 드높이는 것이 몇몇 신학자(특히 성공회 신학자들) 사이에 관례적이 되어 있다. 실로, 이것이 성공회 특유의 신학 방법이라는 것은 역사상의 상투어들 가운데 하나가 되었다. 마치 다른 사람들은 그 비밀을 모른다는 듯이 혹은 성공회 신학자들의 멋진 초연함에 동참할 수 없다는 듯이, 그 점이 지적된다.[22] 때때로 이러한 태도에는, 신학에서의 이성의 사용을 일축했다는 테르툴리아누스, 루터, 키르케고르 혹은 바르트와 같은 신학자들에 대한 부정적인 언급들이 뒤따른다. 그리고 여기에 수수께끼가 있다. 이 사람들은 기독교 사상사에서 지적 거인에 속한다. 이들 가운데 어느 누구도 지성을 회피하지 않았다. 왜냐하면 성경에서 지성이 억제되지 않기 때문이다. "오직 마음[지성]을 새롭게 함으로 변화를 받아"(롬 12:2)라는 말씀은 가장 잘 알려진 바울의 명령 중 하나다. 그는 고린도 교인들에게 "지혜에는 아이가 되지 말고, 악에는 어린 아이가 되라. 지혜에는 장성한 사람이 되라"(고전 14:20)라고 말했다. 문제는 이성이 기독교 신학에서 사용된다는 사실이 아니라 이성을 어떤 식으로 사용하느냐이다. 사도 바울의 이상(理想)은 그리스도의 주되심에 대한 복음으로부터 비롯되었다. "…[우리가] 모든 이론을 다 무너뜨리며 하나님 아는 것을 대적하여 높아진 것을 다 무너뜨리고 모든 생각을 사로잡아 그리스도에게 복종하게 하니"(고후 10:4-5). 인간의 지성이 하나님께 속한 것들을 이해할 수 있는 능력에 대한 의심들은 죄가 인간의 지성에 영향을 미친다는 강력한 확신에서 비롯되었다. "육신의 생각은 하나님과 원수가 되나니, 이는 하나님의 법에 굴복하지 아니할 뿐 아니라 할 수도 없음이라"(롬 8:7). 바울은 복음을 전할 때, 그 복음이 '합리적인 신앙'이라는 근거에서가 아니라 "유대인에게는 거리끼는 것이요, 이방인에게는 미련한 것"(고전 1:23)으로서 권했다.

루터가 신학에서의 이성의 사용에 대해 분노하며 반발을 했지만, 그렇다고 해서 비합리적인 것을 옹호했던 것은 아니다.[39] 그는 복음은 그 자체의 맥락에서 판단되어야 하며, 인간의 지성은 공정한 선고를 내릴 수 있을 만큼 중립적이며 냉정한 심판관이 아니라는 원칙을 옹호했다. 우리가 이성을 사실들에 준해서 논리적인 판단을 내리는 기능이라고 생각한다면, 거의 상식과 같은 어떤 것이 합리적인 것을 구성한다고 가정하기란 쉬운 일이다. 그리고 그에 따라서 기독교의 주장들, 특히 성경의 주장들은 세상에 퍼지기에 앞서 상식의 심의를 따르기만 하면 된다. 이렇게 할 경우, 다른 사람들의 의견과 상충할 가능성을 줄일 수 있다는 이점이 있다. 그 점은 중용과 이성을 가치 있게 여겼던 17세기 이후의 신학 운동들과 잘 부합한다. 그 신학 운동들은 먼저 기독교가 가장 합리적인 종교임을 보여 주며, 그 다음으로 이성의 평결들이 매우 받아들일 만한 종교를 형성했음을 보여 주는 형태의 기독교를 낳았다. 물론 스피노자, 볼테르, 흄의 회의주의에서는 이성이 기독교와 대립되었다. 그러므로 그 대결의 조건을 감수했던 기독교 변증가에게는 성경의 주장들을 완화하고 성경을 이성이 말해야 했던 바에 순응시키는 일이 필수적이었다. 예를 들어, 구약 성경의 하나님의 도덕성에 대한 비판들이 매우 인상적이라고 느껴졌다. 그래서 많은 사람이, 성경이 인류의 진화의 다양한 단계를 다루었다고 제시하는 것 이외의 성경을 변호하려는 어떠한 시도도 포기해 버렸다. 물론 그러한 생각은 성경의 영감에 대한 신앙과는 궁극적으로 어울리지 않았다.

그리고 실로 상식은 삶의 많은 측면에서 전혀 나쁜 안내자가 아니다. 우리는 한 분 하나님이 계시듯이 하나의 진리가 있다는 견해를 견지한다. 우리는 성경을 단순히 성경의 내적인 일관성 여부에 따라 판단하는 진리관에 대해서는 거의 만족할 수 없을 것이다. 기독교 신앙에 대한 대부분의 버전은 성경이 실질적으로 어떤 식으론가 세계와 대응하며, 우리의 시공간에서의 성경의 가르침들과 역사적 뿌리들이 틀림없다고 전제한다. 그렇기 때문에, 우리는 우리의 성경 이해에 연구 조사와 비평의 통찰들을 통합하기를 원한다. 모세와 다윈이 서로 갈등하듯이 성경과 현대 과학이 심각하게 갈등하는 것처럼 보일 때, 과연 어느 쪽이 근본적으로 실수하는지를 보기 위해 세상에 대한 우리의 해석과 성경에 대한 우리의 해석 모두를 살펴보는 것은 당연하다. 우리는 비논리적이기보다는 논리적이기를 선호한다. 그러므로 우리는 우리의 해석에서 전자나 후자를 수정하도록 혹은 극단적인 경우에는 심지어 아예 하나를 포기하도록 압력을 받을 수 있다. 그렇지만 모순들에 대해서 실색(失色)하지 말고, 판단을 유보하고 그 문제에 대해 더 생각해 보라는 것이 상식이기도 하다.

그러나 성경은 우리가 이성이나 상식을 가치 있게 여길 때, '누구의 상식이며, 누구의 이성인가?'를 물을 필요가 있음을 상기시킨다. 우리가 사유하는 지성의 형태는 모든 사람마다 똑같다고 믿을 수 있을 것이다. 그러나 이성은 의지(意志)와 마찬가지로 결코 경험과 문화와 개성으로부터 분리되어 있지 않다. 우리는 지금 18세기 사람들보다 중립적인 이성을 훨씬 덜 믿는다. 철학에서는 인식론에 있어서 경험론적 사고방식의 아성이 마침내 부서져 버린 것 같다. 어떻게 모든 진정한 인식에 도달하는가를 이해할 때, 우리는 더 이상 물리학적 모델이나 적어도 물리학이 어떻게 작용하는가에 대한 이전의 버전을 채택해서는 안 된다. 학문은 가치중립적이 아니며, 20세기에 들어 무엇이 '합리적'인지에 대해 많은 사람이 결정하는 데 막대한 영향을 끼쳤던, 마르크스주의와 프로이트주의 같은 사상 체계들이 단연코 가치중립적인 학문의 예나 어떤 의미에서는 학문의 예도 아니라는 점을 훨씬 더 명확히 인식할 수 있다. 그와 반대로 두 사상 체계는 기독교를 인간 지성의 고안물로 배격하는 일을 전제로 한다. 우리는 모든 인간 이성이 '상식'이라는 것에 대한 선언들에 영향을 끼치는 인격적이며 영적인 헌신을 드러낸다는 점을 깨닫기 시작했다.

    성경을 대할 때 상식을 상대화하지 못하고 실패함으로써, 신학에 그럼으로써 교회의 생명과 전도에 해로운 영향을 끼치게 되었다. 그러한 실패는 성경을 문화의 노예로 만드는 데 기여했다. 그 노예로 만드는 과정에서 성경의 메시지는 현재 세계에서의 대중 소비를 위해 위생처리 된다. 물론 성경을 읽는 독자들이 텍스트에 자신의 경험이라는 전제들을 가져오는 일은 언제나 있을 것이다. 때때로 이러한 전제들은 새로운 물음들이 제기되고, 이전 세대에서 놓쳤던 뉘앙스들이 회복되면서 결실을 낳기도 한다. 그러나 종종 그 역(逆)도 사실이다. 그래서 성경 말씀이 억압되거나 무시된다. 실로, 우리는 그리스도의 이름으로 성경에 대해 이루어진 막대한 공격들을 경험했다. 특히 구약 성경은 수난의 대상이었다. 그 결과 구약 성경의 하나님과 신약 성경의 하나님이 다르다고 믿는 일이 교회 안에서조차 보편화 되었다. 교회의 어떤 부분들은 성경의 여러 부분의 가르침에 맞지 않음을 알지만, 우리가 사는 문화의 요구들로부터 비롯된 요소들을 자신의 삶 속에 병합한다. 실로, 현재 성경 번역과 현대 문화의 상식적인 감수성들에 고대의 텍스트를 순응시킬 필요성에 대한 매우 심각한 쟁점들이 제기된다. 모든 번역은 문화의 영향을 받는다. 그리고 어떤 번역들은 의식적으로 문화의 이데올로기들에 맞춘다.

그러나 나는 사고(思考)의 완전한 상대주의화를 따르는 주관주의를 옹호하지는 않는다. 정반대로, 만일 우리가 성경 자체로부터 출발한다면, 객관성에 대한 헌신이 요청된다.[24] 이성은 하나님의 말씀으로 이해되는 성경에 연결되어야 하며, 이 근본적인 진리에 순응해야 한다. 창조 교리에 따르면, 우리는 하나님이 우리에게 주신 세계를 다스리도록 하나님의 형상으로 지음받았다. 세계 그 자체는 결코 하나님의 영향력이 아니라, 하나님으로부터 분리되어 있으면서도 하나님을 의존하는 그리고 하나님의 합리적인 지성의 흔적들을 지닌 우발적인 질서다(contingent order, 하나님으로부터 필연적으로 도출되어 나온 질서가 아니라는 뜻-역주). 복음은 세계와 영의 연결성에 대한 거짓된 견해들로부터 우리를 해방하며, 우리가 자신 있게 세계를 연구할 수 있게 한다. 이성은 우리가 진리에 순응하게 하는 일을 목표로 삼으며, 진리는 인식되도록 존재한다. 이성은 허위의 출발점들과 가정들을 내포한다. 이성은 시행착오를 요구한다. 이성은 우리가 현실에 부딪쳐서 그 예리한 모서리들에 상처를 입게 만든다. 그러나 진리가 단순히 사회적 구성물은 아니다. 진리는 그저 우리 주변 세계의 것에 지성을 부과하는 것이 아니다. 진리는 현실(reality)을 인식하며, 그 현실에 언제나 더욱 밀접하게 다가간다. 모든 것 가운데서도 진리는 그 목적에 도달해야 한다면 사랑과 동정과 통찰과 직관과 겸손을 요구한다. 그 결론은 솔직하게 인간의 본질을 인식한다. 그것은 우리 인간이 단순히 생각할 수 있는 기계들이 아니라 어떤 확실한 마음에서부터 그리고 어떤 관계망 가운데서 생각을 한다는 것이다. 거기에는 회의적인 철학이나 정신적인 유아론(solipsism)에 대한 요청은 전혀 존재하지 않는다.

바로 그러한 이유 때문에, 생각할 수 있도록 우리에게는 복음이 필요하다. 하나님과 관련된 문제들에 있어서, 우리의 지성은 특히 어두워져 있다. 우리는 똑바로 생각할 수 없다. "너희가 서로 영광을 취하고 유일하신 하나님께로부터 오는 영광은 구하지 아니하니 어찌 나를 믿을 수 있느냐?"(요 5:44). 의지가 그러하면, 지성도 마찬가지다. 복음은 지성의 변화를 이끈다. 그 변화는 우리가 불신자였을 때 허락되지 않았던, 세상에 관한 진리를 볼 수 있는 능력이다. 복음이 완벽한 진리 같은 것으로 이끌어 주는 것은 아니다("우리가 지금은 거울로 보는 것 같이 희미하나", 고전 13:12). 또한 복음이 우리를 (예를 들면) 불신자들보다 훨씬 능력 있는 수학자로 만들어 주는 것도 아니다. 물론 복음이 우리의 사유하는 능력 일반은 증진할 수 있겠지만 말이다. 그러나 세계가 실제로 어떻게, 어떤 목적으로, 어떤 기준을 따라서 그리고 어떤 결론으로 달려가고 있는지의 문제에 있어서는, 그 어리신 아기가 그들을 인도할 것이다. 일단 우리가 하나님을 인식하는 복음의 길을 받아들이고, 복음이 이끄는 성경의 권위를 받아들인 다음에 성경의 가르침에 등을 돌리고 부인하는 것이, 자기모순에 참으로 비합리성에 빠져드는 일이다. 복음을 받아들임으로써, 우리는 하나님이 사람이 되신 자기 아들 가운데서 기적적으로 세상에 들어오셨다고, 하나님이 자신의 성령으로 말미암아 말씀하셨다고, 하나님의 말씀이 세상에 현존하신다고 고백하는 것이다. 신앙고백을 시대에 뒤진 것으로 만들어 버리고, 성경에 대한 불신에 빠져든다는 것이 참으로 신기해 보인다.

이는 성경이 대단히 달콤하며 온통 밝기만 하다는 말은 아니다. 반대로, 성경은 상식과 도덕의 거의 모든 기준을 거스를 만한 이야기들과 경구(警句)들을 포함한다. 성경의 발언은 결코 우리 주변의 포르노 작품들처럼 노골적이지 않다. 성경이 외설적이라거나 노골적이라는 언급들은 성경책 자체에 대해서보다는 그렇게 말하는 사람의 성경에 대한 무지를 더 드러낸다. 성경은 분명 노골적이며 끔찍한 사건들을 진술하며, 관례적인 신중함으로 그 섬뜩함을 가리지 않는다. 그러나 성경은 폭력이나 도착증을 자극하거나 즐거워하지 않는다. 실질적인 문제점은 다른 데 있다.

즉, 6일 만의 세계 창조, 태양이 정지하고 서 있던 일, 방주 하나로 모든 동물이 구출된 일, 말하는 당나귀, 죽은 자들 가운데서의 부활과 같은 터무니없어 보이는 기적적인 사건들이다. 그러한 기사들은 민담의 냄새를 풍길 뿐만 아니라, 그 자체로 믿을 만함을 압도적으로 입증해 온, 우리 문화의 기저를 이루는 과학적 실재관(實在觀)과 전적으로 어긋나는 실재관을 전제로 하는 것 같다. 또한 하나님이 많은 인구에 대한 살인을 인정하시는 것으로 그려지며, 만인에 대한 무서운 심판과 영원한 형벌에 대해 그렇게 명확하게 말하는 책에 대해 우리는 어떻게 해야 할 것인가?

성경에 대한 우리의 이해를 재검토하기 위해 이러한 질문을 사용하는 것은 전적으로 정당한 일이다. 수정될 필요가 있는 것은 일반적으로 견지되어 왔으며 오랫동안 성립되어 왔던 견해들일 수 있다. 여성에 대해 성경이 무엇이라고 말하는가에 대한 요즈음의 재검토는 주로 기독교 외부의 문화 세력들 때문에 촉진되어 왔지만, 건강하고 축하할 만한 일이라 할 수 있다. 마찬가지로, 다원주의는 해석학적 위기를 초래했는데, 이 위기는 성경 텍스트들이 읽히는 방식에서 몇 가지 진전을 이끌어 냈다. 상징적인 혹은 원형론적인 이야기들의 존재가 지금은 예전보다 더욱 즉각적으로 파악된다. 그리고 성경이 부적절한 물음들에 답해야 했던 짐을 벗어 버림에 따라 이러한 이야기들에 대한 즉각적인 인식은 주해상 결실을 맺을 수 있게 했다. 그러나 결국 창세기의 처음 몇 장이 기원들에 관한 일종의 '과학적' 진술로 읽히도록 의도되었음을 보여 줄 수 있다면, 우리는 그러한 사실이 우리 사회의 지배적인 사상들과의 커다란 대결로 이끌어 갈 수 있음을 의식하면서 그러나 문제점은 다원주의적 진화론에 있음이 틀림없다고 확신하면서, 창세기를 그런 식으로 읽어야 한다. 결국 어떠한 과학 이론도 요지부동일 수는 없고, 우상처럼 숭배되면서 쓰일 수 있기 때문이다.

근본적인 문제는 성경에 대해 의문을 제기하게 만드는 이러저러한 요소들에 있지 않다. 물론 이 각각의 요소는 면밀하게 검토되어야 할 필요가 있지만 말이다. 진짜 문제는 우리가 그 같은 하나님을 믿을 수 있느냐 하는 것이다. 성경의 어떤 부분들은 자신의 신학에 통합하면서 다른 부분들은 무시하거나 배격하는 습관은 부정직한 것이다. 그러한 습관은 기독교의 주님이 성경을 대했던 방식에 맞지 않는다. 실로, 그것이 바로 빈번하게 배제되는 심판과 지옥에 대한 주님의 가르침이다. 하나님의 심판에 관한 말씀으로는 예수 자신이 하신 말씀보다 더 엄한 말씀은 없다. "가버나움아, 네가 하늘에까지 높아지겠느냐? 음부에까지 낮아지리라. 네게 행한 모든 권능을 소돔에서 행하였더라면 그 성이 오늘까지 있었으리라. 내가 너희에게 이르노니 심판 날에 소돔 땅이 너보다 견디기 쉬우리라 하시니라"(마 11:23-24). 주께서 가버나움을 위협하셨을 뿐만 아니라 소돔에 대한 심판이 적절한 것이었음을 전제로 하셨다는 사실을 관찰할 필요가 있다. 이 말씀에서 (그리고 다른 경우들에서) 예수는 많은 현대의 도덕론자보다 섬세함이 모자라는 것 같다. 예수의 하나님은 성경의 하나님이며, 죽은 자를 부활시키셨으며 심판을 행하신 하나님이었다.

우리는 성경의 분명한 발언의 가치를 무시해서는 안 된다. 우리는 포스트모던 문화의 세계에서 헤엄친다. (어떤 사람들은 익사 당한다고 말할 것이다.) 성경은 다른 어조로 말하는, 우리가 얻을 수 있는 몇 안 되는 안내자 가운데 하나다. 우리가 인정하는 하나님이 계심과 언젠가 받을 바를 계산하는 심판의 날이 있을 것이라는 사실에 대한 성경의 생동감, 거칠음, 냉혹함, 단호함은 현대의 감수성에 거슬린다. 그러나 그럴 필요가 있다. 실로 성경의 바로 그 낯설음이 성경의 주요 이점 가운데 하나다. 강렬한 어조로 말하고, 인간 실존의 외피들을 제거해 버리는 것은 이전의 덜 다듬어졌던 시대에서 오는 것 같다. 성경이 하나님을 열방의 멸망과 연결한다면, 또한 무고한 사람들의 복수를 해주시는 분이며 과부들의 보호자로도 기술한다. 성경은 대학살 시대의 공포에 대한 심원한 묵상을 할 수 있도록 해주는 원재료들을 제공한다. 성경은 지금 여기에서도 하나님이 개입하시며, 만물은 하나님의 통제를 벗어나서 존재하지 않는다고 말한다.

인간의 악과 하나님의 심판 가운데서 성경의 중심인물이 당하신 잔학한 죽음은, 하나님이 이 세상의 고난을 아주 심각하게 취급하신다는 사실을 보여 준다. 소돔의 멸망은 십자가를 조명하며, 또한 십자가에 의해 조명 받는다. 마치 죽은 자의 부활이, 그리 하셔야 한다면 태양을 멈추어 서게 만들 수 있었던 분의 권세들을 조명하듯이 말이다. 그 모든 사실은 세계에 대한 우리의 이해가 아무리 과학적일지라도 환원적임을 보여 준다. 위대한 종말론적 행위는 불가능하지 않고, 발생할 수 있다.

결국 성경은 모든 책 중에서 가장 합리적인 책이다. 왜냐하면 실재와 부합하기 때문이다. 비합리적인 것은 우리의 문화며, 어두워져 있는 것은 우리의 지성이다. 복음이 우리로 하여금 경험을 이해하게 함으로써 그 자체를 우리에게 권고하듯이, 성경도 마찬가지다. 성경은 우리 인간 실존에 맞는 도덕적 판단을 하며, 인간의 마음에 대한 진실을 드러낸다고 주장한다. 성경은 그 교훈들에 따라 산다면 절대적으로 세상을 변화시킬 수 있는 도덕과 선함에 대한 기준을 우리 앞에 가져다준다. 성경은 동등성을 인정하는 동시에 차이점을 인정하는, 성별의 관계에 대한 유형을 하나 제공한다. 성경은 상처 입은 양심의 용서를 주로 다룬다. 성경은 장래에 대한 소망을 제공한다. 말할 나위 없이, 성경은 문화에서 가장 애지중지하며 유지되는 사상들 가운데 많은 것을 베어 버린다. 그러므로 그리스도인들이 현대의 정서에 항복하지 않는 것은 대단히 중요하다. 기독교가 가진 그 차이점이 가장 큰 효과를 만들어 낼 것이다. 그래서 성경이 진정으로 하나님의 말씀이라면, 우리는 성경이 "하나님의 능력이요 하나님의 지혜"(고전 1:24)에 집중함을 입증하게 되리라고 확신할 수 있을 것이다.

간단히 말해서, 다양한 형태로 표출되는 인간의 이성은 복음에 매우 요긴한 복음의 종이다. 그러나 이성이나 전통이 복음의 주인이 되어서 하나님의 말씀이 어떻게 우리에게 임할 수 있는지를 지시하는 곳에서는, 하나님이 우리를 자유하게 하시려는 바로 그 악에만 이성이 봉사하게 될 것이다.

**결론**

성경의 권위는 인간의 자유라는 전체 쟁점에 자리잡고 있다. 우리는 어떻게 그 권위가 하나님 나라에 대한 선포로부터 흘러나오는지 알지 못하고서는 그 권위의 본질을 깨달을 수 없을 것이다. 하나님 나라에 의해, 하나님은 우리를 우리의 영적인 대적들로부터 해방하시며, 우리로 하여금 당신의 아들을 섬기게 하신다. 하나님의 나라에서, 예수께서는 하나님 백성의 언약의 주가 되셔서 그분의 '언약서'인 성경을 통해 우리를 다스리신다. 이 다스리는 기능은 성경의 본질을 그리고 특히 성경의 권위의 특이성을 결정해 준다. 우리에게는 성경의 언약적 성격으로부터 배워야 할 것들이 더 있다. 그래서 다음 장은 좀더 직접적으로 언약적인 성경을 연구하여 다룰 것이다.

제8장

# 성경의 본질

나는 지금까지 우리가 기독교 복음과 일치하기 위해서는 성경의 권위를 귀중하게 받드는 견해를 지녀야 한다고 주장해 왔다. 우리가 '주님'이라고 부르는 그분과 구원의 관계를 맺게 될 때, 그분의 언약의 말씀이 우리를 다스리게 된다. 그리고 최종적으로 분석해 보면, 그 언약의 말씀은 성경이다. 언약의 언어 가운데서 성경은 하나님의 유일하게 영감된 계시다. 이 신적 기원 때문에 그리고 성경이 지닌 언약적 기능 때문에, 우리는 성경이 하나님의 성품을 내비치는 두 가지 면모를 보여 주리라고 당연히 기대한다. 그 하나는 통일성이다. 하나님은 전적으로 일관되시기 때문이다. 또 다른 하나는 진실성이다. 하나님은 거짓말을 하실 수 없기 때문이다. 이 두 가지 특성을 드러내는 데 실패한다는 주장은 한때 성경이 지녔던 그 권위의 상실에 한 몫을 담당해 왔다. 더욱 중요하게는, 그 점이 성경을 어떻게 읽어야 하는가라는 주제에 중대한 의미를 지닌다(이 주제에 대해서는 다음 장에서 검토할 것이다). 이번 장에서는 성경을 위해 무엇이 주장되며 무엇이 주장되지 않는지를 알아보기 위해 성경의 통일성과 진실성의 본질을 탐구하도록 하겠다. 이 목적을 달성하기 위해, 나는 적절하게 이해된 성경 비평의 도움을 받을 것이다.

### 비평과 성경

성경은 하나님의 말씀으로 읽히도록 의도된 그리고 그렇게 읽히는 책이다. 독서의 기술은 불가피하게 비평적이다. 독서의 기술은 그 자체가 눈앞에 대면하는 것을 읽음으로써 그 내용의 실질을 평가하는 일과 관련되어 있으며, 다른 사람들이 효과적으로 읽고 이해할 수 있도록 돕는 일을 추구한다. 텍스트와 독자가 존재하는 한, 비평은 텍스트와 독자 모두를 위해 봉사하는 부산물이 될 것이다. 그러나 거기에는 모호성이 있다. 그 모호성은 비평의 실천에 영향을 끼치며, 괴로움을 준다. 한 사전은 비평을 다음과 같이 정의한다. "문학 작품이나 예술 작품의 품질과 성격을 평가하는 기술. [특히] 문헌의 텍스트, 성격, 구성, 기원을 다루는 비평적 학문." 그러나 그 정의는 또한 미묘한 뉘앙스로서 '흠잡기'를 제공한다.[1] 비평은 건설적인가 파괴적인가? 우리가 그 모호성 때문에 유발되는 긴장에 대해 의식하기 위해서는 예술가 집단과 비평가 집단 사이에서 벌어지는 결코 끝나지 않는 전쟁 중 발생하는 다양한 전투에 대해 생각만 해도 될 것이다. 무엇이 비평의 과제인가? 흠잡기는 비평에 필수적인가?

비평의 과제가 진리에 대한 탐구를 견지하며 청렴한 최고의 기준에 의해 지도되는 한, 흠잡기는 실로 어떤 층위에 대한 비평이든 비평이라는 과업에 필수적이라 할 수 있다. 예를 들어, 본문 비평가는 어떤 읽기들이 지닌 흠을 찾아냄으로써 진행해 나갈 수 있다. 그러나 만일 흠을 찾아내는 일이 편견에서 이루어졌거나 오류 발견이 비평 절차의 목표라는 그릇된 견해에서 이루어졌다면, 비평가 자신에게 흠이 있는 것이다. 위조문서를 폭로하는 중요한 작업의 경우에도 비평가가 그 문서가 무엇인지를 (또한 그 문서는 무엇이 아닌지를) 결정하기까지는 완결된 것이 아니다.

어째서 위조했으며, 누가 위조했는지는 중요한 역사적 물음으로 남는다. 때로 원본에 대한 탐구보다 훨씬 더 중요한 물음이 되기도 한다. 위조된 문서라고 해서 그 문서의 의의나 가치에 대해 선입견을 가지고 판단해서는 안 된다.

그러나 비평가는 예술품의 종이지 그 역(逆)이 아니라는 사실이 어떠한 유형의 비평이든 그 원칙이 되어야 한다. 비평가의 근본적인 과업은 파괴에 있는 것이 아니라 이해에 있으며, 그 이해를 전달하는 데 있다. 그것은 다른 관찰자들이나 독자들 곁에 서서, 그들이 관찰하는 것이 무엇인지 이해할 수 있도록 도와주는 것이다. 인간 비평가는 결코 종합적인 이해를 제공해 줄 수 없다. 그러나 여전히 예술가 자신도 이해하지 못했던 진짜 비평적인 통찰들이 있을 수 있다. 텍스트에 대한 평가가 부정적일 수 있으며, 어떤 문학적 혹은 역사적 판단 기준에 의해 볼 때 그 텍스트가 결핍되어 있거나, 시시하거나, 무가치할 수가 있다. 그러한 판단들은 필수적이다. 그러나 그 판단은 관찰되는 것의 진상에 토대를 둘 필요가 있다. 즉, 평가를 위한 적절한 맥락을 제공하는 장르와 문체 같은 것에 주목해야 한다. 그러나 비록 판단이 부정적일지라도, 그 판단은 정중해야 한다. 겸손하지 못한 비평은 비평이 아닐 것이다.

성경 비평 이론과 같은 것이 가능한가? 만일 한 가지 예술품을 있는 그대로 평가하는 비평 작업에 대해 비평 이론이 근본적이라면, 성경에 대해서는 말할 나위가 없을 것이다! 우선, 이것은 성경이 사람들의 손을 거쳐서 기록되고 취합된 텍스트의 형태로 우리에게 전해졌음을 인정한다는 의미다. 성경은 읽혀야 한다. 그러므로 비평의 기술이 성경 읽기에 적용되어야 하는 것이 마땅하다. 그리고 그렇게 해서 더 심오한 이해를 낳게 된다고 해서 그리고 하나님이 텍스트 자체를 보호하고 설명하고 확립하기 위해 인간의 비평 기술을 사용하신다고 해서 놀랄 일은 아니다. 성경의 본질을 인정한다면, 본문 비평, 문학 비평, 역사 비평은 독자들을 위해 결실 있게 적용되어 왔다. 현재 우리는 고대 세계가 흘러간 이래로 어느 시대보다도 성경 시대들의 역사와 지리에 대해 잘 안다. 또한 언어가 어떤 식으로 작용하는지에 대한 우리의 이해에도 괄목할 만한 진전이 이루어졌다. 마찬가지로, 내러티브 비평이라는 최근의 발전은 역사 내러티브(historical narrative)에 대한 한 가지 이해를 제공해 주었는데, 그 이해는 우리의 읽기를 풍성하게 만들었을 뿐만 아니라 비평가들이 보기에 당혹스러웠던 텍스트의 몇 가지 특징에 대한 역사 비평가들의 미성숙한 부정적 판단에 도전한다.[2]

그러나 성경의 신적 기원은 성경의 본성의 필수불가결한 부분이기도 하다. 현대 성경 비평의 고질적인 죄악은 겸손하지 못하고, 그 비평 대상의 참된 본성을 존중하지 않는다는 것이다. 사실상 근대 성경 비평의 탄생 이래로 그 비평 실천자들 가운데 많은 사람은 성경이 단지 인간의 산물이라는 전제에서 작업을 진행해 왔다. 그들은 (제7장에서 논의한 대로) 하나님 말씀의 권위와 인간 이성의 권위의 순서를 뒤바꿔 버렸으며 문화에 성경을 지배할 수 있는 기회를 제공했다. 독일 신학자인 미하엘 벨커(Michael Welker)의 말을 빌면, "성경 비평이 성경을 신성화하거나 성경에 어떠한 형태의 '초자연성'을 돌리려 하는 모든 시도를 전적으로 파괴해 버렸다는 것은 누구나 아는 사실이다."[3] 자연 과학이 마치 하나님이 존재하시지 않았다는 듯이 세계를 연구하기로 결정한 데서 단서를 얻은 문학 비평가들은 마치 성경이 단지 인간의 작품인 것처럼 진행했다. 그러나 그 방법론은 결함이 있었다. 실제로 성경은 인간의 손에서 이루어진 작품이기에, 그들의 작업이 헛되지는 않았다. 그러나 성경이 인간의 손에서 이루어진 작품만은 아니기에, 그들의 작업은 참으로 비평적이 되지 못했다. 그 결과는 눈을 뜨게 해주지 못하는 무능력이었다. 텍스트에 대해 쏟아져 나오는 비평적 주석들이 성경을 더 잘 읽히게 하거나 설교되게 하는 데 거의 아무 일도 하지 못했다는 점은 논박될 수 없는 사실이다. 심지어 성경 비평학자들 집단에서도, 이전의 비평 연구들의 절차 중 어떤 것은 성경에 대한 우리의 이해에 거의 아무 것도 기여하지 못했음을 인정하

게 되었다는 사실은 전혀 놀라운 일이 아니다.[4]

　복음은 성경 비평학자에게 피할 수 없는 선행되는 질문을 들이댄다. 당신은 하나님이 예수 그리스도를 죽은 자들 가운데서 부활시켰다고 믿는가? 만일 하나님이 예수를 부활시키셨다면, 세계에 대한 자연주의적 진술은 불가능하다. 왜냐하면 우리는 세계가 주권적인 하나님에 의해 운영된다는 것을 목도해 왔기 때문이다. 그 하나님은 인과 과정들에 대해 책임을 지시며, 원하시는 대로 그 과정들을 바꾸실 수 있는 분이다. 이 질문에 대한 긍정적인 답변은 기꺼이 기적이라는 범주를 인정하겠다는 태도를 보여 주는 것이다. 그리고 그 답변 자체가, 성경이 기적에 대한 많은 진술을 내포함을 인정할 때, 텍스트가 취급되는 방식에서 커다란 차이점을 만들어 낼 것이다. 그러나 우리는 더 나아갈 필요가 있다. 바로 그 똑같은 복음이 영감된 성경으로 이끌어 간다. 영감 자체가 기적의 범주에 들어간다. 바로 이 점에서, 믿음을 고백하는 유신론자들 사이에서도 주저함이 일어난다. 왜냐하면 이것은 보통의 기적 이상처럼 보이기 때문이다. 그들은 성경에 기록된 기적들과 같이 소위 '개입의 기적들'에 대해서는 기꺼이 받아들일 수 있을 것이다. 그러나 그러한 기적의 발생은 강 건너 불 보듯 할 수 있는 것이지만, 영감된 성경은 내 발등에 떨어진 불이다.

　자연주의는 죽은 자들 가운데서의 예수의 육체적 부활로 결정적으로 논파되었다. 만일 그러한 사건이 발생했다면, 자연주의는 너무나도 협량한 신조임에 틀림없다. 자연주의는 근본적으로 환원주의다. 그러나 유신론자들에게 자연주의와 타협하라는 끊임없는 유혹이 존재한다. 부활의 경우에, 타협은 육체의 부활을 부인하는 형태를 취한다. 실제로, 최상의 '불변의 기적'인 하나님이 세상을 경영해 가신다는 입증을 구성하는 것은 예수의 육체적 부활과 (부활한) 육체를 지닌 그분의 계속적인 삶이다. 부활은 실재에 대한 우리의 인식 전체를 바꾼다. 몇몇 그리스도인이 부활의 육체적 성격을 인정하지 않는 것은 하나님이 물질계의 영역에서 지금도 일하신다는 사실을 인정하기를 꺼린다는 것을 보여 준다. 그러한 부인에 성경의 영감에 대한 부인이 수반되었다는 점은 놀라운 일이 아니다. 왜냐하면 영감을 고백한다는 것은 자연주의와 반대로 세계에 영향을 주며, 계속해서 그렇게 하는 신적 행위들의 질서가 존재함을 고백하는 것이기 때문이다.

그렇기 때문에, 성경 비평 이론은 그 기원과 내용과 기능에 있어서 특유하게 신적이면서도 다원적으로 인간적인 텍스트에 공정을 기하는 독자적인 기술을 포함한다. 어떤 텍스트든지 그 텍스트에 대한 기본 진리들 위에서 이해되어야 한다. 하나님의 영감은 성경에 통일성과 진실성이라는 특성을 부여한다. 그러나 어떤 종류의 통일성과 진실성이 이 영감된 그러나 인간적인 텍스트의 특성을 이루는가? 비평 대상의 본성에 근거한 비평 방법은 대단히 만족스럽게 그 대상을 읽어 내는 능력을 보여 줄 것이다. 그 비평이 처한 도전은 적합한 읽기 패턴을 발전시켜야 한다는 것이다. 그 문제에 대해서는 다음 장에서 좀더 다룰 것이다.

## 성경의 통일성

성경에 있는 각 책의 기원과 스타일과 연대와 내용상의 명백한 차이에도 불구하고, 성경은 전통적으로 전체가 한 권으로, 하나님의 말씀으로 대접받아 왔다. 물론 이러한 대접은 결코 거짓말을 하지 않으시는 하나님이 시종일관 모순 없이 말씀하시며, 그 하나님이 직접적인 의미에서 성경의 저자라는 신념으로부터 비롯된다. 그리하여 통일성은 핵심적인 해석 원리가 되어 왔다. 성경 읽기는 텍스트 배후에 하나의 신적인 생각이 있다고 전제한다. 그리고 그 기본 전략은 한 부분을 다른 부분과 비교하는 것이다. 그러나 최근 들어서, 성경의 다양성을 강조하는 것이 관례가 되었다. 우리가 성경의 많은 목소리를 감별해야 하며, 그 목소리들이 모순되게 해석되더라도, 각자 자기의 말을 하도록 해야 한다는 것이 사실상 신학적 원칙에 속한다고 제시되어 왔다.[5] 예를 들어, 기독론에 관한 요한의 목소리와 바울의 목소리는 전혀 조화될 수 없는 '진리들'을 발언하도록 허용될 수 있다. 그러므로 성경에서조차도 단 하나의 기독교 신앙이란 것은 전혀 존재하지 않는다. 따라서 나는 두 개의 제목 아래서 성경의 통일성을 논할 것이다. 첫째는, 성경의 정경이다. 어떤 근거 위에서, 이 집성체(集成體)를 하나의 통일체로 취급하는 것이 정당한 것인가? 둘째는, 통일성의 본질이다. 이렇게 해서 집성된 책들은 어떤 종류의 통일성을 지니는가?

### 성경의 정경: 통일성의 사실

대부분의 사람들은 처음 성경을 대할 때 다른 책들과 마찬가지로 성경이 자명하며 진정한 통일성을 이룬다고 가정한다. 그러나 우리가 가진 성경 인쇄본들조차도 의문을 제기한다. 내가 처음으로 성경을 대했던 몇 차례의 사건 중 한 사건은 나에게 당혹스런 의문점을 남겼다. 선생님이 우리 학급에게 신약 성경을 펼치라고 하셨을 때, 나는 옆에 앉은 소년과 함께 들여다보던 그 성경에 신약이 포함되지 않은 것을 발견했다. 내 친구는 유대인이었다. 그리고 그 때 나는 유대인과 그리스도인이 성경의 많은 부분을 공유하지만 전부는 아니라는 사실을 발견했다. 후에, 나는 아버지의 로마 가톨릭 녹스 판(Roman Catholic Knox version) 성경이 내게 익숙하던 것보다 더 많은 책을 포함하는 것을 발견했다. 정경의 문제가 내게 부딪쳐 오기 시작했다. 무엇이 성경인가? 어떤 근거에서 성경을 구성하는 책들이 선택되었는가?

신학 공부와 역사 공부를 계속하면서 역사적 난점의 범위가 어느 정도인지를 알게 되었다. 유대인도 그리스도인도 성경 문헌의 범위를 완전히 결정해 준 권위로서 어떤 특징한 순간이나 종교 회의나 인물을 지적할 수는 없다. 현재의 불일치는 이전 시대의 좀더 일반적인 불확실성들을 반영한다. 구약 성경과 관련해서, 디아스포라 유대인들은 칠십인역에 예수 당시의 팔레스틴 유대인들이 인정했던 것보다 넓은 범위의 책들을 인정했다. 그러나 좀더 최근의 조사들은 구약 성경의 정경이 일찍이 주전 2세기에 정리되고 확정되었음을 보여 주었다. 성경으로 인정되어야 하는 책들의 범위에 대한 불일치를 시사해 준다고 생각되던 증거는 오직 유대교와 초대교회 안에서 읽혔고 사용되던 책들의 다양성만을 증거할 뿐이다. 구약 성경 정경은 마르키온주의자가 아니었던 초기 그리스도인들과 마찬가지로 유대교의 모든 분파에게 보편적으로 받아들여졌으며, 오늘날의 유대교 성경과 개신교 구약 성경과 동일하다. 신약 성경과 관련해서, 요한계시록과 베드로후서와 같은 책들의 진정성이 초대교회의 몇몇 지역에서 의심받았다. 「베드로 복음」(Gospel of Peter)과 같은 책들은 일부 교회에서만 받아들여졌다. 그 책들은 최종적으로 배제되었다. 하나의 책을 승인하거나 배격할 때의 핵심적인 쟁점들은 저작성, 교회들 사이에서의 의견 일치, 신학적 일관성이었던 것 같다.[6]

정경의 문제는 오늘날 성경에 대한 학문적 연구에서 각별히 심각해졌다. 그 어려움은 성경의 범위에 대한 문제보다 훨씬 더 근본적이다. 즉, 현재의 쟁점은 우리가 과연 어떤 정경을 가져야 하는가이다. 실로, 정경 포기는 영감에 대한 포기를 함의한다. 영감 교리는 일단의 글들을 독특한 권위를 소유한 글이라고 인정하는 결과를 낳는다. 그러나 영감이라는 것이 전혀 없다면, 엄밀히 말해서 성경도 전혀 존재할 수 없다. 인정하지만, 관습의 힘에 의해서 그리고 교회가 성경을 포기하지 않고 붙잡았던 끈덕진 노력에 의해서, 학문적인 연구의 목적들을 위해서조차도 성경은 하나의 통일체로 취급되어 왔다. 그러나 현재 우리가 66권의 정경적 지위를 전제로 했던 성경 연구 전통이 사라질 것이라는 징후들이 나타난다.

영감이 없다면, '이스라엘의 문학'과 '초대교회의 문학'이라는 두 패배자의 카테고리를 갖는 게 더 나을 것이다. 이렇게 한다면, 각 시대의 실질적인 역사를 반영할 수 있을 테고, 공인된 문헌에서 그 내용이 정통적이지 못하다고 판단되어 배제되어 왔던 책들의 목소리를 회복할 수 있을 것이다. 또한 구약 성경에 'Older Testament'나 비슷한 제목을 부여함으로써 그리고 신구약 성경 각각을 다른 분과에서 연구하도록 제공함으로써, 구약 성경의 독립적인 가치를 주장하려는 경향도 눈에 띤다. 물론 신구약 성경은 수년 동안 심지어 기독교 신학 대학들과 신학 대학원에서조차도 나뉘어 다뤄지는 경향이 있었다. 그러나 이제 대학교에서는 그렇게 나누는 것을 성경 문헌 연구의 선결 조건으로 삼는 경향이 나타난다. 약화된 의미를 제외하고는, 단 하나의 정경 혹은 어떤 정경이 있다는 생각은 사라져 간다. 이러한 결과는 이미 오래 전부터 예견된 일이었음에 틀림없다.

여기에 두 가지 핵심적인 쟁점이 있다. 그리고 그 쟁점들은 그 상대적인 중요성과 바른 순서에 따라 접근해야 한다. 첫째, 가장 중요한 쟁점으로, 권위적인 문헌의 정경이 실제로 존재하느냐의 여부를 우리가 알 필요가 있다. 그리고 둘째, 그 정경의 범위를 숙고할 필요가 있을 뿐이다. 첫 번째 문제는 하나님의 일하심에 관한 것으로, 하나님이 말씀하셨는가라는 문제다. 두 번째 문제는 인간의 인식에 관한 것으로, 어디에서 하나님이 말씀하셨는가라는 문제다. 그러므로 중심적인 문제는 정경의 한계가 아니라 존재 여부에 관한 것이다. 만일 '하나님의 말씀'이라는 범주가 받아들여진다면, 남는 모든 문제는 그 말씀의 한계들을 설정하는 일이다. 그 일은 진리에 대한 인간의 인식을 통해 이루어진다. 내가 볼 때, 성경의 통일성은 하나님의 말씀이 존재한다는 사실과 그 사실을 인식하는 인간 활동 모두에 연결되어 있다.

### 말씀이 존재한다는 사실

그러므로 첫째로, '하나님의 말씀'이란 것이 존재하는가? 이에 대한 답변은 이 책의 앞부분에서 제시되었다. 다시 한 번, 방법의 측면에서 복음과 소위 하나님을 인식하는 복음적인 방식의 요소라 할 수 있는 것으로 되돌아가 보자. 복음에서 우리는 하나님의 말씀을 소유한다. 복음에 있는 그 하나님의 말씀은 기존의 하나님의 말씀, 즉 구약 성경과의 연결에 의해 뒷받침된다. 복음을 통해 하나님을 알게 되는 것은 성령이 감화하신 결과다. 성령은 말씀을 영감하시며, 생각을 조명하신다. 성령은 인간의 생각이 스쳐 지나가는 것이 아니라 하나님의 말씀을 있는 그대로 인식할 수 있도록 해주신다(제10장과 제11장을 보라). 복음은 우리가 어떤 사실들을 보도록 청한다. 복음을 입증하는 데 핵심적인 것은 복음과 구약 성경과의 연관성이다. 그리스도가 구약 성경을 성취하신다고 고백하는 사람들은 필연적으로 그들이 '하나님의 말씀'이라고 간주하는 그 복음의 말씀과 구약 성경인 하나님의 말씀 둘 다를 신뢰한다.

그러므로 길고 진정한, 정경화 된 하나님 말씀의 실존성은 기독교 신앙이 전제하는 사실이다. 사도 바울이 이스라엘에 관해 말하듯, '그들은 하나님의 말씀을 맡았다'(롬 3:2). 그 말씀은 "우리의 교훈을 위하여 기록된 것"(롬 15:4)이다. 기독교 학자들이 영감된 정경의 존재에 대해 의심한다면, 그것은 바로 자신의 믿음의 기반에 대해 의심하는 것이다. 정경의 불일치에 대해 현재 일어나는 소란은 정경에 포함된 책들 사이의 어떤 부조화에 대한 진정한 평가보다 영감에 대한 불신으로부터 더 많이 비롯된다. 가장 기본적인 '부조화'는 복음과 구약 성경의 부조화일 수밖에 없다. 그 부조화가 해소될 때, 누군가 그리스도인이 될 때 반드시 그래야 하듯이 정경은 존재하며 그 책들은 통일성 있게 읽힌다.

### 말씀에 대한 인식

그러나 이러한 통일성이 인위적인가? 우리는 성경을 구성하는 본성, 즉 그 신적 저작성과 인간적 산출의 실질을 인정할 수 있는가? 역설적으로, 매우 예민하게 성경의 불일치를 주장하는 사람들은 (정경에 포함된―역자 첨가) 그 책들의 인간적 역사를 거슬러 가면서 그런 주장을 펼친다. 그 사람들이 발견하는 부조화에는 이미 뚜렷한 제약들이 존재한다. 비록 우리가 영감된 하나님 말씀이라는 것은 전혀 존재하지 않는다고 가정하더라도, 이 책들은 여전히 그 책들에서 면면히 흘러가는 어떤 통일성을 보았다고 생각한 사람들에 의해 함께 묶이게 되었다. 처음부터 참된 예언자의 표시 가운데 하나는 이전부터 존재하던 하나님의 계시와 일치되는 것이라고 믿어졌다(신 13:1-5). 이스라엘의 역사로부터 우리가 알듯이, 거룩한 문서에 포함될 가치가 있다고 여겨지지 못했던 많은 예언서가 있었다. 그 선집은 우연히 이루어진 아니다. 언제나 거기에는 어떤 일관성에 대한 의식과 선택하는 감각이 존재했다. 또한 그 선택을 했던 사람들은 언제나 그 문서들에 있는 하나님이 일치한다는 느낌이 있는지를 추구했다.

신약 성경에서보다 이 점이 더 명확한 경우는 없다. 신약 성경의 다양한 책은 수많은 후보 중에서 신중하게 선택되었다. 그리고 확실한 기준 한 가지는 일치성(consistency)이었다. 더욱 중요한 사실은 신약 성경의 존재 자체가 정확히 이 기준을 중심적으로 활용한 일에 의존한다는 점이다. 예수를 믿었던 유대인들과 믿지 않았던 유대인들 사이의 커다란 싸움은 바로 이 때문이었다. 즉, 신약 성경이 구약 성경을 성취하느냐 하는 것이다. 예수를 주로 고백하는 것은 이 점을 인정한다는, 널리 울려 퍼져 나가는 긍정의 천명이다.

그러므로 성경의 정경은 어느 층위에서도 우연이 아니다. 인간적인 층위에서조차도 그 통일성은 계획되어 있었다. 실로, 성경의 인간적 산출의 다른 특징도 동일한 결론으로 이끈다. 성경의 책들이 기록되었을 때, 그 책들은 대부분 스스로 의식적으로 하나의 큰 전통에 서 있었다. 후대의 저자들은 종종 자신들에 앞서 전통을 형성하던 예언들과 책들을 의식했으며, 그 전통을 설명하고 인용하고 도전하고 해명하고 적용할 때 해설의 역할(exegetical role)을 감당했다. 하나님의 말씀이 하나님의 백성을 창조한 것으로 인식했다는 의미에서 그 시작에서부터 일종의 통일성에 대한 느낌이 간직되어 있었다. 언약은 하나님의 백성이 살아가는 데 기본이었다. 언약은 원초적인 척도(canon)였으며, 성경적 가르침의 원천이었다.

그러나 우리는 이보다 더 나아가야 한다. 인간의 인식 과정은 단순한 우연이 아니며, 우월한 통찰도 아니다. 그 인식 과정들은 분명 인간의 사고와 결정을 반영하지만, 하나님을 인식하는 복음의 방식에 따르면 성령의 조명과 섭리의 결과이기도 하다. 그 성령은 자신의 목적을 달성하기 위해 인간의 생각과 의지를 사용하시는 분이다. 성경의 신적 저자와 인간 저자가 서로 반대되지 않듯이, 성령과 인간은 서로 반대되지 않는다. 정경 인정에 관한 한, (이미 내가 지적했듯이) 가장 중요한 문제는 원초적 복음의 문제다. 유대 성경은 진정 하나님의 말씀이기에, 존재하는 것은 하나의 정경이다. 우리가 그 정경에 덧붙일 권리가 있는가? 그리스도인들은 언제나 유대교의 정경을 참되지만 불완전한 것으로 간주해 왔다. 그 정경에는 반드시 복음이 덧붙여져야 하기에, 궁극적으로는 신약 성경이 덧붙여져야 한다.

신구약 성경의 실제 범위에 관한 그 결정은 두 가지 기본적인 특징을 지닌다. 첫째로, 일단 첫 번째 정경(구약 성경)에 자료를 덧붙이기로 결정했을 때, 그 대부분의 책에 대해 아무런 실질적인 논란도 남아 있지 않았다는 것이다. 그 토대는 아주 확실했다. 둘째로, 정경의 한계들에 관한 판단의 차이점이 여전히 몇 가지 남아 있다는 것이다. 그 차이점들은 이전에 복음을 영감하고 조명하신 것과 똑같은 길을 따라 성령이 역사하시지 않고는 해소될 수 없다. 다시 말해, 인간적인 권위에 호소해서는 결코 그 문제가 해소될 수 없을 것이다. 그 과정을 진행해 나가시는 하나님의 방식에 맡기는 것이 적절하다. 그렇다 할지라도 여전히 실제로 하나님의 말씀으로서 말하는 바를 고찰할 때, 가르침의 일관성, 저작성, 기원과 같은 문제들을 검토할 필요가 있다. 이론상으로는 적어도 지금에라도 (말하자면, 바울 서신들에서) 위작이 발견되어 정경에서 배제될 수가 있다. 그렇지만, (하나님의 말씀으로서의 이 문서들에 대한 그리스도인들의 증언에 비추어볼 때) 그럴 가능성은 거의 없다. 실제로, 우리는 적절한 이유를 가지고, 우리보다 그 사건들에 더 가까이 있었던 사람들의 결정과 자신의 말씀을 돌보시는 하나님의 섭리적인 활동을 신뢰한다.

### 성경의 정경: 통일성의 본질

어떠한 예술 작품에 대한 비평 작업도 전체에서 부분으로 그리고 다시 부분에서 전체로 진행해 간다. 예를 들어, 화폭 전체를 바라보고 그 다음에 개별적인 특징들에 초점을 맞추고 그 다음에 다시 한 번 각 부분에 비추어서 전체를 바라보려고 뒤로 물러선다. 각 부분에 대한 연구가 없이 전체를 바라볼 경우 그 전체의 의의에 기여하는 깊이와 다양성을 놓치게 된다. 또한 부분에만 집중하면 전체적인 일관성이 약해지고, 결국에는 무의미함에 빠지게 된다. 우리 앞의 한 세대는 사복음서를 한 데 모아 예수의 삶을 중심으로 일종의 '디아테싸론'(*diatessaron*, 사복음서를 대조 비교한 후 조화시켜 엮은 책―역주)을 만들어 내려 했다. 그러나 이러한 경향은 각 복음서 기자의 기여를 사실상 음미할 수 없게 만들었다. 성경에 대한 현대의 비평적 접근 방법들의 커다란 수확 중 하나는 다양한 저자의 개별성이나 자료의 여러 부분의 개별성을 인식하고, 그 부분들을 그 자체로 연구할 수 있는 자유를 이룩했다는 것이다.

이 좀더 새로운 관점에 대해서는 할 말이 많다. 실로 이 새로운 관점의 기여는 본질적으로 중요하다. 그 관점은 개별 저자와 각 부분이 성경 전체에 독특하게 기여하는 바에 대해 마땅한 배려를 하며, 각 부분이 무엇을 말하는지 더 잘 이해할 수 있도록 만들어 준다. 새로운 관점이 소위 평행 구절들로 진행해 가기를 주저하는 것은 정당한 일이다(복음서 연구에서 평행 구절들을 모아 종합적으로 하나의 복음서와 메시지를 찾으려 했던 노력을 거절했다는 뜻이다―역주). 오히려, 새 관점은 연구되는 텍스트의 목소리에 그대로 머물고자 한다. 이러한 태도는 모든 적절한 경청 과정에 핵심적인 것이다. 새 관점은 각 복음서가 서로 똑같다는 주장을 너무 즉각적으로 펼치지 않고, 각 복음서가 개별적으로 말할 수 있도록 허용해 준다. 새 관점은 성경을 단면적으로 만들고 일차원적인 것으로 취급하고픈 유혹을 피하고자 한다. 텍스트들의 개별성을 지나치게 적게 인정할 경우, 성경 이야기에서의 해당 텍스트들의 직접적인 문맥을 거의 혹은 전혀 존중하지 않고 사방으로부터 여러 구절과 잠언을 뽑아 증거 구절로 대는 일이 벌어진다. 전체는 각 부분에 의존하기 때문에 결국에는 전체가 고통을 당하게 된다.

그러나 개별 책과 개별 저자가 한 부분을 형성하는 전체라는 것이 존재하는가? 하나님 말씀으로서의 성경에 대한 우리의 헌신은 이미 이 물음에 대답한다. 부분들에 대한 조사에는 한계가 있다. 실로 인간적 층위에서조차도 한계가 있다. 예를 들어, '바울 신학'에 대해 쓴다는 것은 사실 남아 있는 바울의 편지들에 대해 쓴다는 뜻이다. 지금은 우리가 바울 자신을 만날 수 없다. 그리고 바울의 이론도 규범이 되지 못한다. 오로지 신약 정경에 포함된 바울의 편지들만이 규범적이다. 어떤 '디아테싸론'에 대해서보다 복음서 기자들 각각에 대해서만 제한해서 글을 쓴다는 것은, 네 명의 복음서 기자가 네 사람에 대해서가 아니라 단 한 분 예수에 대해 묘사한다는 사실을 망각하는 것이다. 부분을 검토하지 않는 것이 무책임한 것이라면, 그 부분을 전체와 연결 짓지 않는 것 역시 무책임한 일이다.

비평 작업을 추구하는 개별 존중 방법이 지닌 난점은 성경이 단편적으로 부서져서 무의미하게 된다는 것이다. 그 방법이 만족스럽고 급진적인 결과를 낳을 수도 있겠지만, 그것은 형편없는 비평이다. 왜냐하면 그 방법은 그 비평 대상에 관한 본질적인 진리를 반영하지 못하기 때문이다. 그 방법은 또한 우선적으로 그 책들이 어떻게 해서 성경이 되었는지 그 실상을 반영하지도 못하며, 교회가 하나님의 다스림을 받는 데 도움을 주지도 못한다. 만일 초대교회가 그러한 식의 성경관을 채택했다면, 삼위일체 교리는 등장하지 못했을 수도 있다. 왜냐하면 모든 점에서 성경은 하나의 통일성을 이루며, 서로 모순이 없다고 가정되었기 때문이다. 노리스(F. W. Norris)가 지적하듯, "자신의 「신학적 설교들」(*Theological Orations*)에서, 그레고리(Gregory Nazianzen)는 자신의 요점들을 확립하기 위해 무려 750번이나 성경을 인용하고 암시한다. 그가 논증하는 바는 자신이 견지하는 삼위일체론의 입장이 대적들이 견지하는 성자와 성령에 대한 종속론적 입장보다 성경적이며, 성경을 잘 이해할 수 있게 해준다는 것이다."[7] 물론 어떤 사람들은 아리우스파들과 삼위일체론자들이 공존할 수 있는 교회를 더 선호할 수도 있다. 그렇지만 현대 기독교의 커다란 위기 가운데 하나는 신론과 기독론 모두에 영향을 끼치는 내적 다원주의(internal pluralism)가 기독교 자체의 쇠퇴로 이끌어 갈 만큼 위협적이라는 것이다.

또 하나의 통일의 요인이 이 모든 것을 종합해 준다. 성경은 약속과 성취의 책이다. 예수께서 부활 후에 제자들을 만나셨을 때, 그분은 그들에게 이렇게 말씀하셨다. "내가 너희와 함께 있을 때에 너희에게 말한 바 곧 모세의 율법과 선지자의 글과 시편에 나를 가리켜 기록된 모든 것이 이루어져야 하리라 한 말이 이것이라"(눅 24:44). 모세의 율법, 선지자의 글, 시편 이 세 범주는 지금 우리가 가진 대로의 구약 성경 전체를 요약한다. 예수께서는 이 세 가지가 다 자신에 대해 통일된 증거를 한다고 말씀하심으로써 이 책들에 신약 성경과 똑같은 중심 주제를 제공하셨다. 다시 말해서, 성경은 예수 그리스도에 대한 이야기다. 예수 그리스도는 성경의 통일성이다. 왜냐하면 하나님이 하셨던 약속들이 아무리 많다 해도, 그 약속들은 그리스도 안에서 '예'가 되기 때문이다(참고. 고후 1:20). 우리가 말하는 그 통일성은 인격적인 통일성이며, 하나의 그림이 가지는 통일성이다. 하나의 인물화는 많은 다른 요소를 담는다 할지라도 여전히 한 사람에 대한 인물화다. 그것은 단지 모든 구약 성경 텍스트 안에서 예수를 발견하는 문제가 아니라, 구약 성경 전체를 예수께서 선포하셨던 하나님 나라의 드라마에 연결해서 예수에 관한 진리를 조명해 주는 문제다. 마찬가지로, 비록 신약 성경의 저자들이 여러 가지 점에서 예수에 대한 서로 다른 이해를 가질 수 있더라도 이러한 다른 이해들이 서로 모순되지는 않는다고 가정하는 것이 건전하다. 한 저자가 기독론의 요점 가운데 한 가지를 언급하지 않는다고 해서, 반드시 그가 그 요점에 대해 무지했다는 뜻일 수는 없다. 그러나 그 저자가 과연 무지했든지 아니었든지 간에, 우리는 다양한 저자의 지식에 대한 사변을 펼치는 것이 아니라 신약 성경 전체에 의해 세워지는 예수의 모습에 관심이 있다. 성경의 통일성은 우리에게 총체적인 진술을 전해 준다.

그러므로 우리가 성경을 하나님의 말씀으로 일컫는다는 것은 소위 통일성에 대한 비판적 실천을 행하도록 만든다. 그러나 어떤 종류의 통일성인가? 이 점에 있어서 언약 사상이 다시 도움을 준다. 언약의 말씀은 하나님이 자기 백성과 관계를 맺으시며, 그들을 가르치시며, 안내하시며, 구원하시며, 확인하시며, 그들에게 하나님께 할 말을 주는 하나님의 수단이다. 다시 말해서 언약에 의해 성립된 관계의 다면적 성격에 비추어볼 때, 언약의 주님이 자기 백성에게 그 관계 자체를 유지하는 데 필요한 자신의 말씀을 다양한 형태로 제공해 주신다는 것은 적절한 것 같다. 단 한 가지 장르에 속하는 책을 성경으로 제공하는 것은 그 관계를 협소한 틀에 들이미는 것과 같을 것이다. 그것은 또한 우리가 언제 어느 곳에 있든지 하나님의 영원하신 말씀이 똑같은 방식으로 우리와 만날 수 있는, 시공간과는 무관한 인간 상황을 전제로 한다. 예를 들어 십계명을 자연법의 일종인 것처럼 취급하는 것이 교회의 습관이 되어 왔다. 그러나 십계명은 성경의 어떤 역사적 부분 가운데 박혀 있는 것이며 특수성의 여러 표시를 간직한다. 해석학은 특정한 말씀에서 보편적인 말씀을 식별해 내는 일과 동시에 보편적인 것이 특정한 것과 별개로 존재하지 않는다는 사실을 인정하는 일을 내포한다. 모세가 말하듯, "오직 그 말씀이 네게 매우 가까워서 네 입에 있으며 네 마음에 있은즉 네가 이를 행할 수 있느니라"(신 30:14).

언약에 의해 세워진 그 관계의 다른 측면들은 하나님의 이름과 호칭에 의해 드러난다. 그분은 여호와시다. 그분은 자신에 대한 우리의 신뢰와 충성을 요청하시는 분이다. 그분은 구원자시다. 한 백성을 구출해 내신 그분의 강력한 기사(奇事)들은 끊임없이 기억되어야 한다. 그분은 아버지다. 그분은 자기 자녀들이 그리스도와 함께 만물을 상속하게 될 것을 약속해 주시는 아버지다. 그분은 거룩하시다. 그분의 지혜의 말씀은 겸손한 자들을 이끌어 안내하며 가르친다. 그분는 영이시다. 그분은 예언자들을 감동하셔서 언약의 조항들을 적용하신다. 그분는 재판장이시다. 그분은 자신의 말씀의 기준에 의해 만물을 테스트하신다. 그분은 목자이신 임금이다. 그분의 목소리는 양떼를 이끌어 간다. 이 이름들이 하나 같이 드러내듯이, 성경은 그 다양한 면모를 가지고 하나님과 그분의 백성의 관계를 보양하며 유지한다. 율법은 여호와의 길 가운데서 어떻게 행하는지를 우리에게 말해 준다. 지혜서는 삶의 구체적인 정황에서 어떻게 하나님을 경외하는지 우리에게 보여 준다. 시편은 구원의 사건들을 기념하며 하나님을 찬양하도록 우리에게 말씀을 준다. 시편은 또한 우리가 하나님 앞에 우리의 마음을 쏟아내면서 어떻게 하나님께 물어야 하는지 그리고 어떻게 담대하게 그분께 말해야 하는지를 보여 준다. 예언서는 여호와의 말씀이 어떻게 적용되어야 하는지 그리고 어떻게 하나님의 약속들을 움켜쥐어야 하는지를 우리에게 보여 준다. 계명들은 재판장이신 하나님이 무엇을 추구하시는지를 우리에게 가르쳐 준다. 아버지 하나님의 약속들은 세상의 모순들에 맞서서 믿음을 유지해 준다. 삶의 복잡다단함과 하나님과 우리의 관계의 다양성은 성경 안에서 충족된다.

　이제 성경의 내러티브에 관한 언급을 좀더 살펴보도록 하자. 만일 우리가 성경의 내러티브가 단지 개별적(particular, 보편적인 것에 반대되는 '특수적, 특칭적'을 뜻함)이라는 견해를 취해야 한다면, 내러티브의 의의는 매우 제한될 것이다. 혹자는 그 저자가 교리적 결론이나 윤리적 결론을 이끌어내는 그 순간을 기다리면서 내러티브를 읽어간다. 그러나 성경의 내러티브에 어떤 교훈적 요소가 분명히 존재하지만(예를 들면, 고전 10:11을 보라), 내러티브는 다른 층위에서도 마찬가지로 작용한다. 매우 중요하게, 우리는 성경에서 하나님 백성의 언약적 약속들의 외적 작용을 본다. 즉, 하나님 백성의 역사는 바로 그 때문에 예언이라고 알려진다(히브리 성경은 크게 세 부분으로 나뉘는데, 우리가 역사서라 부르는 책들은 예언서에 속한다―편집자 주). 그 약속들은 여러 사건에 대한 해석의 틀을 제공해 준다. 펼쳐지는 이야기는 그 공동 사회가 번영하기 위한 필수적인 사상들과 진리들의 공동 비축물을 만들어 낸다. 현저한 예가 사도행전 7장에 기록된 스데반의 설교다. 어떤 사람은 스데반이 자신들의 역사를 되풀이해서 진술함으로써 듣는 사람들을 지루하게 만들었기 때문에 그들이 스데반을 살해했다고 이죽거렸다. 그러나 그 역사에 대한 재진술은 정확히 스데반이 그 역사에 덧붙인 해석 때문에 매우 위험한 것이었다. 그 이야기는 그 백성들의 역사에 대한 새로운 해석을 주장했다. 그 공동체의 역사는 자기 이해의 원천이자 대화의 언어였으며, 강렬한 논쟁의 근거였다.

사실상 성경의 중심축은 내러티브다. 그래서 비록 많은 손길이 여러 이야기에 기여한 것이 사실이지만, 신약 성경은 그 이야기를 첫 아담에서 마지막 아담으로 이어지며, 첫 동산에서 최후의 도성으로 이어지는 연속적인 하나의 이야기로 진술했다. 그러나 성경 자체의 내러티브는 하나님의 특징 있는 말씀이 하나의 약속이라는 사실에 근거한다. 그리고 그 약속들은 그 약속들의 성취에 대한 관심을 불러일으킨다. 약속과 그 성취는 성경을 언약적으로 만든다. 약속은 계시가 역사적인 형태를 갖도록 만들며, 예언적 양식을 부양하며, 시편과 지혜와 이야기에서 이스라엘의 경건심을 고무한다. 그 약속들의 외적 작용에 대한 추적은 역사의 필연성을 만들어 낸다. 또한 그 일은 성경신학, 즉 하나님의 계시의 노선을 따라가면서 성경의 텍스트들을 문맥에서 자리매김해 줄 필연성을 만들어 낸다. 또한 그 백성들은 자신의 역사를 바라볼 때, 성취를 기다리는 의미를 품은 것으로 바라보게 됨으로써, 역사를 종말론으로 바꾸어 놓는다. 언약의 책은 철저하게 종말론적 책이다.

그러므로 하나님의 말씀으로서 성경이 스스로 모순되지 않으며 하나의 통일체라는 주장에는 진실성이 존재한다. 그러나 성경이 예수를 자신의 모든 충만함 가운데 계시는 주님으로 제시해야 한다면, 성경에는 많은 부분과 여러 가지 유형의 공존에서 출현하는 복합적인 통일성(complex unity)이 필요하다. 때로는 성경의 요소들 간에 긴장도 있을 것이며, 표면적인 모순도 있을 것이다. 예수께서는 우리에게 "나와 함께 아니하는 자는 나를 반대하는 자요"(마 12:30)라고 말씀하시고, 또 거꾸로 "너희를 반대하지 않는 자는 너희를 위하는 자니라"(눅 9:50)라고도 말씀하신다. 구약의 잠언은 서로 붙어 있는 구절에 직접적으로 모순되는 말을 기록한다. "미련한 자의 어리석은 것을 따라 대답하지 말라. 두렵건대 너도 그와 같을까 하노라. 미련한 자에게는 그의 어리석은 것을 따라 대답하라. 두렵건대 그가 스스로 지혜롭게 여길까 하노라"(잠 26:4-5). 그리고 또한 출애굽기는 "나는 악인(the guilty)을 의롭다 하지 아니하겠노라"(출 23:7)라는 원칙을 규정하지만, 로마서는 하나님이 "경건하지 아니한 자(the wicked)를 의롭다 하시는 이"(롬 4:5)라고 말한다. 당연히 이러한 예에 대한 목록은 더 늘어날 수 있을 것이다. 그러나 그러한 모순들이 없기를 요청하는 것은 하나님이 사람들의 실제 삶에 맞도록 성경을 준비하셨다는 요점을 놓치는 것이다. 어리석은 자에게 때로는 대답을 해주어야 하며, 때로는 해주지 않아야 한다. 만일 그 진리 전체가 알려져야 한다면, 두 진술이 모두 요구되는 것이다. 출애굽기와 로마서 사이에는 예수의 죽음이 임했다. 예수의 죽음은 하나님이 어떻게 "자기도 의로우시며 또한 예수 믿는 자를 의롭다 하려 하시는"(롬 3:26) 분인지를 보여 준다. 인간의 삶은 복잡하다. 그리고 하나님의 삶은 대부분 우리에게 감추어져 있다. 성경이 하나이고 참되기 위해서는, 그러한 외견상의 이례적인 것들을 포함해야 한다. 그와 같은 성경 읽기 방식에 대해서는 다음 장에서 좀더 살펴보게 될 것이다.

### 성경의 진실성

성경 원리(Scripture principle)의 위기는 성경이 무오하다는 고백과 성경이 사실과 도덕 및 신학상의 오류가 있다는 인식 사이의 충돌에서 탄생했다. 성경이 언약의 책이라는 나의 주장은 성경이 교회와 개인에 대해 특별한 권위를 지니며, 우리에게 주어진 선물의 성격 즉 우리가 그것과 다툴 위치에 있지 않은 특별한 것으로서의 성격을 지닌다는 결론으로 이끌어 주었다. 하나님의 언약 백성들을 위해 주님이 마련하신 것으로서, 성경은 우리를 다스리며, 철회될 수 없으며, 트집 잡을 수 없는 것이다. 말하자면, 성경은 반드시 하나님의 진실성을 반영하는 기능적 진리를 지녔다. 그럼에도 불구하고, 성경은 인간 존재들과 인간 언어를 매개로 하여 주어졌다. 성경에 '무오하다'(infallible)거나 '잘못이 없다'(inerrant)는 식의 단어들을 적용하는 것이 가능한가? 아니 바람직한가? 이 질문에 답하기 위해, 하나님이 우리를 다스리시는 수단으로서의 성경의 기능에 대해 좀더 생각해 보아야 할 것이다. 특히, 우리는 만일 우리가 믿음의 요구들을 이해한다면 이 사실이 어떻게 작용하는지 살펴보는 것이 최선일 것이다. 왜냐하면 믿음은 하나님의 진실성에 의존하기 때문이다.

### 믿음의 본질

요한이 기록한 것처럼, 예수께서는 아버지께 기도드리면서 "아버지의 말씀은 진리니이다"(요 17:17)라고 말씀하신다. 이 간단한 진술은 성경 전체의 생각을 요약한다. 성경은 하나님의 말씀의 권능을 계속해서 노래한다. 그분은 자신이 약속하시는 것은 무엇이든지 행하실 수 있으며, 행하시는 하나님이다. 그분의 말씀은 전적으로 솔직하다는 의미에서만이 아니라 말씀하신 바를 정확하게 달성하신다는 구체적인 의미에서도 진리다. 거짓말을 하고, 신실하게 약속할지라도 지킬 수 없는 것이 인간의 특성이다. 이러한 문제들에서 하나님은 전혀 다르시다. 하나님의 말씀은 결코 실패하지 않는다.

예언자 미가에게서 우리가 발견하는 언어를 예로 들어보자. 미가는 마지막 날에 여호와의 성전이 마땅히 되어야 할 그런 전이 될 것이라는 담대한 예언을 한다. 이 성전에 열방이 들어올 것이며, 그 성전으로부터 여호와께서 "그의 도를 가지고 우리에게 가르치실 것이니라.…율법이 시온에서부터 나올 것이요, 여호와의 말씀이 예루살렘에서부터 나올" 것이다. 그 결과는 종말의 평화와 지복(至福)이 될 것이다. 그 때에 "각 사람이 자기 포도나무 아래와 자기 무화과나무 아래에 앉을" 것이다. 여호와의 말씀은 해방을 가져올 것이다. 그러나 여호와의 말씀은 또한 해방을 보장한다. 어째서 예언자가 이 이상적인 미래에 대해 자신감 있게 말하는가? "이는 만군의 여호와의 입이 이같이 말씀하셨음이라"(4:2, 4). 그의 모든 소망의 근거는 말씀하신 하나님의 전적으로 신뢰할 수 있는 성품이다. 그 말씀은 바로 이 여호와의 말씀이다. 그 예언자는 예수께서 말씀하셨듯이, '여호와의 말씀은 진리니이다'라고 고백한다. 여기에 있는 예언적 자료는 성경 전체에 진정으로 전형적인 것이다. 하나님이 말씀하셨다면, 그 일은 결정된 것이다. 그분의 말씀은 방해받을 수 없으며 어긋날 수도 없다. 그 말씀은 무오하다.

예언자의 예언(prediction)이 불발되는 것처럼 보이는 구절에서도 말씀이 무오하다는 점은 참되다. 맞지 않는 것처럼 보이는 예들에 대해서는 요나서의 이야기가 빛을 던져 준다. 여호와께서는 자신의 예언자를 통해서 "사십 일이 지나면 니느웨가 무너지리라"(욘 3:4)라고 선포하신다. 요나서의 문맥에서, 이 예언이 여호와께로부터 나왔다는 것은 의심할 나위가 없다. 그러나 그 예언은 무조건적이지만, 요나가 우려했듯이 성취되지 않았다. 물론 니느웨 사람들의 회개가 개입되었다. 그리고 자신이 하고자 했던 일을 뒤집으셨다는 의미에서 하나님의 '회개'도 있었다. 그러나 여기에서 하나님의 바뀐 행동은 그분의 불변하는 본성에 기반을 둔다. 요나는 "주께서는 은혜로우시며 자비로우시며 노하기를 더디 하시며 인애가 크시사 뜻을 돌이켜 재앙을 내리지 아니하시는 하나님이신 줄을…알았기"(4:2) 때문에 앞으로 일이 어떻게 진행되리라는 것도 알았다. 하나님에 대한 요나의 지식은 출애굽기 34:6에 근거했다. 그 말씀은 여호와 하나님을 "자비롭고 은혜롭고 노하기를 더디 하고 인자와 진실이 많은 하나님"으로 묘사한다. 다시 말해서, 이 예언의 불이행(nonfulfillment)을 결정하는 것은 말씀을 통해 알려진 하나님의 성품이다. 실로, 그 예언이 자체의 불이행을 만들어 냈던 것이다. 하나님이 그 왕과 백성들이 회개함으로써 만들어진 상황에서 다르게 행동하셨다면, 그분의 말씀은 실패하는 게 되었을 것이다. 실제로, 그 예언은 실패하지 않기 위해 실패했다.

여기에서 우리는 우리가 하나님의 말씀에 돌리는 무오성의 내적 작용을 소개받는다. 하나님의 말씀은 말 그대로 진리다. 바로 그러한 이유 때문에, 오늘날의 몇몇 형태의 기독교 버전들은 성경을 명확하게 하나님의 말씀과 동일시하기를 회피한다. 성경의 소위 부적절한 부분들에 대한 언급이 하나님에 대해 부정적으로 비추기를 원치는 않는다. 그러나 성경과 하나님의 말씀을 나누는 이러한 분리의 문제점은, 복음 자체가 성경은 충분한 의미에서 하나님의 말씀이라 일컫도록 우리를 이끈다는 사실뿐만 아니라, 믿음의 본질이 하나님의 틀림이 없는 말씀을 요구한다는 사실이다. 우리가 성경을 하나님의 말씀이 아닌 다른 것이라고 선언하거나 하나님의 이름을 지닌 어떤 것이 과연 우리의 손에 쥐어질 수 있는가를 의심한다면, 우리는 우리를 하나님께 연결해 주는 믿음을 파괴하는 것이다. 그것이 바로 계시에 대한 근대적 논의들에 걸려 있는 핵심적인 문제다.

다시 한 번 복음에서부터 시작해 보자. 복음은 우리에게 하나님의 말씀이라고 주장하면서 찾아온다. 복음은 우리에게 회개와 믿음을 요청하며, 그리스도의 사역에 근거해서 살아 계신 하나님과의 연결 관계를 약속한다. 복음을 받아들이는 것은 약속의 말씀을 받아들이는 것이며, 그 말씀이 스스로 주장하는 것처럼 하나님의 말씀이라고 믿는 것이다. 믿음은 모든 관계 형성에 필수적이다. 특히 우리가 약속들을 기반으로 서로 관계를 맺을 때에 필수 불가결하다. 믿음 그 자체는 약하고 공허하며, 그 힘을 믿음의 대상으로부터 이끌어 온다. 우리는 믿음 그 자체에 의해 구원받는 것이 아니라 예수 그리스도에 대한 믿음에 의해 구원받는다. '믿음'은 획득하거나 실행하기 어려운 것이 아니다. 믿음은 가장 평범하고 공통적인 인간 경험 가운데 하나다. 그러나 만일 믿음이 진리에 적절하게 근거하지 않을 경우, 믿음은 아무런 의의도 지니지 못한다. 위조지폐나 위조품에 대한 믿음은 미신이다. 그러한 믿음은 그 자체의 나쁜 영향들을 만들어 내며, 심지어 그 자체의 거짓된 위로를 산출해 낼 수 있다. 예레미야 시대에, 예루살렘 거민들이 여호와의 성전을 자신들이 소유한다고 믿었던 것처럼 말이다(렘 7:4). 주관적인 면으로만 볼 때, 믿음과 미신은 구별할 길이 전혀 없다. 둘 다 똑같은 기능을 행사하기 때문이다. 그러나 그 둘은 각각의 결과에 있어서는 전혀 다르다. 왜냐하면 전자는 진리에 기반을 두고 후자는 오류에 기반을 두기 때문이다.

대부분의 현대 기독교에서, 이러한 구분은 거의 이해되지 않는다. 신앙에 대한 주관적 소유는 기독교 예배에 정기적으로 참석하거나 교회에 대한 소속을 밝히는 한 충분한 것으로 간주된다. 종교적 회심의 경험은 몇몇 종교 집단에 대한 가입을 충분히 보장해 준다. 그러나 그 종교가 아무리 열렬하다 해도, 예배자가 아무리 충성되다 해도, 그 회심이 아무리 극적이라 해도, 그렇게 행해진 믿음이 그 참된 대상인 하나님의 말씀 가운데서 우리에게 임하시는 주 예수 그리스도를 향하지 않는다면, 모든 것은 쓸모없는 것보다 더 나쁜 것이다. 여러분이 하나님과 어떤 관계를 맺고자 한다면, 그 관계는 진리에 기반을 두어야 한다. '당신의 말씀은 진리니이다.' 또한 다른 사람의 말을 신뢰하지 못하면, 그 관계는 썩어 버리게 된다. 습관적인 거짓말쟁이나 단순히 믿을 만하지 못한 사람과는 관계를 유지한다는 것이 어렵다. 우리가 하는 말과 우리가 어떤 사람인가는 밀접하게 연결되어 있다. 역으로, 어떤 사람과 그의 말이 믿을 만하다는 사실을 알게 된 경험으로부터 빚어지는 신뢰는 우정의 꽃이 피어나는 것을 누리게 해주는 해방을 가져온다. 그러한 신뢰는 풍성하고, 깊고, 만족스런 사귐의 필수 불가결한 기반이다. 다른 사람에게, "네 말은 참말이야"라고 말하는 것은 그 사람이 절대적으로 신뢰할 만하다고 말하는 것과 같다.

기독교 복음은 우리에게 하나님과의 사귐의 가능성을 제공하며, 하나님에 대한 우리의 믿음을 요청하기 때문에, 그 복음이 말씀에 근거한다는 사실은 전혀 놀라운 일이 아니다. 또한 기독교 복음이 절대적으로 진리인 말씀을 요구한다는 사실도 놀라운 일이 아니다. 왜냐하면 그것이 우정 즉 사귐의 본질—특히 자신의 삶을 다른 사람의 의지에 완전히 복종하는 일이 포함된 사귐의 본질—이기 때문이다. 기독교 예배의 순종에는 다른 어떤 관계에도 심지어 인간적인 측면에서 그에 가장 가깝고 비슷한 것에 해당하는 결혼에도 비견될 수 없는 필연적인 절대성이 존재한다. 그 절대성은 우리 믿음의 대상인 하나님 자신에게 일치하는 절대성이다. 그 절대성은 우리에게, "당신의 말씀은 진리니이다"라고 말할 것을 요구한다. 하나님 말씀의 진리성에 대해 의심한다면, 우리는 기독교 신앙의 충만한 번영을 경험할 수 없을 것이다. 실로, 많은 기독교적 실천은 하나님의 말씀에 순응하려는 노력을 전혀 기울이지 않기 때문에 미신이다. 많은 기독교 신학은 우리가 주님으로부터 온 믿을 만한 말씀을 전혀 가지고 있지 않다는 확신을 전제로 하기 때문에, 기독교 신앙에 대해 그 신학이 끼치는 영향들은 불행하다.

내가 말한 것 대부분이 믿음 그 자체의 이름으로 논박된다. 어떤 사람들은 우리가 "믿음으로 행하고 보는 것으로 하지 아니함이로라"(고후 5:7)라는 바울의 말을 인용하면서, 믿음의 불안정성과 모험성을 지적한다. 확실히 믿음의 바로 그 핵심은 믿음이 확실한 것이 아니라는 데 있다고 말한다. 확실성에 근거한 믿음은 믿음의 특성을 상실하며 지식이 되어 버리기 때문에, 우리가 그릇되게도 '주께서 우리를 아시듯이' 우리가 아는 일이 일어나는 그 종말을 앞당기려고 시도한다고 주장한다.

이러한 식의 추리는 설득력이 있다기보다는 그럴듯할 뿐이다. 이 추리는 믿음을 완전히 오해한 것이다. 인간관계를 가지고 설명해 보자면, 전적으로 믿을 만한 사람에 대한 나의 믿음은 그 믿음의 대상이 지닌 확실성 때문에 강화되고 증대된다. 그 사람이 특정한 시간에 나를 만나겠다고 약속하지만 내가 그 약속의 신빙성에 대해 의심한다면, 나의 흔들리는 믿음은 확실한 믿음보다 못한 것이거나 만용적인 믿음일 것이다. 그러한 믿음은 단지 그 관계를 방해할 뿐이다. "너희 중에 누구든지 지혜가 부족하거든 모든 사람에게 후히 주시고 꾸짖지 아니하시는 하나님께 구하라. 그리하면 주시리라. 오직 믿음으로 구하고 조금도 의심하지 말라. 의심하는 자는 마치 바람에 밀려 요동하는 바다 물결 같으니"(약 1:5-6). 믿음의 반대는 확실성이 아니라 의심이다.

어쨌든, 우리는 외면과 내면을 혼동해서는 안 된다. 나의 인간성과 경험이나 죄악성에 따라서, 나의 주관적인 믿음은 흔들리고 불확실할 수가 있다. 그러나 내 믿음의 좋고 나쁨은 내 믿음의 대상의 좋고 나쁨에 대해 아무런 차이를 만들어 낼 수가 없다. 내 주관적 믿음은 믿을 만하지 못한 것을 만회해 줄 수도 없으며, 믿을 만한 것을 흔들어 버릴 수도 없다. 내가 신뢰했던 사람이 신뢰할 만하다는 것을 경험할수록 작았던 나의 믿음은 점점 더 강하게 성장할 것이다. 그렇기 때문에, 믿음의 대상이 확실해야 한다는 사실은 훨씬 더 중요하다. 이것이 사귐과 복종과 자유의 비밀이다. 하나님의 말씀이 독특하게 지니는 특징은 미래 지향성이다. 그 말씀은 우리에게 약속으로 다가온다. 예를 들어, 우리는 "볼지어다. 내가 세상 끝 날까지 너희와 항상 함께 있으리라"(마 28:20)라는 약속을 가지고 있다. 하나님의 말씀으로서의 성경에 대해 의심함으로써, 우리는 그러한 약속들에 대한 믿음을 파괴한다. 믿음의 긴장은 주님이 하신 말씀과 뱀이 한 말 혹은 세상이 한 말 사이에 존재한다. 뱀의 말과 세상의 말은 우리에게 주님의 말씀이 참되지 않다고 말한다. 믿음은 약속을 무오한 것으로 대하면서, 기꺼이 약속에 따라 살아가려는 것이다. 왜냐하면 '그분의 말씀은 진리'이기 때문이다. 진정한 믿음을 가지려면, 우리는 무오한 말씀을 가져야 한다. 즉, 우리가 그 진리를 절대적으로 믿을 수 있으며 의견을 달리하지 않는 말씀, 연구할 수 있고 배울 수 있으며, 수용하여 동화할 수 있고, 활용할 수 있으며 순종하고 신뢰할 수 있는 말씀을 가져야 한다. 이러한 말씀이 바로 하나님의 무오한 말씀이다.

## 성경의 무오성과 무류성

하나님의 말씀이 그 주어진 목적을 위해 무오해야 한다는 사실은 당연히 인정될 수 있을 것이다. 그 목적은 다름 아닌 우리의 삶 가운데서 하나님의 나라를 진척하는 일이다. 이것은 우리가 성경의 경륜과 그 권위를 우리의 삶과 생각에 온전히 받아들이는 것을 의미할 것이다. 그러나 우리가 또한 성경(Scripture)의 무류성(inerrancy)에 대해, 즉 신학적인 것과 마찬가지로 어떠한 형태의 과학적·역사적·지리학적 오류로부터도 자유롭다고 말해야 하는가? 언뜻 보기에, 이것은 우리가 지금까지 주장해 왔던, 성경(the Bible)과 하나님의 말씀(God's word)을 동일시함으로써 생겨나는 의심할 바 없는 결과인 것처럼 보이는 것이 사실이다. 하나님이 결코 거짓말을 하실 수 없으며 그분의 말씀이 진리라면, 그분의 기록된 말씀이 정확히 그러한 특징들을 가져야 한다는 데는 의심할 이유가 거의 없을 것 같다. 실로, 이전 항목의 주장은 그 점을 조건으로 삼는 것 같다. 그리고 성경의 영감을 부인하는 사람들은 바로 그러한 이유 때문에 부인하며, 그들은 하나님의 말씀이 진리라면 기록된 하나님의 말씀도 정확히 진리여야 한다는 사실을 맞는 말이라고 받아들인다.

그러나 꼭 그런 것만은 아니다. 우리가 시작했던 믿음의 요구 사항들에 대한 논의와 실로 언약의 책의 본질에 대한 좀더 기본적인 논의는 기능적인 것이다. 우리는 성경의 특성을 하나님의 구원의 경륜에서 성경이 수행하는 기능으로부터 기술한다. 그러므로 성경(Bible)이 설계된 기능에 따라서, 성경(Scriptures)이 무오하다고, 성경(Scriptures)은 하나님이 우리를 다스리시는 대행자로서 실패하지 않을 것이라고 주장하는 것이 가능하다. 그러나 바로 그 논리가 무류성을 요구하지는 않는다. 하나님이 기꺼이 인간의 발언을 가지고 우리 인간에게 접근하신다는 바로 그 기꺼움은 하나님 편에서의 낮추심과 그 발언의 제약들을 기꺼이 받아들이며 일상적인 의사소통 방식에 적응하겠다는 기꺼운 자세를 보여 주며, 그 과정에는 전달되는 중심 메시지를 손상하거나 더럽힘이 없는 사실상의 오류들이 포함된다고 말할 수 있을 것이다. 성경 기자들은 현대의 과학자들이 아니었다. 그리고 하나님은 그들에게 지금 우리가 이해하는 것과 같은 과학의 언어나 통찰을 제공하지 않으셨다. 마찬가지로, 고대의 역사 서술 척도들과 우리 시대의 역사 서술 척도들은 똑같지 않다. 그리고 하나님은 성경 기자들에게 그들이 작성(作成) 방법에 주(註)를 삽입할 것을 제안하지 않으셨다. 실로 우리는 발언의 순결함이 하나님의 성품과 관련되는 유일한 측면이라고 말할 수 있을 것이다. 그러나 이미 요나의 경우에서 지적했듯이, 하나님의 불변성과 같은 성품들도 적절한 관련이 있다. 그러므로 말라기가 볼 때, 하나님이 기꺼이 자기 백성들에게 돌아오시겠다는 사실은 하나님이 변함이 없으신 분이라는 사실에 전제된 것이었다(말 3:6-7). 하나님의 불변하심과 다시 오심 사이의 긴장은 융통성 있는 언어 사용을 요구하며, 진리가 드러나야 한다면 형식적인 모순을 활용하는 것까지도 요구한다.

마찬가지로, 인간의 자유를 허락하시려는 하나님의 소원(God's desire)은 무오성에 대한 중용적인 견해로 이끈다고 주장될 수도 있다. 하나님은 성경 저작을 감독하시면서, 그 저작이 성경에 대한 자신의 목적들을 달성하게 될 성격을 지니게 하신다. 그러나 문학 작품을 창조해 내는 일상적인 과정에 대해서는 그 이상 개입하지 않으신다고 말할 수 있다. 이 견해는 신학적인 근거에서 성경의 역사적 정확성을 주장하는 보수적인 견해와 전적으로 일치한다. 하나님의 계시에 있어서, 역사가 지니는 의의에 비추어 볼 때, 성경이 사소한 오류는 있다 할지라도 커다란 역사적 결함을 내포한다는 것은 생각조차 할 수 없는 일이다. 커다란 역사적 결함들이 있다는 것은 성경의 기능과 일치하지 않는다. 그러므로 그러한 점은 고려의 대상이 될 수 없을 것이다. 결국 예수께서 소경 한 사람을 고치실 때 여리고에 들어가시는 중이었는지(눅 18:35) 떠나시는 중이었는지(막 10:46), 제자들에게 그들이 전도 여행을 다닐 때에 지팡이를 가지고 가라고 하셨는지(막 6:8) 가지고 가지 말라고 하셨는지(마 10:10)의 여부는 구원에 전혀 중요한 문제가 아니다. 성경은 그 자체가 달성하려는 바를 전혀 속이지 않는다.

초기의 성경 비평가들과 성경 옹호자들은 겉보기에 불일치와 모순처럼 보이는 것들에 대해 잘 인식했다. 변증가들은, 무오성과 하나님이 기적적으로 행하실 수 있으며 행하신다는 유신론적 확신을 전제로, 자신이 적합하다고 생각했던 설명들을 가지고 비판자들에게 답변했다. 만일 예수의 부활이 없었던 사건일 뿐만 아니라 불가능한 사건이라고 선언된다면 다른 전략이 요청된다. 현대의 역사 비평의 공리들 가운데 하나는, 과학이 쓰였다고 주장되는 것과 똑같이, 하나님이나 초자연적인 것에 호소하지 않으면서 역사가 쓰여야 한다는 것이다. 그래서 현대 역사에서 예수의 이야기가 진술될 때, 역사가는 무덤 앞에서 멈추어야 한다. 역사가는 무덤이 비어 있다고 선언할 수 있겠지만, 한 사람의 역사가로서 예수께서 죽은 자 가운데서 부활하셨다고 말할 수는 없다. 이것은 결단코 예수께서 역사 가운데서 죽은 자들로부터 부활하지 않았음을 입증하거나 예수께서 그렇게 부활했다고 생각하는 것이 비합리적임을 입증해 주는 것이 아니다. 그것은 단지 자연주의의 한계들을 보여 줄 뿐이며, 현대의 역사 서술이 항상 진리를 알거나 말해 줄 수는 없음을 보여 줄 뿐이다.

역사 비평 위에 세워진 성경에 대한 현대적 접근들은, 성경이 제공하는 그림과는 완전히 어긋난 그림을 빈번히 제공하는, 이스라엘의 역사와 예수와 바울에 대한 매우 급진적인 재구성을 채택한다. 그러나 여기에 깔린 문제점은 역사적이라기보다는 철학적인 것이다. 성경은 유신론적 역사를 담고 있다. 그리고 세속 역사가는 그 역사에 대해 거의 아무런 판단을 내릴 수 없다. 그러므로 성경 비평은 시작부터 자신이 유신론적 전제들 위에 서 있는지 자연주의적 전제들 위에 서 있는지를 확실히 밝혀야 한다. 만일 후자의 경우라면, 성경 비평이 성경에 관하여 말할 수 있는 흥미롭고, 중요하며, 심지어 안목을 갖게 해주는 것들을 발견할 수 있겠지만, 결국에는 그 텍스트의 실질에 대해 공정을 기할 수 없다. 왜냐하면 그러한 성경 비평은 성경 자체가 지닌 가정과는 정반대되는 가정 위에서 진행되기 때문이다.

무류성을 주장하지 않으면서 무오성을 받아들이는 것은 칭찬할 만하다. 그러나 (나의 입장이 그렇듯) 무류성을 주장하는 사람들은 무오성만으로는 영감에 대한 신념이 우리에게 마땅히 위탁하는 모든 것을 지켜내기에 불충분한 것으로 간주한다. 그 사람들은 '허위나 실수가 전혀 없는 수준'을 가리키기 위해 그리고 그럼으로써 '성경의 모든 주장이 전적으로 참되며 신뢰할 만하다'고 주장하기 위해 '무류하다'는 표현을 사용한다." 이 전망에는 역사적이며 과학적인 것도 모두 포함된다. 그들은 '제한적인' 무오론 입장이 하나님의 발설에 관해 우리가 아는 바와 일치하지 않는다고 주장한다. 하나님은 결코 거짓말을 하지 않으시며, 모든 것을 아신다. 하나님의 말씀이 오류를 내포한다는 것은 생각할 수도 없는 일이다. 또한 무오론 입장을 일관성 있게 견지하기도 어렵다. 물론, 여리고 문제 등과 같은 소위 사소한 오류들과 부활의 역사성이라는 문제 사이에 엄청난 격차가 있음은 인정할 수 있다. 그러나 무오성을 지지하는 입장에서 (성경 비평, 역사 비평의 실천과 결과가) 용인될 수 없는 지경에까지 이르렀다고 말할 태세를 갖추기도 전에, 상당량의 역사적 진리가 묻혀 버릴 수도 있다. 그러나 상당량의 세부적인 점을 포기하면, 반드시 피해야 할 상황에 도달할 것이다. 예를 들면, 복음서의 예수에 대해 재단(裁斷)할 수 있는 '역사적' 예수가 만들어진다. 세세한 부분들 자체가 역사의 일부다. 그리고 신약 성경은 중요한 신학적 요점들을 지적하기 위해 구약 성경의 역사적 세부 사항들을 환기한다. 우리가 무오성을 믿음과 행위에 관한 성경의 가르침에만 제한할 수 있다는 생각은 유지될 수 없다. 사실 무오성에서 멈춘다는 것은 이상한 일이다.

이 두 관점을 화해시킬 방법은 없는가? 사실 이 두 관점은 보기보다는 그리 멀리 떨어져 있지 않다. 사실 복음주의자들이 이 문제들을 놓고 양분되어 있다는 것은 비극이다. 물론 실제로는 자신이 성경의 권위를 받아들이지 않으면서도 그 입장이 '복음주의'라는 이름을 유지하게 해줄 수 있기 때문에, 무오적 입장을 받아들이는 사람도 있다. 또한 자신의 견해가 결국 무엇을 초래하는지 숙고하지 않으면서 성경에 있는 불일치들을 부조리하게까지 '설명'하려고 애를 쓰는 '무류론자들'(inerrantists)도 있다. 이 두 가지 입장 사이에 중첩되는 다섯 가지 요점을 적시할 필요가 있다.

첫째로, 양 집단의 책임 있는 구성원들은 사본이나 번역본이 아니라 친필본을 영감된 것이라고 말한다. 물론 우리가 성경을 하나님의 말씀으로 신뢰할 수 있도록 하나님이 믿을 만하게 섭리하셨음이 사실이지만, 오늘날의 세상에서 무류한 성경이 실존한다고 말한다는 것은 불가능하다. 성경의 소위 오류들과 불일치들은, 우리가 문헌의 전수 과정에서 그러한 경우가 일어난다는 사실을 알듯이, 때로는 단지 필사자들의 실수일 수 있다. 그렇지만 친필본에 대한 생각은 원본에 대한 우리의 탐구조사에서 여전히 바탕을 이룬다. 그 문제는 하나님 말씀의 순결성에 대한 위협이 아니라 오히려 병행되는 본문상의 난점과 관련되어 있다.

둘째로, 양 집단은 모두 각 성경이 그 문학적 장르에 비추어서 해석되어야 한다는 제안을 받아들인다. 그러므로 우리는 무류적 입장이 소위 창세기 1장에 대한 '창조론자'(creationist)의 견해를 반드시 수반한다고 단정해서는 안 된다. 무류론자들이 창세기의 처음 몇 장에 비유적 요소들이 있다고 주장하는 것은 전적으로 가능한 일이다. 이 노선들을 따라 성경 본문을 해석한다 해도, 여전히 상당한 유연성이 남아 있다. 그러나 성경 해석자들은 우리가 살아가는 문화와 성경의 증거 사이에 존재하는 긴장을 완화하기 위해 장르에만 호소하지 않는 성실성을 지녀야 한다.

셋째로, 양 집단은 모두 성경 기자가 종종 모방과 과장, 은유 및 여타 일상 언어의 특성을 사용한다는 사실에 그리고 해석은 반드시 이 점을 고려해야 한다는 점에 동의한다. 성경의 소위 오류에 속하는 많은 것이 그 비판자들에 의해 모든 면에서 우둔한 것으로 자세히 열거되는데, 무류성에 대한 급진적인 '옹호자들'도 이에 못지않다. 그러나 예를 들어 어떤 경우에는 예수의 말씀이 그대로 정확히 기록되기보다는 그 말씀의 뜻이 기록되었음이 분명하다. 또한 양 집단은 모두 많은 형용 대목이나 어구가 '과학적'이라기보다는 '현상적'이라는 사실에 동의한다. 그 대목이나 어구가 저자로서의 하나님이나 인간의 어떠한 오류도 내포하지 않으면서 일상적인 관찰과 범주, (해가 뜬다는 표현과 같은) 일상 회화의 표현을 사용한다는 사실에 동의한다.

넷째로, 양 집단은 모두 성경의 역사 부분을 작성하는 과정에서 선택이 이루어졌으며, 반드시 이야기의 전부가 언급되는 것은 아니라는 사실에 동의한다. 물론 이것은 모든 역사 저술이 지닌 특징 가운데 하나다. 그러나 고대의 역사 서술 방법과 현대의 역사 서술 방법이 동일하지 않다는 점은 인정해야 한다. 진짜와 가짜는 고대나 현대 역사 서술 모두가 인정하는 척도였다. 그러나 어떤 특정한 작품 안에 진짜가 담겨 있느냐 가짜가 담겨 있느냐 하는 것은 독자의 기대를 포함한 수많은 요소에 의존한다. 자료에 대한 주제 중심의 정리와 같은 안(案)들이 오류를 반드시 내포하는 것은 아니다. 실로, 구약 성경의 역사가 예언서로 분류된 사실을 지적함으로써, 고대 세계에서라 할지라도 성경의 역사와 다른 고대의 역사를 구분하는 것이 더 나을 수도 있다. 구약 성경에 담긴 역사들이 우리에게 제공하는 것은 역사 과정에 대한 하나님의 관점이다. 이렇게 한다고 해서, 그 역사가 덜 진짜가 되는 것은 아니다. 그와 반대로, 성경의 문헌 자체가 역사를 서술하도록 자극했다. 그러나 그것은 역사가들의 독특한 관심사들을 결정해 주며, 그들이 세속 역사가들에게는 개방되지 않은 방식으로 내러티브에 하나님을 써 넣을 수 있게 해준다.

다섯째로, 두 집단 중 어느 집단도 성경에 의해 발생하게 된 모든 문제점을 다 설명할 수 있다고 주장하지는 않는다. 무오론자들은 그 문제들 가운데 어떤 것은 자신의 성경관과 일치하는 것으로 보고 그대로 남겨 둘 수 있을 것이다. 그리고 무류론자들은 자신이 모든 불일치를 다 조화할 수 있다거나 모든 난점을 다 설명할 수 있다고 주장할 필요가 없다. 무류론자들은 **원칙적으로** 모든 것이 설명될 수 있을 것이라고만 주장한다. 자신의 관점을 유지하기 위해, 그들은 과거에 난제라 주장되던 상당수가 이제는 증가된 지식 덕분에 해소되었음을 지적할 수 있으며, 남은 난제들의 상당수에 대해서도 가능한 혹은 개연성 있는 설명을 제공할 수 있다. 그러한 설명들이 그 성격상 논의된다는 점에서 성경이 오류를 범하지 않는다고 완벽하게 입증할 수는 없다. 그러나 그 설명들은 우리에게 개연성 있는(혹은 참되긴 하지만, 개연성 없는) 설명들이 실제로 발견될 수 있다는 사실과, 우리의 문제 중 많은 것이 단순히 고대 세계에 대한 무지에서와 난제 구절들의 배경에 대한 무지에서 비롯한다는 사실을 일깨워 준다.

두 집단의 견해를 비교해 보았을 때, 그 차이점들은 상대적으로 낮다. 무오론자들은 제기되는 문제점들에 의해 어느 정도는 흔들리지 않는 그리고 성경의 기능에 집중할 수 있는 장점을 지녔다. 결국은 그것이 바로 논의 전체의 중심적인 관심사로 남는 것이다. 그렇지만 성경의 영감에 대한 헌신은 성경의 독특성에 대한 헌신을 수반한다. 그 독특성은 자연 이성으로부터가 아니라 복음으로부터 흘러나오는 것이다. 성경에 어떠한 형태의 궁극적인 오류도 용납하지 않으려는 것이 훨씬 더 건전하며, 복음과 언약에 더욱 부합하는 것이다. 성경은 인간 저자들을 통해서 우리에게 주어진 하나님의 선물이다. 그리고 비록 인간적인 측면의 표시들을 지니긴 하지만, 성경은 언약 문서이기도 하다. 그 문서를 배제하거나 그 문서에 대해 판단하는 것은 우리가 할 일이 아니다. 우리 자신의 무지와 분별력의 결핍 때문에, 우리는 우리 이성의 한계에 대해 끊임없이 각성해야 한다. 성경학자들 중에는, 자신의 입장의 안전함에 대해 지나치게 강조하고 자신의 지식 결여를 드러내기보다는 자신이 오류를 탐지해 간다고 너무 쉽게 단정하는 사람이 있다. 이 점과 관련해서는, 때로 고대의 역사가들이 성경으로부터 우리가 기대할 수 있는 바에 대해 오늘날의 전문가들보다 더 나은 안내자들이다.

이상의 두 입장의 장점에 대해서는 또 다른 관찰을 할 수 있을 것이다. 본문상의 차이점들은 다른 반응들을 불러일으킨다. 무오론자들은 예수와 여리고와 같은 불일치는 전혀 중요하지 않은 문제라고 무시할 수 있다. 무류론자들은 그 문제를 아주 중요한 것이라 볼 필요는 없지만 간단하게 무시할 수도 없다. 그 문제는 생각과 연구를 자극한다. 언제나 그와 같은 연구는 전혀 만족스런 답변이 발견될 수 없다는 인식에서 이루어져야 한다. 그리고 무류론자들은 제기되는 문제마다 일일이 헌신적으로 대답해야 한다고 느끼지 않는다. 또한 무류론자들은 제시된 답변이 틀릴 수도 있음을 인정한다. 그러나 무류론적 입장의 효과는 어떤 해명이 찾아질 수 있는지 보기 위해 지속적인 그리고 종종 매우 결실 있는 주경학적이며 신학적인 성찰을 자극한다는 점이다.

**결론**

성경은 낯선 책이다. 그리고 매번 십 년이 경과할 때마다, 그 낯설음이 더욱 뚜렷해진다. 성경은 사실상 서구 사회에서는 적어도 고대에 속한 책 중에 유일한 생존자다. 시저, 플라톤, 아우구스티누스는 아직도 인쇄되어 많은 사람이 읽는다. 그러나 그 책들은 성경과 비교될 수 없을 정도로 적은 독자를 확보할 뿐이다. 성경이 말하는 것과 성경의 이야기들은 어떤 다른 책과 유를 달리하면서 문화 속으로 들어왔다. 그러나 성경에 대한 무지가 뚜렷해진다. 그리고 성경이 읽히면서도 그 메시지가 언제나 제대로 이해되는 것은 아니다. 지금 우리는 마치 오해할 가능성이 아주 높은 다른 문화권에서 찾아온 한 방문객을 맞이하도록 부탁을 받은 것과 같다. 그 방문객은 우리가 결코 생각해 보지 않았을 대안들을 우리에게 보여 줌으로써 일을 처리하는 우리의 방식에 어떤 위협이 될 수가 있다. 마찬가지로, 우리는 그 낯선 객을 우리 자신의 사회적 규범에 의해 재단하고 그릇된 온갖 이유를 들이대면서 그 사람에게서 부족한 점을 찾을 수가 있다.

우리는 인간의 학문 분야를 가지고 성경의 무결성(integrity)에 대해 의문을 제기하지만, 인간의 학문 분야라는 것이 최종적인 권위는 아니다. 많은 측면에서, 성경은 언제나 일종의 아웃사이더로서 성경에 있는 당대의 문화에 도전할 뿐만 아니라 현재의 우리의 문화에도 도전한다. 창세기의 처음 몇 장은 현재 우리의 우주 탄생론과도 잘 맞지 않지만, 당시의 우주 탄생론과도 편하게 들어맞는 것이 아니었다. 기원에서부터 종착지에 이르기까지의 인간에 대한 내러티브를 기꺼이 제공하며, 선악의 맥락에서 그 내러티브의 모든 의미를 판단하려는 자세는 언제나 그러한 고귀한 관점을 가지지 않은 사람들에 대해 평가하는 위협을 가한다. 그러나 성경이 아무리 낯설다 할지라도, 성경은 끈덕지게 그리고 심원하게 인간적이다. 잠언에 담긴 고대의 지혜들과 시편의 부르짖음과 '전예언서'의 이야기들은 오늘날에도 확연하게 느껴질 정도로 인간적인 경험을 전한다. 오늘날 성경에 대해 교회가 느끼는 불편함의 대부분은 온갖 그릇된 이유 때문에 존재하는 것이며, 세상적인 것에 대한 비극적인 투항이다. 십자가와 마찬가지로, 성경은 하나님의 자기 계시의 역설이다. 그것이 문화인들에게는 어리석은 것일지 모르지만, 구원을 받는 자들에게는 모든 것을 넘어서는 지혜다.

제9장

# 성경 읽기에 관하여

니콜라스 월터스토프(Nicholas Wolterstorff)는 성경을 활용하는 태도를 두 가지로 구별한다. 하나는 "그 텍스트를 통해 하나님이 말씀하신 것이나 말씀하시는 것을 분별하기 위해 성경을 읽는 것"이며, 다른 하나는 "그 텍스트의 문학적 특색들(qualities)을 분별하기 위해 성경을 읽는 것"이다.[1] 학술계가 첫 번째 사항에 대해 '뚜렷한 불편함'을 느낀다는 월터스토프의 경고에도 불구하고, 나는 복음 그 자체가 하나님의 말씀으로서의 성경에 대한 적절한 비판적 읽기를 요구한다고 주장해 왔다. 순전한 성경 비평은 '사도들과 예언자들'을 통해 우리에게 전달된 하나님의 말씀으로서의 성경의 본성을 존중할 것이다. 이런 이유 때문에, 독자들은 성경의 신학적 혹은 문학적 특색의 문제를 배제할 수 없다. 우리에게 임한 하나님의 선물은 그 가운데서 하나님이 말씀하시는 문학적 계시다. 그러므로 성경을 잘 읽으려면, 문학적이며 신학적인 적합한 전략과 씨름해야 한다. 성경에 대해 비판적으로 읽으면서도 "하나님이 말씀하신 것이나 말씀하시는 것"을 발견하려는 목적을 가진 접근 방법을 발전시키는 것이 가능한

가? 나는 가능하다고 주장한다. 그리고 또한 그러한 접근 방법은 성경을 이해할 수 있게 해주며, 성경을 잘 읽을 수 있도록 우리의 능력을 회복시킨다고 주장한다.

이 장은 해석 방법들에 대한 소개나 해석학에 대한 소개를 제공하려 하지 않을 것이다. 오히려, 나는 '읽기'(reading)라는 말에 대한 월터스토프의 용법이 제시하는 좀더 근본적인 쟁점에 관심이 있다. 성경 해석은 성경의 본성에 대한 분석과 동시에 읽기 활동에 대한 분석에서 비롯되어야 한다. 우리의 해석 기교들은 성경의 본성과 읽기 활동으로부터 독립적으로 작용될 수가 없다. 어떠한 해석학적 원리들이 개발될 필요가 있다면, 그 원리가 무엇이든지 그 원리들이 다루는 작품의 현실(actuality)을 반영해야 한다. 그 현실은 성경이 곧 하나님의 책이며 적절하게 읽혀질 필요가 있다는 것이다.

읽기라는 주제 전체는 최근 몇 십 년 동안 비평계의 강렬한 관심의 초점이 되어 왔다. 롤랑 바르트(Roland Barthes), 자크 데리다(Jacques Derrida), 스탠리 피쉬(Stanley Fish), 허쉬(E. D. Hirsch), 폴 리쾨르(Paul Ricoeur)와 같은 학자들의 생각은 문학 세계를 관통했으며, 성경 비평에도 분명한 영향을 준다. 복음주의 관점에서 이러한 운동들에 대한 훌륭한 논의는 안토니 티슬턴(Anthony Thiselton)의 「해석학의 새 지평」(*New Horizons on Hermeneutics: The Theory and Practice of Transforming Biblical Reading*)[2]과 케빈 밴후저의 「이 텍스트에 의미가 있는가?」(*Is There a Meaning in this Text?*, IVP 역간)[3]와 같은 책에서 찾을 수 있을 것이다. 밴후저가 지적하듯이, 현대의 읽기 이론은 종종 세속적이며, 반(反)유신론적 철학들을 반영한다.[4] 말씀하시는 하나님과 더불어 하나의 기독교적 대응이 시작될 것이며, 말씀 그 자체가 깊은 의혹을 받는 문화에서 모든 텍스트를 읽는 일에 긍정적인 함의를 지니게 될 것이다. 성경 읽기를 증진하기 위해, 우리는 세 가지를 이해할 필요가 있다. 그것은 비평의 목적, 성경의 본질, 성경 읽기의 진행 과정이다. 또한 우리는 다음과 같은 물음을 마음에 두고 이러한 쟁점들을 탐구해야 한다. 이 세 가지 모두에 대한 우리의 이해가, 우리가 그 이전에 헌신한 복음에 의해 형성될 때 어떤 일이 벌어질 것인가?

### 비평의 목적

읽는 일 자체는 독자 편에서의 어떤 특별한 정당화나 훈련이나 분석을 요구하지 않는다. 표현된 말에 대한 경험을 통해 우리는 기록된 말에 대답하고 대응하는 법을 배운다. 말을 잘하고 잘 듣기 위해 분석적인 성찰을 해야 할 필요는 없다. 마찬가지로, 대부분의 읽기와 쓰기는 그 일에 개입되는 과정과 절차를 통한 아주 가벼운 분석적 사고가 없이도 표현과 의사소통이라는 두 수단을 사용하는 사람들에게 대단히 만족스럽게 이루어진다. 그러나 인간과 관련된 모든 일이 그렇듯이, 옛날부터 언어는 괄목할 만하며 유익한 성찰을 낳았으며, 텍스트들에 대한 비판적 감상으로 이끌었다. 이처럼, 비평은 '문학 작품들을 규정하고, 분석하고, 해석하고, 평가하는' 활동으로 기술될 수 있을 것이다.[5] 다시 말해서, 비평은 우리가 잘 읽도록 돕는 역할을 한다.

앞 장에서, 나는 진짜 비평은 대상이 되는 예술 작품의 참된 본성에 대한 존중을 내포한다고 주장했다. 모두가 이 일반적인 원칙에 동의하지는 않을 것이다. 이 원칙은 사태에 대한 자명한 관찰이라기보다 일종의 도덕적인 원칙이다. 그러한 원칙이 어떻게 정당화될 수 있는가? 그에 대한 답변은 우리가 가장 관심을 기울이는 텍스트의 언약적 본질에서부터 비롯된다. 그 텍스트는 사실 전 세계 대부분의 언어 집단에서 가장 많이 읽히는 자료다. 그 대답은 두 단계로 되어 있다.

첫째로, 하나님의 약속들은 기독교 복음의 중심을 차지한다. 약속들의 본질, 특히 언약의 형태로 되어 있는 약속들의 본질은 그 자체가 한 저자에게서 비롯되어야 한다는 것이며 또한 그 저자(약속을 하는 쪽)와 수신자(약속을 받는 쪽) 모두에게 똑같이 읽힐 수 있어야 한다는 것이다. 그러므로 약속을 받는 사람이라면 누구나 그 약속을 한 사람과 그 약속 자체의 의미에 대해 생생한 관심을 갖는다. 특히 그 약속을 한 쪽이 하나님일 때는 더욱 그렇다.

둘째로, 이 언약적 복음의 그 본성에는 비평가가 이웃에게 유익하도록 행동하라는, 따라서 비평을 통해 이 성찰에 작가와 독자가 함께 동참하게 함으로써 그리고 드러나는 것을 그들이 볼 수 있게 함으로써, 작가를 돕고 독자의 눈을 뜨게 하는 일을 목적으로 삼으라는 도전이 있다. 우리가 복음의 관점에서 비평에 접근할 때, 우리는 비평에 객관성과 도덕적 책무가 자리한다고 결론을 내려야 한다. 즉, 참된 비평은 독자와 저자를 위해 이루어지는 약속의 말씀에 대한 섬김에서부터 비롯된다. 그러한 비평은 그 대상을 있는 그대로 평가하려 하며 그 대상에 대한 진리를 드러내려 한다. 비평의 일반적인 과제들은 표현과 수용의 진행 과정을 설명하고, 말씀에 대한 기쁨을 발생시키며, 언어를 적절하게 사용하고 해석함으로써 언어가 세상에 미치는 힘을 증대하는 것이다. 비평은 독자와 저자를 위해 텍스트를 평가한다. 비평의 기본적인 목적은 우리가 언약을 읽도록 돕는 것이다.

그러나 성경 비평은 그보다 훨씬 더 넓은 함의를 지닌다. 모든 비평가는 자신이 읽는 것의 종이 될 필요가 있다. 그 자신도 절대 하찮은 비평가가 아니었던 새뮤얼 존슨(Samuel Johnson)의 말을 기억하는 것이 좋을 것이다. "비평은 매우 적은 비용으로 사람들이 중요하게 되고 강성해지는 연구다."[6] 우리는 그 태도로 돌아가서 비평이라는 전체적인 노력의 핵심이 봉사임을 볼 필요가 있다. 그 전체적인 노력에서 비평가는 자신을 모든 독자의 이름으로, 또한 모든 독자의 유익을 위해 텍스트를 읽고 그에 대해 보고하는 대표적인 독자라고 생각할 수 있다. 그러한 태도는 특별히 성경 읽기에도 적절한 태도다. 그러나 그러한 태도는 일반적으로 일어나는 비평에 대해 특별한 시사점을 제공한다. 그리하여 그 자체를 독립적인 학문 분야로 설정하는 다양한 문학 비평(혹은 예술 비평 및 음악 비평)에 대해 도전한다.

비평이 섬김을 위해 존재한다는 사실에 모든 사람이 동의하지는 않을 것이다. 많은 비평가는 그 사실에 비추어서 자신의 역할을 바라보지 않는다. 그 비평가들이 저자나 텍스트 혹은 독자를 섬기려고 노력한다고는 말할 수 없다. 진리에 대한 물음을 잘못된 물음으로 혹은 끊임없이 뒤로 미뤄지는 문제로 간주하려는 비평가들이 있다. 어떤 비평가들은 자신을 독자가 텍스트의 주도로부터 해방될 수 있게 만들어 준다는 의미에서만 독자의 종인 것으로 간주할 것이다. 다른 비평가들이 볼 때, 텍스트는 개방성이 있으며 가단성(malleable)이 있다. 그래서 텍스트는 다시 정리될 수 있으며, 다시 읽힐 수 있고, 여러 방식으로 전달될 수 있다. 비평가는 부모 노릇에 따르는 책임감을 받아들이지 않으면서 텍스트에 대한 양부모(foster-parent)가 될 수 있다. 또 어떤 비평가들은 자신의 일을 어떠한 의미에서도 섬김의 일로 간주하지 않을 것이다. 비평은 그 자체로 고유한 학문 분야로서, 비평 대상이나 그 소비자들에 대한 어떠한 구속으로부터도 자유로우며, 비평이 다른 사람에게 어떤 식으론가 이용될 수 있다는 생각을 전혀 직접적으로 갖지 않고 텍스트 안팎에서 진행되는 지성적인 논쟁이라는 것이다. 이 경우, 비평은 파생적인 심지어 기생적인 기술이 된다.

그러나 비평의 기술은 이웃 사랑에 의해 부과되는 책무들을 그리 쉽게 피하지 못한다. 그리고 이 사실은 대부분의 비평가들이 관찰하는 기준들 가운데서 확인된다. 어쩌면 허구적인 텍스트들(소설 등—역주)에 대한 지나친 관심 때문에 어떤 비평가들은 도덕적 책임 의식이 흐려졌을 수도 있다. 그러나 독자와 저자, 심지어 고인이 되어버린 저자도 사람이지 추상적 적출물이 아니다. 동료 인간으로서 독자와 저자에게 우리는 진리의 의무를 지며, 실로 이웃 사랑의 의무를 진다. 내가 말하려는 바는 비평이 일정하게 (혹은 항상) 비평 대상을 향해 긍정적이 되어야 한다거나 그 접근 방법이 단선적이어야 한다는 뜻이 아니다. 사실상 기독교적인 비평이든 아니든 간에, 도덕적으로 책임 있는 비평은 해악적(害惡的)인 글이나 형편없는 글에 대해서는 당연히 불리한 판단을 할 것이다. 책임 있는 비평은 문학적인 근거나 역사적인 근거에 의해서만이 아니라 도덕적인 근거에 의해서도 분별하고 차별한다고 해서 부끄럽지 않을 것이다. 그러나 더욱 근본적인 층위에서, 가장 해방된 자유로운 비평가는 속임수를 인지하면서 감추는 사람이 되는 것이 아니라 진실을 말하는 데 공식적으로 헌신적인 사람이다. 그것이 바로 다른 사람들의 문서화된 작품에 대한 주해서의 책임일 뿐만 아니라 어떠한 '대화'에도 마땅히 요구되는 책임의 특징이다. 속임수는 모든 사람이 정죄한다. 이것은 비평가의 이데올로기적 틀이 무엇이든지 도덕적 책임이 바로 비평가의 몫이라는 사실을 의미한다. 이것이 사실이라면, 그 자체에 진실하기 위해서 비평은 철저하게 섬기는 사업이 되어야 한다. 비평은 비평이 평가하는 대상에 대한 섬김에 그리고 비평이 평가하면서 위하는 사람들에 대한 섬김에 헌신한다. 그렇지 않다면, 비평은 전혀 비평이라는 이름을 달 수 없는 것이다.

섬김을 추구하는 문학 비평은, 특히 그 텍스트가 약속의 성격을 지닐 때, 텍스트를 통해 독자와 저자가 조우하는 텍스트의 실질적인 본질에 초점을 맞춘다. 바로 그러한 이유 때문에 성경 비평이나 셰익스피어 비평과 같은 통일된 연구 분야들을 비평이 발전시키는 것이다. 이러한 분야들은 특정한 문학 작품의 저자와 독자에게 보탬이 되기 위해, 다양한 언어학적·문학적·역사적 기교를 요구한다. 피할 수 없는 역사적인 관심사에도 불구하고, 성경 비평학자는 문학을 다루는 사람들의 무리에 속한다. 우리는 읽기에 도움을 주는 교양을 문학 비평이라고 일컬을 수 있다. 글로 쓰인 것에 대한 해석은 해석학이라고 한다. 그리고 비평가의 논의를 자극하고 안내하는 패러다임들은 문학 이론에 의해 제공된다. 역사 비평(이것은 평가적인 문학 비평의 피할 수 없는 부분이다)은 텍스트를 그 사람의 정황에서 평가한다. 해석학은 한편으로 주해(exegesis, 사용된 언어의 의미에 대한 면밀한 검토)와 다른 한편으로 해설(exposition, 읽는 자료에 대한 설명과 적용)을 통합한다. 그러나 우리가 읽기 활동 중 일차적인 활동에 대해 성찰하는 것이며 우리의 생각은 반드시 읽기의 목적에 기여해야 한다는 근본적인 요점을 기억하지 못한다면, 이러한 용어들이나 다른 많은 전문 용어는 오도하는 것일 뿐이다. 비평의 목적은 읽고, 읽는 내용을 흡수하고, 읽는 과정에 대한 우리의 이해를 증진하고, 말에서 기쁨을 누리고, 언어가 효과적으로 사용되는 것을 보도록 도움을 주려는 것이다. 그리고 비평가의 첫 번째 과제는 존중하는 태도로 자신이 읽는 것의 실질적인 성격을(우리의 경우, 성경의 성격을) 식별하고 받아들이는 것이다.

## 성경의 본질: 세 가지 핵심 특징

비평의 목적을 고찰했으므로, 이제는 두 번째 주제인 성경의 본질을 살펴볼 차례다. 우리가 성경을 하나님의 언약의 책이라고 생각한다면, 앞 장들에서 논의되었던 핵심적인 특징 가운데 세 가지가 성경을 읽는 데 결정적이라 할 수 있다. 첫 번째 특징은 성경의 언어다. 왜냐하면 성경은 책이기 때문이다. 두 번째는 성경의 권위다. 왜냐하면 성경은 하나님의 책이기 때문이다. 세 번째는 성경의 통일성이다. 왜냐하면 성경은 하나님의 언약의 책이기 때문이다. 이러한 특징들을 인정하면, 적절한 성경 비평과 결실 있는 읽기의 성격을 이해할 수 있을 것이다.

### 첫 번째 특징: 성경의 언어
성경은 그 자체의 언어에서 그리고 그 자체의 언어를 통해서 하나님의 말씀으로 기능한다. 우리는 성경의 인간적 측면(the humanity of Scripture)과 별개로 혹은 그 측면에도 불구하고 하나님을 만나는 것이 아니다. 그러므로 우리는 성경에 접근할 때 텍스트 자체를 지극히 신중하게 취급해야 한다. 이러한 헌신은 네 가지 측면에서 드러날 수 있다. 처음 두 가지 측면은 텍스트에 대한 우리의 청지기 직분에서 드러나며, 나머지 두 가지 측면은 텍스트에 대한 우리의 읽기에서 드러난다.

첫째로, '텍스트 중의 텍스트'가 존재한다. 다시 말해서 원래 쓰였던 것이 있다. 하나님이 성경을 텍스트의 변질로부터 어떤 지속적인 기적을 통해 구해 내신 것이 아님은 너무나 분명하다. 성경의 전달은 하나님의 기적인 돌보심이 아니라 섭리적인 돌보심을 통해 보호되었다. 본문 비평가의 목적은 어떠한 작품의 텍스트라도 그 원 상태로 복구하는 것이다. (어떤 저자들이 여러 개의 사본을 남겨 두었을 경우에 첫 사본이라는 것이 존재할 수 있음을 전제로 할 때) 그 첫 사본이 물리적으로는 더 이상 존속하지 않을 경우, 그 자료는 종종 머릿속에 있는 것이라는 점에 주목하는 게 중요하다. 물론 이것은 원본에 도덕적인 우선성이 있음을, 그러므로 저자에게 우선성이 있음을 전제로 한다. 이런 식의 전제가 몇몇 사람이 저작성에 대해 할당하는 역할과 일치하지 않을 수도 있겠지만, 하나님의 텍스트에 관한 한 필수적인 가정이다. 변질된 텍스트가 원본보다 더 멋지고 정확하고 의미심장할 수 있겠지만, 우리가 하나님의 권위를 할당하는 것은 원본이다.

둘째로, 텍스트에 대한 제시가 있다. 우리가 추구하는 것은 결실을 맺게 하는 읽기다. 그리고 읽기의 진행 과정은 텍스트가 준비되는 양식의 영향을 받는다. 여기에는 미적인 고려들과 마찬가지로 접근 가능한 분명한 요점이 존재한다. 기록된 페이지에 나타나는 텍스트의 모습은 해석과 의미 있는 연관성을 지닌다. 성경 자체의 경우, 이 점은 아주 명백하다. 성경 인쇄의 발명은 아주 여러 해를 거쳐 이루어져 왔다. 그러한 발명 가운데서 텍스트는 종행의 단(column)으로 나뉘고 원문에는 없던 절들로 구분되었으며, 고대 텍스트에 있는 자연적인 의미 전개를 따라감에 있어서 본래적으로 내재하던 난점들을 누그러뜨려서 독자들과 교사들이 텍스트를 교훈적으로 이해할 수 있도록 다시 제작되었다. 또 주목할 만한 사실은 첫 번째로 인쇄된 성경들이 빈번히 주해와 해석을 제공하는 확대된 난외주(note)를 수반했다는 점이다. 그러한 난외주의 존재는 텍스트가 그 자체만으로는 읽기 어려움을 시사한다. 텍스트를 평가하는 비평 작업상, 텍스트가 어떤 식으로 제시되느냐에 대한 고려들은 부차적인 중요성을 지닐지 모르지만, 결코 무시될 수는 없는 것이다. 우리는 성경이 읽혀야 한다고 믿기 때문에, 성경을 어떻게 제시하느냐는 예를 들어 장식(裝飾)에 관한 것이 아니라 읽기의 목표에 반드시 기여해야 하는 것이다. 성경을 제시할 때 성경의 문체와 의미를 반영하는 현대의 판본들은 성경의 성격에 공정을 기하며 성경을 읽게 하는 일을 효과적으로 증대한다.

셋째로, 텍스트의 언어는 반드시 주목을 끄는 것이어야 한다. 성경을 읽는 독자들은 당연히 계속해서 언어의 용법과 문체의 매끄러움이나 그 반대에 대해 논평하는 일에 관심을 갖게 될 것이다. 그러나 언어는 텍스트를 담는 것이기 때문에, 문체만이 아닌 더 많은 쟁점이 걸려 있다. 실로 문체에 대한 평가는 은유와 아이러니의 활용 등을 통해 텍스트가 그 자체를 드러내는 양식에 대한 비평적인 재검토로, 즉 플롯, 이야기를 전개해 나가는 기법, 구성, 유형들과 리듬 및 수사적 장치들을 고려하도록 이끈다. 매우 가치 있는 비평 기능 몇 가지는 그러한 평가와 관련되어 있다. 이러한 식으로 비평가들이 텍스트에 대해 말하는 것을 들음으로써, 우리는 중요한 해석학적 통찰들을 얻을 수 있다. 또한, 스타일을 평가하는 일은 언어와 역사 간의 연관성의 본질에 대한 재평가를 압박한다. 성경에 대한 이전의 역사 비평학자 가운데 어떤 사람은 좋은 문학이 어떻게 쓰일 수 있으며 이야기들이 제시될 수 있는가에 대해 개탄스러울 만큼 형편없이 파악했다. 그러나 또한 단어들과 문장들에 의해 수행되는 다양한 기능과 같이 언어적인 쟁점들도 고려되어야 한다.[7]

넷째로, 텍스트의 자료(source)의 문제가 있다. 텍스트가 스스로 생기는 것이 아니기 때문에, 페이지 위에 기록된 말들의 저자가 있음은 당연할 것이다. 그리고 또한 (식별할 수 있을 경우) 텍스트의 저자를 알면 독자가 텍스트를 활용하는 데 도움이 된다는 것이 보편적이지는 않더라도 일반적인 믿음이다. (이 점에 대해서는 적당한 때가 오면 더 언급할 것이다.) 마찬가지로, 개별 텍스트가 익명의 저자나 여러 저자의 산물인 경우도 있다. 특히 고대의 텍스트들은 다양한 손을 거쳐서 전달되었다. 저자에게는 자유롭게 교정의 업무를 수행했던 편집자가 끼어 들 수도 있었다. 이러한 문제들에 대한 고려들이 원전 비평, 양식 비평, 편집 비평과 같은 노력들로 이끌었다. 이러한 수고들이 나름대로의 역할을 하는 것은 분명하지만, 그 수고들의 중요성이 과대평가될 수가 있다. 성경에 있는 여러 책에 이전의 역사가 있다는 점에 대해서는 아무도 의심할 필요가 없는 사실이다. 실로 그 책들은 여러 가지 점에서 그 사실을 증거한다. 이 역사는 교훈적일 수도 있으며, 예를 들면 심지어 바울이 쓴 편지들인 양 가장하는, 가짜 텍스트들을 탐지해 낼 수도 있다. 분명 사도 바울 자신이 그러한 가능성에 관심을 기울였다(살후 3:17). 그러나 우리의 큰 관심사는 소위 성경의 정경적 형태라 일컬어지는 것에, 현재 우리에게 제시된 대로의 텍스트에 있다. 텍스트의 배후에 자리잡은 어떤 텍스트나 텍스트의 역사에 대한 재구성 가운데서가 아니라, 바로 여기에서 우리가 하나님의 권위 있는 말씀과 조우하고 대면한다.

그러므로 여기에 성경의 핵심적인 특징 중 첫 번째가 있다. 즉 성경은 한 권의 책으로, 인간의 언어로 쓰인 하나님의 말씀이라는 것이다. 그러나 우리가 성경을 읽는다고 할 때, 그 너머에 있는 어떤 계시에 도달하기 위해 성경의 인간 언어의 형태를 지나쳐 버릴 수는 없다. 하나님의 계시의 양식은 침묵이 아니라, 육신이 되신 말씀(the Word)이다. 그 말씀의 방식과 표현은 성서화 된 형태로서 우리에게 접근 가능하게 되어 있다. 이제 우리가 살펴보게 될 두 번째 특징은 성경의 권위다. 왜냐하면 성경이 단지 한 권의 책이 아니라 하나님의 책이기 때문이다.

### 두 번째 특징: 성경의 권위

성경의 권위는 하나님의 권위다. 이하에서 나는 하나님을 인간 저자들

(human writers)과 대조해서, 대 저자(the Author)라고 일컬을 것이다. 왜냐하면 하나님은 성경을 애초에 만드신 분이며, 그 책이 그분의 책이기 때문이다. 이 책을 권위 있는 책으로 만드신 분이 바로 대 저자다. 그 책이 놀라운 책이라는 사실이나 인간의 권위를 가지고 말한다는 사실도 의심할 바 없다. 그러나 그 책이 독특한 방식으로 하나님의 말씀이 아니라고 한다면, 그래서 권위적이지 않다고 한다면, 그 책은 우리에게 존경받을 자격이 없을 것이다. 물론 교회나 인간 이성과 같은 다른 권위의 원천들에 대해서도 긍정적으로 연결되어 있지만, 성경은 버금가는 책이 없다는 의미에서 독보적이다. 비평은 후자의 범주에 속한다. 즉, 비평은 인간 이성의 실천이다. 성경이 문학이기 때문에 비평이 결단코 성경에 대해 낯선 것은 아니지만, 일반적인 이성과 마찬가지로 비평은 성경을 섬겨야지 지배해서는 안 된다.

그러나 전화번호부도 그 분야에서는 막대한 권위를 가지고 있다. 어떤 점에서 성경은 다른가? 성경의 권위는 자기 백성들과 언약 관계로 들어오시고 자신이 주신 말씀으로 그들을 다스리시는 주님의 권위다. 언약 사상은, 하나님이 우리에 대한 자신의 통치권을 확립하셨으며 우리를 자신에게 순복하는 백성으로 묶어 놓는, 언약 조항들에 수반된 약속들과 더불어서 하나님의 권위가 시작된다는 사실을 우리에게 일깨워 준다. 그 약속들은 생생하고 역사적인 실존성을 지닌 특정 사건들과 장소들과 인물들에게 말하지만, 지상의 모든 족속을 포함할 정도로 광범위하다. 약속들은 그 약속을 주시는 분과 받는 자들을 한 관계로 묶어 준다. 하나의 언약을, 그 언약을 제공하는 자로부터 분리한다는 것은 불가능한 일이다. 하나님과 우리의 바로 그 관계는 하나님의 약속들에 대한 신뢰에 그러므로 또한 그분의 명령들에 대한 신뢰에 의존한다. 그러므로 하나님의 권위는 주(主)되시는 분으로서의 권위다.

성경 권위의 성격은 성경에 대한 적절한 읽기에는 반드시, 예를 들어 요시야가 성전에서 언약책을 발견했을 때 보여 주었던 경의(敬意)와 겸손을 내포해야 한다. "네가 듣고 마음이 부드러워져서 여호와 앞 곧 내 앞에서 겸비하여…"(왕하 22:19). 이것이 무류론(the doctrine of inerrancy)의 영적 요점이다. 이 책은 진리로 그리고 신뢰할 만한 것으로 읽혀야 한다. 적절한 읽기는 겸손한 태도를 요구한다. 성경의 메시지를 믿지 않는 사람들도 성경에 대해 가치 있는 말을 많이 할 수 있음이 사실이다. (물론 그런 사람들이 얼토당토하지 않은 말도 많이 한다.) 그러나 그럼에도 불구하고, 성경을 읽는 과제에 관한 한, 성경이 하나님의 언약서로 존립한다는 사실로 미루어 볼 때, 성경이 또한 우리를 읽어서 우리로 하여금 순복하게 하지 않는다면 우리는 성경을 적절하게 읽는다고 할 수 없다. 인간적인 층위에서조차도 이것은 사실이다. 예를 들어, 한 통의 편지는 그 편지를 읽도록 의도된 수신자가 이해할 수 있는 바로 그 측면에서 이야기한다. 아무리 학식이 있거나 동정심이 많은 사람이라 해도, 다른 사람은 그 수신자와 다르게 받아들인다. 성경은 하나님의 언약 관계에 들어온 사람들에 대해 하나님의 임재 자체를 매개해 준다.

성경의 권위는 그 대 저자에게 있다. 그러나 만일 저자에 대한 전체적인 생각이 문젯거리가 된다면 어떻게 될 것인가? 현대의 문학 연구가 바로 그 경우다. 그리고 그 문제점은 하나님의 말씀으로서의 성경의 용도에 대해 새로운 물음들을 제기한다.[8] 저작성과 관련된 (그리고, 그러므로 권위와 관련된) 특별한 쟁점들이 다음과 같은 세 가지 문제에 대해 제기된다. 그 문제들은 저작의 과정, 텍스트의 의미, 독자의 역할이다. 성경에 적용될 때, 이 세 가지 쟁점은 대 저자가 다른 실재들에 의해 가려지거나 심지어 대체되기까지 하는 위험을 만들어 낸다. 역으로, 이 세 가지 쟁점에 대한 고찰은 성경을 읽어가는 문제에 도움을 제공해 줄 수도 있다. 이제 권위 있는 성경을 읽는 기술에 대해 고찰하면서 그와 같은 비평의 몇 가지 측면을 검토해 보도록 하자.

### 저작의 과정: 기록자에 의해 대체되는 대 저자

글로 쓰인 작품들이 어떻게, 왜 존재하게 되는가? 무엇이 저자의 동기가 되며, 그를 감동하고, 그에게 영감을 주는가? 특히 시가서와 예언서와 같은 자료의 저자 말이다. 이 주제에 대한 탐구는 고대와 현대의 자료를 다 요청한다. 관련되는 중심 영역 가운데 하나는 '영감'(inspiration)과 '땀'(perspiration)이라 일컬을 수 있는 것들 사이의 구분에 있다. 문학 작품들은 어떤 의미에서 저자가 외부로부터 받은 하나의 선물인가 아니면 저자의 노력의 결과인가? 이 구분은 저작하는 일의 실질적인 경험으로부터 비롯된다. 저작의 실질적인 경험은 문학의 원천들에 대한 논의와 관련된 원재료의 일부다. 창작 과정에 힘든 노력과 굳은 결심, 집중과 수정 작업이 포함된다는 사실은 모든 사람이 관찰하는 바다. 그렇지만 많은 저자는 그 작품이 '주어졌다'고 느끼며, 자신이 쓴 최상의 글은 힘들이지 않고 쓰였다고 느낀다. 문학적인 재능을 불러일으키기 위해 마약이나 주술적인 방법들을 사용하는 실험들이 집행되기도 했다. 고대의 이론가들은 이러한 일깨움을 '영감'이라고 말했다. 그 말은 어떤 신이나 영(spirit)의 요청에 따라 작업이 이루어졌으며, 인간 저자는 단지 신적인 뜻의 도구였을 뿐이라는 의미다. 그것은 때로 바람이 피리를 부는 것에, 음악가가 하프를 연주하는 것에 비유되었다.

현대에 와서, 바로 그 긴장들이 재해석되었다. 프로이트와 여타의 사람들은 저작의 심리학에 주목했다. 인간 창의성의 신비한 '영감적' 측면들은 내면적 갈등에 대한 투영이라는 맥락에서 설명되었다. 다른 사람들은 한 문헌의 의의에 기여하거나 심지어 그 의의를 결정하는 사회적인 힘에 관심을 기울였다. 개별 저자는 그 저자가 나온 사회나 계급보다는 그다지 문젯거리가 아닐 수 있을 것이다. 어쨌든, 찾았다는 느낌, 선물이라는 느낌, 어떤 강력한 힘에 휩싸였다는 느낌은 외부로부터의 개입이라기보다는 인간 내면의 생명의 맥락에서 설명된다.

우리는, 이전의 그러나 똑같이 중요한 역사의 순간에서 동일한 변천을 식별할 수 있다. 앨런 제이콥스(Alan Jacobs)에 따르면, 새뮤얼 테일러 콜리지(Samuel Taylor Coleridge, 1772-1834)의 작품은 그 초점을 하나님으로부터 인간에게로 바꾸어 놓았던 문학의 기원들에 대한 새로운 이론의 발전을 보여 준다. 콜리지는 자신의 바로 윗 선배들(이들은 판단에 의해 수행되는 역할을 강조했다)의 상당히 산문적인 진술들을 깨부수는 동시에 신적인 영감에 대한 이전의 생각으로부터 탈피하여, 시적 상상력의 역할을 추켜세웠다. "콜리지의 상상력은 예전에는 오직 하나님께만 있는 것으로 여겼던 수많은 기능을 수행한다. 이제부터 우리는 플라톤과, 그 후 밀튼(Milton)의 시기에까지 이르는 기독교 시인들이 말했던 의미에서의 예전의 시적 **영감**에 대해, 즉 신으로부터 임하는 원천이 시인에게 힘을 불어넣는 일에 대해 전혀 듣지 못할 것이다. 콜리지 이래로, 만일 **영감**이라는 단어가 사용된다면, 그 단어는 시적 권위의 어떤 외부의 원천이 아니라 시인의 마음속에 내재한 고유한 에너지를 가리키는 것이다."[9]

콜리지의 견해는 성경 영감에 대한 19세기와 20세기의 진술들에 대해 중요한 의미를 지닌다. 그 견해는 하나님을 그 대 저자로서 텍스트에 너무 단단하게 묶어 놓지 않으면서도 문학적 창안물의 '주어짐'(givenness)에 대한 여지를 제공하는 것 같이 여겨졌다. 그러나 거기에는, 아니 내면 성찰(introspection)과 도출(induction, 여기에서는 시인이나 작가의 속에 있는 것을 성찰해서 그 원천들을 끌어낸다는 뜻이다— 역주)을 사용해서 성경에 전적으로 적용할 수 있는 문학 작품의 기원에 대한 이론에 도달하려는 어떠한 시도에도 근본적인 두 가지 난점이 존재한다.

첫째, 그러한 시도는 환원주의적이다. 콜리지에 의해서든 프로이트에 의해서든, 텍스트가 어떻게 저자의 영혼에서 비롯되는지를 설명할 수 있는 능력은 신적 영감의 가능성을 완전히 배제해 버릴 수 없다. 그러나 우리가 신적 영감을 단순히 하프 연주자가 하프를 연주하는 것과 같은 것으로 생각한다면, 똑같이 환원주의라는 타당한 비판을 받을 수 있을 것이다. 즉, 인간 저자에게 거의 아무런 역할도 주어지지 않는 것이다. 그러나 영감의 개념은 그 유비(analogy)에 의해 제시되는 것과 같은 직접적인 영향에만 제한되지 않는다. 실로, 잠시 동안 성경이 만들어진 일을 떠나서 이 논의를 시작했던 '땀'과 '영감' 사이의 구별은 과장된 것이다. 루스벤(K. K. Ruthven)이 말하듯, "영감의 순간들은 일반적으로 원 상태로 출간(publication)되기에는 부적합하다."[10] 성경의 영감에 대해, 동일한 비평가는 이렇게 말한다. "역동적인 히브리 신에 의해 유도된 예언적 영향들은 그 영향들을 전달하도록 선택받은 자들의 거친 개별적 성격에 의해 훨씬 더 흔들린다."[11] 그러므로 이 문제를 좀더 극단적으로 밀고 나가, (예를 들면) 요한이 요한계시록을 쓸 때 환각제를 먹고 썼다는 믿기 어려운 사실을 발견했다고 해서 하나님의 영감이 훼손되어야 할 하등의 근본적인 이유는 존재하지 않는다(환각제의 영향 가운데 있었다 할지라도, 하나님이 영감을 주시려 한다면 주실 수 있다는 뜻이다— 역주). 노력(땀)과 묵상과 상상과 심지어 무의식적인 투영의 과정에서도 영감은 주어질 수 있다. 이러한 것들은 하나님에 의해 감독을 받는, 그에 의해서 하나님의 말씀이 기록된, 사람 편에서 사용된 방법들일 뿐이다.

둘째는 신학적인 문제다. 그리스도인이 아닌 프로이트가 창의성의 근원들에 대해 서술하면서 성경을 제외해야 하는 이유는 전혀 존재하지 않는다. 그러나 콜리지의 경우, 그가 영감에서 상상력으로 옮겨간 것은 잘못이다. 제이콥스가 말하듯, "콜리지의 상상력 이론은 아마도 이제까지 고안된 것 가운데서 시적 자유에 대한 가장 강력한 신화일 것이다. 왜냐하면 그 이론은 상상력을 어떠한 외적 힘에 의해서도 영향을 받지 않는 것으로 규정하기 때문이다."[12] 프로이트는 후에 상상력 자체가 인간 마음의 내면적 갈등에 종속되어 있다는 사실을 근거로 그 이론에 대해 공격했다. 그러나 우리도 하나님의 자유의 이름으로 그 이론에 의문을 제기해야 한다. 하나님의 자율성을 폐기하는, 인간 자율성에 대한 헌신이 콜리지의 진술 가운데로 그리고 그 이래로 신학상의 이 주제의 흐름 가운데로 몰래 스며들어 왔다. 그리하여 이제는 저자로서의 하나님의 권위가 부정되고,

인간 저자에게 훨씬 더 많은 것이 집중된다. 대 저자가 저자로 대체되었다. 이 점에 대해서는 적당한 때에 다시 언급하도록 하겠다.

### 텍스트의 의미: 텍스트에 의해 감추어진 대 저자

고려해야 할 두 번째 큰 문제점은 저자가 해석에 중요한가이다. 제2차 세계대전 이후에 미국에서 발전되어 나온 신 비평은 (이제까지의 비평 작업이) 텍스트 자체보다는 저자에게 지나치게 많이 집중했으며, 우리가 가지고 작업하는 것은 저자가 아니라 작품이라는 점을 지적했다.[13] 저자가 실제로 써 놓은 것에 대해 그가 무엇을 의미하려 했는지를 우리가 생각한다는 것은 쓸모없는 일이다. 심지어 그 의미에 대한 저자의 설명을 손에 넣는 혜택을 누린다 할지라도, 그 문헌을 분석하고 해석할 때, 그 설명에 대해 어떤 특권적인 지위를 부여해서는 안 된다. 그 저자가 의도적으로나 우연히 잘못 해석할 수 있으며, 자신이 의식하지 못한 채 매우 심오하게 쓸 수도 있기 때문이다. 저자의 해석만을 받아들인다는 것은 저자의 작품으로부터 부상하는 의미심장한 진리들을 놓치는 것이며, 독자에 대한 지나치게 큰 영향력을 저자에게 제공하는 것이다.

흥미롭게도, 비슷한 문제가 법 해석학에서도 제기된다. 제정된 법규들에 대한 해석에서, 해석자는 그 법령에 대해 책임이 있는 입법자들의 견해를 고려해야 할지 결정해야 한다. 법안이 교정하고자 하는 위해(危害)와 발의자의 목적을 발견하기 위해 그 법안이 제출되었을 때 행해진 연설들을 검토하는 것이 당연한가? 여기에서의 문제는 입법부가 하나의 법안을 통과할 때 많은 이유를 가지고 그렇게 할 수 있으며, 그 이유들이 반드시 그 법안을 발의한 사람의 마음속에 있던 이유는 아닐 수 있다는 것이다. 그 법령에 대한 해석자는 채택된 실질적인 법규를 가지고 있을 뿐이다. 만일 의회가 사법부에서 제시한 해석을 좋아하지 않는다면, 요점을 명확히 하기 위해서 그 법규를 개정할 수 있다. 어떤 사람들은 이러한 접근 방법이 지나치게 제한되어 있으며, 재판관들은 어떤 법령의 구절에 대해 입수할 수 있는 모든 정보를 다 수집하여 참조해야 한다고 믿는다.

문학 비평계에서 (저자의 의도에 대한 의문이 제기되기 시작하면서) '의도 착오'(intentional fallacy)의 문제가 제기되기 훨씬 전에, 성경의 해석과 활용에 대한 논의에서 이와 동일한 쟁점이 다양하게 나타났다. 예를 들어, 성경 해석에서의 배경 지식의 상대적 중요성이라는 문제가 있다. 성경의 저자들은 특정한 시대와 장소에 속해 있기 때문에, 그 특정한 문화의 정치적 사회적 쟁점들과 그 문화의 요소들에 대한 지식은 대단한 빛을 제공해 줄 수 있다. 예를 들어, 가장 기본적인 수준에서 성경의 언어들은 해석에 필수불가결한 도구다. 그러나 배경이 앞면을 가리게 해서는 안 된다. 고대의 역사와 문화에 대한 우리의 지식은 매우 제한적이다. 그러므로 하나의 텍스트가 그 자체의 문화를 반영하고, 그 문화에 대해 말하는 바와 관련하여 우리가 생각하는 내용을 과신해서는 안 될 것이다. 어쨌든 법 해석학에서처럼, 중요한 것은 텍스트가 말하는 것이지, 분명 그 문화에서 일어났을 것이라고 여겨지는 대화 중에 그 저자가 말하려고 의도했으리라고 우리가 생각하는 것이 아니다.

그러나 이러한 통찰들이 유용하기는 하지만, 성경은 말할 필요도 없고 어떠한 텍스트를 다루더라도 우리를 지배하도록 허락해서는 안 된다. 우리가 가진 것은 어떤 감정이입이나 신비스런 방식으로 저자의 생각에 접근할 수 있는 것이 아니라 기록된 텍스트라는 것은 맞는 말이다. 또한 저자가 자신이 아는 것보다 더 많은 것을 말할 수 있는 것도 사실이다. 그렇지만 저자의 생각에 접근하는 것이 읽기 행위에 본질적이라는 말에는 두 가지 의미가 있다. 첫째, 독자는 저자의 글쓰기 행위를(특히 하나님의 감동으로 말미암은 문서의 경우) 목적이 담긴 행위로 간주해야 한다. 하나의 텍스트의 존재는 목적성이라는 사상을 지닌다. 우리에게 비록 모호하다 할지라도, 텍스트에는 어떤 의도된 의미가 존재한다고 가정하는 것이 당연하기 때문에, 우리는 그 의미를 찾으면서 저자를 배제할 수 없는 것이다. 최소한 이 점에서, 우리는 저자의 생각에 대한 어떤 접근이 가능하다고 주장한다. 그리고 우리는 저자의 그 생각이, 어떤 층위에선가 의미에 관심을 기울이고, 그 의미를 전달하는 데 관심을 기울이는, 일관성 있으며 지각 있는 생각이라고 가정한다. 물론 어떤 '텍스트'가 의도적으로 이러한 것들 가운데 일부를 결여할 수 있다. 그러나 그럴 때 우리는 그러한 문헌을 정독하는 것이 (기계적인 의미에서의 읽기를 제외하고) 읽기와 똑같은 것인지를 물어야 할 것이다. 둘째, 훨씬 더 중요하게, 우리는 우리가 텍스트의 언어를 통해 저자의 생각에 접근한다고 결론을 내릴 수 있다. 우리가 저자의 생각에서 출발하여 텍스트로 진행할 수는 없지만, 확실히 텍스트로 시작해서 저자의 생각으로 갈 수는 있다.

하나님과 성경의 관계가 우연적이라고 말하는 것은 성경의 본질적인 약속의 성격을 인식하지 못한 것이다. 약속에는 언제나 양 당사자가 있기 마련이다. 즉, 현실로부터 유리된 채 허공에 떠 있는 약속은 없다. 대 저자가 성경을 해석하는 과정과 아무런 상관이 없다고 말하는 것은 우리를 하나님께 연결하는 성경(the Bible)의 능력, 즉 우리를 구원하는 복음의 능력을 부인하는 것이다. 만일 어떤 약속이 그 약속을 하는 자에게 우리를 연결해 준다면, 하물며 하나님의 약속들은 얼마나 더 그렇게 해줄 수 있겠는가! 언어가 우리를 진리에 혹은 텍스트 너머에 있는 사람들에게 연결해 주는 능력이 있음을 부인하는 어떠한 문학 이론도, 약속을 맺는 인간의 기본적인 활동의 바로 그 본질과 실로 하나님이 우리에게 주신 그 책과 불일치하는 것으로서 배격되어야 할 것이다. 하나님의 약속들은 어떤 역사에 깊이 뿌리박혀 있으며, 그 역사를 설명한다. 역사적인 것을 간단히 무시하는 문학 비평은 그 비평이 다루려는 텍스트의 본질에 공정을 기하지 않는 것이다. 그 비평이 허구적인 작품들을 고려하면서 현대 비평의 많은 부분이 발생한다는 사실을 반영할 수는 있다. 성경은 비유와 같은 허구적 요소들을 담고 있다. 그러나 성경의 주조(主調)는 허구적이라기보다 역사적이다.

복음을 이루는 약속들을 주신 분은 무시될 수 없다. 약속들은 믿음으로 받는 것이며, 우리를 그 언약을 발하시는 분과의 관계로 묶어 준다. 그러한 반응은 성경적인 경건에서 필수적이다. 또한 약속들은 한 나라와 장차 임할 한 임금에 대해 말한다. 약속들은 그저 한 가지 약속을 반복하지 않고, 미래의 역사적 실체를 서술한다. 대 저자는 또한 재판장이시기도 하다. 아주 엄밀한 법해석학조차도 그 입법의 원천으로부터 법률 문서를 분리할 수 없다. 의도 착오는 특히 성경의 경우 치명적으로 결핍된 것이다. 원천과 내용 모두가 우리에게, 그 대 저자와의 관계 실로 그 대 저자와의 연합은 불신에 의해서만 회피될 수 있는 것임을 말해 준다.

말이 실재에 대해 매우 강력히 파악할 수 있다는 어떤 소망(과 경험)을 적어도 약속들의 언어가 우리에게 제공함을 확신하기 위해, 우리가 소박한 형태의 진리에 대한 대응 이론(correspondence theory of truth)을 지녀야 할 필요는 없다.[14] 그렇지만 말이 이러한 힘을 가지고 있다는 확신은, 말이 실제로 의미하는 내용과 의미하지 않은 내용을 면밀히 살펴보는 일—소위 '주해'라고 일컫는 일—로 우리를 이끌어 준다. 이 말의 바로 그 의의가 그 말의 원래 형태와 배경에서 그 말을 이해하려는 강력한 노력을 이끌어 낸다. 그러므로 거기에는 그 텍스트들이 쓰인 원어 습득에 대한 결심과 그 텍스트들을 그 시대와 문화적 정황 가운데서 우선적으로 이해할 수 있는 능력이 포함된다. 소위 역사 비평 방법은 약속들(과 명령들)을 듣는 모든 인간이 귀로 전해지는 그 내용이 신뢰할 만한 것인지를 알고자 하는 충동으로부터 비롯된다. 그 방법 자체는 (우리가 하나님의 말씀을 취급한다는 것을 인정하면서 시작하지 않음으로써) 남용될 수도 있다. 그러나 그것은 성경의 실질에 결부된 한 부분에 속하는 것이다. 실로 그 방법은 성경의 실재가 요구하는 것이다. 바로 그런 이유 때문에 진정한 복음주의 신학은 언제나 원어와 원래의 배경에까지 소급해서 자료들을 살피는 엄밀한 작업을 항상 요구할 것이다. 실제로 과거에 무엇이 말해졌으며 무엇을 의미했느냐는 중요한 것이다.

또한 '의도 착오'와 그에 대한 부정이 지닌 신학적 함의들에 주목하는 것이 중요하다. 착오(fallacy)라는 개념이 대 저자에게서 비롯하는 텍스트에 대해 그 대 저자가 궁극적인 권위로 말하는 것을 허용하지 않으려는 의도에서 발생하는 한, 그 개념은 다시 한 번 오늘날의 대단히 뚜렷한 강조점인 개인적인 자율성의 성향을 드러내는 것이다. 문제의 텍스트가 성경일 경우, 그 개념은 독자를 대 저자로부터 해방하려는 비평가의 욕구를 더욱 강하게 드러낸다. 그러므로 그러한 생각들은 텍스트의 권위의 문제로 다시 소급된다. '저자'(author)와 '권위'(authority)라는 단어가 동족 어군에 속한다는 사실을 기억하는 것이 중요하다. 이 사실은 (출발부터) 많은 텍스트가 우리에게 권리를 주장하는 것이 그 텍스트들의 기원의 속성 때문임을 시사한다. 글로 쓰였든 소리로 표현되었든, 언어의 기능 중에는 인간관계를 만들어 내고 유지하는 기능이 있다. 이 일에 핵심적인 것이 타인에 대한 통제와 지시다. 텍스트의 권위가 그 저자에게 아주 밀접하게 연결되어 있을 때는 그러한 기능이 분명하다. 문헌의 권위는 또한 실재에 대한 척도에 비추어서, 즉 우리를 세계와 연결함에 있어서 그 문헌이 지닌 진실성에 의해 측정될 수도 있다. 아무리 생각이 없는 독자라 할지라도, 텍스트를 평가할 때, 우리가 진리와 오류를 어떻게 측정하는지에 대한 여러 가지 생각을 지니며, 아주 닳고 닳은 사람도 우리 세계에서의 진리와 오류의 실재에 대해 어떤 판단을 내린다. 어쨌든, 우리는 하나의 텍스트가 텍스트와 독자 사이의 거리를 없애고, 독자를 영구적으로 그리고 근본적으로 형성할 수 있는 권위를 가지고 말할 수 있는 가능성을 피할 수가 없다. 좋든 나쁘든, 그 점은 언어에 그러므로 문학에 내재해 있다. 텍스트의 권위는 독자의 자율성에 맞부딪치면서 대결을 펼친다.

그러나 훨씬 더 급진적인 제안을 이제 논의할 텐데, 그것은 독자가 대 저자가 되어 버렸다는 것이다.

### 독자의 역할: 대 저자를 대체한 독자

한 유명한 문학적 장난에서, 그 당시 오스트레일리아의 저널인 "앵그리 펭귄스"(Angry Penguins)의 편집자였던 맥스 해리스(Max Harris)는 언 말리(Ern Malley)라는 탁월한 현대 시인의 존재를 믿게 되었다. 해리스와 몇몇 사람을 기만했던 그 시들은 사실 다소 무작위로 선택된 행들과 절반짜리 문장들과 단어들의 자의적인 조합으로, 상당히 그럴듯한 의미를 지닌 선별된 단어들이라는 인상을 주면서 서로 연결되어 있었다. 장난을 한 사람들은 찾을 길이 없었다. 고전적인 작자 미상의 예였다. 이 시들에서 어떠한 저자 의도를 찾으려고 할 필요가 없다. 왜냐하면 그 자료를 편집하는 과정에서 어떤 잠재적인 무의식적 요소들이 작용했다고 생각하지 않는 한, 저자의 의도라는 것은 없었기 때문이다.

물론 그 사건의 제물이 된 사람들의 명성은 크게 손상되었다. 그러나 그런 사실은 크게 떠벌릴 필요가 전혀 없는 일이다. 그 일화는, 자기 앞에 놓여 있던 텍스트로부터 의미를 추출해 냈다는 점에서, 독자가 저자가 된 아주 좋은 실례를 제공한다. 텍스트의 의미는 다면적일 수 있다. 그리고 독자가 만족스런 해석을 얻기 위해 텍스트의 목소리에 자신의 경험을 섞어서 읽을 수 있는 상당한 자유가 독자에게 있다고 말할 수도 있을 것이다. 실로, 말리 사건에서 관찰할 수 있는 한 가지 사실은 그 시들에 대한 해리스의 해석들이 전혀 터무니없지 않았다는 것과 그 텍스트들 자체의 표면에 어떤 의미라고 여길 만한 것이 있는 것 같았다는 사실이다. 그 텍스트들의 모습은 그렇게 자의적인 것 같지 않다.

몇몇 형태의 비평에서 독자에게 주어진 강조는 상당한 호소력을 지녔다. 그 사실은 텍스트와 독자가 시대적으로, 문화적으로 그리고 공감이라는 측면에서 아무리 가까워도, 거리를 좁히는 일을 해야 한다는 사실을 그리고 독자가 감상할 때 불가피하게 한 다발의 전제를 끌고 들어온다는 사실을 일깨워 준다. 독자와 읽기 행위의 중요성을 인식하는 데 실패하면, 평가에서 거짓된 객관성을 갖게 될 것이다. 그러나 한 가지 더 심오한 관계의 동역학이 작용한다. 독자에 초점을 맞추면, 독자가 저자의 권력과 텍스트의 권위에 대해 인간 자유의 이름으로 도전할 수 있게 된다. 좀더 극단적인 형태로는, 독자에 대한 초점은 또한 저자로 하여금 자신이 써 놓은 것에 대한 책임을 포기할 수 있도록 만들어 준다. 해석학적 '의혹제기'에 대한 헌신이 수반될 경우, 그러한 태도는 텍스트가 지닌 불유쾌한 입장을 폭로하고, 텍스트에 있는 서로 반대되는 진술이나 억압된 것을 이끌어 내는 강력한 이데올로기적 도구가 될 수 있다. '독자반응 비평'은 성경 해석자들에 의해 발전되어 여러 측면에서 고대 텍스트를 의미심장하게 새롭게 읽는 방식을 낳았다. 그렇지만 그러한 읽기 방식들의 타당성을 점검하고, 불현듯 일어난 어림짐작에서 비롯된 비평으로부터 지켜내기 위한 만족할 만한 통제가 있는지는 여전히 의문으로 남는다. 수전 길링엄(Susan Gillingham)은 "독자반응 이론을 사용함으로써, 하나의 텍스트는 무한한 방식으로 읽힐 수 있다"[15]라고 언급한다. 이것은 참으로 불길한 진술이다.

어떤 시대도 해석에서 관찰자가 담당하는 역할에 대해 우리 시대만큼 의식하지 못했다. 심지어 한때 객관적 지식의 요새라고 여겨졌던 과학에서도, 관찰자의 전망이 매우 중요하며, 실로 관찰자가 관찰되는 것의 중요한 부분이 된다는 사실에 대해 지금은 광범위한 의견일치가 이루어졌다. 특별히 언어가 개입된, 인간관계의 문제들에 이르면 이 점이 더할 나위가 있을까! 우리가 하는 말은 그 말을 하는 (있을 수 있는) 이유들에 비추어서 판단된다. 오늘날에는 인성이라는 것이 온갖 모순과 미스터리와 동기를 지닌 심연이라는 점에 대해 거의 모든 사람이 인식한다. 이 사실은 말하는 바에만 영향을 끼치는 것이 아니라 훨씬 더 심하게 듣는 바 혹은 읽는 바에도 영향을 끼친다. 우리는 편견과 사전 이해들을 가지고 선택적으로 듣도록 편향되어 있다. 그러한 편견과 사전 이해들이 우리에게 전달되는 정보를 막는다. 바벨탑에서의 언어들의 혼잡은 같은 말을 사용하는 사람들에게까지도 고통을 가한다.

저자와 텍스트로부터 떠나서 독자에게로 비평의 초점이 바뀌도록 이끄는 것이 바로 언어의 본질에 대한 이러저러한 관찰들이다. 읽기의 주관성을 더 의식하지 않는 한, 우리는 언제나 우리 자신의 무의식적인 예단들(prejudgments)의 희생제물이 되리라는 것이 그 주장이다. 그러나 우리 자신의 사전 입장들이 만들어 내는 난점들에 대해 의식하는 것과 이러한 깨달음을 읽기에 대한 급진적으로 주관적인 접근 방법에 대한 정당화로 바꾸는 것은 별개의 문제다. '독자가 저자다'라고 선포함으로써, 어떤 사람들은 독자를 텍스트에 대한 절대 군주로 만들려 한다. 텍스트들은 의심의 눈초리를 가지고 취급되어야 하며, '텍스트의 흐름에 역행해서' 그리고 '행간'을 보면서 읽혀야 한다. 어떤 면에서 볼 때, 이러한 태도는 그러한 비평의 완전한 자멸적 성격을 충분히 드러낸다. 왜냐하면 그러한 비평은 비평가 자신의 생각을 독자에게 직접적으로 전달하는 데 그 자체의 효력을 의존하기 때문이다. 그러한 비평가들조차도 자신이 오해받는다고 분개한다. 그러나 저자 퇴치는 또한 저자의 권위와 영향력으로부터 우리를 해방하려는 의도를 지니기 때문에, 우리가 다루는 이 문제점은 그저 논리에 그치는 것이 아니라 훨씬 더 깊어진다. 그 문제는 하나님과 인류의 관계에 대해서만이 아니라 인간관계 전체에 복잡다단한 결과들을 만들어 낸다. 다시 한 번, 우리는 은혜와 인간의 자율성이라는 신학적인 문제에 직면하는 것이다.

저자의 죽음은, 특히 그 저자가 하나님일 때는, 너무나 자명하게 독립하려는 인간 욕망의 한 부분이다. 우리는 여기에서 사랑에 대한 인간의 경험을 살펴봄으로써 저자의 죽음이라는 생각을 반박할 수 있을 것이다. 사랑은 헌신적인 것이며 정절을 약속한다. 자율성에 대한 충동은 헌신을 거부한다. 심지어 상대방이 헌신하겠다는 것도 받아들이지 않는다.[16] 헌신은 갑갑한 것이며 뒤얽히는 것으로 비춰진다. 그 결과 개인주의가 이전에는 결코 없었던 정도로 승승장구한다. 그리고 다른 사람을 어떻게 사랑하느냐 하는 물음 전체가 문젯거리가 되어 버렸다. 그러한 느낌들은 특히 우리가 하나님께 나아갈 때에 분명해진다. 불신의 뿌리들은 삶의 지적인 부분에서가 아니라 정서적인 부분에서 발견되어야 한다. 하나님의 사랑은 너무나 분에 넘치는 것이어서 우리는 그 사랑과 더불어 살기를 원치 않는다. 성경의 경건에 분명하게 나타나듯, 하나님이 은혜로 다가오시는 일은 하나님의 권위의 축소가 아니라 우리에 대한 하나님의 완벽한 권위에 대한 그리고 그분의 말씀에 대한 우리의 순복에 대한 재천명을 포함한다.

신학조차도 이러한 생각을 소화하는 데 어려움을 겪는다. 신학자들은 하나님의 사랑을 생각하면서, 그 사랑을 어떤 면에서 너무나 인간적으로 다룬다. 우리는 사랑을 바라면서, 그 사랑이 낳게 되는 개별성의 상실을 가져오지 않으면서, 그 사랑이 지닌 친밀감과 지원을 원한다. 결혼에서도 우리는 두 사람이 한 몸이 되지 않고 두 몸으로 그대로 남아 있기를 원한다. 그러므로 신학자들은 '있는 그대로 두는' 사랑에 대해, 사랑하는 자에게 주는 최대의 사랑의 선물로 자율성을 제공하는 그런 사랑을 말한다. 실로, 인간의 성숙도를 독립성의 맥락에서, 다른 사람이 없이 홀로 설 수 있는 능력에서 정의하는 것이 공통적이 되었다. 특히 페미니스트 운동은 여성들에게, 예속으로 이끈다고 여겨지는 섬김의 윤리를 포기하고 건강한 독립을 선언하라고 도전해 왔다. 그러므로 페미니스트신학자들은 여성들의 핵심적인 죄악을 교만이 아니라 의존성이라고 생각한다.'[17]

이와 같은 문화적 분위기에서, 저자의 죽음이 왜 인기가 있는지 특히 대 저자로서 하나님의 죽음이 왜 인기가 있는지를 보는 것은 용이한 일이다. 만일 실로 하나님이 성경의 원(原) 저자시라면, 그 하나님은 반드시 언제나 환영받는 것은 아닌 어떤 본질적인 권위를 그 말씀에 제공하신다. 그럴 뿐만 아니라 말씀들 자체의 내용도 정확히 이러한 상황을 만든다. 그래서 말씀들의 내용은 하나님이 주님이라는 당당한 복음 메시지와 그 주되심이 인간의 삶에서 빚어내는 결과들에 대한 해설을 전해 준다. 성경 계시의 한 가운데에 약속들이 자리잡고 있다는 사실과 신뢰가 구원을 가져다주는 덕목이라는 사실은 결코 우연이 아니다. 성경에 제공된 구원이 마치 물 한 방울이 바다와 하나가 되듯이 하나님과 영혼의 연합을 말하지 않는 것이 사실이다. 우리는 그 약속들을 신뢰할 때 이루어지는 연합에서도 여전히 우리 자신으로 남는다. 그러나 우리는 마치 결혼 그 자체가 단지 그림자처럼 보여 주듯이, 하나님께 연합되어서 결코 뗄 수 없는 결속을 이룬다. 또한 성경의 패턴은 죽기까지 섬기는 사랑, 자기를 잊고 내어 주는 사랑이다. 바로 그러한 삶을 살아감으로써 우리는 자신을 찾게 되며, 우리의 원래 존재 의도를 이루게 되며, 하나님이 의도하신 자신이 되는 자유를 발견하게 된다. 세상이 그토록 애타게 찾는 것이 바로 그분에 대한 희미한 그림자다. "자기의 생명을 사랑하는 자는 잃어버릴 것이요, 이 세상에서 자기의 생명을 미워하는 자는 영생하도록 보전하리라"(요 12:25). 이것이 바로 예수의 준엄하신 말씀이다. 그리고 이 말씀은 세상 지혜를 무색하게 만든다. 그러므로 성경의 두 번째 핵심적인 특징인 하나님의 책으로서의 성경의 권위는, 성경을 제대로 읽으려면 존경하고 복종하는 정신으로 읽을 것을 요구한다.

### 세 번째 특징: 성경의 통일성

성경 읽기의 세 번째 핵심적인 요소는 성경의 언약적 본질로부터 비롯되는 통일성이다. 성경에 이야기가 두드러진다는 사실은 흔히 지적되어 왔다. 그 이야기들은 꾸며 낸 우화(寓話)도 아니고, 도덕 교훈용 이야기도 아니다. 그 이야기들은 언약 자체로부터 비롯된다. 성경의 핵심 줄기는 하나의 중심적인 이야기를 구성하는 일련의 이야기들이다. 역사서들은 약속들의 이야기를 따라가며, (우리가 예언 문학에서 찾을 수 있는) 그 이야기에 대한 비판적인 주석(discriminating commentary)의 기반을 제공한다. 성경의 역사는 전형적으로 '예언자적'이다.

인쇄술의 발달과 식자 능력(literacy)의 증가로, 개인이 성경을 읽는 것이 거의 보편화되었다. 이러한 현상은 그리스도께서 자신의 교회를 다스리시는 도구로서의 성경이 갖는 집단적 의의를 흐린다. 성경에 있는 내러티브의 줄거리는 하나님의 위격(the person of God)에 대해서만이 아니라 교회의 정체성과 본질을 드러내는 데 근본적인 중요성을 지닌다. 성경의 내러티브는 교회로 하여금 과거에 하나님을 어떻게 대했었는지와 관련 있는 언어를 제공할 뿐만 아니라 그러한 과거의 처리들이 현재와 장래에 어떤 의의를 지니는지를 이해할 수 있게 한다. 성경의 내러티브는 교회의 특별 언어를 이룬다. 하나님 이야기의 반복은 복음을 일깨우는 중요한 각성제다. 그 이야기를 구술할 때의 변주들과 차이들은 그 이야기를 현재에 제대로 적용하는 데 중심적인 요소다. 그 이야기의 일치되는 알맹이가 없다면, 중요한 변주들은 생겨날 수 없을 것이다. 이것은 비평이 단순히 역사에 대한 것일 수는 없으며, 비평이 읽어 나가는 자료의 문학적 요소들에 대해서도 민감해야 함을 의미한다. 그와 같은 문학 비평의 부재가 바로 후기 계몽주의 시대 대부분의 성경 연구가 지닌 두드러진 약점이었다. 그러나 이제 효과적인 성경 읽기에 중요한 도움을 주는 이 요소에 눈길이 집중되는 중이다. 이 점에 대해서는 다음에 더 많이 얘기하게 될 것이다.

    성경의 통일성은 성경이 지닌 하나님과의 연결성에, 즉 신적 저작성에 의존한다. 이미 지적했지만, 이 통일성은 다양한 시대·지역·언어·장르·경험·전망과 일치한다. 성경의 통일성은 원천의(하나님 안에 원천이 있음), 기능의(언약의 다스림), 내러티브의(약속의 성취), 메시지의(예수 그리스도의 복음) 통일성이다. 만일 몇몇 진영에서 그리고 해석 역사의 어떤 단계에서 성경의 다양성을 무시하고 통일성을 지나치게 강조하는 경향이 있었다면, 현재의 분위기는 정반대다. 그 결과, 성경은 더욱 더 다시 하나로 맞출 수 없는 다양성인 것으로 다루어진다. 성경은 하나로 통합된 전체로 간주되지 않는다. 이것은 훨씬 더 좋지 않은 결과다. 왜냐하면 성경이 자신에 대해서와 세계와 인간의 행위에 대해서 무슨 말씀을 하시는지에 관한 분명한 메시지를 주는 일을 불가능하게 만들기 때문이다. 이보다 더 효과적으로 성경의 권위를 파괴하는 것은 전혀 없다.[18]

    제8장에서 지적했듯이, 성경을 하나의 전체로 보기를 꺼리는 태도는 어쨌든 지적으로 의심하는 것이다. 하나의 정경이 성립됐다는 것은 어떤

통일성이 인지된다는 점을 전제로 한다. 그러나 성경의 진정한 통일성은 하나님의 진실성에 근거한다. 바로 이러한 이유 때문에, 개신교 종교개혁자들은 성경을 가지고 성경을 비교하는 것을 성경 해석의 핵심적인 원칙에 첨가했다. 이 점은 이전의 주석가들도 잘 이해했던 것이다. 그래서 그들은 성경에 모순이 존재한다는 사실을 받아들이기를 꺼렸으며, 성경을 이해하기 위해 성경을 가지고 성경을 비교했다. 오직 성경을 하나의 전체로 바라보고, 텍스트들이 서로 보완하도록 허용할 경우에만, 삼위일체론에 도달하는 것이 가능하다. 아리우스주의의 잘못은 그들의 선택적 처리에 있었다. 정통 신앙은 성경 전체의 증거를 경청할 필요성이 있음을 의식했다. 똑같은 점을 다른 식으로 말하자면, 각각의 모든 텍스트에는 문맥이 있으며, 성경 말씀들의 궁극적인 문맥은 전체 성경이라고 말하는 것이다.

나는 성경의 권위를 수용하면, 면밀한 주해와 동시에 역사 비평 및 수사 비평을 격려하게 된다고 지적했었다. 이제는 그 이상으로 전진할 필요가 있다. 즉, 성경의 통일성에 대한 수용은 하나의 통합된 성경신학의 창조를 격려한다는 것이다.[19] 그러한 신학은 수년에 걸쳐 여러 가지 방법론을 사용해 왔으며, 이제는 대부분 무시된다. 성경의 다양성이 지나치게 강조될 때, 성경신학이라는 프로젝트는 거의 불가능하게 된다. 실로, 성경이 인간의 산물로만 취급된다면, 하나로 통합된 성경신학이라는 것은 거의 관심 사항이 될 수가 없다. 그러나 복음에 대한 수용은 불가피하게 성경의 전체성으로 인도한다. 왜냐하면 그리스도를 영접하는 일은 신약에서 구약에 대한 그리스도의 성취에 의존되어 있기 때문이다. 올바른 이유로 복음을 받아들인다면, 우리는 불가피하게 성경신학을 발전시키게 된다. 또한 이 성경신학은 성경에 대한 진정한 읽기에 중대한 중요성을 지닌다. 성경신학은 월터스토프가 말하는 "하나님이 텍스트를 통해 말씀하신 것이나 말씀 하시는 것을 분별하기 위해 읽는 일"에 필수적이다. 성경신학이 없이는 우리가 성경의 참된 본질에 일치되게 성경을 읽는 것이 아니다. 불신자들이 이 사실을 배격해야 한다는 것은 비극이며, 자신이 그리스도인이라고 고백하는 성경 비평학자들이 그렇게 하는 것은 경악스러운 일이다.

그러한 성경신학은 두 가지 측면을 지닌다. 그리고 성경을 효과적으로 읽으려면, 그 두 측면은 모두 연구되고 쓰여야 한다. 첫째, 성경의 여러 다른 저자에 의해 성경의 주제들이 다루어지는 대로 성경의 주제들을 따라가면서, 우리는 독자로 하여금 넓게 전체에서 각 텍스트를 자리매김할 수 있도록 도와주고 (성경에서―역자 첨가) 펼쳐지는 계시에 대한 즉 일종의 주제에 따른 진술을 할 필요가 있다. 그러한 접근 방법은 오히려 소위 '구속사'(salvation history)라고 일컫게 된 것을 서술하는, 성경의 신학적 역사에 대한 연구라 할 수 있다. 그러나 그것은 그 이상이다. 거기에는 개별 책들이 발전하는 전체에 어떻게 기여하는지를 발견하는 일이 포함된다. 그리고 또한 그러한 진술은 성전과 제사장 직분과 같은 주제를 두 성경이 다루는 대로 따라가면서 다루고자 노력한다. 성경의 언약들이 제공하는 구조는 이러한 이해의 중심적인 부분을 이룬다. 기본 원칙은 성경을 가지고 성경을 비교한다는 사실로부터 나온다. 즉, 신약 성경이 구약 성경을 어떻게 읽느냐 하는 것이다. 약간 달리 말하자면, 각각의 다른 부분들을 통해 성경이 어떻게 하나님 나라를 선포하는가 하는 것이다.

성경신학의 두 번째 측면은 논리적으로 첫 번째 측면으로부터 따라 나온다. 물론 우리가 그리스도를 알게 될 때는, 시간상으로 두 번째 측면이 첫 번째 측면보다 앞선다고 말할 수도 있을 테지만 말이다. 성경의 주제들(themes)이 확립될 때, 우리는 또한 그 화제들(topics), 즉 성경 자체가 다루는 주제들(subjects)을 연구할 필요가 있다. 저자가 자신의 모든 작품을 통해 어떤 주제(subject=topic)에 대해 무슨 말을 하는지 묻는 것이 [마치 '버트런드 러셀(Bertrand Russell)이 전쟁에 대해 무슨 말을 하는가?'라는 물음의 경우처럼] 충분히 정당하듯이, '성경이 전쟁에 대해, 이혼에 대해, 복음에 대해, 성령에 대해 혹은 죄에 대해 무슨 말을 하는가?'를 묻는 것은 정당한 일이다. 비록 상당히 미묘한 차이가 있겠지만, 진정한 답변이 주어질 수 있다. 실로, 그러한 답변을 줌으로써만, 우리는 하나의 전체로서 성경이 말해야 할 것을 확립하고, 성경을 가지고 성경을 비교하는 일을 진행할 수가 있는 것이다. 더 나아가 바로 그것이 성경의 메시지를 다른 사고 체계들과 비교할 수 있고 현 상황에 적용할 수 있는 길이다. 이러한 실천의 결과들을 '성경신학'이라고 부르기보다는, 성경이 언급하는 다양한 주제에 대한 '성경의 가르침'(the doctrine of the Bible)이라고 일컫는 것이 더 좋을 것이다. 어쨌든지, 성경에 대한 주경학적이며, 주제 중심적(thematic)이며, 화제 중심적(topical)인 읽기의 상호결합은 하나님의 말씀을 이해하는 데 필수적이다. 이 점을 보지 못하면, (다른 여러 가지 것 중에서) 신학 교육의 수혜자에게 조각조각 나누어진 그러므로 불안정한 텍스트를 남겨 주는 신학 교육을 하게 된다. 아니면, 적어도 인기를 끈다면, 그 방법들이 아무리 주관적인 비평 방법이며 주관적인 문학적 방법들이라 할지라도 그 방법들에 텍스트를 취약하게 노출시키는 신학 교육을 하게 될 것이다.

성경의 권위와 통일성의 한 가운데에, 예수 그리스도가 있다. 복음을 통해 행사되는 것이 바로 그분의 나라다. 그리고 바로 그 나라는 성경의 권위를 인정하도록 우리를 이끈다. 마찬가지로, "그리스도 예수께서 죄인들을 구원하시려고 세상에 임하셨다"(딤전 1:15)는 사실은 기독교 성경의 중심 메시지며, 전체에 대한 해석의 열쇠다. 그 전체 문맥은 예수 그리스도가 세상에 들어오신 의미를 파악할 수 있게 해준다. 그리고 예수 그리스도의 크신 사역은 우리로 하여금 성경을 이해할 수 있게 만들어 준다. 실로, 우리가 죄인들을 구원하시는 그분의 사역에서 그리스도의 중심적 성격을 깨닫지 못한다면, 성경은 신비스럽고 분열된 책이 되어 버린다. 현대의 성경 논쟁에서 해석학 연구가 차지하는 중요성은 부분적으로 성경에서의 복음의 중심적 위치를 인정하기를 꺼리는 데서 비롯된다. 그렇게 되면, 교회에 성경이 왜 중요한가를 설명하기 위해 다른 메시지들을 찾아야 한다. 그러므로 하나님의 언약의 책으로서 성경의 통일성이라는, 성경의 세 번째 핵심적인 열쇠가 중요한 의의를 지니는 것이다. 그러한 통일성을 인정하지 못한다면, 우리는 성경의 메시지를 파악할 수 없으며, 적용할 수도 없다.

## 결론: 성경을 읽는 일

나는 복음이 성경을 읽어 가는 우리의 과제에 대한 접근방법을 만들어 줘야 한다고, 그리고 월터스토프의 이분법을 사용하면, 우리가 "텍스트의 문학적 특색을 분별하기 위해 성경을 읽기"보다는 "하나님이 말씀하시는 것을 분별하기 위해 성경을 읽어야" 한다고 주장했다. 그러나 나는 또한 성경의 문학적 특색들을 분별하는 일이 진정 비평적인 읽기와 일치하는 것이라고 주장했다. 그러한 비평은 우리가 읽는 것의 주인보다는 종이 되어야 한다. 또한 성경 비평의 본질에 대해 생각할 때, 우리는 비평이라는 전체적인 시도와 연관성을 가지면서 발생하는 원칙들을 볼 수 있다. 그리고 읽기 일반에 대해 전체 문화에 유용할 수 있는 특별한 점이 언급되는 것을 발견할 수 있을 것이다. 실로 이러한 상당수의 관찰은 문학 비평이 그 모든 활동 가운데서 한계들을 받아들여야 한다는 사실, 즉 어떠한 텍스트에 대해서든 그 텍스트의 사실성 앞에서 겸손을 보여야 하며, 독자와 저자를 향한 사랑의 의무를 보여야 한다는 사실을 함축한다.

제기된 그 요점은 고대의 읽기 방식과 현대의 읽기 방식을 대조한 데이비드 켈지(David Kelsey)의 대조를 통해 잘 드러난다. "제3세기에는 이교도의 학문 세계나 기독교도의 학문 세계나 덕목들에 의해 좀더 깊은 감화를 받기 위해 고대의 텍스트들을 공부했다고 말할 수 있을 것이다.…" 오늘날의 학술 중심의 연구 대학(research university)에서, 우리는 고대 텍스트들에 관한 진리와, 그 텍스트들의 기원과, 그 자체의 원래 정황에서 텍스트들이 지녔던 의미들, 그 텍스트들의 사용의 역사, 그 텍스트들에 관하여 가르치거나 읽어 간 역사 그리고 혹은 그 텍스트들이 존재하게 된 이유를 설명해 줄 수 있는 사회적·심리적 동역학들에 대해 연구한다.[20] 다른 곳에서, 켈지는 베를린 대학교의 토대에 대해 논의함으로써 그 주제를 추구하며, 학술적인 연구 중심 기관의 모델이 교육에, 연구되는 대상에, 그 대상이 어떻게·왜 연구되는지에 미치는 주요 영향을 검토한다. 예를 들어, 그러한 모델은 가르침의 방법과 목적에 커다란 차이를 이룩했다. "신학 교육은 언제나 '파이데이아'(paideia)가 하는 방식으로, 즉 가르침이 하나님을 아는 능력을 간접적으로 개발하는 것을 목표로 하면서 가르침에 참여해 왔다. 그러나 학술 중심의 연구 대학에서는, 가르침이 연구 조사를 할 수 있는 능력(Wissenschaft)에 참여할 수 있는 능력들을 개발하는 데 목표를 둔다."[21]

그렇지만 우리는 학문적인 연구 중심의 모델이 지배했던 시대의 끝에 이르러 간다. 과학적 방법의 내재적인 한계들, 특히 다른 분야에 적용되었을 때 갖는 한계들이 점점 뚜렷해진다. 니콜라스 월터스토프는 "학문(Wissenschaft)의 논리라는 것이 있으며, 그것이 무엇인지를 우리가 안다는 생각의 파멸이 발생했다"라고 말한다. 그리고 그는 이렇게 덧붙인다. "이미 수학과 자연 과학에 잘 뿌리박았으나 다른 모든 분야에서는 기껏해야 형편없이 자리잡은, 학문의 진정한 논리라는 것이 없다면, 정확히 어떤 이유로 다른 것들이 열등하다고 판단되어야 하는가?"[22] 성경 연구 분야에서, 성경이 하나님의 말씀이라는 인식으로부터 떨어져 나가 버린 역사 비평 방법의 가치에 대한 재평가가 이루어진다. 우리의 기교로 텍스트를 좌지우지하려고 하기보다는 텍스트 앞에 앉아서 텍스트 자체의 맥락에서 그 텍스트가 말하는 것을 경청하는 일의 가치를 다시 한 번 주장할 때가 이르렀다. 데이비드 스타인메츠(David Steinmetz)는 다음과 같이 지혜롭게 말한다. "역사 비평 방법이 그 자체의 이론적 토대들에 대해 비판적이 되고, 그 비평 방법이 해석하는 텍스트의 본질에 적합한 해석학 이론을 발전시키기까지는, 그 방법은 존재해야 할 가치에 준해서 진리에 대한 물음들이 끊임없이 지연될 수 있는 학문작업자들의 공동체와 학문 세계에 제한되어야 할 것이다."[23]

우리의 문화에서, 읽는 일은 거친 폭풍우를 만난다. 말에 대한 불신과 말을 통해 관계를 맺을 수 있는 인간의 능력에 대한 불신이 존재한다. 20세기의 역사에 비추어볼 때, 이 사실은 그리 놀라운 것이 아니다. 언급할 수 있는 많은 사안 가운데 크게 두 가지 쟁점을 지적하자면, 제1차 세계대전 때 최전선의 전투의 공포들을 반영하기 위해 새로운 시어(poetic language)가 개발되어야 했다는 사실과 그 세기 내내 선전(propaganda) 기술이 유례없는 거짓말의 수준에 도달했다는 것이다. 비평가에게는 무슨 뜻이 의도되었는지를 설명하는 주도적인 역할이 주어졌으며, 어떠한 의사소통에 대해서도 진실을 말하기가 점차로 어렵다는 것을 발견하게 되었다. 실로, 소설은 줄거리가 있는 내러티브라기보다 훨씬 더 콜라주(collages, 미술에서 신문, 철사, 광고 조각들을 선과 색에 따라 추상적으로 배합하여 조각 맞추기를 하는 추상적인 구성법 내지 구성물—역주)에 가까우며, 그리하여 비평가를 문학이라는 집의 대장 노릇을 하도록 만들고, 문학을 계시보다 모호하게 만든다. 그러나 미국에서 가장 존경받는 문학 비평가 중 한 사람인 폴 드 맨(Paul de Man)이 한때 나치 옹호자였다는 뉴스는 저자가 중요하지 않다고 가르치려는 기도(enterprise)에 여러 가지 의문을 제기했다.[24] 저자를 피한다는 가장 아래서, 저술의 책임을 회피하고자 할 가능성이 있기 때문이다. 성경 읽기에서, 우리의 대 저자로부터의 도피는 아담과 하와가 에덴 동산에서 하나님을 피하여 숨은 것처럼 하나님으로부터 도피하는 일반적인 한 예다. 복음은, 자유가 그러한 도피에 놓여 있을 것이라고 생각하면서 우리가 자신을 속인다는 것을 보여 준다. 이러한 문제는 근본적으로 저자이신 하나님과 관련해서 적용되는 사실이다. 그렇지만 인간 저자의 권위를 받아들이기를 꺼리는 우리의 자세 또한 모든 층위에서의 관계들의 부패로 이끈다. 냉소주의와 사랑은 공존할 수 없다. 말이 제 구실을 하지 못하는 곳에서는, 사랑도 제 구실을 하지 못한다.

　따라서 성경의 사실성으로부터 출발하는 성경 비평, 즉 자신이 말씀이신 그 하나님으로 시작하는 성경 비평은 읽기 일반에 대해 심원한 함의들을 지닌다. 하나님이 우리가 신뢰할 수 있는 말을 사용하실 수 있으며 말을 통해 깊은 인격 관계를 맺으실 수 있다면, 인간 언어에는 소망이 있는 것이다. 우리가 하나님이 하시는 모든 일을 다 할 수는 없다. 그러나 하나님은, 신뢰받을 수 있으며, 그것을 통해 진정한 인간관계가 이루어질 수 있는 진실한 발언과 같은 것이 존재할 가능성을 가리키신다. 그러한 발언을 추구하면서, 약속이라는 형태가 언어 회복의 기초를 제공해 줄 수 있을 것이다. 약속들은 진실성에 대한 평가를 요구한다. 약속들은 인격끼리 관계를 맺도록 기여한다. 약속들은 소망과 성취의 내러티브를 출발시킨다. 약속들은 주해, 토론, 문학, 시어를 불러일으킨다. 문화가 삶의 기준으로서의 성경을 포기할 때, 그 문화의 근간은 상상할 수 없었을 정도로 큰 피해를 입을 것이다. 되돌아가는 길은 하나님의 말씀에 있는 하나님을 아는 폭넓은 지식에 헌신함으로써 이루어질 것이다.

제10장

# 복음과 성령

### 계시, 기도 그리고 성령

강력하게 논의된 책, 「이성의 한계 안에서의 종교」에서 대 철학자인 임마누엘 칸트는 기도의 주제에 대해 간략하게 언급한다. 이 주제에 대한 사람들의 태도만큼 그들 개개인의 신학에 대해, 특히 그들의 계시관에 대해 시사하는 것도 없을 것이다. 여기에서 우리는 그 사람들이 하나님에 대해 무엇을 아는지 그리고 그들이 자신의 이해를 어떻게 활용했는지 관찰할 수가 있다. 칸트의 논의는 커다란 문화적 의의를 지닌 것이었다. 그 이후 형성된 사상에 대한 칸트의 영향력은 막대했다. 사실상 기독교 신학의 모든 영역이 칸트를 따라 재검토되어야 했다. 그리고 지금까지도 신학적이며 영적인 칸트의 제자가 많이 있다.[1] 그의 직접적인 영향에 의해서든 아니든, 기도에 대한 칸트의 견해는 교회에서 폭넓게 수용되었다.

종교에 대한 그의 언급은 그의 도덕주의적이며 합리적인 진술에 전적으로 부합한다. "하나님에 대한 **내면의 형식적** 봉사로, 따라서 은혜의 수단으로 생각되는 **기도**는, 일종의 미신적인 환상(맹목적 숭배)이다. 왜냐하면, 그 기도는 바라는 자의 내면 성향에 관한 정보 따위는 전혀 필요치 않는 존재를 향해 **진술된 바람**(stated wish)에 불과하기 때문이다. 그러므로 기도에 의해 달성되는 것은 아무 것도 없다. 그리고 기도는 하나님의 명령으로, 우리의 어떠한 의무도 면제해 주지 않는다. 그러므로 사실상 하나님은 섬김을 받지 않으신다." 칸트가 볼 때, 참된 기도, 그가 말하는 "기도의 정신"(the spirit of prayer)은 "우리의 모든 행위와 절제를 통해 하나님을 매우 흡족하게 하고자 하는 충심의 바람"이다.³⁾

(항상 쉬지 말고 기도하라는ㅡ역자 첨가) 성경의 명령과 관련해서, 칸트는 그러한 기도가 "'끊임없이' 우리에게 있을 수 있으며, 있어야 한다"라고 말한다. 이러한 맥락에서, 표출되는 기도의 유일한 가치는 하나님을 섬기면서 살겠다는 우리 자신의 결의를 강화하는 역할에 있다. 칸트가 볼 때, 자녀들에게 상상력을 자극하기 위해 일정한 기도의 형식을 가르쳐 주는 것은 가치가 있지만, 성인들에게는 위선을 불러일으킬 위험이 있다. 그의 책 전체가 지닌 철학에 의해 형성되는 종교는, 보답을 바라지 않고 의미에 대해, 선을 선택하고 행할 수 있는 인간의 능력에 대해, 종교적인 의무를 냉정하게 스스로 충분히 감당하는 일에 대해 강하게 강조할 수밖에 없다. 그 종교는 스스로 만든 종교이며 스스로의 지시에 따라 움직이는 사람의 종교다. 그 종교는 성경의 종교와는 너무나도 거리가 먼 것이다.

칸트의 싸늘한 종교와 달리, 기독교는 청원(petition)의 기도를 즐거워한다. 용서에 대한 기도를 포함하여, 예수의 기도들은 청원의 모델이다. 그러한 청원 기도는 칸트의 입장에서 정당화하기 어렵다. 그렇지만 그 기도들은 우리와 하나님의 관계의 기초를 이룬다. 우리는 우리를 대신해서 죽으신 예수 그리스도의 속죄제사 덕분에 담대히 하나님의 면전에 들어갈 권리를 갖는다(히 10:19-22). 다시 한 번 말하지만, 칸트의 종교에는 그러한 것이 전혀 없다. 칸트가 지닌 도덕적 진지함이나 그가 달성한 철학적 위업에 대해 의심하는 사람은 아무도 없을 것이다. 그러나 성경 종교의 맥락에서 볼 때, 칸트는 에베소의 제자들에게 바울이 했던 질문을 던지는 것이 적절한 사람이다. "너희가 믿을 때에 성령을 받았느냐"(행 19:2). 기도에 대한 칸트의 견해는 기독교 신앙이 지닌, 성령을 받은 관계적인 마음이 그에게 낯설었다는 증거다. 그 영향들은 기도에 대한 그리고 다른 신자들과의 사귐에 대한 태도에 나타날 수밖에 없다.

성경의 기도와 칸트의 기도를 대조함으로써, 우리는 뚜렷한 갈림길에 들어선다. 칸트의 철학에는 기적에 대한 여지가 전혀 없다. 그래서 그는 마음과 생활에서의 식별 가능한 은혜의 역사를 인간의 경험으로부터 배제한다. 결과적으로, 그의 가르침은 세계를 하나님의 직접적인 임재가 결여된 것으로 여기는 자연주의를 촉진한다. 그러나 성경은 자신의 성령을 통해 사람들의 삶에서 하나님이 활동하신다고 믿는 선택 사항을 우리에게 권유한다. 우리는 하나님이 어떤 구경꾼으로 계시는 세계와 하나님이 참여하시고 개입하시는 세계라는, 서로 경합하는 세계관 사이에서 한 가지를 선택해야 한다. 그러나 그것은 그 이상이다. 그 기저에는 인간 본성에 대한 경쟁적인 견해가 있다. 하나는 인간이 자유롭다는 견해다. 그 견해에 의하면, 인간의 삶은 선한 양심을 가지고 자신의 재판장을 만날 수 있도록 나쁜 충동보다는 선한 충동을 선택하는 헌신이다. 다른 하나는 사람들이 노예화되었기 때문에, 확실한 구원자를 가지고 재판장을 만나기 위해서는 구속(redemption)이 필요하다는 견해다.

### 궁극의 개신교도로서의 칸트?

그러나 특히 칸트의 개신교 선배들과 이후의 신학에 대한 칸트의 영향력에 비추어 볼 때, 칸트는 단지 개신교 사색의 논리적 결말을 대변한다고 말할 수도 있을 것이다. 결국 관헌제적 종교개혁(magisterial

Reformation, 교황 통치 중심의 로마 가톨릭에 대해 일어났던 종교개혁은 관리들로 대표될 수 있는 신흥 정치세력을 중심으로 한 관헌제적 종교개혁과 풀뿌리 민중적 종교개혁으로 나타났다. 루터교와 개혁파 및 장로교는 관헌제적 종교개혁을 대변하며, 재세례파와 침례교는 풀뿌리 민중적 종교개혁을 대변한다. 이 점에 대해서는, 알리스터 맥그래스의 책들을 참조하라―역주)에 속하는 신학자들이 초자연적인 것을 성경 시대에만 제한하려 하면서 오늘날에 일어나는 기적들을 거절했던 것이다. 그들의 태도는 세상을 탈신비화하는 데 도움을 주었다. 가톨릭의 기적들과 대결을 벌이면서 그들이 반대 의견으로 내세웠던 것은 전부 하나님의 말씀이었다. 그들이 성령에 의한 성경 영감에 대해 확신했다. 그리고 이 사실은 다소간에 어떤 항시적인 계시적 기적을 확보해 주었다. 그러나 사실상 칸트의 종교는 개신교의 이신론적인(deistic) 최종 산물이 아닌가라고 말할 수도 있다. 계몽주의 사상가들에게 명백하게 나타난, 성경 영감 교리의 붕괴는 개신교가 부지중에 존재하게 만들었던 자연주의적인 세계관으로부터 하나님을 최종적으로는 내몰게 되었다. 칸트 이후의 자유주의 신학에 대한 신정통주의의 비판에 따르면, 그 대응은 성령의 활동을 인간 정신의 활동에 집어넣어 버리는 것이었다.

### 영감과 조명

계시를 쟁점으로 하는 한, 그러한 대응은 그릇된 것이다. 종교개혁의 지도자들, 특히 칼뱅은 성경 영감 교리에 성령의 '내적 증거론'을 포함했다. 성경은 계시였다. 그러나 그 계시 과정은 성경 말씀을 죄인이 믿을 때만 완결되는 것이었다. 계시는 성경에 주어져 있지만, 주고받는 상호교환에서 성취된다. 그리고 그것 역시도 하나님의 성령에 의한 하나님의 역사(役事)였다. 말하자면, 성령은 성경에 갇히신 분이 아니었다. 성령은 성경 말씀이 천상적인 기원과 권위를 가지고 있음을 활발하게 증거하며, 실로 복음을 죄인들의 마음에 새겨 넣음으로써 죄인이 구주와 연합하도록 역사하셨다. 그렇지만 성령은 성경과 독립적으로 말씀하시지 않고, 오히려 성경을 통해 그리고 성경과 더불어 말씀하셨다.

> 그러므로 이 점을 명확히 하자. 성령이 내적으로 가르쳐 주시는 자들은 참으로 성경에 의지하며, 성경 자체는 스스로를 입증한다.…그러므로 우리는 우리 자신의 판단이나 다른 어느 누구의 판단에 의해서가 아니라 성령의 권능으로 조명을 받아 성경이 하나님으로부터 왔음을 믿는다. 인간의 판단을 넘어서, 전적으로 확실하게 (마치 우리가 하나님의 위엄을 바라보는 것처럼) 성경이 사람들의 사역으로 말미암아 하나님의 입으로부터 우리에게로 흘러나왔음을 확인한다.[3]

이 모든 내용을 보면, 칼뱅이 성령의 역사에 대해 성경이 증거하는 지극히 중요한 요소를 파악했다는 사실은 의심의 여지가 없다. '조명론'(the doctrine of illumination)은 가톨릭주의와의 논쟁에서 (성경을 비준하는 교회의 권위에 반대해서) 성경의 유일한 권위를 수호함으로써 그리고 (도움을 구하기 위해 하나님께 귀의할 수 있는 인간의 능력에 반대해서) 은혜의 유일한 기여를 지켜 냄으로써 핵심적인 역할을 했다. 성경을 감동하시고 조명하시는 분으로서의 성령에 대한 가르침은 하나님을 인식할 때 하나님의 은혜와 권위를 안전하게 지켜 내는 역할을 했다. 「기독교 강요」에서 칼뱅은 당연히 '성령의 신학자'라고 알려질 수 있을 만큼 성령의 역사에 대해 매우 심원하게 다룬다.

그러나 칼뱅주의의 가르침이 불안정함을 드러낸 것은 사실이다. 초기 시절부터 개신교 신학에서 영감과 조명 사이의 긴장이 느껴졌다. 한편으로, 계시의 원천으로서의 성경에 대한 강조가 있었다. 이 강조가 계시의 과정을 공식화하여, 계시는 단지 성경에 대한 지식이 되어 버리는 경향이 있었다. 조명이라는 사상이 세심하게 말씀에 이바지하도록 만들어짐으로써, 성령의 역사는 '보이지 않는 것'이 되었다. 그리고 존재하지 않는다고 말할 수 있을 정도가 되었다. 영감은 근본적인 범주가 되었으며, 조명은 단지 가톨릭 신학이 영감을 공격할 때 개신교 신학을 보호하기 위한 변증적 장치로 기능하는, 성경론의 하부 이론이 되어 버렸다. 17세기 말, 존 로크는 실제로 내면의 빛의 필요성에 대한 것이든지, 내면의 빛의 실재에 대한 것이든지, 내면의 빛을 아예 부정하기 위해 펠라기우스파적 인간론에 호소하면서 마찬가지로 현시대에서의 기적들에 대한 개신교의 부인에 호소했다.[4] 그러나 동시에 '내적 증거' 교리를 취해서 그 교리를 '내면의 빛'과 '내면의 음성'으로 바꾼 사람들이 있었다. 이렇게 해서, 성령론은 계시의 특별한 초점이 되었으며, 계시에는 두 개의 원천이 존재하게 되었다. 하나는 성경이며, 다른 하나는 성령이다. 누탈 교수(Prof. Nuttall)는 그들 속에 있는 성령과 말씀 가운데 있는 성령을 대조하고 대결까지 시켜서 후자가 아니라 전자를 기준으로 취급하는 '퀘이커교도들'의 성향을 지적한다.[5]

### 영감과 조명의 혼합

칸트 이후의 신학은 성경에 이르렀을 때 영감의 범위를 거의 포기해 버렸다. 그러나 칸트의 '주체에로의 회귀'는 일부 신학자들이 조명 교리를 활용할 수 있도록 만들었다. 혹은 좀더 정확하게 말해서, 영감은 그 이전의 신학자들이 '조명'이라고 일컬었던 것과 융합되었다. 그리하여 계시는 흔히 하나님의 말씀과 관련해서, 하나님이 계시를 받는 자에게 성령의 권능을 통해 말씀하시는 하나의 일화가 된다. 개리 배드코크(Gary Badcock)는 자유주의 신학자들이 성령을 인간의 영과 동등한 것으로 만든다는 신정통주의의 비판으로부터 주요 자유주의 신학자들을 변호했다. 슐라이어마허에게 성령은 "단지 인간의 종교-윤리적 감정에 대한 암호"가 아니라고 주장하면서, 배드코크는 "슐라이어마허가 추구하려 했던 것은 종교적 경험에 대한 여지를 만들기 위해, 말하자면 그 경험을 재생하기 위해 이 황폐성(칸트 종교의 모습)에 저항하되 칸트의 긍정적인 업적 위에 세워진 방식으로 그렇게 하려 했던 것이었다"라고 말한다.[6] 콜리지 이래로 영감과 조명을 융합했던 사상가들의 이름을 말하면, 긴 목록이 될 것이다. 그렇게 융합하면서, 그들은 성경이 직접적으로 계시라고 불릴 수 있음을 부인한다.[7]

존 맥쿼리(John Macquarrie)는 영감에 대한 이러한 접근태도를 성찰하면서, 조명을 교회중심적인 것으로 만든다. "성경은 그 자체가 계시는 아니지만, 그리스도 안에 있는 계시에 대해 증거한다. 그리고…성경이, 말하자면 살아나게 되어 읽히고 설교되는 인간의 말에서 하나님의 말씀이 우리에게 전해지는 것은 성령의 공동체인 교회의 살아 있는 정황에서다. 이러한 의미에서 우리는 성경을 '영감된' 것으로 생각할 수 있다. 성경은 하나님 말씀의 매체다. 그리고 그 매체를 통해 그리스도께서 임재하신다."[8] 이처럼, 학문적인 신학에서나, 공식적인 교회 선언문에서나, 대중적인 경건에서나, 성령의 사역은 성문화된 말씀으로부터 해방되었다. 그리고 계시의 순간은 공동체에서, 사건에서, 역사에서, 문화에서 혹은 경험에서 발견될 수 있게 되었다.

그러므로 종교개혁의 관점에서 볼 때, 우리는 한편으로는 칸트의 합리주의와 다른 한편으로는 경험 중심의 주관주의와 대결하는 것이다. 그러나 명백하게 성령의 사역은 계시에 대한 어떠한 이해에서도 핵심적이다. 그러므로 우리가 우리를 향한 하나님의 드러내심에 대해 성경이 가르치는 바에 공정을 기하고자 한다면, 어떠한 이유로도 성령의 사역은 소홀히 다루어질 수 없다. 또한 나는 이미 영감에 대한 이전의 견해를 재천명할 것을 주장했다. 그러나 무엇이 말씀과 성령 사이의 연관성을 진술하는 적절한 방식인가?

다시 한 번 최상의 입지는 복음이다. 복음의 말씀에서 말씀과 성령이 연합된 방식은 그 전체 관계의 전범이며, 그 논의에 대한 적절한 신학적 '통제'를 제공한다. 그 방식은 구원론적인 관점에서 볼 때, 무엇이 걸려 있는지를 보여 준다. 그 방식은 우리에게 인간의 곤경과 하나님의 구원하시는 행위의 권능을 일깨워 줌으로써, 무엇이 성령의 내적 증거라는 교리의 본질적인 기능인지 보여 준다. 오직 이렇게 할 때만, 우리는 고전적 개신교주의에서 발전한 환원주의와 제안되어 온 다양한 대안의 특징을 이루는 주관주의를 피할 수 있을 것이다. 성령의 역사에서 우리는 다시금 하나님의 드러내심이 전적으로 은혜임을 본다. 즉, 이 드러내심은 하나님을 아는 지식이 명제들 가운데 제공될 수 있음에도 전적으로 인격적이라는 사실을 우리에게 가르쳐 주는 자신을 내어 주는 결합(incorporation)이다. 우리는 하나님을 성령의 사귐(communion) 가운데서 안다.

## 하나님의 영

하나님의 성령에 대한 구약 성경의 묘사는 평범하기도 하며 충격적이기도 하다. 성령이라는 단어의 기본적인 생각은 공기의 움직임이라는 생각이며, 그래서 빈번히 바람을 뜻하기도 한다. 그러나 하나님은 단지 바람을 보내실 뿐만 아니라 사람들처럼 어떤 '영'(spirit)을 소유하신다. 하나님이 영을 소유하신다는 생각은 하나님이 눈이나 손이나 발을 소유하신다는 말보다 특이하지는 않다. 인간 존재자들은 '숨'(breath) 혹은 '영'을 소유하며(이 둘은 종종 히브리어로 똑같이 *rûah*이다), 신인동형론적(anthropomorphic) 용어로 하나님을 형용하는 것은 성경에서 흔한 일이다. 이 단어가 사람들에게 적용될 때 갖는 근본적인 의미(sense)는, 영을 잃어 버려 죽은 것과 대조적으로 사람들이 활발하게 살아 있다는 것이다(예를 들면, 슥 12:1; 시 146:4; 창 6:7). 그러므로 여호와의 영에 대한 언급들은 생명 그 자체와 생명을 수여하는 권능 둘 다를 제시한다. 인체에 대한 다른 묘사들(심장, 콩팥 혹은 위장을 예로 들 수 있다)과 일치하여, 단순히 육체적인 것에서 '인격적인' 혹은 '심리적인' 것으로의 언어적 전이가 존재한다(심장은 마음, 콩팥은 긍휼을 뜻하게 되었다—역주).

이러한 전이를 은유적 용례라고 보는 것은 약간 오해다. 예를 들어, 심장이 '쪼개어 진다', '아프다'는 육체적인 동시에 '심리적인' 지각이다. 마찬가지로, '영'이라는 말이 성향(disposition)과 같은 영역들을 포용하는 것도 특이한 일이 아니다. '영'이라는 말이 성향이라는 말로 쓰일 때는 단순히 평범한 물상적(物象的)인 것만이 아니라 '인격적인' 것을 표현한다(예를 들면, 출 6:9). 나의 숨이나 나의 영은 내 발언을 담아 전하는 데 없어서는 안 될 운반자. 그리고 나의 발언은 호흡 그 이상이다. 그러므로 말과 영은 물질적인 층위에서와 인격적인 층위에서 밀접하게 연결되어 있다. 한 인격의 영은 그의 숨에 의해 말을 한다.

그러나 놀라운 것은 하나님의 숨결 혹은 하나님의 영에 대한 말이 하나님의 활동에 대한 다른 언급들과 구별되면서 달라지기 시작한다는 사실이다. 우리는 종종 하나님의 '눈'이라거나 하나님의 '손'이라는 말을 듣는다. 그러나 이러한 말들은 '하나님'에 대해 생생하게 말하려는 표현 방식으로 이해하는 것이 자연스럽다. 그러나 하나님의 '영'이란 말은 달리 특별한 어떤 것이 작용한다고 느끼도록, 그래서 번역자들이 흔히 대문자를 써서 'Spirit'이라고 지칭하도록(우리말 성경에는 잘 나타나지 않지만, 그냥 영이 아니라 '성령' 혹은 '성신'이라고 지칭하도록 — 역주) 그렇게 사용된다. "여호와의 영(Spirit)이 삼손에게 강하게 임하니"(삿 14:6). "이 날 이후로 다윗이 여호와의 영(Spirit)에게 크게 감동되니라"(삼상 16:13). "나를 주 앞에서 쫓아내지 마시며 주의 성령(Holy Spirit)을 내게서 거두지 마소서"(시 51:11). 하나님이 자신에 관해 전달하기를 원하시는 바에 대해 '영'(spirit)이라는 말의 적절함은, 육체의 물질성과 대조되는, 영 혹은 숨이 가지는 '불가시성'(invisibility)에 기인하는 것 같다(또한, 요 4:24을 보라). 그 단어가 성경에서 처음 사용되었던 용례에 비추어 볼 때, 창세기 1:2-3에서의 말씀과 영의 근접성이 시사하듯, 말씀과 영의 관련성과 관계가 있다고 말할 수 있을 것이다. 또한 창세기 6:17, "생명의 기운(breath)이 있는 모든 육체"에서처럼, 숨에 대한 그리고 인간의 생명에 대한 사상과 관계가 있다고도 말할 수 있을 것이다.

구약 성경에서의 '영'이라는 말의 용법은 독자들에게 우리가 그 영(the Spirit)을 다루면서 하나님 자신을 다룬다는 확신을 남겨 준다. 우리는 이 말을 '천사'(angel)라는 말과 대조할 수 있을 것이다. 몇몇 천사의 방문에서 어떤 천사는 여호와로 확인되는 것 같다(예를 들면, 창 18:10, 13). 그러나 구약 성경의 말미에 가면, '천사'라는 말이 하나님의 다른 명칭이 아니라는 점이 분명해진다. 그러나 여호와의 영(the Spirit of the Lord)은 자신의 목적을 성취하기 위해 여러 측면에서 활동하시는 여호와다. 그래서 그 영은 생명을 수여하시는 권능 및 하나님의 임재와 연결되어 있다. 그 영에 사로잡히는 것은 하나님께 권능을 부여받는 것과 같다. 그 영으로부터 피한다는 것은 여호와의 임재로부터 도피하는 것이다. 특히, 우리는 그 영과 하나님 백성의 유익을 위해 은사를 받았다고 일컬어지거나, 그렇게 될 것이라는 약속을 받는 자들과의 의미심장한 연결을 관찰할 수 있다.

권능, 임재 그리고 은사를 받은 사람들이라는 이 세 가지 주제는 이미 언급된 성경 인용문에 잘 나타나 있다. 삼손에 대한 여호와의 영의 임하심은, 그에게 이스라엘에서 한 사람의 사사로서의 역할을 성취하는 데 필요한 권능을 채워 준다. 끝에 가서 보면, 삼손의 능력은 머리카락에 있는 것이 아니라 그에게 임하여 그가 큰일을 행하도록 신체적인 힘을 부여하시는 여호와의 영에 있음이 명확해진다. 은사를 받은 이 사람이 행한 일들은 이스라엘을 위해 이루어지며, 여호와의 백성들의 생활을 블레셋 사람들의 약탈로부터 보호하고 유지하기 위해 여호와에 의해 사용된다. 그러나 다른 경우에, 여호와의 영의 임하심은 좀더 명확하게, 생각(mind)과 지식과 발언과 연결되어 있다. 브살렐과 오홀리압이 성막 건축과 내부 설비와 관련된 장인의 일을 수행할 수 있도록 솜씨와 능력과 지식으로 충만함을 받은 것은 바로 여호와의 영에 의해서다(출 35:30-36:5). 마찬가지로 그리고 빈번하게, 하나님을 위해 말하는 능력이 성령과 연결되어 있다. "만군의 여호와가 그의 영(Spirit)으로 옛 선지자들을 통하여 전한 말"(슥 7:12; 참고. 삼상 10:9-13; 삼하 23:1-2). 하나님 자신에게서는, "그의 입 기운"(the breath of his mouth)이 그분이 우주를 창조하실 때 말씀하셨던 창조의, 생명을 주시는 말씀과 동일시된다(시 33:6-9).

하나님의 편재성은 구약 성경에서 다양한 수단으로 입증된다. 그러한 방법 가운데 하나가 시편 51:11(이미 인용했음)이나 139:7에서처럼 성령과 관련해서 입증하는 방법이다. "내가 주의 영을 떠나 어디로 가며 주의 앞에서 어디로 피하리이까?" 언뜻 보기에 이 말은 단순히 하나님은 신체의 제한을 받지 않으며 동시에 모든 곳에 계실 수 있음을 시사하는 최상의 말인 것처럼 보인다. 그러나 영과 생명 사이의 빈번한 연결에 비추어 볼 때, 그 말씀은 다시 한 번 구체적으로 하나님의 권능을 가리키는 것 같다. 이 경우, 생명을 주시기도 하고 제거하시기도 하고, 자신의 강력한 영을 가지고 인간의 영이나 동물의 영의 층위에서 일을 감당하시는 것은 그분의 창조적인 권능이며, 창조 세계의 각 부분을 끊임없이 그리고 의도적으로 질서 있게 하시고 다시 살리시기도 (혹은 죽이시기도) 하시는 그분의 능력이다. 만일 우리가 우리말 번역본에 있는 '영'(spirit)이라는 말에, 하나님의 (혹은 하나님으로부터 오는) '바람'(wind)에 대한 암시를 더한다면, 그 점은 한층 더 명확해진다(예를 들면, 민 11:31). 이 점은 하나님의 숨 혹은 하나님의 영을 창조와 연결하는 본문들로 이끈다. 예를 들면, 다음과 같다.

주께서 낯을 숨기신즉,
　그들이 떨고,
주께서 그들의 호흡을 거두신즉
　저희가 죽어 본 먼지로 돌아가나이다.
주의 영을 보내어

> 그들을 창조하사,
> 지면을 새롭게 하시나이다.
>
> (시 104:29-30)

그러므로 성령에 대한 언급들은 단순히 하나님이 편재하신다고 말하려는 것이 아니라, 하나님의 대면하시고, 발언하시고, 살리시고, 죽이시는 권능이 하나님이 원하시는 곳이면 정확히 어느 곳에든 임한다고 말하려는 것이다. 그 영은 생명을 주시며 취하시는 그분의 말씀을 가지신 분의 두려운 임재다(참고. 사 11:4).

선택된 본문들이 시사하듯, 하나님이 자신의 떨리는 임재가 느껴지기를 원하시는 주요 처소 가운데 하나가 바로 인간의 인격이다. 하나님은 그 인격을 통해서, 그 인격 안에서 그 임재가 느껴지기를 원하신다. 성경이 여호와의 전능하심과 시공간에 의해 방해받지 않는, 전적인 행동의 자유를 강조하기 위해 영이라는 말을 사용하는 경우가 있다. 그래서 에스겔은 바람이 혹은 여호와의 영이 자기를 들어 올리시는 것을 느끼는데, 그 경험을 "여호와의 권능이 힘 있게 나를 감동시키시더라"(겔 3:14)라는 말로 형용한다. 다른 경우에, 그 영에 충만한 사람은 하나님의 백성을 구출하기도 하며, 하나님의 말씀을 전하기도 한다. 그러나 커다란 의의를 지닌 핵심은 하나님 백성의 리더십과 여호와의 영 사이에 빈번하게 연결이 이뤄진다는 사실이다. 여호와께서 모세에게 이렇게 말씀하셨던 것처럼 말이다. "내가…네게 임한 영을 그들[칠십 인]에게도 임하게 하리니"(민 11:17). 모세로부터 여호수아에게로의, 사울로부터 다윗에게로의, 엘리야로부터 엘리사에게로의 권위(authority)의 이양도 비슷한 말로 표시되어 있다(신 34:9; 삼상 16:13-14; 왕하 2:9, 15).

이미 분명해졌듯이, 구약 성경에서는 권능, 임재, 은사를 받은 인물이라는 이 세 가지 주제가 서로 밀접하게 연결되어 있다. 우리는 은사를 받은 사람들이 여호와의 일을 감당하기 위해 성령의 임재를 통해 권능을 부여받는 것을 관찰할 필요가 있다. 그러나 이 목록에 덧붙일 수 있는 네 번째 요소는 종말론적인 것이다. 구약 성경은, 하나님의 백성 전체가 들려서 새로운 생명을 맞이하며 그들이 자신의 고국에서 다윗 계열의 임금 아래 다시 한 번 살게 될 것이라는 사실로, 하나님의 영의 장래 활동에 대해 증거한다(겔 37장). 또한 그 다윗 계열의 임금은 그분의 영의 사람이라고 매우 특정하게 지목되어 있다.

> 그의 위에 여호와의 영,
> 
> > 곧 지혜와 총명의 영이요,
> > 
> > 모략과 재능의 영이요,
> > 
> > 지식과 여호와를 경외하는 영이
> 
> 강림하시리니,
> 
> 그가 여호와를 경외함으로 즐거움을 삼을 것이며.
> 
> > > > > > (사 11:2-3)

그를 통해, 그 영의 말씀이 생명과 죽음을 불러올 것이다(사 11:1-9). 이스라엘의 역사상의 경험에서처럼, 약속된 장래에도 그 영을 받은 자들은 단순히 자신을 위해서가 아니라 그 백성을 위해 은사를 받는다. 더욱이, 그 영의 특별한 선물은 계시─이사야서에서의 하나님을 아는 지식, 요엘서에서의 예언하는 일의 발생─가 될 것이다. 또한 이사야 11장과 요엘 2장에서, 그 영에 대한 또 하나의 종말론적 약속, 마지막 날에 부어질 일은 그 의의가 이스라엘에게만 국한되지 않을 것이다.

> 이는 물이 바다를 덮음같이
> 
> > 여호와를 아는 지식이 세상에 충만할 것임이니라.
> > 
> > > > > (사 11:9)

그 후에 내가 내 영을 만민에게 부어 주리니…

누구든지 여호와의 이름을 부르는 자는

  구원을 얻으리니,

이는 나 여호와의 말대로

  시온 산과 예루살렘에서

  피할 자가 있을 것임이요,

남은 자 중에

  나 여호와의 부름을 받을 자가 있을 것임이니라.

(욜 2:28, 32)

성령의 임하심은 생명을 주시는 하나님의 계시와 이방인들의 구원이라는 특징을 갖게 될 것이다.

### 성령과 하나님의 아들

#### 권능을 주시는 임재

예수는 명확히 비상한 은사를 받은 인물이라는 범주에 속한다. 이 범주는 이미 구약 성경에 드러나 있는 것이다. 실로, 적어도 그럴듯하게 양자론적 기독론을 만들 수 있을 만큼 충분한 자료가 신약 성경에 있다. 예수와 관련해서 그리고 단지 예수를 따르는 자들과 관련해서만이 아니라, **성령은 권능을 주시는 임재**(empowering presence)라고 생각될 수 있다. 예수는 '성령으로 잉태되셨다'(마 1:20). 그분이 세례를 받으실 때는 성령의 임하심이 동반되었다. 마가는 그분이 성령에 의해 광야로 보내졌다고 전한다(막 1:12). 누가는 그분이 "성령의 능력으로 갈릴리에 돌아가시니"(눅 4:14)라고 보고한다. 요한은 '하나님이 성령을 한량없이 주시기 때문에'(요 3:34) 예수께서 하나님의 말씀을 하셨다고 선언한다. 베드로는 "하나님이 나사렛 예수에게 성령과 능력을 기름 붓듯 하셨으매"(행 10:38)

라고 말한다. 바울은 "예수를 죽은 자 가운데서 살리신 이가 너희 안에 거하시는 그의 영으로 말미암아 너희 죽을 몸도 살리시리라"(롬 8:11)라고 천명한다.

또한 성령의 위상은 전혀 위축되지 않는다. 성령을 만날 때 우리는 여호와를 만나는 것이다. 그것이 구약 성경의 분명한 증언이다. 신약 성경의 깜짝 놀랄 만한 발전은 성령을 만날 때, 우리가 한 인격을 만나는 것이라는 동일하게 강력한 확신이다. 그 점은 참으로 놀랍지만 모순되지는 않는다. 만일 그분이 여호와의 영이라면, 그분과의 만남은 단순히 어떤 힘이나 능력과의 만남이 아니라 한 인격과의 만남임에 틀림없다. 인격성의 계시는 구약 성경과 일치한다. 물론 그 점이 구약 성경에서는 감춰져 있지만, 그 진리를 아는 독자는 그 점이 구약 성경과 일치하기 때문에 구약 성경에 대해 부정할 필요가 없다. 그러나 신약 성경의 언어는 그 영(Spirit)의 '위격'(person)에 대해 그처럼 명확한 느낌을 제공하기 때문에, '성령'(Spirit)이 하나의 고유명사 즉 단지 하나의 묘사가 아니라 하나의 이름이 된다. 성령을 모독하고, 성령께 거짓말하고, 성령을 근심하게 하고, 성령을 소멸하고, 성령의 인도함을 받는 일이 가능하다. 성령은 우리를 위해 중재하시며, 우리를 채우시고 가르치시며, 우리에게 확신을 주신다. 결국, 성령의 이름이 삼위 하나님에 대해 신약 성경이 여러 차례 언급할 때 포함된다는 사실은 전혀 놀라운 일이 아니다(예를 들면, 마 28:19; 롬 1:3-4; 벧전 1:12). 성령은 신이시며, 신적 위격(神位)이시다.

이 모든 것을 종합해서, 성령의 인격성과 그리스도에 대한 성령의 사역은 성령이 충만한 한 사람이라는 기독론을 만들어 낸다. 오늘날의 교회에, 이 방향으로 움직여 나가는 경향이 있다. 몇몇 사람은 그리스도를 성령에 의해 능력을 부여받은 것으로, 그러므로 동일한 성령을 요청할 수 있는 사람들에 대한 하나의 모범으로 여기기를 심히 원한다. 성령의 능력 가운데서 그리스도께서 죄를 물리치셨듯이 우리도 성령의 능력 가운데서 죄를 물리친다고 주장한다. 그러므로 우리의 능력이 부족한 것은 성령에 의해 인도받기를 꺼린 결과다. "예수께서 여전히 자기 의지와 의식의 주인이었으면서도, 의도적으로 자신의 삶 내내 인도하시는 성령께 자신을 복종하기로 선택하셔서 강력하며 승리하는 삶을 사셨듯이, 그분을 따르는 자들이 자신의 삶에서 똑같은 능력과 승리를 경험하려 한다면 그리스도께서 하신 것처럼 해야 한다."⁹⁹ 그러나 거기에는 중요한 점이 있다. 즉, 어째서 우리가 성령에 의해 인도받기를 기꺼워하지 않겠는가? 우리가 그러한 선택을 할 수 있는 것인가? 여기서의 그리스도의 모범은 확실히 무익한 것 같다. 사실상, 예수께 성령이 권능을 부어 주셨다는 주제는 그분의 주되심에 대한 성경적인 해설과 연결되어야 결실을 볼 수 있는 주제다.

성령에 대한 구약 성경의 계시가 이 문제를 해결할 수 있는 재료를 제공한다. 이미 살펴본 대로, 구약 성경의 공인들 그리고 특히 하나님의 말씀을 전했으며 그 백성들의 구원자와 통치자였던 사람들은 하나님의 영의 부음을 받은 자들이었다. 이 기름부음은 그 백성들에게 성령의 복을 전하는 통로로서 그들을 확인하고, 그들을 능력 있게 하는 역할을 했다. 성령의 부어지심은 하나님의 백성을 위해 그들이 자신의 일을 감당할 수 있게 해주었다. 그 정도까지 그 백성들도 생명을 주시는 성령의 임재에 동참했다. 우리는 또한 약속된 다윗 계열의 통치자가 특히 그 백성들을 위해 성령의 기름부음을 받게 될 것이라는 사실을 알았다. 성령의 기름부음은 그를 그들의 통치자로 확인할 것이며, 그들의 구원자로 구비할 것이다. 실로 구약 성경은 모든 하나님의 백성이 성령의 임재와 권능의 선물에 참여하게 될 것이라는 약속을 제시한다. 이러한 이유 때문에, 성자의 성육신에는 성령의 명백한 충만함이 따르며, 그래서 그분은 하나님의 백성들에게 그 성령의 복을 중재할 것이다. 칼뱅의 말을 빌면 이렇다. "성부 하나님은 자기 아들을 위해서 성령을 우리에게 주시지만, 그 아들에게는 성령의 온전한 충만함을 부여하셔서 하나님의 후한 사역자와 청지기가 되게 하셨다."[10]

그러므로 신약 성경이 우리에게 성령의 기독론적 초점에 대해 필요 이상의 증거를 제공한다는 것은 전혀 놀라운 일이 아니다. 성령의 이름이 유명무실한 직함이 아니라 인격적이라는 사실의 계시는 하나님의 아들의 복음이 계시된 결과다. 신약 성경의 여러 부분에서 성령이 아들의 이름을 공유할 정도로 성자와 밀접하게 연결되어 있다는 것은 결코 우연이 아니다. 우리는 "그리스도의 영"(롬 8:9), "그[하나님의] 아들의 영"(갈 4:6) 심지어 "예수의 영"(행 16:7)이라는 표현까지 읽을 수 있다. 이처럼 아들에게 초점이 맞춰지면서, 성령의 사역은 압도적으로 복음 중심적이 된다. 혹자는 성령의 사역이 복음으로 형성되었다고 말할 수 있을 것이다. 예를 들어, 전체 창조 질서에 대한 책임을 성령에게 돌리기를 원하는 사람들이, 신약 성경에서 증거를 찾으려 하는 것은 헛수고다. 창조가 아니라 구속이 성령의 영역이다. 성령은 그리스도의 사역을 위해 그리스도께 기름을 부으시며 능력을 부여하신다. 성령은 그분의 부활의 대행자시며, 사도들에게 그리스도의 말씀과 행위들에 대해 가르치시고 기억나게 하시며, 세상이 진리에 대해 확신하게 하시며, 새 생명을 주시며, 그리스도인들이 더욱 그리스도를 닮아가도록 도우시며, 그리스도의 몸인 교회에 에너지를 주신다. "그러나 진리의 성령이 오시면 그가 너희를 모든 진리 가운데로 인도하시리니, 그가 스스로 말하지 않고 오직 들은 것을 말하며 장래 일을 너희에게 알리시리라. 그가 내 영광을 나타내시리니, 내 것을 가지고 너희에게 알리시겠음이라"(요 16:13-14).

성령을 제시하면서 성령의 사역을 그리스도를 통해 읽는 방식에 대해 몇 가지 반발이 있었다. 이러한 식의 성령 제시는 심각한 불균형이라고 개진되었다. 특히 흔히 듣는 것처럼 성령이 무시된다는 비판이 있는 곳에서 이런 말이 나온다. 그 비판에는 맞는 점이 있다. 그리고 성령을 소홀히 하는 기독교는 전혀 신약의 기독교라고 할 수가 없다. 그러나 우리는 여기서 '균형'의 문제를 다루는 것이 아니다. 마치 그리스도의 '차례'가 다시 올 때까지 우리가 성령에 대해 더 크게 더 자주 목소리를 높여야 하는 것처럼 말이다. 사실, 신약 성경에서는 그리스도께서 '하나님과 사람 사이의 유일한 중보자'(딤전 2:5)로 지칭되며, 성령의 사역은 그 중보자를 섬기는 데서 그 자체의 특성을 발견한다고 되어 있다. 바울은 "성령이 계심도 듣지 못했던" 에베소 제자들을 발견했을 때, 그들에게 그리스도를 전파하고 "주 예수의 이름으로" 세례를 베풀었다(행 19:1-6). 갈라디아의 그리스도인들처럼, 그들은 그리스도를 믿음으로써 성령을 받았다(갈 3:1-2; 참고. 요 7:39).

이 사실은 성부와 더불어서 그리스도께서 성령을 보내신다는 명확한 신약 성경의 가르침을 반영한다. 최종적으로 분석해 볼 때, 오순절은 성령의 오심이 아니라 성령을 보내시는 그리스도의 주되심을 의미한다. "하나님이 오른손으로 예수를 높이시매, 그가 약속하신 성령을 아버지께 받아서 너희 보고 듣는 이것을 부어 주셨느니라"(행 2:33). 약속된 성령은 회개하고 "예수 그리스도의 이름으로 세례를 받고 죄사함을 받는"(행 2:38) 자들에게 찾아오실 것이다. 요한복음도 이 순서에 대해 분명하다. 성령은 성자의 기도에 대한 응답으로 성부께로부터 보냄을 받는다(요 14:16). 성령은 '그분의 이름으로' 임한다(요 14:26). '그분이 아버지께로부터 우리에게 보내실 보혜사'는 '그분을 증거하기' 위해 임한다(요 15:26). "내가 그[보혜사]를 너희에게로 보내리니"(요 16:7). 끝으로, 그분은 "그들을 향하사 숨을 내쉬며 이르시되 성령을 받으라"(요 20:22)라고 말씀하셨다. 그러므로 하나님의 성령의 계시 사역이 특히 하나님의 아들을 알리시는 일에 헌신되어 있다는 사실(벧전 1:10-12)은 전혀 놀라운 것이 아니다.

### 대리적 임재

이러한 이유로, 예수 안에서 권능을 주시는 성령의 임재는 제자들에 대한 성령의 사역과 짝을 이룬다. 그 사역의 중심에는 **대리적 임재**(vicarious presence)가 있다. 이 역할에서, 성령은 하나님을 계시하는 말씀의 대행자가 된다. 그리스도인으로서 우리는 예수 그리스도의 초림과 재림 사이의 기이한 시기를 살아간다. 하나님의 나라는 그리스도의 주되심을 통해 행사된다. 우리는 '그리스도의 나라'에 존재한다. 그리스도는 우리의 자리에서, 우리를 위해서, 우리 인류의 머리가 되심으로써, "모든 원수를 그 발 아래에 둘 때까지" 다스리시면서, 주(主)로서의 자신의 역할을 성취하신다. 그 원수들은 그분께 대적하는 모든 정사와 모든 권세와 능력이며, 궁극적으로 최후의 원수인 죽음이다. "그 후에는 마지막이니[=끝이 올 것인데], 그가…나라를 아버지 하나님께 바칠 때라." 그 끝에 가서 우리의 대표이자 머리인 "아들 자신도 그 때에…[하나님께] 복종하게" 될 것이다(고전 15:20-28). 이 대목에서의 시편 8편의 활용에 비추어 볼 때 명백히 그리고 특별히 여기서 검토되는 분은 마지막 아담으로서 그리스도, 그의 인간의 본성을 지니신 그리스도다.

그러므로 우리의 구원 과정은 하나의 중심적인 부분으로서 사람이신 예수 그리스도의 통치를 포함한다. 그분은 자신의 인간적인 본성을 버리지 않으셨으며, 그렇게 하실 수 없다. 그러나 그분은 언제나 우리를 위해 참 하나님과 참 사람이 되신다. 그러므로 이 중간기 동안의 그리스도의 다스림과 임재를 우리는 '간접적'으로 경험한다. 그분은 가 버리셨다(행 1:9). 그분은 부재중이다. 그렇지만 그분은 자신의 말씀의 약속에 따라 임재하신다(마 28:20). 예수의 제자들은 그분의 말씀에 대한 믿음을 가지고 현 시대를 살아간다. 그분의 말씀은 믿음에 대해 현존하는 그리스도의 임재의 수단이다. 그분의 말씀에 따르면, 그리스도와 그 백성들의 연합은 그들의 삶에 근본이 될 것이다. 그분은 제자들과 함께 계신다(마 18:20). 그들 가운데 계신다(요 14:20). 그리고 그들은 그리스도 안에 있다(요 15:4). 바울의 글에서는, 이 연합의 언어가 특별히 풍성해진다(예를 들면, 엡 1:3-14). 부재중에 임재하시는 전체 활동의 비밀은 성령의 대리적인 사역에 있다. 그분은 임재하심을 통해 성부와 성자 모두의 임재를 신자들에게 매개하신다.

하나님의 임재하심으로서의 성령의 역할은 다시 한 번 우리가 구약 성경에서 아는 사실과 일치한다. 그러나 그 점은 요한복음 14장에 기록된 예수의 약속들에서 한 가지 특수한 점을 부각한다. "내가 아버지께 구하겠으니, 그가 또 다른 보혜사를 너희에게 주사 영원토록 너희와 함께 있게 하리니 그는 진리의 영이라. 세상은 능히 그를 받지 못하나니, 이는 그를 보지도 못하고 알지도 못함이라. 그러나 너희는 그를 아나니, 그는 너희와 함께 거하심이요 또 너희 속에 계시겠음이라. 내가 너희를 고아와 같이 버려두지 아니하고 너희에게로 오리라.···그 날에는 내가 아버지 안에, 너희가 내 안에, 내가 너희 안에 있는 것을 너희가 알리라"(요 14:16-20). 구약 성경의 증거와 요한복음의 언어는 모두 우리로 하여금 '임재'라는 말이 무엇을 의미하는지 볼 수 있게 해준다. 하나님과 하나님의 성령이 모든 곳에 임재하신다는 것은 기본적인 유신론이다. 그러나 하나님의 약속된 임재와 하나님의 아들의 임재는 관계의 임재다. 즉, 대결을 벌이고, 살리고, 심지어 (말 그대로) 엎드려 죽게 만드는(행 5:4-5; 참고. 고전 6:19; 엡 6:17) 하나님의 의도적인 사귐의 떨리는 임재다. 그것이 바로 그 말이 지닌 뜻이다. 그렇지 않다면, 그 말은 결코 어떤 관계가 될 수 없을 것이다. 그것은 '진리의 성령'에 의해 지음받은 그리고 그 성령에 의해 복을 받은 언어다.

### 하나 되게 하시는 임재

성령의 권능을 주시는 임재와 대리적인 임재는 마지막으로 성령의 **하나 되게 하시는 임재**의 기초다. 이 점에서 우리는 계시의 주요 내적 적용을 본다. 물론 우리는 이미 제자들의 삶에서와 그리스도 안에 그들이 거하는 일에서 성령의 이 사역에 대해 살펴보았다. 그러나 바울의 글에 눈을 돌릴 때, 우리는 바울이 먼저는 하나님과의 관계에서 그리고 그 다음으로는 다른 사람들과의 관계에서 성령의 사귐이라 일컫는 바의 의의를 이해하게 된다. 하나님이 이방인들을 하나님의 나라로 불러들이신 일에서, 우리는 하나님의 약속들에 대한 특별한 확증과 그분과 그분의 목적들에 대한 계시를 본다.

구원은 그리스도의 십자가 위에서 우리를 위해 달성되었다. 그러나 구원은 그분의 성령에 의해 우리에게 적용된다. 구원의 길은 우리를 그리스도와 연합하게 만들며, 그러므로 하나님의 사역과 목적의 중심에 연합하도록 만든다. "하늘에 있는 것이나 땅에 있는 것이 다 그리스도 안에서 통일되게 하려 하심이라"(엡 1:10). 성령의 감동을 받은 하나님의 말씀은 우리가 믿는 복음의 원천이며 기준이다. 조명하시는 성령은 저항하는 마음이 복음의 진리를 보고 반응하도록 만드실 수 있다. 성령의 중생하게 하시는 능력은 우리를 구원의 새 영역에 들어가게 하신다. 그분의 계시하시는 역사는 우리가 그리스도의 사랑을 확신할 수 있게 하신다. 거룩하게 하시는 성령은 우리를 그리스도의 형상으로 이끄신다. 관계를 맺게 하시는 성령은 우리가 그리스도를 우리의 주라 부르고, 하나님을 우리 아버지라 부를 수 있게 하신다. (이 일은 기적 중의 기적이다.) 성령에 의해 우리는 우리의 구주시며 우리의 머리되신 그분 안에서 하나님 앞에 서게 된다. 우리는 그리스도의 사랑에 대한 지식으로 말미암아 하나님께 담대히 나아갈 수 있게 되었으며, 그리스도의 성령의 은사로 말미암아 이 사랑에 대해 확신을 갖게 된다. 그리고 우리는 홀로 존재하는 것이 아니다.

성령의 하나 되게 하시는 역사는 우리를 그리스도와 연합해 주며, 또한 그리스도 안에 있는 다른 사람들과 연합해 준다. 다른 사람들과의 이 교통(communion)은 유대인과 이방인의 역사적, 신학적 분리에 그리고 복음 안에서 예수 그리스도께서 그 분리를 제거하신 데 기초한다. 유대인과 이방인의 분리는 고대 세계에서 악명 높은 사실이었다. 그 분리는 모세 율법의 준수에 근거했고, 모세의 율법에는 그 분리에 대한 엄격한 규정이 있었다. 바울의 말을 빌면, 이스라엘은 이방인들을 '그리스도 밖에 있었고 이스라엘 나라 밖에 있는 사람으로, 약속의 언약들에 대하여는 외인이요, 세상에서 소망이 없고 하나님도 없는 자'(엡 2:12)로 버려 두었다. 바울이 언급하는 그 분리의 장벽(엡 2:14)은 인류와 하나님의 분리가 아니라 유대인들과 이방인들의 분리였다. 그 분리는 이방인들을 하나님으로부터 나누는 효과를 지녔다. 그리스도의 사역의 경이로움은 그분이 율법을 폐지하고 적대적인 분리를 끝내셨으며, 평화를 전파하여서 '그로 말미암아 그들이 한 성령 안에서 아버지께 나아감을 얻게 하려 하셨다'(엡 2:18)는 것이다.

바울이 볼 때 이것은 구약 성경에 있는 계시로 말미암아 어느 정도 미리 알려진 것이었으며, 그가 그리스도인이 되고 사도가 되었을 때 받았던 계시의 핵심을 차지했다. 그것은 하나님이 자신이 무슨 일을 하실 것인가를 미리 선포하시고, 그 다음에 오직 그분이 하실 수 있는 대로 그 일을 행하심으로써 자신을 증명하시는 방법에 대한 최상의 실례다. "그리스도께서 하나님의 진실하심을 위하여 할례의 추종자가 되셨으니, 이는 조상들에게 주신 약속들을 견고하게 하시고, 이방인들도 그 긍휼하심으로 말미암아 하나님께 영광을 돌리게 하려 하심이라 기록된 바…"(롬 15:8-9). 그것은 또한 그의 사역을 하나님의 선교에서 핵심적인 것으로 만들었던 계시의 발현이다. "측량할 수 없는 그리스도의 풍성을 이방인에게 전하게 하시고"(엡 3:8; 참고. 갈 3:15; 딤전 2:7; 롬 15:15-22). 그것이 이제는 알려진 비밀이다. "그것을 읽으면 내가 그리스도의 비밀을 깨달은 것을 너희가 알 수 있으리라. 이제 그의 거룩한 사도들과 선지자들에게 성령으로 나타내신 것 같이 다른 세대에서는 사람의 아들들에게 알리지 아니하셨으니, 이는 이방인들이 복음으로 말미암아 그리스도 예수 안에서 함께 상속자가 되고, 함께 지체가 되고, 함께 약속에 참여하는 자가 됨이라"(엡 3:4-6). 시공간상의 상당한 간격에도 불구하고, 이스라엘에게만이 아니라 바깥사람들인 이방인들에게까지 하나님의 풍성한 은혜가 알려진 데 대해 바울이 흥분하는 것을 느낄 수 있을 것이다. 이방인들이 하나님의 나라에 유입되는 일은 구약 성경의 예언서들에 미리 내비쳐졌지만, 그 예언서들을 소유하던 사람들은 이해하지 못했다.

이것이 이방인들에게 복음이 도달한 통로임을 보지 못함으로써, 신약 성경에 대한 잘못된 해석들에 이르게 되었다. 세상을 구원하시는 하나님의 방법은 이스라엘을 통한 것이었다. 그리고 그 보편적인 함의들을 지닌 복음의 폭발적 성격은 신약 성경에 반영된 많은 난점과 논쟁의 중심에 자리잡고 있었다. 우리는 하나님이 어떻게 역사 속에서 그리스도 안에서 자신의 큰 사역을 행하셨으며 우리에게 알리셨는지 추적하는 일을 희생해가면서까지, 신약 성경의 어록들을 그 역사적 뿌리에서 추출해 냄으로써 무시간적인 것으로 만들었다. 실로 여기에는 위대한 보편 진리들이 들어 있다. 그러나 그 진리들은, 예언되고, 논란되고, 그에 근거하여 실천이 이루어진, 예언의 회오리바람 가운데서 등장하며, 이러한 기원들의 흔적을 지녔다. 성령의 역할에 대해 우리가 알 수 있는 것도 이 경우에 해당한다.

하나님의 약속들과 바울의 역할 너머에 계시의 또 다른 측면이 있다. 우리가 앞서 인용했던 에베소서 3장에서 성령은 "그[하나님]의 거룩한 사도들과 선지자들"(3:5)에 대한 계시의 대행자다. 신약 성경은 우리가 구약과 신약이라고 부르는 기록된 약속들과 증거를 생산하는 성령의 역할에 대해 명확하게 증거한다. 그러나 더 있다. 에베소서에서, 바울은 유대인들과 이방인들이 "한 성령 안에서" 아버지 하나님께 나아가야 한다고 말한다(2:18). 그 첫머리에서 바울은 유대인들의 입지("그리스도 안에서 전부터 바라던 그의 영광의 찬송", 1:12)와 이방인들의 입지("그[그리스도] 안에서 너희도 진리의 말씀 곧 너희의 구원의 복음을 듣고 그[그리스도] 안에서 또한 믿어…", 1:13)를 대조한다. 이방인들을 거론하면서, 바울은 특별히 성령을 받은 일을 언급한다. "그 안에서 또한 믿어 약속의 성령으로 인치심을 받았으니, 이는 우리 기업의 보증이 되사 그 얻으신 것을 속량하시고 그의 영광을 찬송하게 하려 하심이라"(1:13-14).

성령의 소유는 하나님이 받아들이셨다는 특별한 계시, 즉 그분의 은혜가 멸시받고 소망 없던 바깥사람들에게 확대되었다는 증거다. 여기에서 바울의 통찰은 새로운 것이 아니다. 그것은 신약 성경의 중심 주제 가운데 하나며, 하나님의 구원 사역의 중심 요소다. 특히 우리는 사도행전의 이야기에서 그 일이 행하는 핵심적인 역할을 볼 수 있다. 오순절에(2장), 사마리아인들 가운데서(8장), 이방인들에게(10-11장), 세례 요한의 제자들에게(19장) 복음이 확장되는 일을 표시해 주는 것은 바로 성령의 임하심이다. 그것이 바로 예루살렘 공의회에서 베드로가 호소했던 그 증거다. "또 마음을 아시는 하나님이 우리에게와 같이 그들에게도 성령을 주어 증언하시고 믿음으로 그들의 마음을 깨끗이 하사 그들이나 우리나 차별하지 아니하셨느니라"(행 15:8-9).

신약 성경의 성령에 대한 많은 언급에서 근본적인 것은 그리스도 안에서의 유대인들과 이방인들의 하나 된 일과 그리스도를 믿음으로써 이방인들이 받아들여진 일이다. 이러한 일들을 하나님의 구원사 전개에서의 최우선적인 순간들로 보기보다는 경건의 틀 속에 계속해서 집어넣으려는 경향은 신약 성경에 대한 해석과 또한 오늘날의 영성을 모두 왜곡한다. 그러므로 사마리아인들이 성령을 받는 일이 연기된 것은 두 번째 축복의 본보기가 아니라, 사도들이 공증할 수 있는 방식인 오직 믿음으로 사마리아인들이 복음을 받던 그 위대한 순간에 대한 기록이다(행 8:14-25).

이에 반응하는 인간의 언어적 표출이 성령을 받은 일의 주요 표시 가운데 하나다. 사도행전에서, 성령의 임하심은 때때로 다른 언어들로 표출된 말과 예언이 동반된다(예를 들어, 10:46; 19:6). 그러나 이 점이 필수적이었던 것 같지는 않다. 그리고 사실 그 기록들은 불확실한 증거에 불과할 수 있다. 예를 들어, 우리는 모든 사람이 방언으로 말하거나 예언하지는 않았음을 안다(고전 12:29-30). 결국 최종적으로 분석해 볼 때, 성령이 임하시는 증거는 예수 그리스도가 주님이라는 고백이었다(고전 12:2-3; 참고. 요일 4:2-3). 구원을 가져다주며(롬 10:8-9), 성령의 임재에 대한 그 이상의 가장 뚜렷한 증거로 이끌어 주는 것이 바로 이 고백이다. 이는 바로 하나님이 "아빠(*Abba*), 아버지"(갈 4:6)라는 고백이다. 간단히 말해서, 성령의 임하심은 그리스도인과 하나님 사이에 그리고 그리스도인들 사이에 깊은 사귐을 낳는 것이다. 그러므로 고린도전서 12:13에서 바울은 이렇게 말한다. "우리가 유대인이나 헬라인이나 종이나 자유인이나 다 한 성령으로 세례를 받아 한 몸이 되었고 또 다 한 성령을 마시게 하셨느니라."

그래서 약간 다른 표현이지만, 예수께서도 이렇게 말씀하셨다. "내가 비옵는 것은 이 사람들만 위함이 아니요 또 그들의 말로 말미암아 나를 믿는 사람들도 위함이니, 아버지여, 아버지께서 내 안에 내가 아버지 안에 있는 것 같이 그들도 다 하나가 되어 우리 안에 있게 하사 세상으로 아버지께서 나를 보내신 것을 믿게 하옵소서"(요 17:20-21). 그리스도인들이 서로 사랑함으로써 하나됨을 유지해야 할 기본적인 책임을 진다는 것이 바울과 요한의 일관된 증거라는 사실은 놀라운 것이 아니다. 그리스도인들의 하나됨은 주어진 것이지만, 드러나야 하는 것이다. "평안의 매는 줄로 성령이 하나 되게 하신 것을 힘써 지키라"(엡 4:3). 이 경탄스러운 하나됨은 그 자체가 먼저는 "하늘에 있는 통치자들과 권세들에게"(엡 3:10), 두 번째로는 세상에 대한 복음의 본질과 권능에 관한 항시적인 계시다. "너희가 서로 사랑하면 이로써 모든 사람이 너희가 내 제자인 줄 알리라"(요 13:35). 그러므로 하나님이 죄인들을, 남자와 여자들을, 노예와 자유자들을, 유대인과 이방인들을 하나의 교제 가운데로 이끄신 방식 그 자체가 주요한 계시다. 하나님은 바울을 통해 그렇게 하겠다고 약속하셨다. 그리고 하나님은 그 일을 행하셨다. 그리고 그에 이어지는 사귐은 복음의 권능을 믿는 근거들을 제공하면서 모든 사람이 볼 수 있도록 존재한다.

우리는 성령의 사역의 계시적 측면들을 명확하게 보기까지 이렇게 우회해 왔다. 왜냐하면 이러한 측면들은 반드시 성령의 전체적인 위격과 사역에 비추어서, 그러므로 특별히 복음에 비추어서 이해되어야 하기 때문이다. 성령을 다룸으로써, 우리는 하나님 자신을 다룬다. 우리는 성령의 두렵고 떨리는 임재 가운데서 하나님을 만난다. 우리는 성령으로부터 그리스도라는 은사를 받는다. 성령의 역할은 그리스도를 높이는 것이다. 성령 안에서 우리는 그리스도와 연합되며, 그리하여 그리스도께서 우리 안에 거하신다. 성령을 통해, 우리는 하나님과 그분의 백성들과의 교제로 인도함을 받는다. 그 사랑의 교제는 영원히 지속될 것이며, 하나님의 권능과 목적들을 계시한다. 이러한 문제들에 대해 생각하면서, 우리는 신약성경이 제공하는 기독교에 대한 기술과 칸트가 제공하는 기독교에 대한 기술이 얼마나 다른가를 볼 수 있다. 우리는 특별히 기도 가운데 하나님과 갖는 사귐에서 경험하는 인격 관계와 회중 가운데 갖는 사귐에서 경험하는 인격 관계의 차이점을 지적할 수 있을 것이다. 여기에 세상에서 하나님이 행하신다는 사실에 대한 강력한 증거가 존재한다.

이제는 구체적으로 우리가 하나님의 권능으로 살아 계신 하나님의 자녀가 됨에 따라서 우리의 삶에서 행하시는 성령의 활동을 살펴볼 차례다. 그렇게 하면서, 말씀과 성령이라는 주제에 대해 결론을 맺고자 한다.

## 성령과 하나님의 자녀

이미 몇 차례, 나는 성경이 하나님을 모르는 사람들의 영적인 비참함에 대해 언급하는 말들을 살펴보았다. 예를 들어, 바울은 이러한 말로 이방인들을 가리킨다. "그들의 총명이 어두워지고 그들 가운데 있는 무지함과 그들의 마음이 굳어짐으로 말미암아 하나님의 생명에서 떠나 있도다. 그들이 감각 없는 자가 되어 자신을 방탕에 방임하여 모든 더러운 것을 욕심으로 행하되"(엡 4:18-19). 이 준엄한 고소에는 세 가지 부정적인 요소가 있다. 첫째, 바울은 그러한 상태가 정죄당할 만하며, 그 가운데서 고집스럽게 있는 사람은 누구나 하나님의 심판 아래 놓일 것이라고 가르친다. 둘째, 묘사된 사람들의 도덕적 타락은 우상 숭배와 여타의 진리에 대한 왜곡들 가운데 드러나는 영적인 맹목성과 짝을 이룬다. 셋째, 비록 죄악 되지만, 그 상황은 어떠한 노력에 의해서도 되돌릴 수 없다. 이 흑암 가운데 있는 자들은 진리를 찾지 않으려 할 뿐만 아니라 찾을 수도 없다. "육신의 생각은 하나님과 원수가 되나니, 이는 하나님의 법에 굴복하지 아니할 뿐 아니라 할 수도 없음이라"(롬 8:7).

인류의 이러한 전체적인 무능은 구원을 적용하고 잃어버린 고향을 되찾기 위한, 하나님의 성령으로 말미암는 하나님의 임재를 요청한다. 구약성경은 말씀과 성령을 연결하고, 생명과 성령을 연결하는 토대를 놓는다. 우리는 이미 영감과 성령의 연결을 정립했다(제7장을 보라). 그러나 복음과 관련하여, 우리는 이제 성령이 하나님의 말씀에 동반하며 인간의 생각을 조명함으로써, 사람들이 복음을 알고 그리스도께 돌아올 수 있도록 해준다는 사실을 인지한다. 바로 그러한 이유 때문에, 바울은 '우리가 성령에 의해 살아간다'고 말할 수 있었다(갈 5:25). 복음은 전파와 들음에 의해 받아들여진다. 그러나 성령이 진리에 대해 마음을 열어 주시지 않는다면, 전파도 들음도 효과를 낼 수가 없다. "하나님의 사랑하심을 받은 형제들아, 너희를 택하심을 아노라. 이는 우리 복음이 너희에게 말로만 이른 것이 아니라 또한 능력과 성령과 큰 확신으로 된 것임이라"(살전 1:4-5).

요한복음에서 충분히 다뤄지는 성령의 역사는 하나님의 말씀과 관련하여 성령의 동일한 이중적 사역을 증거한다. 성령은 '진리의 영'이시다. 성령은 사도들을 가르치실 것이며, 예수께서 말씀하신 모든 것을 그들이 기억하게 하실 것이다(요 14:17, 26). 신약 성경의 권위가 의존하는 것은 예수에 대한 사도적 증거와 예수께서 하신 약속들과 성령의 활동이다.

"진리의 성령이 오시면, 그가 너희를 모든 진리 가운데로 인도하시리니"(요 16:13). 이 말씀은 특별히 사도들이 사도로서 역할을 하는 것과 관련하여 그들에게 주신 것이다. 그러나 요한복음에는 복음을 받아들이는 주관적인 역사와 관련된 또 하나의 요소가 존재한다. 이 주관적인 역사도 성령께 돌려진다. "내가 아버지께로부터 너희에게 보낼 보혜사 곧 아버지께로부터 나오시는 진리의 성령이 오실 때에, 그가 나를 증언하실 것이요"(요 15:26). "그가 와서 죄에 대하여, 의에 대하여, 심판에 대하여, 세상을 책망하시리라"(요 16:8; 참고. 요일 2:20-27).

그러나 성령의 계시적 역할에 대한 고전적인 텍스트는 고린도전서 2장이다. 사도 바울은 자신의 말이 인간의 지혜나 능력에서 나오지 않았다고 말한다. 그 말들은 오직 "예수 그리스도와 그가 십자가에 못박히신 것", 즉 십자가에 관한 것이었다(고전 2:2). 그가 기록한 바에 따르면, 인간 전령은 그의 메시지만큼이나 약하고 인상적이지도 못했다(2:3). 그런데 그의 말을 들었던 사람들의 믿음은 인간의 지혜로 인하여 생겨난 것이 아니라 "다만 성령의 나타남과 능력으로 하여" 생겨난 것이었다(2:4). 특히 바울은 복음 전파와 관련하여 권능의 위업으로서의 기적들을 거부했기 때문에(1:22-23), 여기에서 그가 의미하는 바는 그들의 믿음이 복음의 약함에 근거한다는 그 단순한 사실이 성령의 권능의 승리였다는 것이다. 성령의 사역에 대한 이어지는 해설에서, 바울은 인간의 지혜가 하나님에 관한 진리를 볼 수 없음을 지적한다. 그러나 성령, 정확히 말해서 하나님의 영으로서의 성령 그러므로 "모든 것 곧 하나님의 깊은 것까지도 통달하시는" 자로서의 성령은 우리에게 하나님에 관한 진리에 대한 인식을 가져다주어, "우리로 하여금 하나님께서 우리에게 은혜로 주신 것들을 알게" 하실 수 있다(고전 2:6-16). 고든 피(Gordon Fee)는, 바울이 볼 때 "성령은 **복음 그 자체에 대한**, 즉 복음에 대한 자신의 전파(13절)와 은혜로 복음을 알게 되는 그들의 경험(12절)에 대한 **적절한 이해의 열쇠**"라고 말한다.[11] 이처럼 말씀과 성령은 서로 뗄 수 없을 정도로 밀접하게 엮여 있다. 성령은 십자가의 말씀으로 설득하신다.

이 역사를 거절할 수 있다면, 불가항력적이 아니라면, 이 역사를 행하더라도 소용이 없을 것이다. 이는 우리의 마음이 너무나 어두워졌기 때문이다. 성경적 관점을 그대로 유지한다면, 복음의 수용(혹은 그 점에 있어서 복음에 대한 거부)은 사람의 힘과 하나님의 힘 둘 다에 기인한다. 물론 우선 순위는 하나님의 권능에 주어진다. 마찬가지로, 믿음과 회개도 공히 사람의 행위인 동시에 하나님의 선물이다(예를 들어 다음을 보라. 엡 2:8; 행 11:18). 주님은 자신이 창조하신 인간의 본성을 사용하신다. 마찬가지로, 마음이 완고하게 굳어버리는 일도 하나님께 기인하는 동시에 하나님의 말씀을 배척하는 자들의 탓으로 돌려진다. 또한 성령과 말씀은 서로 분리되지 않는다. 이미 살펴본 대로, 그리스도를 주님이라 부르고 하나님을 아버지라 부름으로써 그 자체를 표현하는 새로운 생명은 성령의 권능에 속한다. 성령이 진리를 보지 못하는 우리의 무능력을 극복하여 우리로 하여금 하나님을 알게 해주시기 때문에 복음이 참되다는 사실을 우리는 안다. 그러나 동시에, 우리는 '하나님의 말씀이 또한 우리 믿는 자 가운데서 역사한다'(살전 2:13)는 사실과 그 말씀이 "살아 있고 활력이 있어 좌우에 날선 어떤 검보다도 예리하여 혼과 영과 및 관절과 골수를 찔러 쪼개기까지 하며 또 마음의 생각과 뜻을 판단한다"(히 4:12)는 사실을 읽는다.

계시 과정에 대해 성경이 어떻게 말하는지 살펴봄으로써, 우리는 말씀과 성령의 관계를 적절히 진술할 수 있을 것이다. 이미 우리는 성령의 활동을, 마치 조명(illumination)이 영감(inspiration)에 대해 책임이 있다는 듯이, 단지 성경 읽기의 하부 활동으로 만들어 버리는 일의 위험을 살펴보았다. 우리는 또한 조명과 영감의 관계에 대한 현대의 설명이 지닌 두 가지 난점을 살펴보았다. 첫째, 영감을 조명으로 만들어 버림으로써 현대 신학의 강조는 이전의 경향을 뒤집어 버렸다. 둘째, 대중 경건의 분위기는 성령의 내적인 증거를 성경 자체의 계시와 평행하는 계시의 두 번째 원천으로 본다. 그러나 그 출발점이 복음이라면 그리고 우리가 말씀의 영감과 조명을 나누는 신약 성경의 구분을 준수한다면, 그 위험들은 막을 수가 있다. 성경은 신학의 교과서가 아니라 그것을 통해 하나님이 자신의 백성들을 다스리시는 복음의 언약적 표현이다. 성령은 말이 없거나 목소리가 없지 않다. 성령의 영감은 어떠한 형태로든지 계시의 담지자들인 사도들과 예언자들을 향해 이루어진다. 성령의 조명하시는 사역은 그와 같은 언어적인 것은 아니지만, 일반적인 사역과 마찬가지로 그리스도와 그분의 말씀에 집중한다. 성령의 내적인 증거는 결코 '조용하고 미세한 목소리'가 아니라 성경에 있는 하나님의 음성을 주관적으로 감지하는 것이다. 그래서 예수께서 이렇게 말씀하신 것이다. "살리는 것은 영이니 육은 무익하니라. 내가 너희에게 이른 말은 영이요 생명이라"(요 6:63). 그리고 바울은 동일한 진리를 "성령의 검, 곧 하나님의 말씀"(엡 6:17)이라고 생생하게 묘사한다.

복음을 수용함으로써 전개되는 길을 따른다면, 우리는 이러한 위험들을 우회하는 길을 찾을 수 있다. 한편으로, 복음은 성령이 어떻게 우리를 그리스도께 병합하며 그렇게 함으로써 우리를 그리스도의 몸에 접합하는가에 대한 우리의 인식과 감사를 완전히 풍요롭게 해준다. 성령의 역사에 대한 증거는, 성령이 우리를 위해 만들어 주시는 주님과의 관계에서, 성부와의 관계에서, 동료 신자와의 관계에서, 세상과의 관계에서 그리고 자신과의 관계에서 발견될 수 있다. 우리가 시작하면서 든 시험 사례를 사용하자면, 기도의 경험은 성령의 역사에 근거한 것이다. 하나님을 '아버지'라고 부를 수 없는 사람, 성자의 중보를 통해 기도하지 않는 사람, 신자의 교제에 대해 아무 것도 모르는 사람은 성령이 소유하시는 사람일 가능성이 거의 없다. 역으로, 성령의 사역의 틀림없는 구속적 초점은 성령의 '내적 증거'를 계시의 두 번째 원천으로, 일종의 '내면의 빛'으로 간주하는 다른 위험으로부터 우리를 구해 준다. 말씀과 성령은 되돌릴 수 없도록 서로 속해 있다. 그러나 규범적인 계시를 감동한 바 있는 성령의 역할은 신선한 계시들을 더하는 것이 아니라 우리가 그리스도를 볼 수 있도록 복음을 조명하는 것이다.

나는 의도적으로 먼저 말씀/성령 관계의 패러다임으로 복음을 살펴보았다. 복음은 인간의 마음에 있는 어두움에 대응하는 성령의 비추시는 역사가 필요함을 드러낸다. 그러나 우리에게 그 패러다임을 성경 전체에 적용할 근거들이 있는가? 성령의 내적 증거는 적합한 성경 읽기의 한 요인인가? 그렇게 생각하는 데는 두 가지 이유가 있다.

첫 번째 이유는 성경과 복음의 관계와 관련이 있다. 이 영역에서는, 하나에 대해 참인 것은 다른 하나에 대해서도 참이다. 성경과 복음은 서로 반대되는 것이 아니다. 그 둘은 모두 정당하게 하나님의 말씀이라 일컬어지며, 상대방이 없으면 어느 것도 존재할 수가 없다. 복음이 하나님 나라와 언약을 낳듯이, 성경도 하나님 나라와 언약을 낳는다. 사실상, 우리는 더 나아가야 한다. 우리는 복음에 관해 발견하는 사실들을 정당하게 성경에 적용할 수 있다. 왜냐하면 성경이 복음의 책으로서, 그리스도와 그분의 위대한 구원 사역에 집중하기 때문이다. 복음을 이해하는 데 성령의 조명하시는 사역이 필요하듯이, 성경을 읽는 데도 똑같은 조명의 사역이 필요하다. 유익한 읽기 작업은 계속될 것이다. 그러나 텍스트가 우리를 읽도록 만드실 분은 바로 성령이시다.

두 번째 이유는 주해상의 이유다. 성령의 조명하심은 고린도후서 3:1-4:6에서 진행되는 대목의 주요 주제다. 개인이 하나님께 갈 수 없는 무능력은 옛 언약을 읽으면서도 진리를 보지 못했던 이스라엘의 무능력이 예시한다. 왜냐하면 '저희 마음이 완고하였기' 때문이다(고후 3:14). 그러나 사람이 하나님께 나아갈 때, 가려진 수건은 주님에 의해 제거된다. 그 주님은 영이시다. "[그리고] 주의 영이 계신 곳에는 자유가 있느니라" (3:17). 옛 언약을 묵상할 때, 우리는 그리스도의 영광을 묵상한다. 옛 언약은 그 그리스도에 대해 증거하며, 우리는 다 "그와 같은 형상으로 변화하여 영광에서 영광에 이르니 곧 주의 영으로 말미암음이다"(3:18).

바울과 그의 동료들이 예수 그리스도를 주(主)로 선포할 때, 그들은 '새 언약의 일꾼들'이다. "율법 조문으로 하지 아니하고 오직 영으로" 행하는 일꾼들이다. 왜냐하면 '율법 조문은 죽이는 것이요 영은 살리는 것'이기 때문이다(3:6). 죽이는 율법 조문은 성경 그 자체나 옛 언약이 아니라, 성경의 구심점인 그리스도 없이 읽히는 성경 그리고 하나님의 활동하시는 권능에 의해 눈을 뜨게 된 마음이 없이 읽히는 성경이다(4:6). "구약의 율법이 단지 인간적인 도구였음을 제시하려는 것은 분명 바울의 의도가 아니었다.…그러나 그렇게 오용하기가 쉽다."[12] 그것은 율법으로서의 하나님 말씀이지 복음이 아니다. 4:6에서 성령이 구체적으로 언급되진 않지만, 그 문맥에서 성령이 이 세상의 신에게 맹목적인 포로가 된 자들의 마음을 조명하심으로써 하나님의 목적을 수행하신다는 것은 거의 분명한 것 같다. 그리고 마음의 조명은 성령을 보는 일로 이끌지 않고, 성령의 그리스도 중심적인 사역과 일치하게 "예수 그리스도의 얼굴에 있는 하나님의 영광을 아는 빛"(4:6)으로 이끈다.

성령이신 주님이 주시는 자유는 갈라디아서에서 노예들의 예속 상태와 대조를 이루는 아들들의 자유로 지칭된다. (여기에서 나는 우리가 현재 처한 지위가 하나님의 상속자라는 점을 유지하기 위해 '자녀들'이라는 말보다 '아들들'이라는 말을 사용한다.) 유대인이든 이방인이든, 우리는 바울이 말하는 '약하고 천한 초등학문', 본질상 하나님이 아닌 것들에 예속되어 있었다. 다시 말해서 우리는 이데올로기들에 사로잡혀 있다. 그리고 심지어 율법의 이데올로기에 사로잡혀 있기도 하다. 우리는 그것들을 가지고 세상과 타협하려 하지만, 그 대신에 그 가운데서 노예가 되어 있다. 그리스도의 복음은 우리를 세상의 진짜 지배자와의 완전히 새로운 관계로 이끌어 줌으로써, 즉 양자의 관계를 맺게 해줌으로써 우리를 해방한다. "너희가 아들이므로 하나님이 그 아들의 영을 우리 마음 가운데 보내사 아빠 아버지라 부르게 하셨느니라"(갈 4:6). 이 말씀에서 우리는 기독교가 의미하는 바의 핵심에 도달하게 된다. 그것이 바로 그 다음에 바울이 '이제는 너희가 하나님을 안다'는 말에서 묘사하는 그 경험이다. 그리고 그 다음에 그는 그것이 모두 은혜임을 의식하고, 우리가 성령의 비추시는 조명의 역사가 없이는 하나님을 알 수 없음을 의식하면서, "더욱이 하나님이 아신 바 되었거늘"이라고 덧붙인다(갈 4:9). 그러나 우리의 하나님을 아는 지식은 아직 완전하지 않다. 그리스도인으로서 우리는 여전히 죄악 된 육체와 갈등하며, 성령이 필요하다(갈 5:16-18). 여전히 성령은 하나님의 것들에 대해 가르쳐 주시는 우리의 선생으로서 하나님의 말씀을 조명하여 우리가 그 말씀을 지킬 수 있게 해주신다.

### 성령과 인간의 자율성

나는 이 장의 서두에서 이 장의 주제에 핵심적인 것이 인간 본성에 대한 경쟁적인 비전이라고 말한 바 있다. 하나님을 도덕에 필요한 것으로 보았음에도, 칸트는 여전히 낙관주의적인 인간론을 고수했다. 그를 계승하는 현대 사상가들은 더 이상 하나님을 믿지 않지만, 인간에 대해서와 자유에 대해서는 믿는다. 나는 이미 자유에 대한 위대한 성경의 선언 가운데 하나를 인용한 바 있다. "주의 영이 계신 곳에는 자유함이 있느니라"(고후 3:17). 우리 문화에서 그와 같은 본문이 개인의 독립성에 대한 하나의 슬로건으로, 확실히는 생각의 독립성에 대한 슬로건으로 이해된다는 사실은 전혀 놀라운 것이 아니다. 그러나 같은 대목에서, 바울은 인간의 예속 상태에 대한 그의 가장 뚜렷한 묘사 중 하나를 발설한다. 그 예속 상태를 그는 영적인 맥락에서 본다. "그 중에 이 세상의 신이 믿지 아니하는 자들의 마음을 혼미하게 하여 그리스도의 영광의 복음의 광채가 비치지 못하게 함이니 그리스도는 하나님의 형상이니라"(고후 4:4). 바울이 말하는 자유는 성령이 소경된 눈들을 뜨게 하여 멸망하는 자들로 하여금 "그리스도 예수의 주되신 것"(4:5)을 볼 수 있게 할 때에 임한다. 그것이 바로 바울이 전했던 복음이다. 그는 결코 독립적인 인간들이라는 의미에서 자유로운 사람들을 기술하지 않는다. 바울이 생각할 때, 믿는 자들은 그리스도의 종으로, 모든 일에서 주님을 기쁘시게 하는 일을 자신의 목표로 삼은 자들이다(고후 5:9). 그래서 우리는 '모든 생각을 사로잡아 그리스도에게 복종한다'(고후 10:5).

다시 한 번 우리는 성경적인 기독교가 서구 사회의 주요 문화적 가치와 얼마나 크게 다른지 깨닫는다. 개리 배드코크는 "자유가 사실상 우리 생활의 모든 측면에서 주도적인 쟁점이 되었다"고 말하면서, "현대 신학에서 우리가 직면하는 가장 기본적인 문제는 하나님과의 관계를 중심적 지위에 놓는 인간 본성에 대한 이해를 재건할 길을 찾는 것이다"라고 제안한다.[13] 이것은 임마누엘 칸트가 이성의 한계들 안에만 자리매김해 놓은 그런 종교일 수 없다. 그러나 자유는 과연 성경적인 단어다. 그리고 복음은 자유를 약속한다. 복음은 불리한 심판으로부터의 자유, 하나님에 대한 두려움으로부터의 자유, 근심걱정으로부터의 자유를 포함한다. 그러나 이는 소극적인 것들이다. 복음은 또한 관계를 위한 자유를 제공한다. 그 자유는 그리하여 우리를 세상의 통치자이신 하나님께 연결하며, 우리를 세상의 것들에 대한 예속으로부터 해방한다. 그것은 공동체를 창조하는 자유다. 그리고 우리는 그 이상으로 더 나아갈 필요가 있다.

다른 무엇보다도 인간의 자율성을 가치 있게 여기는 문화는 사랑할 수 있는 능력을 상실해 가는 문화다. 자율성과 사랑은 공존할 수 없다. 의미 심장하게도, '더불어 살기'에 대한 현대 성향은 행복으로도 더 긴 관계 유지로도 이끌지 못했다. 결혼의 헌신은 여전히 인간으로서의 성취를 찾고자 하는 사람들에게 더 나은 길이다. 가정은 여전히 사람이 양육되고, 그들을 사랑으로 교육할 수 있는 최적의 장소다. 우리가 기쁨을 경험하고 참된 성취감을 맛볼 수 있는 때는 우리 삶을 다른 사람들에게 집중할 때다. 그러므로 '성령의 내적 증거'라고 부적절하게 알려진 것이 복음을 통해 하나님이 자기 백성들을 삼위일체의 최상의 사랑의 관계로, 하나님의 사랑과 성령의 교통으로 이끄시는 길을 추천하는 것으로 드러난다는 사실은 결코 우연히 아니다. 성령의 사역은 복음과 관련된 그분의 특별 사역이며, 구원받은 자의 관점에서 볼 때, 그것이 바로 하나님이 그리스도 안에 있는 자들을 위해 행하신 일의 영광 가운데 하나다.

제11장

# 오늘날의 계시

## 살아 계신 하나님에 대한 갈망

지난 장의 논의는 계시에서의 성령의 역할은 성경의 복음 메시지의 준비와 수용에, 즉 계시와 조명에 초점을 맞춘다는 것이었다. 그러나 많은 사람이 볼 때, 이 주장은 성경의 증거나 경험의 증거를 조금도 설명해 주는 것 같지 않다. 그래서 몇몇 경건한 사람에 대해 매혹적으로 언급하면서, 인기 있는 저자인 조이스 허기트(Joyce Huggett)는 매일 아침 경건의 시간을 갖기 위해 여섯 시에 일어나는 남편과 아내에 대해 이렇게 말한다. "그들은 성경을 읽고, 기도하고, 하나님의 조용하고 세미한 음성을 들었을 것이다. 하나님이 말씀하신다는 것을 느낄 때마다, 그들은 자신이 받은 교훈이나 도전이나 지시들을 받아 적었을 것이다. 그들은 자신의 능력을 최대한 발휘해서 순종하기로 결심했다."[1] 허기트는 고(故) 데이비드 왓슨(David Watson) 목사의 말을 인용한다. (물론 그는 한 사람의 신학자라기보다는 목회자였다.) "하나님은 살아 계신 분이기 때문에, 끊임없이 우리에게 말씀하시려고 노력하신다. 그래서 우리는 이에 응하여 하나님이 하시는 말씀을 들을 필요가 있다.…우리가 계속 영적으로 깨어 있기를 원한다면, 하나님이 끊임없이 말씀하시는 모든 말씀이 필요하다."[2]

허기트와 왓슨은 교회가 제공해 온 하나님의 말씀에 만족하지 못하는 많은 사람을 대변한다. 교회가 제공했던 하나님의 말씀은 너무 차갑고 동떨어진 것처럼 느껴진다. 그리 오래되지 않았던 과거에 대담하게 하나님의 죽음을 선언했던 문화에서, 그리스도인들은 언제나 책에만 쓰여 있는 말씀 이상의 것을 필요로 한다. 그들에게는 살아 계신 하나님의 음성이 필요하다. 허기트와 왓슨이 성경을 무시한다거나 존중하지 않는 것은 아니다. 단지 그들은 그 수납자들과 그들의 필요에 합당한 신선한 계시들에 의해 성경이 보완될 필요가 있다고 여기는 것이다. 이러한 계시들은 하나님께 속한 것이며, 주님으로부터 온 한 말씀(a word)의 지위를 부여받을 필요가 있다. 왜냐하면 그 계시들에 따라 순종이 이루어져야 하기 때문이다.

좀더 학문적인 층위에서, 미국의 신학자인 웨인 그루뎀(Wayne Grudem)은 성령이 '자신의 임재를 알려 주는 인식 가능한 증거들을 제공하는' 방식을 언급한다. 그루뎀은 또한 성령이 하나님의 백성들을 계속해서 안내하고 지시하신다고 주장하면서, '성경이 다양한 사람에게 성령이 직접 인도하신 많은 예를 제공한다'는 사실을 증거로 제시한다.[3] 이 주장을 뒷받침하기 위해, 그루뎀은 성령의 이끄심(예를 들어, 눅 4:1), 성령의 말씀하심(the speech of the Spirit, 행 8:29; 10:19-20; 11:12; 13:2), 성령에 의해 이끌린 사례들(예를 들어, 행 8:39-40) 그리고 성령에 따라 행하고, 성령의 인도하심을 받은 일반적인 경험(롬 8:4, 14; 갈 5:16, 18)을 언급하는 대목들을 인용한다. 그루뎀은 또한 예언이 현재에도 계속된다는 테제를 가지고 있다. 이 점에 대해서는 나중에 언급하도록 하겠다. 그루뎀의 말은 데이비드 왓슨의 말보다는 좀더 세심하다. 그러나 그의 주장은 다음과 같다. "새 언약 시대에서의 [성령의] 일차적인 목적 가운데 하나는 **하나님의 임재를 드러내는 일**, 하나님의 임재를 알려 주는 암시들을 주는 일인 것 같다. 그래서 성령이 신자들과 불신자들에 의해 인지될 수 있는 다양한 방식으로 역사할 때, 이 사실은 하나님이 가까이 계심과 교회 안에서 자신의 목적들을 성취하기 위해 그리고 자기 백성들에게 복을 가져다주기 위해 일하신다는 사람들의 믿음을 고취한다."[4]

오늘날의 그리스도인들은 예언과 직관, 분별과 '지식의 말씀들', 방언과 '여호와의 말씀들' 가운데서 주님의 말씀을 추구하는 실험적 경건에 지대한 관심을 기울이며, 그러한 경건으로 향해 간다. 실로 주변의 문화가 무엇이라고 말하는가를 불문하고, 신유의 기적과 같이 주님의 말씀과 직접적으로 관련되지 않은 분야에서조차도 하나님이 살아 활동하시면서 자신을 계시하신다는 증거가 있다는 의식이 존재한다. 제시된 문제는 질병일 수 있겠지만, 그 밑에 깔려 있는 문제는 하나님의 활동하시는 임재에 대한 갈망이다. 환자는 건강을 추구하겠지만, 회중은 확신을 추구한다.

이는 전혀 놀라운 일이 아니다. 다양한 이유로, 하나님이 진정 세상으로부터와 심지어 교회로부터도 떠나셨다는 광범위한 느낌이 존재한다. 20세기 중반의 서구 사회에서는 종교가 끝장난 것처럼 보이기 시작했다. 신학자들은 하나님의 죽음을 선언했으며, 대중 매체에는 부고(訃告)들이 등장했다. 영어권 국가들에서의 철학적 분위기는 여전히 언어 철학과 논리 실증주의가 지배했다. 그리고 자신이 그리스도인이라고 말하거나 어떠한 종교적 신념이라도 가지고 있다고 말할 수 있는 철학자들은 거의 없었다. 대중의 층위에서는, '과학적' 태도가 승리했다. 그것은 사실상 자연주의가 과학이 성공하는 기반이었다고 단정되며, 과학이 하나님은 전혀 존재하지 않음을 증명했다고 단정하게 되었다는 의미였다. 세계의 막대한 지역에서는, 공식적인 신조가 무신론이었다. 마치 계몽주의가 개선하고 19세기에 니체가 예견했던 상황이 이루어진 것 같았다.

그러므로 그리스도인들은 자신이 그토록 오랫동안 고향이라고 느꼈던 문화에서 새롭고 심각한, 영적이며 도덕적인 불협화음에 직면하게 되었다. 이 점이 가장 명확하게 드러나는 예는 낙태, 안락사, 결혼, 주일 성수와 같은 생활상의 쟁점을 다루는 기독교의 도덕적 교훈에 대한 광범위한 경멸의 태도에서 찾을 수 있다. 1945년 직후의 세계는 여전히 이러한 분야들과 여타의 분야들에서 기독교적 이상들에 대해 기꺼이 말로만 경의를 표하고자 했었다. 그러나 이제 21세기가 시작되면서, 그러한 문제에 대한 기독교의 도덕적 입장에 대해서는 거의 존중심이 사라져 버렸으며, 교회의 역행성에 대해 참지 못하는 태도도 확실히 나타난다. 성경은 한때 감당했던 권위적인 역할을 상실했다. 그리스도에 대한 순종의 표시로서 성경의 가르침에 따라 자신의 삶을 세워 보겠다는 생각은 많은 사람에게 도무지 이해할 수 없는 것이 되었다. 물론 19세기에는 그러한 생각이 즉시 칭찬할 만하며 타당한 목표라고 인정되었을 것이다.

인종차별과 같은 문제들에 대해 교회에 자리잡았던 떳떳하지 못한 양심은 다른 도덕적 쟁점들에 대한 편치 않은 태도에 기여하며, 교회보다는 차라리 세상이 결국 일들을 바로잡는 것이 아닌가라고 생각하려는 태도를 만들어 낸다. 특별하고 새로운 윤리적 쟁점들이 등장한다. 그리고 그 쟁점들에 대해서는, 직접적인 '주님의 말씀'을 듣는 것이 유익하리라고 여겨진다. 지난 수십 년 동안 세속인들의 생각의 특징을 이루었던 관용과 사회주의적 자유주의가 이제는 하나님에 관한 그리고 구원의 확신에 관한 확실성의 피할 수 없는 상실과 더불어서 자유주의적 기독교 사상의 지도적인 지표들이 되고 있다. 성령이 "너희를 모든 진리 가운데로 인도하시리라"(요 16:13)는 예수의 말씀에 호소하면서, 교회 지도자들과 교회 회의들은 교리와 행위상의 진전과 변화와 쇄신을 시도한다. 그 가운데 어떤 것들은 기독교 역사 내내 성경의 가르침과는 맞지 않는 것이라고 여겨졌던 것이다. 만일 계시가 그리스도인들이 직면한 쟁점들에 대해 말하고자 한다면, 그 계시는 현 시대적이어야 한다. 나는 이미 최근에 어느 성공회 주교가 했다는 말을 언급했다. "교회가 성경을 썼으니, 성경을 교회가 다시 쓸 수 있다."

그러한 불확실성에 둘러싸인 세계에서, 핵심적인 목회적 쟁점이 변했다. 세상이 자연주의를 인정하고 기독교의 주장들과 다툼을 벌였을 때, 그리스도인들과 여타의 사람들의 물음은 하나님의 존재에 가 있었다. 사람들은 '참 하나님이 어디에 계신가?'라고 물으면서, 증거에서 비롯된 변증에서 답변을 추구했다. 교회들이 하나님의 법과 도덕적 기준과 거룩함을 강조했을 때, 피할 수 없는 물음은 우리가 하나님께 받아들여질 수 있는가 하는 것이었다. 사람들은 '은혜로우신 하나님이 어디에 계시는가?'라고 물었고, 성경에서 비롯되는 가르침에서 그 대답을 찾았었다. 그러나 이제 문화와 불협화음을 일으키고 진리에 대한 불확실성이 지배하는 새로운 시대에는, 그 질문이 '살아 계신 하나님은 어디에 계시는가?'가 되었으며 그에 대한 대답을 성령으로부터 비롯되는 경험에서 찾는다. 우리는 성령의 일차적인 목적 가운데 하나가 "하나님의 임재하심을 알려 주는 암시들을 제공하는 것"이라는 웨인 그루뎀의 주장을 기억할 것이다.[5] 상당수의 그리스도인이 볼 때, 관례적인 교회들의 하나님은 자신의 욕구와 필요를 채워 주기에는 너무나 동떨어져 있으며 냉랭한 분이었다. 그래서 그들은 오늘날에 나타나는 하나님의 현시와 그분의 성령의 계시에 명백히 기초한 경험을 찾을 수 있는 교회로 발걸음을 옮긴다. 이것은 살아 계신 하나님에 대한, 다시금 확신을 주시는 하나님의 손길과 그분의 목소리의 울림에 대한 갈망의 증거다. 간단히 말해서, 하나님의 부재와 임재가 중심 쟁점을 이룬다는 것이다.

오늘날 기독교 공동체 내에서 이뤄지는 분위기는 지금 이 연구에 특별한 중요성을 제공한다. 기독교적 경험은 무엇에 대한 것인가? 우리는 그 경험을 계시의 원천이라고 혹은 계시의 규범이라고 판단할 수 있는가? 교회의 실천과 전략은 말할 것도 없고, 수백만의 사람이 사는 기독교적 생활의 본질은 이러한 쟁점들에 대한 우리의 이해로부터 심대한 영향을 받는다. 오늘날에 계시가 있을 가능성은 기독교 생활 전체의 맥락에서, 특히 은혜의 교리와 하나님의 주권의 교리 가운데서 연구될 필요가 있다.

그러므로 계시가 지금도 계속된다는 생각을 개진하기 위해 제시된 성경적 증거와 경험적 증거는 하나님이 우리에게 의사를 전달하시고, 그리스도인의 삶을 유지하기 위해 사용하시는 방법의 틀에서 평가될 수 있다. 그루뎀의 주장과 같은 주장들에 대한 논평은 성경적이어야 한다. 그러나 근본적으로 그 주장들은 신학적이다. 즉, 그 주장들은 성경 전체의 증거를 필요로 한다는 것이다. 이 장의 중심적인 논의는 앞서 언급된 사람들과 같은 오늘날의 그리스도인들은 진정한 물음에 대해 오도하는 답변을 제공한다는 것이며, 다시 한 번 복음에서 출발점을 찾아야 필요한 통찰을 얻을 수 있다는 것이다.

### 그리스도인의 삶: 은혜로우신 하나님과 동행하는 삶

많은 사람이 교회 바깥에서와 교회 안에서 온갖 종류의 종교적 경험을 한다. 그러나 진정한 기독교적 경험은 복음에 근거해야 한다. 복음은 우리가 하나님을 알게 되는 도구다.[6] 바로 앞 장에서 우리는, 성령이 하나님의 말씀을 취하여 그 말씀으로 진리에 대해 우리를 설득할 때, 그리스도인의 삶이 은혜와 더불어서 그리고 은혜로 말미암아 시작된다는 사실을 살펴보았다. 이 설득 혹은 (우리가 보통 사용하는 단어를 쓰자면) '믿음'은 우리가 하나님과의 사귐에 이르는 지점이며, 복음에 대한 기독교적인 파악의 기본적인 성향이다. 바로 그러한 이유 때문에, 그리스도인의 삶을 '믿음의 삶'이라 일컬을 수 있는 것이다.

이 생명을 살아가는 경험을 이루는 기본 요소들은 무엇인가? 믿음의 삶은 "나를 사랑하사 나를 위하여 자기 자신을 버리신"(갈 2:20) 하나님의 아들에 대한 확신에서부터 시작된다. 오직 그 아들의 사역을 기반으로 해서만, 우리는 하나님이 아버지이심을 성령에 의해 설득 받는다(갈 4:6). 그리고 이 사실이 우리에게서 경건한 봉사의 삶을 만들어 낸다(갈 5:5-6). 이 정의(定義)에는 세 가지 부분이 있다.

무엇보다 먼저, 우리는 그리스도에 대한 믿음 특히 우리를 구원하실 수 있는 그리스도의 능력에 대한 신뢰를 발휘한다. 구원은 그리스도 안에서 완성된다. 혹은, 동일한 진리를 달리 말하자면, 그리스도는 완벽한 구원자시다. 한 가지 시각에서 볼 때, 그리스도의 사역은 완성되지 않았다. 왜냐하면 그분이 다시 와서 마지막 원수를 멸망하시고, 그 나라를 아버지께 돌려드려야 하기 때문이다(고전 15:20-28). 다른 관점에서 볼 때, 그분의 사역은 그 본질적인 면과 효력에 있어서 완성되었다. 그리스도의 사역은 본질적으로 궁극적이다. 왜냐하면 십자가상에서의 그분의 죽음은 세상의 죄악들을 치워 버리기에 충분하기 때문이다. 그러므로 그 죽음은 "단번에"(once for all, 벧전 3:18) 죽으신 것으로 강력하게 묘사된다. 율법의 어떤 역사도 구원에는 쓸모가 없다(갈 2:16). 인간의 죄악됨은 너무나 깊어서, 우리는 자신의 구원에 아무 것도 기여할 수가 없다. 우리의 확신은 그 확신이 전적으로 그리고 근원적으로 우리 자신이 아닌 다른 존재에 근거하기 때문에 완전할 수 있는 것이다. 그러므로 신약 성경은 그리스도 안에서의 구원의 효력에 대해 상당히 뚜렷한 확신을 가지고 이렇게 말한다. "그[그리스도] 안에는 신성의 모든 충만이 육체로 거하시고 너희도 그 안에서 충만하여졌으니 그는 모든 통치자와 권세의 머리시라"(골 2:9-10). 그리스도의 이러한 궁극적 성격은 히브리서에서, 한편으로 그리스도와 다른 한편으로 예언자들, 천사들, 심지어 모세와의 비교에 의해 강조된다(히 1:1-3:6). 이러한 비교는 또한 그리스도께서 지혜와 지식의 보고(寶庫)이며(골 2:3), 그러므로 그분을 안다는 것은 심원한 의미에서 알 가치가 있는 모든 것을 아는 것과 같음을 우리에게 일깨워 준다(빌 3:8).

둘째로, 그리스도에 대한 믿음은 필연적으로 성부께로 우리를 인도한다. "이는 그로 말미암아 우리 둘이 한 성령 안에서 아버지께 나아감을 얻게 하려 하심이라"(엡 2:18). 우리의 전적인 죄악됨에 비추어 볼 때, 이것은 놀라운 진리다. 이는 오직 그리스도의 충분하심 때문에만 가능한 사례다. 오직 그분의 죽으심을 기반으로 해서만, 하나님은 우리를 받아주신다(갈 2:21). 우리는 그분의 아들들이 된다(4:6). 만물을 주관하시는 유일하신 하나님이 우리의 유익에 전적으로 헌신하신다는 지식이 '확신'(assurance)이라 불리는 것이다. 확신은 믿음과 분리된 것이 아니다. 그러나 만일 우리에게 확신이 철저히 결여되었다면, 우리는 믿음 자체를 결여한 것이다. 왜냐하면 확신은 하나님이 우리의 아버지시라는 사실에 대한 설득이기 때문이다. 그러한 확신에는 근거가 있고 또한 수단이 있다. 그 근거는 그리스도의 완전히 충분하신 위격과 사역이다. 우리는 하나님의 자녀로 태어나지 않았다. 그리고 우리는 하나님의 자녀가 되기에 합당하지 않다. 우리의 양자됨(adoption)은 십자가상에서의 그리스도의 죽으심에 의해 이루어진 우리의 칭의에 근거하며, 양자됨의 수단은 그분의 말씀과 성령에 의한 하나님의 은혜의 역사다. 그분의 말씀과 성령을 통해 하나님은 우리가 하나님을 알도록 하셨다.

그 근거와 수단은 그리스도인의 삶의 여정에서 우리에게 확신을 준다. 우리의 경험은 하나님의 사랑에 대해 의심하도록 만들 수도 있다. 각별히, 우리는 고통을 당하고 어려움을 당할 수가 있다. 신약 성경은 그러한 상황에서 성령이 우리에게 그리스도 안에 있는 하나님의 사랑에 대해 확신하게 해주실 것이라고 약속한다. "인내는 연단을, 연단은 소망을 이루는 줄 앎이로다. 소망이 우리를 부끄럽게 하지 아니함은 우리에게 주신 성령으로 말미암아 하나님의 사랑이 우리 마음에 부은 바 됨이니, 우리가 아직 연약할 때에 기약대로 그리스도께서 경건하지 않은 자를 위하여 죽으셨도다"(롬 5:4-6). 이 대목에서, 성령은 환난 가운데서 우리에게 하나님의 사랑에 대한 확신을 주기 위해 그리스도의 죽음에 관한 하나님의 말씀을 사용하신다. 실로, 성령의 애초의 부어짐은 계속해서 이런 식으로 일하시는 것이다. 그리고 성령의 역사는 하나님의 사랑에 대해 독립적으로 증거하는 것이 아니라, 그 단락이 보여 주듯이 예수의 죽음에 유일회적으로 그리고 충분히 나타난 하나님의 사랑에 우리가 집중하도록 하는 것이다(참고. 엡 3:14-19).

셋째로, 믿음의 삶은 하나님에 대한 순종과 봉사를 낳는다. 성령이 역사하시는 결과는 우리가 믿음으로 살아 계시며 주권자이신 하나님의 자녀가 되는 것이다. 성부, 성자, 성령이 그처럼 아주 공적으로 우리와 언약을 맺으셨다는 사실이 그리스도인의 삶의 토대다. 우리는 하나님의 직접적이며 지속적인 임재와 선의를 의심하지 않는다. 왜냐하면 우리가 신뢰하는 말씀이 우리에게 보이지는 않지만, 이 위대한 실질들에 대한 확신을 주기 때문이다. 하나님의 임재를 의심하는 것은 하나님의 진리나 선의를 의심하는 것이다. 우리는 하나님의 말씀을 신뢰한다. 그리고 그 때에 그 말씀은 우리의 삶을 변화시킨다. 하나님의 말씀은 우리에게 필요한 확신과 지혜와 인도와 책망과 격려를 제공하면서, 우리의 삶을 창조하며, 에워싸며, 유지한다.

단지 예수를 신뢰하기보다 다른 동기에서, 예를 들어 우리 자신을 정당화하기 위해서나 확신을 획득하기 위해 이루어진 일들은 더 이상 하나님께 순종하는 선한 행위들이 아니다. "이는 우리가 믿음으로 행하고 보는 것으로 하지 아니함이로라"(고후 5:7). 그 말은, 하나님의 말씀이 우리 삶의 틀을 제공하며, 우리가 고려해야 하는 확정된 요점들을 제공하며, 우리가 이 땅에서 살아갈 때 우리의 존재를 다스릴 헌장과 기쁜 소식들을 제공한다는 뜻이다. 그 말씀에 덧붙이는 것은 믿음으로가 아니라 눈에 보이는 것을 가지고 종말을 기대하고 행보하는 위험스런 일이다. 그렇게 하는 것은, 현재 확립된 말씀의 핵심인 (우리의 생각을 포함해서) 우리 삶에서의 하나님의 위대한 말씀이신 그리스도의 중심적 성격을 확실히 위험하게 만든다.

### 그리스도인의 삶: 주권적인 하나님과 동행하는 삶

복음은 우리를 유일하신 참 하나님, 만물을 만드시고 다스리시는 주권적인 하나님에 대한 믿음으로 이끈다. 성경에 따라, 우리는 하나님의 통치가 크고 작은 그분의 모든 피조물에게까지 확장된다고 이해한다. 하나님은 만물을 창조하셨고, 지금도 다스리신다. 발생하는 일은 무슨 일이든지 하나님으로부터 비롯한다. 역사와 자연은 모두 하나님의 작품이다. 우리는 하나님 가까이에 있다. 왜냐하면 하나님이 가까이 계시기 때문이다. 이 점에서, 존재하거나 발생하는 모든 것은 하나님을 드러낸다. 왜냐하면 하나님이 그 모든 것 안에 계시기 때문이다. 그러한 생각은 당황스러운 것이다. 이는 세계를 둘러 볼 때, 우리가 장엄함과 용기와 선함을 볼 뿐만 아니라 파멸과 절망과 죄악도 보기 때문이다. 아무리 좋은 경우라도, 우리의 경험은 애매모호하다. 나쁜 경우, 우리의 경험은 끔찍하다. 복음이 제공하는 하나님의 성품에 대한 또 다른 통찰이 없다면, 주권적인 하나님에 대한 신앙은 두려운 것이었을 것이다. 복음은 이 주권적인 하나님이 우리를 향해 호의를 가지시며, 우리의 유익을 위해 세상을 활용하신다고 우리를 설득한다. '진실로, 모든 것은 나의 구원에 봉사하고 있음에 틀림없습니다'(하이델베르크 요리문답). 또한 하나님은 우리에게 그리스도 안에서 만물을 주실 뜻을 가지신다. 우리는 하나님을 향한 그리고 이웃을 향한 사랑을 보여 주기 위해 세상에 있는 것은 무엇이든지 두려움 없이 사용할 수 있을 것이다. 하나님의 은혜의 말씀은 하나님이 인간의 경험 가운데서 무슨 일을 하시는지 해석할 수 있도록 해준다.

그러한 세상에서의 그러한 아버지 하나님에 대한 믿음의 삶은 무엇인가? 그 삶은 하나님 앞에서의 회개와 죄에 저항하는 싸움으로 이루어진다. 그 삶은 주님이신 하나님 앞에 선 피조물들에게 적합한 행동상의 순종의 길을 추구한다. 두려움과 무지에 근거해서 살아가는 대신, 사랑의 삶을 살아간다. 왜냐하면 우리가 지금은 하나님이 우리를 사랑하셨음을 알기 때문이다. 그 삶은 하나님의 성령이 자기 절제가 있는 기쁨을 포함하여 성령의 열매를 맺게 하시는 삶이다. 그 삶은 살아 계신 하나님과 그리고 회중 가운데서 동료 신자들과 기도로 교제하는 삶이다. 우리는 고난을 면제받거나 경감받지 않는다. 실로 그리스도인들은 신실하고자 애를 쓰기 때문에 다른 사람들보다 더 고난을 당할 수가 있다. 그러나 고난당하는 자들의 고통은 하늘에 계신 아버지가 여전히 주관하심을 아는 자들의 고통이며, 하늘에 계신 아버지가 이러한 일들이 일어나도록 허용하실 만한 충분하고 선한 자신의 이유들을 가지고 계심을 아는 자들의 고통이다. 이렇게 해서, 섭리의 발생들은, 가외의 특별한 정보에 의해서가 아니라 성부께 속한 자들의 존재를 지탱하고 해석하는 심원하고 기본적인 진리들에 의해 변화된다. 은혜는 섭리를 설명하며, 계시는 경험을 해석한다.

근본적인 층위에서, 우리가 성부께 나아갈 수 있게 됨으로써 하나님이 만드신 세상과 우리의 관계가 바뀐다. 갈라디아서 4:1-11에서, 바울은 창조주 하나님과 양자됨을 연결한다. 유대인이든 이방인이든 간에, 비그리스도인의 길은 "이 세상의 초등학문"(4:3)에 예속된 길이다. 갈라디아서의 문맥에서, 이 길은 자신이 살아가는 환경을 지배하던 영들(심지어 하나님까지도)을 성공적으로 조종할 수 있다고 생각했던 사람들이 지켰던 모든 종교 의식과 종교적인 준수 사항을 포함함에 틀림없다. 그리고 놀랍게도 거기에는 율법도 포함된다. 이들 "약하고 천박한 초등학문"을 통해서 세상을 주무르는 대신에, 갈라디아인들은 그것들에게 다시 지배당하는 위험에 처해 있었다(갈 4:9-10).

그러나 그리스도의 충분한 사역이 이제 하나님과 그들의 관계를 그리고 그리하여 하나님께 속한 피조 세계와의 관계를 변모시켰다. 세계에 대한 본질적으로 신령주의적인 견해—하나님을 찾아서 달랠 수 있을 것이라는 바람에서 하나님이 자신의 피조물을 통해 접근되어야 하는 견해—의 노예가 되는 대신에, 그들은 살아 계신 주권자 하나님의 아들들이 되었다. 그 결과, 그들은 세상이 지닌 두려움이나 세상의 종교 없이, 하나님과 교제하면서 믿음으로 살아가도록 해방되었다. 세상을 일종의 신성이 가득 찬 우주로 만드는 이 '종교적인' 참여들과 별개로, 그들은 세상을 누리도록 해방되었다. 여기에 바로 새롭고 혁명적인 경건을 위한 헌장이 있다. 그 헌장에서는 세계와 그 작용은 경건에 이르는 길이 아니라 경건의 경기장이다. 이 사실에서 우리는 인류에 대한 복음의 커다란 선물 가운데 하나를 본다. 그 선물은 세상과 그 제의(祭儀)들에 묶인 모든 종교로부터의 해방과 그리스도 안에서 하나님의 아들들로서 세상을 다스리는 가운데 하나님의 형상을 회복하는 것이다.

예를 들어, 먹는 일과 같은 일상적인 일이 복음에 따라 해석될 수 있다. 성경이라는 특별 계시는 "하나님께서 지으신 모든 것이 선하매 감사함으로 받으면 버릴 것이 없나니"(딤전 4:4)라고 말해 준다. 그 말씀은 이 식사가 하나님의 선하신 뜻에 의해 제공된다는 것과 내가 하나님의 주권적인 예비를 인정해야 하는 것을 일깨워 준다. 그러므로 공급되는 한 끼의 식사는 하나님의 끊임없는 돌보심과 강력한 권능에 대한 일반 계시의 일부다. 내가 그 음식이 내게 이르게 된 모든 일을 묵상한다면, 하나님의 권능에 대해 놀라움을 느낄 것이며, 하나님의 자비하심을 즐거워할 것이다. 이 일과 나의 생활의 다른 모든 세세한 일에서, 하나님은 친밀하게 그리고 직접적으로 개입하신다.

그러나 하나님의 말씀은 내가 저녁 식탁에서 생선을 먹을지 돼지고기를 먹을지를 결정하는 데는 도움을 주지 않는다. 그 대신에, 하나님의 말씀은 그와 같은 세상적인 고려들에 대해 관심을 기울이는 어떠한 종교로부터도 내가 자유하다고 말해 주며, 이웃에 대한 사랑을 가지고 그렇게 한다면 내가 무엇을 먹든지 하나님이 좋게 여기신다는 확신을 준다. 그 실례 자체가 우리에게 일깨워 주듯, 이러한 상황에서 일반 계시는 따로 떨어진 계시의 원천이나 규범을 형성하지 않는다. 그리고 일상생활의 다른 수백만 가지의 결정에서처럼, 이 일에서도 우리는 하나님을 신뢰하고, 하나님께 감사하고, 다른 사람을 사랑하라는 일반적인 명령 외에는 하나님으로부터 특정한 지침을 받지도 기대하지도 않는다. 실로 그 이상을 하려는 것은 하나님이 우리를 건져내셨던 그 종교적인 속박으로 되돌아가는 게 될 것이다.

그러므로 주권적인 하나님과 더불어 살아간다는 것은 하나님의 통제와 하나님의 목적들이 삶의 모든 부분에 접하고 있음을 의식하면서 세상에서 살아가는 것이며, 내가 그 하나님이 아버지이심을 확신하게 해주는 복음으로 하나님의 주권적인 권능에 대한 우리의 경험을 해석하는 것이다.

### 살아 계신 하나님은 어디에 계시는가?

이 장 첫 부분에서, 나는 그리스도인들이 자주 했던, '하나님은 계시는가?', '하나님은 나를 받아주시는가?' 그리고 (현대 교회에 좀더 급박한) '하나님은 살아 계시는가?'라는 세 가지 물음을 언급했다. 믿음의 삶에 대한 우리의 제시는 자비로우시고 주권적이시며, 관대하시고 행동적이시며, 받아주시고 임재하시는 그 하나님에 대한 이해에 기반을 둔다는 것을 보여 준다. 그렇지만 언제나 기독교에는 한 가지 경향이 있는데 현재에도 적지 않게 존재한다. 그 경향은 하나님의 은혜의 복음을 파악하는 데 흔들려서, 그릇된 장소에서 이러한 물음들에 대한 대답을 찾는 것이다. 우리는 특히 경험의 애매모호함을 경험 그 자체로 설명하려는 경향이 있다. 이러한 물음들에 대답하는 과정에서, 우리는 증거가 될 수 있는 경험이나 이성에 우선권을 주려는 시험에 빠진다. 하나님은 계시는가? 이 물음에 대해 우리는 증거들을 제출한다. 하나님이 나를 받아주시는가? 이 물음에 대해 대답하려 하면서, 우리는 선을 행하려고 애를 쓴다. 하나님은 나와 함께 계시는가? 이 물음에 대해서는, 종교적인 경험을 찾는다.

하나님이 우리를 받아들이셨다는 확신의 문제를 예로 들어 보자. 우리는 인간의 죄가 우리를 전적으로 무능력하게 만든다는 사실과, 은혜가 십자가에서 그리스도께서 획득하신 구속(救贖)을 구원의 초점으로 만든다는 사실과, 은혜가 성령을 통한 하나님의 특별 계시를 구속자에 대한 오류가 없는 중심으로 만든다는 사실을 살펴보았다. 그러므로 결국 우리가 살펴본 대로, 순전한 성경적 경건은 그리스도 안에서 하나님이 이루신 역사에 대한 감사와 경이(驚異)다. 참된 경건은 하나님의 자비하심을 결코 부정하지 않으며, 그리스도의 십자가로부터 졸업하지 않으며, 아낌없이 나누어 주시는 그분의 은혜를 잊지 않는다. 그러나 인간의 죄악성에 대한 성경의 논고를 약화하는 경건이 빈번히 발전되어 나온다. 그리고 그 다음 단계는 구속 사역에서 인간과 하나님의 협력을 (비록 적은 협력이나 '성경적인' 협력이라도) 허락하는 것이다. 그 다음으로는, 일정하게 그리고 필수적으로, 선행이나 여타의 경험이 구원에 혹은 구원의 확신을 얻는 데 중요한 역할을 하도록 인정된다. 종종 이러한 경건의 발전은 노력으로 은혜를 보완하는 필연성에서 비롯되는, 매우 인상적인 헌신과 영성의 만개(滿開)로 이끈다. 그러나 이러한 헌신은 방향이 잘못되었으며, 복음이 우리를 해방하려는 영적인 속박으로 되돌아가게 만든다. 그리고 결국 우리는 작은 일에 대해서조차도 하나님의 요구 사항, 요구 수준에 부응할 수 없음을 깨달으면서 절망에 빠지거나, 그렇게 할 수 있다고 상상하면서 스스로를 속이는 자기기만에 빠진다.

이러한 상황에서는, 하나님의 특별 계시로서 복음이 제공하는 확신은 충분하지 않은 것으로 생각된다. 복음은 오늘날의 특별 계시에 의해, 하나님이 자신을 받으셨음을 그 수납자에게 입증해 주는 경험들에 의해 보충되어야 한다. 그러나 이러한 경향은 어쩔 수 없이 그리스도께 초점을 맞추는 복음의 말씀에서 사람에게 초점을 맞추는 종교로 눈길을 돌리게 만든다. 우리를 **위하시는** 그리스도께서 우리의 유일한 소망이라는 복음은 우리가 사랑 받는다는 증명으로서 우리 **안에 계시는** 그리스도로 바뀐다. 이러한 유혹은 반드시 복음의 이름으로 배격되어야 한다. 그 순서가 잘못되었다. 첫 번째 답변과 최후의 답변은 반드시 하나님의 말씀이 말해 주는 것이어야 한다. 각 경우에 대해 이루어지는 전형적인 대답들은 제대로 된 대답이 되기에 부적절하다. 그래서 그러한 대답들에 의지하는 사람들은 흔들리거나, 이상한 것에서 더욱 절망적으로 그 대답을 찾으려고 노력하게 된다. 좀더 근본적인 층위에서, 하나님의 은혜의 복음은 인간의 노력에 대한 강조로 말미암아 심각한 위험에 빠진다. 그리고 하나님의 계시의 실제적인 방법인 하나님의 말씀은 무시되거나 왜곡된다.

하나님의 주권 교리의 약화를 통해서도 동일한 결과가 발생한다. 이 경우, 주요 희생물은 세상에서의 하나님의 강력한 임재에 대한 의식이며, 따라서 '살아 계신 하나님은 어디에 계시는가?'라고 물을 필요성이 생겨나는 것이다. 이미 살펴보았듯이, 성경이 서술한 것들을 보면, 공중의 새든지, 들의 꽃들이든지, 군대의 움직임이든지, 우리 주변에서 드러나는 자연의 힘들이든지, 모든 만물은 하나님의 말씀과 뜻에 부응한다. 시편 19편에 언급된 대로("하늘이 하나님의 영광을 선포하고 궁창이 그의 손으로 하는 일을 나타내는도다"), 하나님의 능력의 계시는 기적이라고 일컬어질 수 있는 것에 대해서가 아니라 우주에서 관찰될 수 있는 규칙성들과 관련이 있다. 여호와의 주권에 대해 우리가 관찰할 수 있는 첫 번째 사실은 그 주권의 충격적인 성격이 아니라 예견성에 있다. 인류에게 물질적인 우주에 대한 다른 그림을 제공함으로써 근대 과학의 도래를 격려했던 것이, 바로 앞서 설명한 양자됨의 자유(freedom of adoption)와 더불어 세계의 안정적이며 규칙적인 운행이었다. 시편 기자가 하나님의 위엄을 선포한다고 여긴 것은 바로 이러한 자연의 일상적인 측면이다.

그러나 모든 사람이 하나님의 주권에 대한 이러한 설명을 받아들이는 것은 아니다. 인간의 자유는 하나님의 주권에 대한 이해에 영향을 줄 정도로 가치 있게 여겨진다. 대중적인 수준에서나 심지어 세련된 수준에서 인기를 끄는 좀더 '개방적인' 설명에서, 세계에서의 하나님의 권능은 그다지 분명하지 않다. 리처드 라이스(Richard Rice)의 말을 빌면, "역사는 하나님과 그분의 피조물들이 행하기로 한 결정들의 연합된 결과다."⁷⁷ 인간과 그리고 실로 자연이 역사 형성에 훨씬 더 기여한다. 그리고 하나님은 '인도하시고' '방향을 정하시는' 역할을 훨씬 더 많이 하신다. 하나님의 주권에 대한 좀더 강력한 설명에 기반을 둔 경건에서는, 모든 것이 하나님으로부터 와서 믿는 자를 위해 일을 한다. 특별한 사건, 놀라운 기도 응답, 심지어 특별한 건지심이나 치유까지도 커다란 감사와 즐거움으로 받아들여지지만, 그 일들은 결코 쉼이 없으며, 자비로우신 하나님의 섭리의 일부로 여겨진다. 그러한 사건들의 부재가 하나님의 부재를 말하는 것은 아니다. 왜냐하면 하나님은 대단한 일이나 특별한 일에 계시듯이, 보통의 일상적인 일이나 고통스러운 일에도 언제나 계시기 때문이다. 하나님의 경탄할 만한 권능은 매일 아침 해가 떠오르는 것에서 볼 수 있다. 그 일이 그처럼 정기적으로 일어난다는 사실이 하나님의 권능이나 우리의 기쁨을 경감하지는 않는다.

이해할 수 있듯이, '개방적인' 설명은 인간과 자연의 힘들을 위한 여지를 제공하기 위해, 하나님이 세상과 간접적인 관계를 가지신다거나 심지어 세상과 거리를 두신다는 느낌이 수반된다. 물론 하나님은 불쾌한 사건들로부터는 떨어져 계시며, 최소한 그러한 사건들에 대해서는 직접적으로 개입하지 않으시는 것 같다. 이러한 좀더 개방적인 견해에 근거해서 이루어지는 경건에서, 하나님의 임재는 지속적이라기보다는 좀더 돌발적으로 발생하는 듯 하며, 특별하고 기적적인 것에서 임재하심을 더 잘 드러낸다. 실로, 대중적인 경건에서는, 어떤 사건이 (인간의 취향과 판단 기준에 따라) 기이하면 기이할수록, 더욱 분명하게 그 사건이 주님으로부터 온 것으로 확인될 수 있는 것 같다. 역설적으로, 그 '개방적인' 설명은 때때로 '강한' 설명보다 더 하나님의 권능의 실재에 잘 부합한다고 스스로 여긴다. 그러나 그 결과가 무엇인가? 그것은 하나님이 진정으로 살아 계시고 활동하신다는 확신을 필요성에 부응하기 위한, '빈틈을 채우시는 하나님'(God of the gaps) 이론[전통적인 신론에서, 우주와의 관계에서 하나님은 우주의 법칙에 의해 설명되지 않는 빈틈에서 역사하시는 분으로 이해되었고, 그 하나님의 역사를 God of the gaps라 표현한다—역주]의 등장이었다. 성경적 가르침의 관점에서 기인하는 실질적인 난점은 개방적인 하나님이 성경의 하나님보다 작다는 것이며, 하나님의 현존에 대한 확신이 또 다시 그릇된 곳에서 추구된다는 것이다.

그것은 경험적인 것이나 합리적인 것이 전혀 가치가 없다는 의미가 아니다. 그와 반대로, 하나님의 존재에 대한 증명들은 증명으로서는 성공적이지 못할 수 있지만, 로마서 1장이 우리에게 일깨워 주듯, 증거의 영역에는 그대로 남는다. 마찬가지로, 한 사람의 삶에서 성령의 열매를 봄으로써 갖게 되는 확신은 모호하거나 연약할 수 있지만, 요한일서가 우리에게 일깨워 주듯(요일 2:3-6), 재확신의 가치가 전혀 없는 것은 아니다. 물론 그러한 열매의 부재는 성령의 부재를 시사한다. 마찬가지로, 자신의 복을 자녀들에게 정기적으로 그리고 때로는 전혀 예기치 못한 방식으로 제공하시는, 자녀들에 대한 하나님의 섭리적 돌보심은 기쁨을 제공하며, 믿음을 강화하며, 소망을 자극한다. 성부 하나님이 자신의 기도에 식별할 수 있도록 응답하신 적이 전혀 없다고 말하거나 하나님이 건져내신 일이나 값없이 주신 은혜의 복에 대한 증거가 자신에게는 전혀 없다고 말할 수 있는 사람은, 기이하거나 심지어 게으른 그리스도인일 것이다. 세상에서 그리고 우리의 삶에서 일하시는 하나님의 그러한 역사들로부터 결론을 이끌어 내는 것은 당연한 일이다. 우리는 심지어 그러한 역사를 통해 하나님이 우리와 의사소통을 하시며, 우리가 하나님에 대해 배우고 하나님의 지도편달을 받는다고도 말할 수 있다. 하나님이 우리에게 무엇인가를 계시하신다고 말할 수 있는 성경적인 근거가 있다(빌 3:15). 그러나 그러한 경험들은 어떤 범주에 적합한가? 적당한 때에 나는 제4장과 제5장의 패턴을 따라서, 몇 가지 안전 지침과 더불어 그러한 경험들을 일반 계시로 생각하는 것이 적합하다고 제시할 것이다.

어쨌든지, 하나님의 임재라는 쟁점이 오늘날의 세계에서 기독교 신앙의 모든 요소 중 핵심이라는 사실은 의미심장하다. 만일 이 책의 논제가 옳다면 그리고 하나님이 자신의 말씀을 듣도록 우리를 위해 정해 주신 자리가 그분의 영감된 말씀이라면, 하나님의 임재라는 쟁점이 그토록 중요하다는 사실은 전혀 놀라운 것이 아니다. 그리스도인들은 성경을 지녀 왔다. 그러나 계몽주의 이래로, 그리스도인들은 성경이 무엇이든지 하나님의 영감된 말씀은 아니며, 그러므로 하나님과 우리의 교제에 핵심적일 수 없다는 말을 들어 왔다. 또한 우리가 그 견해들을 존중해야 하더라도, 그 가르침에 순종할 필요는 전혀 없다. 성경에 대한 채택된 이론들이 슐라이어마허의 노선에 서 있든지 바르트의 노선에 서 있든지, 각 노선에서 영감이 부인되어 왔으며, 똑같은 효과를 낳았다. 성찬에서든지 신유의 기적에서든지, 초자연적인 순간과 계시의 사건에서 이전보다 더 절실하게 하나님의 임재가 추구된다는 사실은 놀라운 것이 아니다. 제2차 세계대전 이래로, 몇몇 주요 교단이 성찬의 부활에 몰입했던 것은 그 교단들의 영광 중 하나가 아니라 오히려 연약함의 징후였다. 성경을 강해하고 말씀에 순종하는 일에 대한 관심이 성장한 것이 오히려 능력의 회복을 보여 주는 것이라 할 수 있을 것이다.

### 오늘날의 계시에 대한 평가

그렇다면 오늘날의 예언 운동에 대해서나 웨인 그루뎀, 조이스 허기트, 데이비드 왓슨 등이 주장했던 것 같은 주장에 대해서는 무엇이라고 말해야 하는가? 이러한 것들이 부가적인 계시의 줄기를 구성하며, 모든 그리스도인과 교회에 가능한 것이며, 우리가 매일 하나님으로부터 직접적인 인도하심에 해당하는 최근 메시지들을 받을 수 있게 해주는 것인가? 몇 가지를 관찰해 볼 필요가 있다.

첫째, 하나님은 자신이 기뻐하시는 대로 하실 수 있다. 하나님은 주권적이시다. 때때로 오늘날에도 계시가 있음을 부인하는 사람들은 그들이 하나님의 권능을 제한하기 때문에 그렇게 한다는 주장이 제기된다. 그러나 하나님의 주권에 대한 강한 견해를 지닌 사람들이 하나님이 기뻐하시는 대로 무슨 기적이든지 행하실 수 있으며 지금도 원하시는 대로 빈번하게 무슨 방식으로든지 말씀하실 수 있다는 사실을 부인할 필요는 전혀 없다. 하나님은 이 모든 것이나 이 가운데 어느 것을 행하실 수 있다. 그 사람들의 문제점은 하나님의 권능을 인정하기를 꺼리는 데 있지 않다. 그와 반대로, 그들은 하나님이 "모든 일을 그의 뜻의 결정대로 일하시는 이"(엡 1:11)임을 믿는다. 그리고 그들은 매일 매순간 자신을 에워싼 하나님의 권능과 영광에 대한 증거를 본다. 사실, 하나님에 대해 좀더 '개방적인' 견해를 가진 (그래서 하나님의 권능을 제한하는) 사람들은 오늘날에도 기적이 있음을 믿는다.

둘째, 그루뎀과 여타의 사람들이 제시한 성경의 증거는 불충분하다. 성령의 임재하심에 대한 자료는 내가 앞장에서 했듯이, 복음에 비추어서 읽을 필요가 있다. 성령은 주로 복음의 효과에서 자신의 임재를 현저하게 나타내신다. 사도행전에 있는 성령의 계시 사역의 예들은, 그러한 인도하심에 대한 계속되는 성경적 약속을 구성하기보다는 사도적 교회의 말씀 사역에 표적이 수반되었다는 누가의 일반적인 보고에 부합하는 예들이다. 오히려, 성령의 인도하심을 받는 일에 대한 성경의 언급들은 말할 나위 없이 모든 그리스도인에게 계속해서 적용되는 말씀인데, 이는 분명 우리가 주님께 순종하면서 살아가기 위해 우리에게 필요한 인도하심이 아닌 다른 인도하심을 가리키지 않는다. 그 언급들은 성령의 책인 성경을 따르는 일을 가리킬 수도 있다. 좀더 깊은 층위에서, 우리는 성령의 역할의 주요 요소 가운데 하나를 하나님의 임재하심을 나타내는 일로 보는 그루뎀의 개념에 주목해야 한다. 이는 그 논란에 무엇이 걸려 있는지를 시사하며, 우리가 그 안에서 하나님이 성령에 의해 자신의 임재를 나타내시는 그분의 말씀으로부터 빗나가고 있음을 경고한다.

셋째, 신기한 사건들에 대한 보고는 때로 인정되는 것보다 훨씬 더 많이 일어난다. 오늘날의 개신교 세계에서도 기적이 일어날 수 있겠지만, 크리스천 사이언스(Christian Science)나 로마 가톨릭, 힌두교에서도 기적이 일어난다. 개인적으로 그 일에 연루되면, 보통 이상의 일이 기적으로 부풀려지기란 매우 쉬운 일이다. (현재 이루어지는 모습대로의) 방언 현상은 그 점을 잘 지적해 주는 사례다. 방언은 때때로 기적에 해당하는 은사라고 이해된다. 그리고 방언은 분명히 사람들로 하여금 하나님이 살아 계시며 활동하신다는 확신을 심어 준다. 그러나 방언은 독특한 기독교 현상이 아니며, 반드시 초자연적인 기적도 아니다. 방언은 다른 종교에서도 발생하며, 불신자의 생활에서도 일어날 수 있다. 그리고 많은 사람이 볼 때, 방언은 자연적으로 발생한 사건이라기보다는 배움을 통해 학습된 사건임에 분명하다. 우리가 방언 현상에 대해 많이 알면 알수록, 확신을 줄 수 있는 능력은 감소된다. 방언은 쉽게 일상화된다. 그리고 이 일이 일어날 때, 훨씬 더 대단하게 '보여 주고 싶은' 유혹이 일어난다. 그래서 기적의 만개는 기이하게도 스스로를 무너뜨린다. 또한 성경이 보여 주듯이, 기적은 빈번히 거짓 예언자들의 주 무기가 되며, 그 자체만으로는 어떤 메시지를 입증하는 일을 할 수가 없다(신 13:1-5; 마 7:21-23; 살후 2:9-10). 간단히 말해서, 기적 같은 것은 그 자체로 하나님의 승인이나 하나님의 뜻에 대해 말해 주지 않는다.

    넷째, 오늘날의 사건들은 아무리 정확하게 보고되었더라도 성경에서 짝을 이룰 수 있는 사건들에 꼭 들어맞지는 않는 것 같다. 오늘날의 치유 사건들은 성경에 있는 사건들보다 덜 극적이며 덜 오래간다. 그리고 어떤 질병들에 대해서만 선택적으로 일어나는 것처럼 보인다. 예언도 흔히 틀리거나 부분적으로만 맞는다. 그리고 마찬가지로 예언자들도 맞기도 하고 틀리기도 한다. 잘 검토해 보면, 예언은 흔히 그 성격상 지극히 사소한 것들에 관한 것이다. 그 예언들이 사소한 것들에 대한 것이 아닐 때는(예를 들어, 자연 재해나 자녀 출생에 대한 예언들의 경우) 통제할 필요가 있음을 경험이 보여 준다. 위험한 실수들이 발생해 왔기 때문이다. 그러나 만일 그 예언들이 진짜며 중요하다면, 무슨 권한으로 그 예언들을 통제할 수 있는가? 또한 사람들이 실패한 예언을 보고하는 일은 매우 드물다.

    다섯째, 소위 중단설(기적적인 표적들과 기사들은 사도 시대와 더불어 종식되었다는 견해)이 때로 고린도전서 13:8-12에 변호하기 어려운 호소를 하지만, 중단설은 성경 계시의 형성에 관한 한 가지 진실한 통찰을 반영한다. 성경 시대 전체를 통해 표적과 기사를 하나님이 제공하신 일은 빈번하게 비상한 계시의 때와 연결되며, 모세, 엘리야, 엘리사, 예수, 베드로, 바울과 같은 위대한 예언적 인물들과 연결되었다. 사도행전에 나오는 기적들은 하나님의 말씀이 예루살렘에서 시작해서 땅 끝까지 전파되어 나아가는 과정에서 사도들과 하나님의 말씀을 전하는 여타의 전파자들과 연결되어 있다. 성경의 어떠한 본문도 오늘날에는 기적들이 불가능하다거나 중단되었다고 가르치지 않는다. 그러나 하나님이 채택하신 계시의 방법은 그 비상한 일이 복음을 예시하고 장식하기 위해 사용되었음을 제시한다. 즉, 그 비상한 일은 그러한 일들이 흔할 것이라고 기대할 수 있는 하나님 나라의 새로운 경륜(dispensation)에 덧붙여진다기보다는 말씀에 덧붙여진다. 기적적인 것이 우리의 눈길을 말씀으로부터 빼앗을 수 있는 위험을 바울은 인지했다(고전 1:18이하). 오늘날 기적에 대한 끊임없는 주장과 호소는 신약 성경에 기록된 기적들의 계시 중심적 의의를 경감한다.

    이러한 관찰들과 그에 앞서 이루어졌던 신학적 분석에 미루어서, 다음과 같이 결론을 내릴 수 있을 것이다. 오늘날의 계시 주장들을 당장 내쳐 버릴 필요는 없다. 그러한 사건들은 하나님의 권능에 있는 것이다. 하나님이 그러한 사건들을 일으키시려 한다면, 그렇게 하실 수 있다. 그러나 그 사건들이 진짜라면, 그 사건들은 특별 계시라는 범주에 속하기보다는 일반 계시의 범주에 속한다. 그 사건들은 자연 질서에서 얻을 수 있는 일반 계시와 같은 것이다. 그리고 그 사건들은 그리스도인들에게만 특이한 것이 아니다. 그러나 그 사건들은 어떤 기독교적 정황에서 결실 있게 발생할 수도 있으며, 격려와 어느 정도의 확신도 가져다줄 수 있다. 이 점에 있어서 그러한 사건들은 기도 응답이나 여타의 하나님의 섭리와 같은 것이다. 그 수납자는 그 사건 자체에 대한 지식에서가 아니라 하나님 말씀의 관점에서만 그 사건들을 적절하게 해석할 수 있다.

이 결론이 웨인 그루뎀이 시도한 예언에 대한 접근과 전적으로 어긋나는 것은 아니다. 예언을 "하나님이 자연적으로 마음에 떠오르게 하신 어떤 것을 말하는 것"이라고 정의하면서, 그루뎀은 고린도전서 14:26-33(그리고 신약 성경의 다른 곳)에 기록된 예언 활동이 신약 성경이나 구약 성경에 속하는 고전적 예언자들이라 일컬어질 수 있는 사람들의 예언과는 다른 범주에 속한다고 주장한다.[8] 고전적 예언자들과 사도들의 말씀은 하나님의 직접적인 말씀이며, 믿어지지 않거나 불순종될 수가 없는 것이다. 그러나 고린도전서 14장에 있는 예언의 본질은 적어도 그 예언을 들었던 사람들 중 일부에 의해 조사를 받을 수 있기 때문에, 통제 대상이 될 수 있는 것이다. 이 예언은 부분적으로 틀릴 수 있으며, 그 예언을 한 사람에 의해서도 그릇 해석될 수가 있다. 그루뎀은 이렇게 결론을 내린다. "그래서 오늘날 교회에서의 예언은 하나님의 말씀이 아니라 단지 인간의 말이라고 간주되어야 하며, 그 권위도 하나님의 말씀과 동등한 것으로 간주되어서는 안 된다."[9]

만일 그루뎀의 주해가 옳다면, 현대의 예언 현상은 어떤 의미에서, 거의 문젯거리가 되지 않는다. 그 현상은 일반 계시에 속하는 것으로, 일반 계시와 똑같이 취급될 필요가 있다. 예언 현상은 차라리 주님이 우리에게 어떻게 해주셨는지에 대해 말하는, 교회에서 이루어지는 '증거들'(testimonies)과 비슷하다고 할 수 있다. 증거들은 성경이 주님에 관해 말하는 바에 명확히 의지하지만, 하나님의 말씀의 권위는 없으며, 그 증거를 듣는 자들이 평가하고 검토할 필요가 있다. 만일 그루뎀의 주해가 틀렸다면(그리고 나는 그루뎀의 주해에 대한 싱클레어 퍼거슨의 비판이 건전하다고 여긴다),[10] 그 현상은 오히려 동일한 단락을 칼뱅이 다루면서 하는 대로 이해하는 것이 더 낫다. 즉, 예언의 은사는 고전적인 예언과 동등한 것이지만, 지금은 사라져 버렸다는 것이다. 복음이 개시되었고, 성경은 완성되었으며, 교회는 세워졌다. 성경에는 예언의 은사가 풍성히 있다. 오늘날의 예언은 단지 주의(主意)를 산만하게 할 뿐이다.

물론 오늘날의 예언을 옹호하는 많은 사람은 그루뎀의 제한 사항들조차도 받아들이기를 거부한다. 그들은 자신의 예언의 말이 성경과 똑같은 권위를 지닌 특별 계시를 구성하며, 믿음과 순종을 요구한다고 주장한다. 그들의 신학적·목회적 방법은 신변잡기식이 되며, 의도하지는 않았지만 성경이 하나님의 '살아 있으며 활동적인' 말씀이라는 주장을 그들이 제쳐 버린다는 사실은 전혀 놀랍지 않다. 그들은 안내는 하지만 다스리지는 않는 하나님 그리고 인간의 반항 앞에서는 무능한 하나님께 헌신되어 있다. 이미 인용했던 데이비드 왓슨의 말을 빌면, "하나님은 살아 계신 분이기 때문에, 우리에게 끊임없이 말씀하고자 애를 쓰시며, 따라서 우리는 하나님의 하시는 말씀을 경청할 필요가 있다.…영적으로 깨어 있고자 한다면, 우리는 하나님이 계속해서 말씀하시는 모든 말씀을 필요로 한다."[111] 이 하나님은 성경을 통해 말씀하셨으며 여전히 말씀하시는 하나님, 또한 원하시는 대로 자신의 목소리를 들리게도 하시며 들리지 않게도 하시는 그 하나님과는 너무나 동떨어진 분이다.

자연이나 역사에서 우리에게 입수될 수 있는 일반 계시는 개인적인 것이든 공적인 것이든, 하나님의 마음과 뜻을 전달하는 데 그러므로 확신을 제공하는 데 여전히 어느 정도의 가치를 지닌다. 심지어 사건들에 대한 그릇된 해석들조차도 주관적 확신을 제공할 수 있으며, 그러므로 한 동안 영적인 삶의 증진을 가져올 수도 있다. 그러나 오직 자신에 대한 하나님의 일반적인 계시를 경험한 것만이 진짜이며, 동시에 성경에 계시된 복음에 따라서 해석되는 경우에만 장기적인 유익이 가능하다.

### 하나님의 말씀 경청하기

하나님의 말씀보다는 문화를 따르기로 선택한 일이 현대 신학 대부분의 비극이며, 또한 그러한 신학의 영향을 받은 교회 생활의 비극이다. 그 신학은 계몽주의와 같은 운동들이 성경에 대해 내린 부정적인 판단을 받아들였으며, 다른 계시들이나 계시에 대한 다른 버전들로 대신하고자 노력했다. 이러한 것들은 실패할 수밖에 없는 운명을 지녔다. 혹 어떤 사람은 성경의 종교는 완전히 잘못되었다고 선언할 수 있다. 그렇지만 그 사람도 성경의 종교가 말씀의 종교인 사실은 부인하지 못할 것이다. 이는 교회사 내내 충분히 인정되어 온 사실이다. 그리고 심지어 말씀에 전통이 덧붙여졌을지라도 그렇게 인정되어 왔다. 그런데, 대충 말한다 할지라도, 오늘날 전통을 존중한다고 주장하는 사람들 중에서 아주 많은 사람이 말씀의 전통을 포기했다는 사실은 아이러니하다. 말씀의 전통은 수백 년 동안 이어져 온 그리스도인들의 신학적 헌신이 그렇듯이 아주 근거가 확고한 것이다. 만일 계시의 자리로서, 말씀이 포기되어야 한다면, 오히려 전체적인 기독교를 근본적으로 오류가 있는 것으로 보고 포기해 버린 사람들 편에 가담하는 게 더 나을 것이다.

하나님은 우리를 위해 제공하시는 정보 수집 초소(listening post)로 말씀을 할당해 주셨다. 여기에서 우리는 중보자이신 예수 그리스도에 대해 배운다. 그분에게는 모든 지혜와 지식이 있으며, 우리는 그분을 통해 하나님을 안다. 그러나 이 중보자는 그저 '예수'라는 사람이 아니다. 예수라는 이름을 가진 사람이면, 누구나 그렇게 되는 것이 아니다. 사도 바울은 '자신들이 전파하지 아니한 다른 예수'를 전파하는 사람들이 있음을 알았다(고후 11:4). 그는 고린도 교인들이 그런 인물을 받아들일까봐 염려했으며, "뱀이 그 간계로 하와를 미혹한 것같이 너희 마음이 그리스도를 향하는 진실함과 깨끗함에서 떠나 부패할까"(고후 11:3) 두려워했다. 바울의 예수는 전파로 규정된 인물이었다. 즉 그 예수는 하나님의 말씀에 의해, 궁극적으로는 성경에 의해 규정된 인물이었다. 우리가 예수를 통해 하나님께 나아간다면, 우리가 나아가야 할 대상은 바로 이 예수다. 우리가 주님께 순종하기를 원한다면, 개인들로서든지 교회로서든지 우리가 신뢰하고 지켜야 할 말씀은 그분의 말씀이다.

내가 말하는 그 비극이 슬프게도 지금 교회에서 일어난다. 그러한 교회에는, 자신이 그 말씀에 순복하거나 사람들에게 그 말씀에 순복하라고 외칠 수 있을 만큼 하나님의 말씀에 대한 충분한 확신을 더 이상 갖지 못하는, 회의적인 신학 가운데서 훈련을 받은 목회자들이 있다. 그러나 말씀은 교회의 근본 토대다. 양떼는 목자의 음성을 듣는다(요 10:3-4). 말씀은 포도나무의 가지라고 지칭되는 사람들을 깨끗하게 하며, 그들 가운데 존재한다(요 15:3, 7). 신부는 "물로 씻어 말씀으로 깨끗하게 하사 거룩하게 하심"(엡 5:26)을 입는다. 그 집안(household)은 "사도들과 선지자들의 터 위에 세우심을 입은 자"들이며, "그리스도 예수께서 친히 모퉁잇돌이 되셨다"(엡 2:20). 그리스도께서는 자신의 몸에 말씀 사역으로 그 몸을 일으켜 세울 자들을 주신다. "그가 어떤 사람은 사도로, 어떤 사람은 선지자로, 어떤 사람은 복음 전하는 자로, 어떤 사람은 목사와 교사로 삼으셨으니"(엡 4:11). 똑같은 이유로, 고린도전서 12-14장에 있는 그 몸에 대한 다른 그림은 똑같은 이야기를 전해 준다. "교회에서 네가 남을 가르치기 위하여 깨달은 마음으로 다섯 마디 말을 하는 것이 일만 마디 방언으로 말하는 것보다 나으니라"(고전 14:19). 베드로는 교회를 하나의 성전으로, 하나의 제사장 직분으로, 하나의 국가로, 하나의 백성으로 생각한다(벧전 2:5-9). 그러나 그와 같이 일컬어지는 사람들은 "썩지 아니할 씨"인 "살아 있고 항상 있는 하나님의 말씀으로" "거듭난"(벧전 1:23) 자들이다. 그에 속하지 않는 사람들은 "말씀을 순종하지 아니하는" 사람들이다(벧전 2:8). 또한 바울이 교회가 함께 모일 때를 묘사하면서, 자신의 편지를 읽는 독자들에게 "그리스도의 말씀이 너희 속에 풍성히 거하여 모든 지혜로 피차 가르치며 권면하고 시와 찬송과 신령한 노래를 부르며 감사하는 마음으로 하나님을 찬양하라"(골 3:16)고 권고한다는 사실은 그리 놀랍지 않다. 만일 주님의 말씀에 정당한 권위가 주어지지 않는다면, 어떻게 주님이 자신의 교회를 모아들여서 다스려 나가실 수가 있겠는가?

이와 관련해서, 이전 세대들은 성경의 완전함에 대해 말했었다. 완전하다는 이 말에, 그들은 앞의 장들에서 논의되었던 문제들인 하나님의 말씀의 무오성과 최상의 권위를 포함했다. 그러나 말씀과 관련해서 여기에 언급하기에 아주 적절한 또 하나의 특징이 있다. 왜냐하면 그 특징도 말씀을 통한 하나님의 계시에 대해 우리가 생각할 때 확립되어야 할 필요가 있는 성경에 대한 가르침에 속하기 때문이다. 이 특징은 성경이 우리로 하여금 하나님을 알게 하고, 구원받게 하고, 그분이 원하시는 대로 행하며 살아가도록 하고, 그분을 기쁘시게 하는 일이 무엇인지를 알게 하는 데 **충분하다**(sufficient)는 것이다(딤후 3:16-17).

우리는 이미 지속적인 하나님의 계시, 즉 오늘날에 주어지는 하나님의 말씀이 필요하다고 보는 대중적 경건의 일반적인 신념에 대해 지적했다. 동일한 주장이 신학 담론과 교회 생활에서 여러 다른 방식으로 표출된다. 그러므로 예를 들어 성경이 가르치는 바에도 불구하고 일어나는 교회 생활에서의 발전들은, 그 증거 구절로 사용되는 요한복음 16:13("그가 너희를 모든 진리 가운데로 인도하시리니")과 함께, 때로 성령의 지속적인 계시 사역을 근거로 정당화된다. 이러한 가외적인 하나님 말씀의 특별한 산실(source)로서 성령에 대한 호소가 이루어진다. 그리고 그 호소하는 방식은 종종 자유의 영이신 성령이 인간의 자유방임적인 정신(the libertarian human spirit)을 승인하신다는, 바탕에 깔린 신념을 드러낸다. 그러나 우리가 제9장에서 살펴보았듯이, 성령은 그리스도를 통해 죄인들을 구원하기를 기뻐하신다. 그것이 바로 성령이 말씀을 통해 하시는 내용이다. "성령의 검 곧 하나님의 말씀을 가지라"(엡 6:17). 하나님의 말씀이 곧 성령의 검이다. 그래서 또 어떤 사람들은 사소한 것으로 만들어 버리는, 고린도전서 12:8의 "지식의 말씀"은 복음에 관한 말씀이라고 생각하는 것이 가장 적합하다.

성경은 이미 우리와 동시대적이라고 주장한다. 이것이 실로 예수께서 성경을 취급하신 방식이다. "…하나님이 **너희에게** 말씀하신 바, 나는 아브라함의 하나님이요, 이삭의 하나님이요, 야곱의 하나님이로라 하신 것을 읽어 보지 못하였느냐…"(마 22:31-32, 강조는 저자의 것). 이 구절에서와 다른 많은 대목에서, 예수께서는 단지 '언약서'로서의 그러므로 계속해서 즉각적인 의의를 지닌 책으로서의, 그 본질에 대한 구약 성경 자체의 관점을 반영하신다. "오직 그 말씀이 네게 매우 가까워서 네 입에 있으며 네 마음에 있은즉 네가 이를 행할 수 있느니라"(신 30:14). 우리는 이 말씀들을 통하여 하나님과의 살아 있는 사귐 가운데 들어왔기 때문에, 그 전체적인 경험을 의심하지 않는 한 그 말씀들을 시대에 뒤진 것으로 간주할 수 없을 것이다.

이러한 주장과 태도는 하나님의 백성들이 하나의 나라를 이루었을 율법 시대에나 적합한 구약 성경의 관점이지, 하나님의 아들에 의해 도래한 새 시대에는 적합하지 않은 것으로 생각될 수도 있다(그러나 롬 10:5-13을 보라). 그렇지만 정확히 바로 이 새 시대에 바로 그 확신이 다시 강화된다. 우리는 두 시대 사이를, 예수의 초림과 재림이라는 두 개의 커다란 기독론적 사건 사이를 살아간다. 이 두 사건 사이에 놓인 인간 역사의 기간이 아무리 길더라도(그 기간은 상당히 길 수도 있다), 우리는 여전히 신약 성경이 '마지막 때'라고 일컫는 그리스도의 나라에서 살아간다. 그것은 그리스도의 재림 전에 새 시대가(말하자면, 성령의 시대가) 역사에 삽입되어야 하는 것이 아니다. 그러므로 다음과 같은 바울의 말들은 매우 의미심장하다. "무엇이든지 전에 기록된 바는 **우리의 교훈을 위하여** 기록된 것이니 우리로 하여금 인내로 또는 성경의 위로로 소망을 가지게 함이니라"(롬 15:4). 그리고 "그들에게 일어난 이런 일은 본보기가 되고 또한 말세를 만난 **우리를 깨우치기** 위하여 기록되었느니라"(고전 10:11, 강조는 나의 것).

결국 따져 볼 때, 성경이 항상 동시대적으로 남아 있는 이유는 "[하나님이] 이 모든 날 마지막에는 아들을 통하여 우리에게 말씀하셨[기]"(히 1:2) 때문이다. 그리스도 안에 있는 계시는 궁극적이기에, 충분하며 동시에 영구적이다. 우리는 아직 이 계시가 시작했던 시대("이 모든 날 마지막")를 떠나지 않았다. 하나님이 어떻게 지금도 계속해서 우리에게 말씀하시는가를 이해하려면, 우리는 성경 계시의 구조를 관찰해야 한다. 우리를 위한 하나님의 말씀은 최우선적으로 그리스도를 통해 하나님이 제공하신, 장차 임할 진노로부터 세상을 구원하는 데 집중되어 있다. 성경의 완전성은 그리스도의 완전하심을 높이 세우는 동시에 그분의 완전하심에 의해 지지된다. 그리스도께서 충분하시기 때문에, 성경이 충분한 것이다. 그 중 하나에(예를 들면, 성경에—역주) 덧붙여지는 것은 다른 하나에(예를 들면, 그리스도께—역주) 덧붙여지는 것이다.

예나 지금이나, 약속에 의해서도 선례에 의해서도, 하나님은 신자들이 말씀을 기억하면서 자신의 개별적인 상황에 적용하여 말씀을 참고하지 않아도 되는 상황을 설정하신 적이 결코 없다. 언약적인 성경은, 구약 성경의 법적 문헌에서나 지혜 문학에서 일상생활에 대해 우리에게 많은 지침을 주는 역할을 풍성하게 감당한다. 오늘날의 계시라는 것이 채우겠다고 자처하는 그 결함은, 잠언과 시편과 전도서와 같은 책들에 적지 않게 있는, 하나님의 말씀에 있는 충만한 부요함을 소홀히 함으로써 생겨난 것이다.[12]

그러므로 예를 들어 성경의 윤리적 자료의 대부분은 우리에게 자명한 원리들('하나님을 사랑하라'), 주요 명령들('훔치지 말라'), 판례법(X라는 사건에서, Y는 도적질을 구성한다)이라는 삼중 형태로 다가온다. 그러한 자료를 일상생활에 적용하는 것이 일상의 일이다. 즉, 우리 모두는 이러 저러하게 그렇게 적용을 한다. 새로운 상황에서 우리가 보여야 할 융통성은, 원래의 것을 폐기해 버리는 일을 구성하는 것이 아니라 현재를 형성하는 원래의 것의 권능을 드러낸다. 예를 들어, 생물학과 유전학에서의 눈부신 발전들에서 비롯하여, 우리가 직면하게 된 새로운 윤리적 딜레마들은 성경의 윤리적 규범들을 넘어서지 않는다. 그러나 성경 계시의 본질이 신뢰되어야 한다면, 윤리적 통찰들은 번쩍이는 계시의 순간에 임하지 않고, 신중하게 집단적으로 그리고 인내심 있게 적용된 성경의 가르침으로부터 떠오를 것이다.

오늘날에 주어지는 하나님 말씀에 대한 사모는 몇 가지 필요를 반영한다. 확신의 필요성에 대해서는 이미 언급한 바 있다. 그러나 사람들은 또한 삶의 딜레마 가운데서 지침이 필요함을 느낀다. 성경이 우리에게 그리스도 안에서의 구원에 대해서는 충고해 주지만, 어떤 직업을 추구해야 할지, 어떤 버스를 타야 할지에 대해서는 말해 주지 않는다. 그래서 직접적이며 사적인 계시에 대한 필요가 생겨나는 것이다. 그러나 우리의 삶에 건강을 주는 환경으로 작용하고 우리가 이와 같은 결정들과 일상생활의 여타의 수천 가지의 평범한 결정을 내릴 수 있도록 해주는 것은, 계명과 지혜와 약속의 말씀들로 에워싸인 주어진 성경 계시다. 인간 실존이라는 전체적인 거대한 영역에서, 우리는 "그리스도 예수께서 죄인을 구원하시려고 세상에 임하셨다"(딤전 1:15)는 이 말씀 이외에는 직접적인 어떤 말씀을 갖지 않을 자유가 있다. 하나님이 세미한 음성 가운데서 끊임없이 말씀하실 것이라는 생각은 '경건하게' 들리고 관계적(relational)인 것처럼 들릴 수 있겠지만, 하나의 신화에 불과하다. (어떤 영역본에서 번역하는) '세미한 소리'(still, small voice, 왕상 19:12)는 사실 엘리야가 받았던 충고만을 우리에게 제공한다. 즉, 그것은 전혀 새로운 계시 양식이 아니라, 하나님의 언약적 명령들 아래서의 삶이다.

매일 아침 새 날을 향해 깨어날 때, 우리는 전날과 마찬가지로 똑같은 약속들과 똑같은 명령들 아래서 깨어나는 것이다. 그 명령들과 약속들은 인간 실존의 근본적인 문제들을 다루기 때문에, 아무리 많은 시간이 흘러도, 예전과 똑같이 언제나 여전히 적용될 수 있으며, 적절하다. 그리스도의 재림과 심판에 대한 약속은 여전히 강력하다. 사랑하라는 명령은 뛰어넘을 수도 없으며, 구식이 될 수도 없다. 우리가 이 세상에서 하나님의 말씀에 주의를 기울이고 하나님을 위해 살아갈 때, 하나님은 우리가 그리스도의 형상을 닮아가도록 우리를 예비하신다. 우주의 기원이나 최종적인 멸망에 대한 과학적 연구 조사가 엄청난 의의가 있다고 상상하는 문화에서, 진짜 중요한 것은 사랑과 믿음과 소망이며, 생사의 일에 이 덕목들을 적용하는 것이라는 사실을 스스로 일깨울 필요가 있다. 세상의 구주로서의 성자에 대한 메시지는 구원받을 필요가 있는 죄악된 인간들이 존재하는 한, 언제나 최고로 적절한 메시지가 될 것이다. 인간의 본성과 인간의 필요들은 본질적으로 언제나 똑같다.

성경을 처음에 받았던 사람들과 오늘날의 독자 사이에 커다란 문화적 격차가 있음을 부인할 수는 없다. 이것이 바로 우리가 그처럼 아주 다른 문화에 살기 때문에 성경이 이해되기 위해서는 성경이 지닌 치장의 대부분을 깎아 내야 한다는 주장이 힘을 얻는다. 해석학은 성경이 의미했던 바와 성경이 지금 의미하는 바 사이의 연결 고리를 제공해 준다. 그러나 대개 그 사례는 지나치게 강하게 제시된다. 성경은 그 중심 메시지가 받아들여지는 곳에서는 계속해서 강력하게, 직접적으로 그리고 효과적으로 말한다. 우리에게는 성경의 중심 메시지가 예수의 죽음을 통해 장차 임할 진노로부터 구원하는 일에 대한 것임을 부인할 수 있는 어떠한 이유도 없다. 구원의 메시지에 대한 불신은 과학이나 역사나 이성으로부터 나오는 것이 아니라 자율성의 철학에 의해 유발된 영적인 혐오에서 비롯되는 것이다. 그러므로 우리가 계속해서 성경의 종말론을 받아들인다면―산 자와 죽은 자를 심판하실 재판장의 오심과 장차 임할 진노가 있다는 사실을 믿는다면―성경에 현대의 문화적 치장을 입혀 줄 필요가 거의 없다. 이 점은 특히 성경을 가지고서 성경을 비교하는 일을 여전히 해석학의 중심 전략으로 삼는 곳에서 그러하다. 우리는 성경을 마스터할 필요도 없으며, 적절하게 만들 필요도 없다. 우리에게 필요한 것은 성경을 섬기고 성경의 적절성을 보여 주는 일이다.

### 결론

그리스도의 충분성과 하나님 말씀의 충분성은 모두 '하팍스'(*hapax*)라는 하나의 헬라어로 된 "단번에"(once for all)라는 말로 강조되어 있다.

유다서는 "성도[들]에게 단번에 주신 믿음의 도"에 대해 말하면서 그 용어를 사용한다. 교회 역사의 초기 단계에서조차도, 유다는 그 믿음을 일단의 진리들로 즉 믿음이 근거하는 '그 믿음의 도'로 생각할 수 있었다. 그 믿음의 도는 주장할 가치가 있는 믿음이었다. 또한 그것은 "단번에" 완전하게 전달된 믿음이었다. 그러나 예수에 대해 그리고 특히 예수의 실존의 중심 순간으로서의 십자가에 대해서도 똑같이 언급된다. "그리스도께서도 단번에 죄를 위하여 죽으사"(벧전 3:18). 그 두 가지 사실은 세상을 구원하기 위한 하나님의 계획의 유일무이하며 대체될 수 없는 부분으로서 함께 속한다. 하나를 약화하면, 다른 것도 약화하게 된다. 하나에 덧붙이는 것은 다른 것에도 덧붙이는 것이다. 충만한 온전한 복음은 그 둘을 다 포함한다.

주

## 서론

1) Joseph McCabe, *Selected Works of Voltaire*(London: Watts & Co., 1935). 'Voltaire'는 François Marie Arouet(1694-1778)의 필명이었다.
2) 같은 책, p. 113.
3) 같은 책, p. 53.
4) 같은 책, p. 14.
5) R. Wollheim, *Hume on Religion*(London: Collins, 1963), p. 142.
6) 같은 책, p. 226.
7) B. Ramm, *The Evangelical Heritage*(Grand Rapids: Baker, 1973), p. 64.
8) C. E. Gunton, *The One, The Three and the Many*(Cambridge: Cambridge University Press, 1993), p. 1.
9) 1960년까지의 발전들에 대한 진술을 위해서는, H. D. McDonald, *Theories of Revelation*(Grand Rapids: Baker, 1979)을 보라.
10) Ramm, 앞의 책, p. 64.
11) 다음의 제목으로 재 출간되었다. *God, Revelation and Authority*, 6 vols. (Wheaton: Crossway, 1999).
12) John Calvin, *The Institutes of the Christian Religion*, ed. J. T. McNeill, tr. F.

L. Battles (Philadelphia: Westminster, 1960), I. i-v, pp. 35-68. 또한 Bruce A. Demarest, *General Revelation*(Grand Rapids: Zondervan, 1982)도 보라.
13) E. Brunner, *Revelation and Reason*(London: SCM, 1947), p. 7.
14) J. Baillie, *The Idea of Revelation in Recent Thought*(New York: Columbia University Press, 1956), pp. 30이하.
15) Avery Dulles, *Models of Revelation*(Dublin: Gill & MacMillan, 183), p. 117.
16) 한 개신교도의 정리로는 다음 글이 있다. Paul Avis, 'Divine Revelation in Modern Protestant Theology', in Paul Avis (ed.), *Divine Revelation*(Grand Rapids: Eerdmans, 1997), pp. 45-66.
17) Daniel L. Migliore, *Faith Seeking Understanding*(Grand Rapids: Eerdmans, 1991), p. 20(강조는 그의 것임).
18) 성경적 개관을 위해서는, James D. G. Dunn, 'Biblical Concepts of Divine Revelation', in Paul Avis (ed.), 앞의 책, pp. 1-22를 보라.
19) E. Brunner, *Dogmatics* 1: *The Christian Doctrine of God*, tr. O. Wyon (Philadelphia: Westminster, 1950), p. 26(강조는 그의 것임).
20) 'The Gospel Story and Talk of Revelation', in G. Santer and J. Barton (ed.), *Revelation and Story*(Aldershot: Ashgate, 2000), p. 173.
21) Keith Ward, *Religion and Revelation*(Oxford: Clarendon, 1994), p. 258.
22) 같은 책, p. 221.
23) 이처럼, 비록 계시가 기독교 신앙에 대한 많은 체계적인 진술의 도입부에 해당되지만, 신학자들은 주저하면서 그렇게 한다. Hendrikus Berkhof는 이렇게 지적한다. "성경에서 이 개념은 중심적인 역할을 하지 않는다. 그리고 신앙에 대한 연구에서도 수백 년 동안 그랬다. 계시가 이제 이와 같은 중심적 개념이 되었다는 사실은 그 자명성을 상실했다는 증거다." Hendrikus Berkhof, *Christian Faith*, tr. S. Woudstra (Grand Rapids: Eerdmans, 1979), p. 43. 또한, John Webster, Theological Theology (Oxford: Clarendon, 1998), p. 10를 보라. 그는 현대 개신교 신학에서의 계시론의 현저한 등장을 "상당히 현대적인 발상"이며 그 사실은 "기독교 교의학 내의 무질서"를 예시한다고 기술한다.
24) 최근에 Keith Ward가 앞에 언급한 책에서.

### 제1장 계시로서의 복음

1) Kyle Snodgrass, 'The Gospel in Romans: A Theology of Revelation', in L. Ann Jervis and Peter Richardson (ed.), *Gospel in Paul, JSNT* supplement series 108 (Sheffield: Sheffield Academic Press, 1994). Snodgrass는 로마서 연구의 말미에서 이러한 결론을 내린다. 그러나 그의 관찰은 신약 성경 전체에 해당하는 것이다(p. 314). 또한 다음을 보라. Markus N. A. Bockmuhl, *Revelation and Mystery* [Tübingen: Mohr (Paul Siebeck)], p. 147.

2) P. T. O'Brien, *Consumed by Passion* (Sydney: ANZEA, 1993), p. 77.

3) 우리가 과연 단 하나의 '복음'을 말할 수 있는지에 대해서는 상당한 논란이 있다. 그래서 예를 들어 J. D. G. Dunn은 "단 하나의 유일회적인 통일적 케리그마를 찾고자 하는 어떠한 시도도 실패할 수밖에 없다"고 결론을 내린다 [*Unity and Diversity in the New Testament* (London: SCM, 1990), p. 32, 「신약성서의 통일성과 다양성」, 솔로몬]. 그러나 Dunn은 또한 부활 이후 복음의 몇몇 핵심적인 측면을 약술하며, 예수의 말씀과 초기 그리스도인들의 말 사이의 중요한 연속성을 기꺼이 보고자 한다(p. 228). 나는, Dunn이 신약 성경의 다양성에 대해 지나치게 강조했다고 본다. 또한 Brevard S. Childs, *Biblical Theology of the Old and New Testaments* (Minneapolis: Fortress, 1993, 「신구약 성서신학」, 은성), pp. 219-225를 보라. 그러므로 이 논의의 목적상, 나는 원 복음에 대한 신약 성경의 해석자들 사이에 근본적인 연속성(그 다양한 표현에도 불구하고)이 있다고 가정한다. 또한 다음을 보라. Martin Hengel, *The Four Gospels and the One Gospel of Jesus Christ* (London: SCM, 2000), pp. 164-168.

4) Hengel, 앞의 책. 조직신학적인 관점에서의 복음에 대한 유사한 정의들이 다음 책들에서 발견될 수 있을 것이다. Wolfhart Pannenberg, *Systematic Theology* (Grand Rapids: Eerdmans, 1994, 「판넨베르크의 조직신학」, 은성), pp. 454이하 그리고 John Webster의 글, in T. Bradshaw (ed.), *Grace and Truth in a Secular Age* (Grand Rapids: Eerdmans, 1998), pp. 109이하.

5) '복음'이라는 말에 대한 최근의 논의에 대해서는, Andreas J. Köstenberger and Peter T. O'Brien, *Salvation to the Ends of the Earth* (Leicester: Apollos, 2001), pp. 271-274를 보라.

6) D. Garlington, 'The Obedience of Faith in the Letter to the Romans, Part I', *Westminster Theological Journal* 52 (1990), p. 203.

7) 다음 책에 있는 선행하는 은혜에 대한 강조를 보라. R. Thiemann, *Revelation and Theology*(Indiana: Notre Dame University Press, 1985).

## 제2장 복음의 본질

1) 신적 담론의 성격과 가능성에 대한 물음에 대해서는, Nicholas Wolterstorff, *Divine Discourse*(Cambridge: Cambridge University Press, 1995)를 보라.
2) Karl Barth, in J. Baillie and H. Martin (ed.), *Revelation*, tr. J. O. Cobham and R. J. Gutteridge (London: Faber & Faber, 1937), p. 42.
3) K. Barth, *Church Dogmatics*, tr. G. W. Bromiley (Edinburgh: T. & T. Clark, 2nd ed., 1975), I/1. 4.
4) Wolfhart Pannenberg, *Systematic Theology* 1 (Edinburgh: T. & T. Clark, 1991), p. 235. 또한 Wolterstorff, 앞의 책, pp. 63-74를 보라.
5) Daniel L. Migliore, *Faith Seeking Understanding*(Grand Rapids: Eerdmans, 1991), p. 35.
6) E. Brunner, *Dogmatics* 1: *The Christian Doctrine of God*, tr. O. Wyon (Philadelphia: Westminster, 1950), p. 27.
7) C. H. Dodd, *The Apostolic Preaching and Its Developments*(London: Hodder & Stoughton, 1963), pp. 76-78.
8) 같은 책, p. 77.
9) Ronald S. Wright, *Fathers of the Kirk*(London: Oxford University Press, 1960), p. 261에서 인용.
10) John Calvin, *The Institutes of the Christian Religion*, ed. J. T. McNeill, tr. F. L. Battles (Philadelphia: Westminster, 1960), II. 9. 4, p. 426.
11) M. J. Harris, *Slave of Christ*(Leicester: Apollos, 1999)를 보라.
12) Keith Ward, *Religion and Revelation*(Oxford: Clarendon, 1994), pp. 302-310; Colin E. Gunton, *A Brief Theology of Revelation*(Edinburgh: T. & T. Clark, 1995). 두 권 모두 계시와 연관해서 자율성이라는 주제에 대해 논평한다.

## 제3장 복음과 하나님을 아는 지식

1) J. W. Kleinig, 'The Indwelling Word-Meditation in the New Testament', *Reformed Theological Reviews* 3/51 (1992) p. 87.

2) Brevard S. Childs, *Exodus*(London: SCM, 1974), p. 76.
3) U. Cassuto, *A Commentary on the Book of Exodus*, tr. I. Abrahams (Jerusalem: Magnes, 1987), p. 38.
4) 상당수의 이러한 관찰은 다음 글의 관찰들과 유사하다. R. Rendtorff in W. Pannenberg (ed.), *Revelation as History*(London: Sheed & Ward, 1969), pp. 38이하. 그러나 Rendtorff는 구약 성경이 요구하는 것처럼 말씀과 사건을 연결 짓지 못한다.
5) Walter Brueggemann, *Theology of the Old Testament*(Minneapolis: Fortress, 1997), p. 146.
6) W. J. Dumbrell, *Covenant and Creation*(Exeter: Paternoster, 1984), pp. 11-46. 「언약과 창조: 구약 언약의 신학」(크리스챤서적).
7) 다음 책에 있는, 하나님이 약속들을 지켜야 할 의무가 있는지에 대한 논의를 보라. Nicholas Wolterstorff, *Divine Discourse*(Cambridge: Cambridge University Press, 1995), pp. 95이하.
8) 시편과 지혜문학에서의 '토라 경건'에 대해서는, Brueggemann, 앞의 책. pp. 197, 591-592를 보라.
9) 같은 책, pp. 198, 450이하.
10) P. R. Williamson, 'Covenant' in T. D. Alexander and B. Rosner (ed.), *New Dictionary of Biblical Theology*(Leicester: IVP, 2000), 「IVP 성경신학사전」(IVP).
11) *A Commentary on the Second Epistle to the Corinthians*(London: A. & C. Black, 1973), p. 121. 참고. S. J. Hafemann, *Paul, Moses and the History of Israel*(Peabody: Hendrickson, 1996), p. 384의 논평들.
12) R. A. Finlayson, 'God' in J. D. Douglas et al. (ed.), *New Bible Dictionary* (London: IVP, 1965), p. 474, 「새성경사전」(CLC).
13) E. Brunner, *Dogmatics* 1: *The Doctrine of God*, tr. O. Wyon (Philadelphia: Westminster, 1950), p. 33(강조는 그의 것임).

## 제4장 계시의 패턴으로서의 복음

1) James D. G. Dunn, in Paul Avis (ed.), *Divine Revelation*(Grand Rapids: Eerdmans, 1997), pp. 1-22의 개관.
2) 그와 같은 계시에 대한 계속적인 논의는 제5, 6, 11장에서 찾을 수 있다.

3) '명제적 계시'에 대한 변호로는, P. Helm, *The Divine Revelation*(London: Marshall, Morgan & Scott, 1982)을 보라. 좀더 동정적인 진술을 하는 저자들로는, Colin E. Gunton, *A Brief Theology of Revelation*(Edinburgh: T. & T. Clark, 1995), pp. 7이하 및 Keith Ward, *Religion and Revelation*(Oxford: Clarendon, 1994), pp. 225-226를 보라. 이에 덧붙여서, '화행론'에 의해 신선한 조망들이 열렸다. Nicholas Wolterstorff, *Divine Discourse*(Cambridge: Cambridge University Press, 1995)의 여러 부분을 보라.
4) E. Brunner, *Dogmatics* 1: *The Christian Doctrine of God*, tr. O. Wyon (Philadelphia: Westminster, 1950), p. 15.

## 제5장 계시와 인간의 경험

1) E. A. Litton, *Introduction to Dogmatic Theology*(London: James Clarke, 1960), pp. 42-57; R. L. Dabney, *Lectures in Systematic Theology*(Grand Rapids: Zondervan, 1972), pp. 5-78; C. Hodge, *Systematic Theology* 1 (Grand Rapids: Eerdmans, n. d.), pp. 191-237, 「찰스 하지의 조직신학 1」(크리스챤다이제스트).
2) R. Swinburne, *The Existence of God*(Oxford: Clarendon, 1979).
3) 이 쟁점들에 대한 소개로는, C. Brown, *Christianity and Western Thought* 1 (Leicester: Apollos, 1990), 제14, 15장을 보라.
4) Swinburne의 같은 책에 덧붙여, A. Plantinga, *God and Other Minds*(Ithaca: Cornell University Press, 1967)를 보라.
5) Jaroslav Pelikan, *Christianity and Classical Culture*(New Haven and London: Yale University Press, 1993), pp. 38-39.
6) Bruce A. Demarest, *General Revelation: Historical Views and Contemporary Issues*(Grand Rapids: Zondervan, 1982), pp. 13-42를 보라.
7) Alan J. Torrance, 'Christian Experience and Divine Revelation in the Theologies of Friedrich Schleiermacher and Karl Barth', in Howard Marshall (ed.), *Christian Experience in Theology and Life*(Edinburgh: Rutherford House, 1988), p. 94를 보라.
8) F. Schleiermacher, *The Christian Faith*, tr. H. R. Mackintosh (repr. Edinburgh: T. & T. Clark, 1968), p. 739. 「기독교 신앙」(한길사).
9) Karl Barth, in John Baillie and Hugh Martin (ed.), *Revelation*, tr. J. O.

Cobham and R. J. C. Gutteridge (London: Faber & Faber, 1937), pp. 52-53를 보라(강조는 그의 것임).
10) Richard Swinburne, 'Intellectual Autography', in A. G. Padgett (ed.), *Reason and the Christian Religion*(Oxford: Clarendon, 1994), p. 2를 보라.
11) 다음 제목으로 출간되었다. J. Barr, *Biblical Faith and Natural Theology*(Oxford: Clarendon, 1993).
12) *Modern Theology* 10/2 (1994), p. 220에 실린 Walter Brueggemann의 서평.
13) Barr, 앞의 책, p. 115.
14) H. D. McDonald, *Ideas of Revelation: An Historical Study AD 1700 to AD 1860*(London: Macmillan, 1959), p. 85에서 인용.
15) Ian Markham, *Truth and the Reality of God*(Edinburgh: T. & T. Clark, 1998) p. 83.
16) 같은 책, p. 123.
17) R. W. Hood, Jr. (ed.), *Handbook of Religious Experience*(Birmingham, AL: Religious Education Press, 1995), p. 3(강조는 그의 것임).
18) Barr, 앞의 책, pp. 32이하에 실린 논의를 보라.
19) John Calvin, *The Institutes of the Christian Religion*, ed. J. T. McNeill, tr. F. L. Battles (Philadelphia: Westminster 1960), I. iii. 1, pp. 43-44.
20) Douglas Moo, *The Epistle to the Romans*, New International Commentary on the New Testament (Grand Rapids: Eerdmans, 1996), p. 150.
21) G. I. Mavrodes, *Revelation in Religious Belief*(Philadelphia: Temple University Press, 1988)와 John Baillie, *Our Knowledge of God*(Oxford: Oxford University Press, 1943)을 보라.
22) Frank Tipler, *The Physics of Immortality*(London: Macmillan, 1994), p. ix.
23) Robert Jastrow, *God and the Astronomer*(New York: W. W. Norton, 2nd ed., 1992), p. 107.
24) 예를 들어, F. Hoyle and C. Wickramasinghe, *Evolution from Space*(New York: Simon & Schuster, 1981); Swinburne, 앞의 책을 보라.
25) Paul Davis, *The Mind of God*(London: Simon & Schuster, 1992), p. 192.
26) Tipler, 앞의 책, pp. 309이하.
27) 같은 책, p. 305.
28) Jastrow, 앞의 책, p. 9.

29) Harold P. Nebelsick, *Renaissance and Reformation and the Rise of Science*(Edinburgh: T. & T. Clark, 1992), p. 186.

## 제6장 복음과 종교적 경험

1) George A. Lindbeck, *The Nature of Doctrine*(London: SPCK, 1984), p. 21.
2) D. Z. Phillips, *Faith after Foundation*(London: Routlegde, 1988).
3) Richard Swinburne, *Revelation*(Oxford: Clarendon, 1992); W. P. Alston, *Perceiving God*(Ithaca: Cornell University Press, 1991); K. E. Yandell, The Epistemology of Religious Experience (Cambridge: Cambridge University Press, 1993); Carolina Franks Davis, *The Evidential Force of Religious Experience*(Oxford: Clarendon, 1989).
4) D. W. Bebbington, *Evangelicalism in Modern Britain*(London: Unwin Hyman, 1989), pp. 5이하를 보라.
5) R. W. Hood (ed.), *Handbook of Religious Experience*(Birmingham, AL: Religious Education Press, 1995), pp. 72이하.
6) Richard Swinburne, *Is There a God?*(Oxford: Oxford University Press, 1996), pp. 133-134.
7) W. R. Matthews, *Memories and Meanings*(London: Hodder & Stoughton, 1969), pp. 42-43. Matthews의 진술은 풍부하게 보완될 수 있다. 예를 들어, 작가인 Vera Brittain과 Alec Guinness는 자신들의 자서전적 저술에서 종교적 경험들을 기록한다.
8) 예를 들어, David Hay, *Religious Experience Today*(London: Mowbray, 1990)에 있는 논의를 보라.
9) 예를 들면, John Hick, 'Jesus and the World Religions', in John Hick (ed.), *The Myth of God Incarnate*(London: SCM, 1977), p. 181.
10) George A. Lindbeck, *The Nature of Doctrine*, p. 16. Lindbeck은 '문화-언어적' 접근방법이 훨씬 더 결실을 맺을 수 있다고 주장한다.
11) Arnold Dallimore, *The Life of Edward Irving*(Edinburgh: Banner of Truth, 1983), p. 159.
12) 예를 들어, Alister Hardy, *The Spiritual Nature of Man*(Oxford: Clarendon, 1979)과 David Hay, *Exploring Inner Space*(London and Oxford: Mowbray, 2nd ed., 1987)를 보라.

13) 'Freudian Theory and Religious Experience', in Hood (ed.), 앞의 책, p. 201.
14) 고전적인 예로, K. Thomas, *Religion and the Decline of Magic*(London: Weidenfeld & Nicholson, 1971).
15) 나의 'Calvin, Charismatic and Miracles', *The Evangelical Quarterly* 51 (1979), pp. 131-144를 보라.
16) D. W. Dockrill, 'Spiritual Knowledge and the Problem of Enthusiasm in Seventeenth-Century England', *Prudentia*, Supplementary Number (1985), pp. 147-171.
17) 자세한 내용은 Kenneth Clark, *The Other Half: A Self-Portrait*(London: John Murray, 1977)와 David Marr, *Patrick White: A Life*(London: Jonathan Cape, 1991)를 보라.
18) Daniel Cohn-Sherbok and Christopher Lewis (ed.), *Beyond Death*(London: Macmillan, 1995), 제12, 13장에 있는 논의들을 보라.
19) John Hick, *God Has Many Names*(London: Macmillan, 1980), pp. 6, 59이하. 최근 로마 가톨릭의 진술은, Gavin D'Costa, *The Meeting of Religions and the Trinity*(New York: Orbis, 2000)를 보라.
20) Keith Ward, *Religion and Revelation*(Oxford: Clarendon, 1994).

## 제7장 성경의 권위

1) Gertrude Himmelfarb, *On Looking into the Abyss*(New York: Knopf, 1994), p. 76에서 재인용함.
2) 같은 책, p. 77.
3) 같은 책, p. 103.
4) D. N. Livingstone, 'Situating Evangelical Responses to Evolution', in D. N. Livingstone, et al. (ed.), *Evangelicals and Science in Historical Perspective*(New York: Oxford University Press, 1999), pp. 193-219.
5) Himmelfarb, 앞의 책, p, 84.
6) 같은 책, p. 88.
7) P. R. Williamson, 'Covenant', in T. D. Alexander and Brian S. Rosner (ed.), *New Dictionary of Biblical Theology*(Leicester: IVP, 2000).
8) Wolterstorff, *Divine Discourse*(Cambridge: Cambridge University Press,

1995), 제3장에 있는 논의를 보라.
9) 이 말은 Benjamin Jowett, 'On the Interpretation of Scripture', in *Essays and Reviews*(London: Longman, 1863), p. 338에 나온다.
10) Paul Avis, in Paul Avis (ed.), *Divine Revelation*(Grand Rapids: Eerdmans, 1997), p. 50. Avis는 Barth의 접근방법을 요약하지만, 그의 요점은 다른 논의들에도 적용가능하다.
11) Edwyn Bevan, *Symbolism and Belief*(Boston: Beacon, 1957), p. 291.
12) 예를 들어, Gabriel Hebert, *Fundamentalism and the Church of God*(London: SCM, 1957), pp. 138이하.
13) Rafia Zakaria, *Muhammad and the Quran*(London: Penguin, 1991), p. 4.
14) Lawrence S. Cunningham, *The Catholic Faith: An Introduction*(New York: Paulist, 1987), pp. 27-28.
15) 다음에 있는 그의 글을 보라. Alan Richardson (ed.), *A Dictionary of Christian Theology*(London: SCM, 1969). 또한 그의 책, *Tradition in the Early Church*(London, SCM, 1962), pp. 237이하도 보라. 참고. H. E. W. Turner, *The Pattern of Christian Truth*(London: Mowbray, 1954), pp. 482-492.
16) *Dogmatic Constitution on Divine Revelation*, p. 10.
17) 같은 책, p. 11.
18) 같은 책, pp. 9-10.
19) 같은 책, p. 12.
20) 같은 책, p. 11.
21) 같은 책.
22) 예를 들어, H. R. McAdoo, *The Spirit of Anglicanism*(London: A. & C. Black, 1965), pp. v-vi를 보라.
23) Bernhard Lohse, *Martin Luther's Theology*(Minneapolis: Fortress, 2000), pp. 196이하.
24) Paul Helm (ed.), *Objective Knowledge*(Leicester: IVP, 1987)를 보라.

## 제8장 성경의 본질
1) *Shorter Oxford English Dictionary*(Oxford: Clarendon 1977).
2) 수사 비평(narrative criticism)과 계시의 관계에 대한 소개로는, Gabriel

Fackrer, *The Doctrine of Revelation*(Edinburgh: Edinburgh University Press, 1997)을 보라.

3) Michael Welker, *God the Spirit*, tr. J. F. Hoffmeyer (Minneapolis: Fortress, 1994), p. 273.

4) 성경 비평에서 가정되는 불행스런 구분들의 훨씬 더 기본적인 수준에서도 그렇다. Francis Watson, *Text and Truth*(Grand Rapids: Eerdmans, 1997), pp. 1-32를 보라.

5) Susan E. Gillingham, *One Bible, Many Voices*(Grand Rapids: Eerdmans, 1998)를 보라.

6) Roger Beckwith, *The Old Testament Canon of the New Testament Church and its Background in Early Judaism*(London: Fontana, 1986)과 Bruce M. Metzger, *The Canon of the New Testament*(Oxford: Clarendon, 1988), pp. 251-254를 보라.

7) Frederick W. Norris, *The Apostolic Faith*(Collegeville: Liturgical, 1992), p. 53.

8) Kevin J. Vanhoozer, 'The Voice and the Actor', in J. G. Stackhouse (ed,), *Evangelical Futures*(Leicester: Apollos, 2000), pp. 61-106를 보라.

9) *The Chicago Statement in Biblical Inerrancy*. in Norman L. Geisler, *Inerrancy*(Grand Rapids: Zondervan, 1979), pp. 493-502. 인용은 p. 500에서 한 것이다.

## 제9장 성경 읽기에 관하여

1) Nicholas Wolterstorff, *Divine Discourse*(Cambridge: Cambridge University Press, 1995), p. 17.

2) Anthony Thiselton, *New Horizons in Hermeneutics: The Theory and Practice of Transforming Biblical Reading*(Grand Rapids: Zondervan, 1992).

3) Kevin J. Vanhoozer, *Is There a Meaning in this Text?*(Leicester: Apollos, 1998). 「이 텍스트에 의미가 있는가?」(IVP).

4) 같은 책, p. 30. Vanhoozer의 작품은 이 장에서 언급하는 쟁점들에 대해 강력하게 전반적으로 취급한다.

5) M. H. Abrams, *A Glossary of Literary Terms*(Orlando: Holt, Rinehart &

Winston, 1985), p. 38.
6) *The Idler*, 9 June 1759. 참고. Vanhoozer, 앞의 책, p. 22.
7) 여기에서 나는 J. L. Austin의 작업에 의해 이루어진 광범위한 용례를 생각한다.
8) Vanhoozer, 앞의 책, pp. 43-97를 보라.
9) Alan Jacobs, 'Psychological Criticism: From the Imagination to Freud and Beyond', in Clarence Walhout and Leland Ryken (ed.), *Contemporary Literary Theory*(Grand Rapids: Eerdmans, 1991), p. 99(강조는 그의 것임).
10) K. K. Ruthven, *Critical Assumptions*(Cambridge: Cambridge University Press, 1979). p. 53.
11) 같은 책, p. 53.
12) Jacobs, 앞의 책, p. 99.
13) '시는 비평가의 것도 아니며, 저자의 것도 아니다(시는 탄생하면서 저자로부터 떨어져 나와서 그 저자가 의도하거나 통제할 수 있는 그의 힘 너머의 세계로 나가 버린다).' W. K. Wimsatt and M. C. Beardsley, 'The Intentional Fallacy', *The Sewanee Review* LIV (1946), pp. 468-483. 인용은 p. 470에서 했다.
14) 함께 짝을 이루는 주제에 대해서는, David Carr, *Time, Narrative and History*(Bloomington: Indiana University Press, 1986)를 보라.
15) Susan E. Gillingham, *One Bible, Many Voices*(Grand Rapids: Eerdmans, 1998), p. 242.
16) 이 충돌에 대한 현저한 예화는, Oswald Mosley가 자신의 첫 번째 부인에게 쓴 자신을 정당화하는 편지에서 찾을 수 있을 것이다. 그 편지에서, 그는 "우리의 사랑과 연합이 모든 것이다"라고 진술하고 "개인의 행복"에 대해 주장하면서, 그 행복이 없이는 "그리고 모든 것에 스며드는 자유에 대한 느낌이 없이는 우리가 완전한 사람이 될 수 없다"고 주장한다.
17) 예를 들면, Judith Plaskow, *Sex, Sin and Grace*(Lanham: University Press of America, 1980)를 보라.
18) 앞서 언급한 Gillingham의 책을 보라. 시 8편에 대한 그녀의 비상한 언급은 비평의 다른 유형들의 접근 방법을 예시하며(pp. 232-244), (비록 의도하지는 않았지만) 비평에 대해 가해지는 의미심장한 논평이다.
19) 특히, T. D. Alexander and Brian S. Rosner (ed.), *New Dictionary of Biblical*

*Theology*(Leicester: IVP, 2000)를 보라. 그리고 그 책에 있는 참고문헌들을 보라.
20) David H. Kelsey, *To Understand God Truly*(Philadelphia: Westminster, 1992), p. 85.
21) David H. Kelsey, *Between Athens and Berlin*(Grand Rapids: Eerdmans, 1993), p. 14.
22) Nicholas Wolterstorff, 'The Travail of Theology in the Modern Academy', in Miroslav Volf, et. al., *The Future of Theology*(Grand Rapids: Eerdmans, 1996), pp. 44, 45.
23) David C. Steinmetz, *Memory and Mission*(Nashville: Abingdon, 1988), p. 163.
24) David Lehman, *Signs of the Times*(New York: Poseidon, 1991).

## 제10장 복음과 성령

1) 다음의 책에 편집되어 있는 개관에서 Kant에 대한 언급들을 보라. P. C. Hodgson and R. H. King, *Christian Theology*(Philadelphia: Fortress, 1989).
2) Immanuel Kant, *Religion within the Limits of Reason Alone*(New York: Harper Torchbooks, 1960), pp. 182-183(강조는 그의 것임). 「이성의 한계 안에서의 종교」(이화여대출판부).
3) John Calvin, *The Institute of the Christian Religion*, ed. J. T. McNeill, tr. F. L. Battles (Philadelphia: Westminster, 1960), I. vii. 4, p. 78.
4) D. W. Dockrill, 'Spiritual Knowledge and the Problem of Enthusiasm in Seventeenth-Century England', *Prudentia*, Supplementary Number(1985), pp. 147-171.
5) Geoffrey F. Nuttall, *The Holy Spirit in Puritan Faith and Experience*(Chicago: University of Chicago Press, 1992), p. 30.
6) Gary D. Badcock, *Light of Truth and Fire of Love*(Grand Rapids: Eerdmans, 1997), pp. 113, 116.
7) H. D. McDonald, *Theories of Revelation*(London: Allen & Unwin, 1963), pp. 218-287를 보라.
8) J. Macquarrie, *Principles of Christian Theology*(London: SCM, 1977), p.

454.
9) Gerald F. Hawthorne, *The Presence and the Power*(Dallas: Word, 1991), p. 236.
10) Calvin, *Institutes* III, i. 2, p. 238.
11) Gordon D. Fee, *God's Empowering Presence*(Peabody: Hendrickson, 1994), p. 100(강조는 그의 것임).
12) C. K. Barrett, *The Second Epistle to the Corinthians*(London: A. & C. Black, 1973), p. 112.
13) Badcock, 앞의 책, pp. 258, 263,

**제11장 오늘날의 계시**
1) J. Huggett, *Listening to God*(London: Hodder & Stoughton, 1986), p. 21.
2) 같은 책, p. 93.
3) Wayne Grudem, *Systematic Theology*(Leicester: IVP, 1994), pp. 641-642. 「조직신학」(은성).
4) 같은 책, p. 641(강조는 그의 것임).
5) 같은 책.
6) 제6장을 보라.
7) R. Rice, 'Biblical Support for a New Perspective', in Clark Pinnock, et. al., *The Openness of God*(Downers Grove: IVP, 1994), p. 16.
8) Grudem, 앞의 책, p. 1049.
9) 같은 책, p. 1055.
10) Sinclair Ferguson, *The Holy Spirit*(Leicester: IVP, 1996), pp. 214-221. 「성령」(IVP).
11) 주 1을 보라.
12) 이 관찰에 대해서, 나는 예전 학생이었던 Rev. Tim McMahon에게 빚졌다.

# 추천 도서

Paul Avis (ed.), *Divine Revelation*(Grand Rapids: Eerdmans, 1997).
John Baillie, *The Idea of Revelation in Recent Thought*(London: Oxford University Press, 1956).
Karl Barth, *Church Dogmatics*, tr. G. W. Bromiley (Edinburgh: T. & T. Clark, 2nd ed., 1975) I/1.1.
Emil Brunner, *Revelation and Reason: The Christian Doctrine of Faith and Knowledge*, tr. O. Wyon (London: SCM, 1947).
John Calvin, *The Institutes of the Christian Religion*, ed. J. T. McNeill, tr. F. L. Battles (Philadelphia: Westminster, 1960), I. i-x.
Bruce A. Demarest, *General Revelation: Historical Views and Contemporary Issues*(Grand Rapids: Zondervan, 1982).
Avery Dulles, *Models of Revelation*(Dublin: Gill & Macmillan, 1983).
Colin E. Gunton, *A Brief Theology of Revelation*(Edinburgh: T. & T. Clark, 1995).
Paul Helm, *The Divine Revelation: The Basic Issues*(London: Marshall, Morgan and Scott, 1982).
Carl F. Henry, *God, Revelation and Authority*, 6 vols. (Wheaton: Word, 1976-

1983; repr. Wheaton: Crossway, 1999).

H. D. McDonald, *Theories of Revelation: A Historical Study, 1700-1960* (Grand Rapids: Baker, 1979).

G. I. Mavrodes, *Revelation in Religious Belief* (Philadelphia: Temple University Press, 1988).

J. I. Packer, *'Fundamentalism' and the Word of God: Some Evangelical Principles* (London: IVF, 1963).

_____, *God Has Spoken: Revelation and the Bible* (London: Hodder & Stoughton, rev. ed., 1993).

B. B. Warfield, *Revelation and Inspiration* (New York: Oxford University Press, 1927).

Nicholas Wolterstorff, *Divine Discourse: Philosophical Reflections on the Claim that God Speaks* (Cambridge: Cambridge University Press, 1995).

Kevin J. Vanhoozer, *Is There a Meaning in this Text? The Bible, the Reader, and the Morality of Literary Knowledge* (Grand Rapids: Zondervan, 1998).

# 성구 색인

창세기
1장  *55*
1:2-3  *305*
3:1  *88*
6:7  *304*
6:17  *305*
12:1-3  *93*
15:6  *93*
18:10, 13  *306*

출애굽기
2:24-25  *84*
3:14  *82*
6:9  *305*
14:14  *201*
19:6-7  *200*
23:7  *247*
24:3-4  *196*
24:4  *200, 201*
24:7  *93, 99, 195-196*
32:15-16  *200*
34:6  *249*
34:6-7  *69*
34:27  *200*
35:30-36:5  *306*

민수기
11:17  *308*
11:31  *307*
22:21이하.  *176*

신명기
4:15-16  *207*
4:15-40  *83*
6:4-9  *85*
13:1-5  *239, 352*
13:3  *165*
18:9-22  *82*
30:2  *211*
30:14  *208, 244, 359*
34:9  *308*

여호수아
22:5  *210*

사사기
7장  *197*
14:6  *305*

사무엘상
10:9-13  *307*
16장  *176*
16:13  *305*
16:13-14  *308*

사무엘하
7장 *94*
7:16 *94*
23:1-2 *307*

열왕기상
18:39 *83*
19장 *206*
19:12 *361*

열왕기하
2:9, 15 *308*
18:19-25 *199*
22:19 *274*

역대하
34:14 *196*
34:14-31 *99*
34:15 *195*

시편
8편 *315*
14:1 *139*
19편 *85, 130, 347*
19:1 *145*
19:1-6 *139*
33:6-9 *307*
51:11 *305, 307*
104:29-30 *307-308*
119편 *85*
119:89-91 *87*
139:7 *307*
146:4 *304*

잠언
26:4-5 *247*

이사야
6:8 *199*
11:1-9 *309*
11:2-3 *309*
11:4 *308*
11:9 *309*
41:21-29 *83*
45:20-21 *83*
46:8-13 *83*
48:3-5 *83*
53장 *95*
66:2 *196*

예레미야
7:4 *251*
29장 *199*
31장 *94*
31:3-6 *199*
31:33-34 *96*

에스겔
3:14 *308*
10장 *199*
26:6 *83*
32:15 *130*
37장 *309*

호세아
6:6 *165, 190*

요엘
2:28, 32 *310*

아모스
1:1 *199*
9:11-12 *94*

요나
3:4 *249*
4:2 *249*

스가랴
7:12 *307*
12:1 *304*

말라기
3:6-7 *255*

마태복음
1:20  *310*
3:2  *57*
4:17  *57, 89*
4:23  *57*
7:21-23  *165, 352*
9:13  *190*
10:10  *256*
11:23-24  *225*
11:27  *105, 120*
11:28-29  *193*
12:30  *247*
16:15-16  *66*
16:17  *44*
18:20  *315*
19:4-6  *203*
22:31-32  *358*
25:31-32  *57*
27:28  *96*
28:16-20  *65*
28:19  *311*
28:20  *111, 194, 253, 315*

마가복음
1:1  *39*
1:11  *67*
1:12  *310*
1:14-15  *39*
1:15  *39, 57, 72*
4:1-20  *40*
4:20  *41*
6:8  *256*
7장  *70*
7:8  *212*

8:35  *40*
8:38  *211*
8:39  *41*
10:29  *40*
10:46  *256*
10:46-52  *73*
13:10  *40*
14:9  *40*
16:15  *40*

누가복음
4:1  *334*
4:14  *310*
9:23  *190*
9:50  *247*
10:17-20  *165*
13:5  *57*
16:19-31  *166*
16:31  *166*
17:21  *37*
18:35  *256*
23:42-43  *62*
24:44  *95, 243*
24:44, 45  *67*
24:45  *44*
24:46-48  *70*

요한복음
1장  *55, 98*
1:1-3  *23, 54, 145*
1:1-18  *54*
1:10  *98*
1:14  *54*
1:18  *54*
3:33  *98*

3:34  *56, 198, 310*
4:24  *305*
4:29  *154*
5:22-30  *58*
5:31-47  *56*
6:47  *211*
6:63  *210, 326*
7:39  *314*
10:3-4  *357*
11:49-53  *176*
11:51-52  *199*
12:25  *287*
12:31-36  *62*
13:35  *321*
14:16  *314*
14:16-20  *316*
14:17  *323*
14:20  *315*
14:26  *314, 323*
15:3, 7  *357*
15:4  *315*
15:4-5  *81*
15:7  *107*
15:7-10  *80*
15:13  *137*
15:26  *314, 324*
16:7  *314*
16:8  *324*
16:13  *324, 336, 358*
16:13-14  *313*
17:3  *77, 118*
17:6, 8  *56*
17:17  *41, 80, 248*
17:20  *41*
17:20-21  *80, 321*

20:22　*314*
20:31　*38*

사도행전
1:3　*43, 46*
1:9　*315*
2장　*320*
2:33　*314*
2:33-36　*58*
2:38　*314*
4:12　*179*
5:4-5　*316*
5:21　*43*
6:7　*41*
7장　*246*
8장　*320*
8:4-5　*62*
8:5　*37*
8:14-25　*320*
8:25　*43, 53*
8:29　*334*
8:35　*37*
8:39　*68*
8:39-40　*334*
9:22　*43*
9:25　*43*
9:27　*43*
10-11　*320*
10:1-8　*176*
10:19-20　*334*
10:34-39　*43*
10:38　*310*
10:39-41　*43*
10:42　*58, 120*
10:42-43　*43*
10:46　*320*
11:12　*334*
11:18　*325*
13장　*38*
13:2　*334*
13:16-17　*138*
13:26　*58*
13:43　*43*
13:48　*44*
14:3　*62*
14:8-20　*137*
14:14-18　*48*
14:15-16　*52*
14:17　*139*
14:21　*41*
15:8-9　*320*
15:15이하.　*68*
16:7　*313*
17장　*38, 62*
17:3　*64*
17:11　*44, 64*
17:16-34　*52, 137*
17:18　*62*
17:24　*138*
17:28　*138, 166*
17:31　*46, 58*
17:32　*62*
18:4　*43*
19장　*320*
19:1-6　*314*
19:2　*150, 299*
19:6　*320*
19:33　*43*
20:21　*188*
20:24　*62*
28:23　*43*
28:30　*61*
28:31　*37*

로마서
1장　*131, 349*
1:1-3　*46, 67*
1:1-6　*61, 105*
1:2　*203*
1:3-4　*311*
1:13　*43*
1:16　*40, 213*
1:18-21　*131*
1:18-31　*48, 105, 130*
1:19-20　*78*
1:19-21　*139*
1:20　*104*
1:21　*138*
1:28-32　*119*
2:13-16　*140*
2:14-15　*48, 78*
2:14-16　*130*
2:16　*58*
3:2　*46, 52, 78, 113, 238*
3:26　*247*
4:5　*247*
5:1-11　*69, 79*
5:4-6　*340*
5:10　*78*
6:18, 22　*74*
8:4, 14　*334*
8:7　*78, 219, 323*
8:9　*313*
8:11　*311*

8:20-21  *145*
9:17  *203*
10:2-3  *78*
10:5-13  *359*
10:5이하.  *208*
10:6-9  *112*
10:8-9  *321*
10:17  *41*
12:2  *219*
15:4  *68, 238, 359*
15:7-13  *70*
15:7-9  *68*
15:8-9  *71, 318*
15:8-12  *67*
15:15-22  *318*
15:16  *70*
16:25-27  *67, 105*

고린도전서
1:18  *58, 69*
1:18-25  *53, 208*
1:21  *119*
1:22-23  *166, 324*
1:23  *219*
1:24  *226*
1:26-31  *63*
2:2  *324*
2:3  *324*
2:4  *324*
2:6-16  *324*
2:12  *324*
2:13  *324*
3:6-7  *45*
3:10-15  *34*
6:19  *316*

8:5  *78*
8:5-6  *71*
8:6  *145*
10:11  *68, 245, 359*
10:20  *167*
11:23  *213*
12-14  *357*
12:1-2  *166*
12:2-3  *321*
12:8  *358*
12:13  *321*
12:29-30  *321*
13:8-12  *352*
13:12  *71, 80, 223*
14:19  *357*
14:20  *219*
14:26-33  *354*
14:30  *104, 158, 167*
14:37-38  *167*
15:1-11  *38*
15:3  *64, 69*
15:3-7  *213*
15:4-9, 11  *46*
15:14-15  *66*
15:20-28  *315, 339*
15:56  *60*

고린도후서
1:20  *84, 243*
3:1-4:6  *327*
3:6  *99, 179, 328*
3:14  *99, 327*
3:17  *327, 329*
3:18  *327*
4:1-6  *37, 38, 40*

4:3  *58*
4:4  *78, 329*
4:5  *329*
4:6  *47, 328*
4:7  *43*
4:8-9  *43*
4:11  *43*
5:7  *252, 341*
5:9  *190, 330*
5:10  *58*
10:4-5  *219*
10:5  *190, 330*
11:1-6  *63*
11:3  *356*
11:4  *356*
11:26  *43*
11:27-29  *43*
12:1, 4, 7  *104*
12:4  *167*
12:9  *167*

갈라디아서
1:8  *34, 49, 63, 166*
2:2  *104*
2:7  *40*
2:14  *43*
2:16  *339*
2:20  *338*
2:21  *340*
3:1-2  *314*
3:1-5  *213*
3:5  *166*
3:6-9  *68*
3:8  *70, 93*
3:15  *318*

3:23  97
4:1-11  79, 343
4:3  343
4:6  313, 321, 328,
    338, 340
4:9  120, 329
4:9-10  343
5:5-6  338
5:16, 18  334
5:16-18  329
5:25  323

에베소서
1:3-14  315
1:10  317
1:11  351
1:12  319
1:13  319
1:13-14  320
1:17  104
2:8  325
2:12  318
2:14  318
2:18  318, 319, 339
2:20  113, 213, 357
3:4-5  70
3:4-6  318
3:5  319
3:6-11  70
3:8  318
3:10  321
3:14-19  341
3:20-21  70
4:3  321
4:11  357

4:18  78
4:18-19  323
5:26  357
6:17  48, 316, 326, 358

빌립보서
2:9-11  189
3:8  339
3:15  104, 349

골로새서
1:13-14  86
1:15-16  145
2:3  339
2:6-7  106
2:9-10  339
3:16  357

데살로니가전서
1:4-5  323
1:5  33-34, 44
1:9-10  33, 38, 40, 58
2:13  33, 53, 325
4:5  78

데살로니가후서
1:5-10  59
1:7  104
1:9-10  167
2:9-10  352
2:13-14  41
3:17  272

디모데전서
1:15  291, 361

2:5  23, 61, 314
2:7  318
4:4  344
4:4-5  147

디모데후서
3:16-17  358

히브리서
1:1-3:6  339
1:1-2  105
1:1-4  54
1:2  359
1:3  171
2:1-4  58, 105
2:11  190
4:2  41
4:7  203
4:12  53, 211, 325
4:12-13  41, 48, 107,
    213
6:17-18  90
8:13  97, 179
9:15  96
10:19-22  298

야고보서
1:5-6  253
1:18-25  41

베드로전서
1:10-12  105, 314
1:12  311
1:23  53, 357
1:23-25  41

1:25  *53*
2:5-9  *357*
2:8  *357*
3:18  *339, 363*
4:1-7  *58*

베드로후서
1:19-21  *198*

요한일서
1:1  *54*
2:3-6  *349*
2:20-27  *324*
3:14  *175*
4:2-3  *65, 321*
4:10  *69*

요한계시록
19:13  *54*

# 인명 색인

Alston 151
Anselm of Canterbury 122
Aquinas, T. 122
Augustine 139, 261

Badock, G. 302, 330
Barr, J. 129-130
Barrett, C. K. 99
Barth, K. 18, 22, 54-55, 127-131, 151, 218, 350
Barthes, R. 264
Beard, T. 169
Berger, P. 177
Bevan, E. 206
Brueggemann, W. 93, 129
Brunner, E. 17, 22, 56, 101, 112, 129
Butler, J. 122

Caesar 261
Calvin, J. 17, 73, 127-130, 139, 145, 167-168, 300-301, 312, 354
Clark, K. 177
Coleridge, S. T. 276-277, 303
Cromwell, O. 169
Cunningham, L. S. 213

Dabney, R. L. 122
Darwin, C. 16, 124, 143, 185, 220
Davies, P. 141-143
Davis, C. F. 151, 162
Denney, J. 63
Derrida, J. 264
Descartes, R. 122
Dodd, C. H. 59, 60-61
Dulles, A. 19-24

Fee, G.  324
Ferguson, S.  354
Feuerbach, L.  25, 129, 185
Fish, S.  264
Freud, S.  16, 29, 161, 185, 275-277

Gillingham, S.  284
Gregory Nazianzen  242
Grudem, W.  334, 337-338, 350-351, 354-355
Gunton, C.  15, 185

Hanson, R. P. C.  214
Harris, M.  283
Hawking, S.  141
Hegel, F.  15
Henry, C. F.  17-18
Hick, J.  178
Himmelfarb, G.  185-186
Hirsh, E. D.  264
Hodge, C.  122-123
Hood, R.  134
Hoyle, F.  142
Huggett, J.  333-334, 350
Hume, D.  13-15, 29, 124, 142, 149, 220

Jacobs, A.  276-277
James, W.  150
Jastrow, R.  142-144
Johnson, S.  266

Kant, I.  15, 29, 124-127, 149-150, 197-300, 302, 322, 330
Kelsey, D.  292
Kierkegaard, S.  218

Kleining, J.  80

Lake, K.  59-60
Lewis, C. S.  155
Lindbeck, G.  150-152, 158
Litton, E. A.  122
Locke, J.  15, 169, 302
Loyola, I.  157
Luther, M.  218

Mackintosh, H. R.  133
Macquarrie, J.  303
Man, P. de  294
Markham, I.  133
Matthews, W. R.  155-156, 162
Marx, K.  16, 29, 185
Migliore, D. L.  20, 56
Mill, J. S.  184-186, 191
Milton, J.  276
Moo, D.  140
Morgan, R.  22

Nebelsick, H. P.  145
Nieztsche, F.  335
Norris, F. W.  242
Nuttall, G. F.  302

Otto, R.  151

Paley, W.  122, 124
Pannenberg, W.  18, 55, 129
Pelikan, J.  125
Plantinga, A.  125, 133
Plato  261, 276

Ramm, B.  15, 17

Rice, R.  347
Ricoeur, P.  264
Russell, B.  290
Rutheven, K. K.  277

Schleiermacher, F.  18, 126, 149, 302, 350
Shafranske, E.  161
Simeon, C.  127
Spinoza  15, 220
Steinmetz, D.  293
Swinburne, R.  123, 125, 128, 132-133, 142, 151

Tertullian  218
Thiselton, A.  264
Tipler, F.  141-143
Toland, J.  125
Torrance, A.  126

Vanhoozer, K. J.  264
Voltaire (F. M. Arouet)  11-12, 14-15, 18, 29, 149, 220
von Zinzendorf, N.  149

Ward, K.  23, 28, 179
Warfield, B. B.  185
Watson, D.  333, 334, 350, 355
Welker, M.  232
Wesley, J.  149
White, P.  177
Whitefield, G.  127, 149
Williamson, P. R.  94
Wolterstorff, N.  263, 289, 292

Yandell, K. E.  151

# 주제 색인

가톨릭, 가톨릭주의(Catholicism)  29-30, 351
가톨릭 신학(Catholic theology)  215, 302
경험(experience)  18, 21, 47, 131-181, 206-208, 212, 221, 262, 333, 337-338, 342, 345, 349
계몽주의(the Enlightenment)  12, 14-17, 28-29, 31, 112, 149, 180, 350, 355
계시(revelation)
  만남으로서의(as encounter)  18, 20
  사건으로서의(as event)  19-21, 26, 42, 46, 108-109
  에 대한 반응(response to)  12-13, 16-17, 31
  에서 언어의 중요도(place of language in)  28, 53-57, 87-90, 193, 199-200, 205-210
  오늘날의(contemporary)  335, 337-338, 350-355
  의 관계적 성격(relational nature of)  21, 136, 138, 181, 195-196, 209
  의 권위(authority of)  12, 15, 29
  의 유일성(uniqueness of)  16, 29-30, 177-180
  의 은사(gift of)  20
  일반(general)  12, 16-18, 31, 48, 105, 121, 130-134, 138, 146, 178, 181, 349, 353-355
  특별(special)  12, 16
과학(science)  16, 22-24, 141-142, 145-147, 220-221, 224, 292-293, 335
구약 성경(Old Testament)  39, 45-46, 49, 66-68, 70, 82, 95-96, 113, 136, 180, 194-195, 203, 220-221, 236-

주제 색인 • 393

240, 243-257, 290
구원(salvation)  52, 89, 144, 166, 171, 190, 280, 286, 339, 362,
근대주의, 모더니티(modernism, modernity)  15, 16, 29-30, 74
기도(prayer)  81, 171, 297-299, 326, 342, 349, 353
기독론(Christology)  24, 59, 63, 126, 178, 218, 234, 243, 310
기적(miracles)  13-14, 166-173, 202, 208, 224, 233, 270, 299-300, 324, 350-353

나라(kingdom)
  그리스도의(of christ)  40, 187-188, 194, 291, 315
  하나님의(of God)  37, 39, 68, 86-89, 94, 98-99, 186, 194, 227, 243, 254, 315, 319
낭만주의(Romanticism)  149

다른 종교(other religions)  21, 29, 352
다원주의(pluralism)  30, 35, 243
다윈주의(Darwinism)  16, 224
독자(reader)  282-287

무류성(inerrancy)  248, 254-261, 274
무신론(atheism)  47, 139-140, 143, 335
무오성(infallibility)  22, 152, 248, 249-250, 254-261
문학 비평(literary criticism)  30, 267-269, 274-288, 292
믿음, 신앙(faith)  14, 21, 24, 27-28, 33-36, 41, 62-66, 71-74, 79, 84-85, 92-94, 101, 109, 112, 149, 174-176, 181, 192, 248-254, 280, 338-345

복음(gospel)  28, 32, 33-49, 51-75, 77, 103-115, 134-139, 144-147, 152, 164, 169, 180-181, 194, 209, 213, 219, 227, 233, 237-238, 252, 265-266, 280, 294, 325, 338
복음주의(evangelicalism)  149, 152, 200, 205, 208-212, 258, 281
비평(criticism)  230-234, 241-242, 256, 263-269, 273, 284, 288-290, 292-295

사도(apostle)  26, 58, 63-64, 214, 216, 319, 323
삼위일체(Trinity)  24-25, 28, 30, 81, 126, 143, 191, 218, 242, 289, 330
상대주의(relativism)  29
섭리(providence)  168, 176, 240, 270, 343, 349, 353
성경(Scripture)
  계시에 대한 증거로서의(as witness to revelation)  18, 26-28, 55, 107, 195
  교과서로서의(as textbook)  20, 195-196
  교회와의 관계(relationship with church)  213, 215-216
  에 대한 도전(attacks on)  12-16, 185, 205-212, 220
  의 권위(authority of)  30, 99-101, 137, 149-150, 195-198, 204, 227, 235, 248, 272-274, 286-287, 291
  의 번역(translation of)  208-209, 221
  의 본질, 성격(nature of)  30, 31, 99-100, 195-197, 227, 269-292
  의 역사적 진정성(historical authenticity of)  46

의 역할(role of)　31, 100, 152
의 정경(canon of)　235-241, 288
의 진실성(truthfulness of)　247-254
의 충족성(sufficiency of)　358-362
의 통일성(unity of)　234-247, 287-292
이성과의 관계(relationship with reason)　218-226
전통과의 관계(relationship with tradition)　212-218
직접적인 계시로서의(as direct revelation)　17, 20, 27, 113-115, 180
책들의 정경적 형태(canonical form of books)　272
무류성, 무오성, 영감, 해석도 보라
성경신학(biblical theology)　289-291
성경의 문학적 특색들(literary qualities of Bible)　263, 292
성령(holy spirit)　21, 25, 44, 48, 56, 137, 150, 170, 175, 181, 198, 237-238, 300-331, 334, 337, 341
성육신(incarnation)　43, 120, 131, 197, 312
세속주의/ 회의론(secularism/ scepticism)　16, 160-164, 168-171, 173
신앙 지상주의(fideism)　123
신약 성경(New Testament)　17, 35-36, 65, 95, 189-195, 203, 213, 239, 257, 290
신정통주의(neo-orthodoxy)　151, 300, 302
심판, 판단(judgment)　40, 48, 57-60, 120, 225
약속(promise)　24, 39, 45, 65, 68, 70-71, 79, 82-86, 90-94, 100-101, 108-109, 111-113, 174-175, 243-246, 250-253, 265-266, 273, 280-281, 286,
언약(covenant)　45, 84-85, 89-100, 115, 190, 194-197, 204, 211, 227, 244-246, 266, 272-275, 281, 287, 292
역사(history)　13, 15, 16, 19, 22, 46, 59, 66, 71, 84, 91, 93, 130, 136, 245, 255-257, 271, 280, 287-290
영감(inspiration)　13, 16, 21, 198-204, 229, 233, 236, 240, 260, 275-277, 279, 300-304, 325
예수 그리스도(Jesus Christ)
　계시의 초점(focus of revelation)　18, 23-25, 29, 54-56, 61-68, 167, 177-180, 243-244, 291
　복음의 중심(centre of the gospel)　61-68, 72, 86, 291
　에 대한 증거(testimony to)　47, 55, 66-67
　와 성령(and the Spirit)　310-322
　의 부활(resurrection of)　47, 64, 66, 136, 143, 233, 243, 256
　의 사랑(love of)　137, 317
　의 정체, 를 확인(identity of)　63-68, 84
　의 죽음(death of)　41, 47, 64, 68-69, 95, 191, 197, 317, 339-340, 363
　주(Lord)　35-37, 40, 56, 64, 186-194, 204, 219, 227, 239, 246, 314,
　중보(mediator)　23, 64, 73, 96-98, 314, 356
　하나님의 계획과 약속의 성취(fulfillment of God's plan and

promises) 35, 45, 64, 84-85, 94-96, 104, 113
하나님의 말씀(Word of God) 53-56
우상 숭배(idolatry) 62, 119, 130, 137-140, 167, 208-212, 323
이방인(Gentiles) 70-71, 316-320
이성(reason) 12-14, 48, 132, 135, 160, 218-226, 273,
인간(humanity)
　계시에 참여(involvement in revelation) 42-43, 48-49, 120-121, 159, 197-199, 232, 254-255
　의 무능(incapacity of) 20, 42, 63, 323
　의 자유(freedom of) 15, 184, 227, 294, 328-330
　의 자율성(autonomy of) 26, 74, 112, 188, 277, 286
　죄 아래의(under sin) 41, 58-60, 73, 78, 88-89, 105, 119, 126, 130-131, 187-188, 294, 323
　하나님에 대한 관계(relationship to God) 88, 222
　읽기(reading) 230, 234, 263-264, 269-272, 273-274, 279, 284, 288, 292-295, 325-327

자연신학(natural theology) 12-13, 16, 18, 121-134, 141-146, 149-150, 181, 208
자연에 대한 신학(theology of nature) 144-145
자연주의(naturalism) 233-234, 256, 299, 335
전통(tradition) 212-218
제2차 바티칸공의회(Vatican II) 215-216
조명(illumination) 17, 21, 79, 169, 238, 240, 300-304, 323, 325, 327, 333
종교개혁(the Reformation) 216-218, 299-300
종말[론](eschatology) 19, 21, 27, 46, 57-61, 71, 75, 84, 91, 120, 145, 226, 246, 308-309, 362
주관주의(subjectivism) 185, 222
증거, 증언(witness) 214, 216, 324
지옥(hell) 144, 225
진노(wrath) 34, 40, 61, 362

창조(creation) 144-147, 168, 171-173

텍스트(text) 30, 230-232, 234, 263, 267, 278-280, 283-285, 293
트렌트공의회(Council of Trent) 214

포스트모더니즘(postmodernism) 29-30, 74, 192, 225

하나님(God)
　개방적인 설명(openness debate) 347
　과의 관계(relationship with) 25, 27, 31, 51, 79-82, 110-113, 250-254, 281, 287, 295, 316, 328, 339-343
　을 아는 지식(knowledge of) 21, 25, 31, 33, 39-42, 48, 74, 77-86, 119-120, 130-133, 136-139, 152, 174, 178, 209, 329
　의 권위/주권(authority/sovereignty of) 25, 30, 39, 42, 52, 86-89, 170, 172, 176, 187, 205, 301, 341-345,

347-348, 350
의 사랑(love of)   47, 60, 68-69, 330, 340
의 은혜(grace of)   20, 42, 62, 138-140, 170, 172, 181, 207, 249, 286, 301, 342, 345-346
의 이름(name of)   81-82, 244
의 자유(freedom of)   20, 27, 277
의 존재, 에 대한 증명(existence of, proofs/arguments/evidence of)   122-125, 131-133, 138, 142, 151, 153, 345, 349
해석(interpretation)   30, 234, 263-265
해석학(hermeneutics)   30, 60, 202, 244, 263-265, 268, 291, 293, 362
회개(repentance)   57, 61-62, 71-74, 174-175, 249-250, 342

**옮긴이 소개**

김재영 목사는 총신대학교 신학과를 졸업하고, 미국 카버넌트 신학교를 졸업한 후 컬럼비아 신학교와 에모리 대학교, 트리니티 복음주의 신학교, 칼빈 신학교 등에서 조직신학과 역사신학, 윤리학을 공부하였다. 역서로 「현대인을 위한 교회사」, 「신론」, 「그리스도의 위격」, 「이 텍스트에 의미가 있는가」, 「현대를 위한 구약윤리」(확대개정판), 「제일신학」(이상 IVP), 「세상의 포로 된 교회」, 「신학실종」(부흥과개혁사), 「미국제 영성에 속지 말라」(규장) 등이 있다.

**하나님의 계시**

초판 발행 2008. 2. 15
지은이 피터 젠센 | 옮긴이 김재영
펴낸이 김중안 | 책임편집 천서진
발행처 한국기독학생회출판부 | 판권 ⓒ 한국기독학생회출판부 2008
등록 제 9-93 호(1978. 6. 1) | 121-837 · 서울 마포구 서교동 352-18
대표 전화 02-337-2257 | 팩스 02-337-2258 | IVP Books 02-3141-5321
영업 전화 02-338-2282 | 팩스 080-915-1515
홈페이지 http://www.ivp.co.kr | E-mail ivp@ivp.co.kr
ISBN 978-89-328-1565-7
ISBN 978-89-328-1510-7(세트)